AF733342

Ökonomische Analyse des Betrugs in gegenseitigen Vertragsverhältnissen

ÖKONOMISCHE ANALYSE DES RECHTS

SCHRIFTENREIHE

LAW AND ECONOMICS

Herausgegeben von Michael Adams

Band 11

PL ACADEMIC RESEARCH

Jan-Philipp Rock

Ökonomische Analyse des Betrugs in gegenseitigen Vertragsverhältnissen

PL ACADEMIC RESEARCH

Bibliografische Information der Deutschen Nationalbibliothek
Die Deutsche Nationalbibliothek verzeichnet diese Publikation in der Deutschen Nationalbibliografie; detaillierte bibliografische Daten sind im Internet über http://dnb.d-nb.de abrufbar.

Zugl.: Hamburg, Univ., Diss., 2012

Umschlaggestaltung:
© Olaf Gloeckler, Atelier Platen, Friedberg

D 18
ISSN 1619-053X
ISBN 978-3-631-63881-1

© Peter Lang GmbH
Internationaler Verlag der Wissenschaften
Frankfurt am Main 2013
Alle Rechte vorbehalten.
PL Academic Research ist ein Imprint der Peter Lang GmbH

Das Werk einschließlich aller seiner Teile ist urheberrechtlich geschützt. Jede Verwertung außerhalb der engen Grenzen des Urheberrechtsgesetzes ist ohne Zustimmung des Verlages unzulässig und strafbar. Das gilt insbesondere für Vervielfältigungen, Übersetzungen, Mikroverfilmungen und die Einspeicherung und Verarbeitung in elektronischen Systemen.

www.peterlang.de

Für Frieke und Lotta Sophie

„The true measure of crimes is the harm done to society."

Cesare Beccaria

Vorwort

Diese Arbeit entstand in den Jahren 2007 bis 2011 am Institut für Recht der Wirtschaft der Universität Hamburg und an der Boalt Hall School of Law der University of California in Berkeley. Sie lag der Fakultät für Rechtswissenschaft der Universität Hamburg im Sommersemester 2012 als Dissertation vor und wurde im Mai 2013 mit dem Promotionspreis der Fakultät für Rechtswissenschaft zur Förderung herausragenden wissenschaftlichen Nachwuchs ausgezeichnet.

Bedanken möchte ich mich ganz besonders bei meinem Dorktorvater Prof. Dr. Michael Adams, der diese Arbeit intensiv und mit Freude betreut hat. Ohne seine rechtsökonomische Expertise hätte ich dieses Projekt nicht realisieren können.

Zudem möchte ich Professor Robert Cooter für den Gastaufenthalt an seinem Lehrstuhl an der Berkeley School of Law großen Dank aussprechen. Der Pragmatismus des amerikanischen Common Law verbunden mit der Offenheit des rechtswissenschaftlichen Diskurses, insbesondere für ökonomische Ansätze, hat mich begeistert. Schließlich möchte ich mich bei Prof. Dr. Thomas Eger für die kurzfristige Erstellung des Zweitgutachtens herzlich bedanken.

Großen Dank bin ich meiner Familie schuldig: Meinen Eltern, die mich in dieser zeitweilig auch schwierigen Lebensphase unterstützt haben und insbesondere meinem Vater, Herrn Walter Rock, der diese Arbeit korrekturgelesen hat.

Vor allem aber möchte ich meiner Lebensgefährtin Frau Friederike Marie Lehmann außerordentlichen Dank aussprechen. Sie hat mich gerade in der Endphase der Arbeit, die mit der Vorbereitung auf das zweite juristische Staatsexamen zusammenfiel, „ertragen“ müssen und uns im letzten Jahr eine bezaubernde Tochter geschenkt. Ihnen beiden ist dieses Buch gewidmet.

Hamburg, im August 2012

Inhaltsverzeichnis

Teil 1: Einführung

A. Problemstellung

Mit Verwunderung wird ein Ökonom zur Kenntnis nehmen, dass keinen Betrug begeht, wer seinen Vertragspartner mit haltlosen Versprechungen zu einem Vertragsschluss bewegt und dann eine von diesem zwar nicht gewollte, aber dem Kaufpreis „gleichwertige“, Gegenleistung erbringt.[1] Nicht wegen Betrugs bestraft wurde beispielsweise der Textilhändler, der Zellwollhosen als echte Wollhosen verkaufte,[2] der Vertreter für Kindernahrung, der Müttern junger Säuglinge unnötigen Kindernährzucker „aufschwatzte“[3] oder der Heizölmechaniker, der seine Kunden zur kostspieligen Wartung ihrer Heizöltanks bewegte, indem er nach Inspektion den angeblichen Verstoß gegen gesetzliche Vorschriften rügte und vorspiegelte, notfalls zur hoheitlichen Durchsetzung befugt zu sein.[4] Der „geschickte“ Verkäufer, der durch Täuschung schwer absetzbare Wirtschaftsgüter zum Marktpreis „an den Mann“ bringt, soll also keine Betrugsstrafbarkeit fürchten.[5]

Die Verwunderung des Ökonomen weicht Unverständnis, wenn Juristen zur Begründung dieser Entscheidungspraxis auf einen „wirtschaftlichen“ oder „juristisch-ökonomischen“ Vermögensbegriff verweisen:[6] So soll in solchen Fällen zwar eine Täuschung vorliegen und der Vertragspartner seine Vermögensdisposition aufgrund der durch die Täuschung vermittelten Fehlinformation getroffen haben, nur sei dieser durch das Geschäft „nicht ärmer“ geworden. Der wirtschaftliche Wert seines Gesamtvermögens sei nicht geschmälert, nur dessen „Zusammensetzung“ habe sich verändert. Von einer solchen Sichtweise ist die ökonomische Theorie weit entfernt. So lernt ein Student der Wirtschaftswissenschaften bereits in den ersten Semestern, dass der Marktwert eines Gutes sich von seinem individuellen Wert für ein einzelnes Wirtschaftssubjekt grundlegend

---

1 So die Konsequenz des vorherrschenden indiviuell-objektiven Schadensbegriff bei der Auslegung des Tatbestandsmerkmals des „Vermögensschadens“ im Betrugsstraftatbestand (§ 263 StGB). Vgl. dazu und zu den Ausnahmen des „individuellen Schadeneinschlags“ die Erläuterungen und Nachweise in Teil 3:C.I dieser Arbeit.

2 So der „Garbadinehosenfall“, BGHSt 16, 220. Eine ökonomische Analyse dieser Entscheidung findet sich in Teil 3:C.III dieser Arbeit.

3 OLG Köln, NJW 1968, 1892. Eine ökonomische Analyse dieser Entscheidung findet sich in Teil 3:C.III dieser Arbeit.

4 OLG Stuttgart, NJW 1971, 633. Eine ökonomische Analyse dieser Entscheidung findet sich in Teil 3:C.III dieser Arbeit.

5 Vgl. *Arzt/Weber* BT, S. 501 mit Verweis auf die Entscheidung des Bundesgerichtshofs im „Waschmaschinen-Fall“ (BGHSt 22, 88).

6 Vgl. dazu Teil 3:C.I m.w.Nws.

unterscheidet: Individuen treffen ihre Kaufentscheidungen im Idealfall ausschließlich aufgrund ihrer persönlichen Wertschätzung für ein Gut, die sich in einer individuellen Zahlungsbereitschaft und in einer individuellen Nachfragekurve ausdrücken lässt.[7] Die Marktnachfrage ist ein Aggregat aller individuellen Nachfragekurven – aus dem Zusammenspiel mit der Summe aller individuellen Angebotskurven ergibt sich dann der Marktpreis eines Gutes,[8] der aber in den allermeisten Fällen mit der Wertschätzung des einzelnen Wirtschaftssubjektes *nicht* übereinstimmt. Der Marktpreis spiegelt lediglich die Wertschätzung des sog. „Grenznachfragers" wider[9] – (nur) bei diesem entspricht der Marktpreis seinem eigenen maximalen Nachfragepreis und er erzielt keine Konsumentenrente.[10]

Richtet nun der Jurist den Blick auf die ökonomische Literatur, so wird ihm auffallen, dass die dort geführten Diskussionen weitgehend an denjenigen Fragen vorbeigehen, die ihn im Zusammenhang mit dem Betrugsstraftatbestand beschäftigen. Wird das Thema „Betrug" in den Wirtschaftswissenschaften behandelt, so im Rahmen abstrakter Konzepte, die sich durch zahlreiche Annahmen so weit von der rechtlichen Realität entfernen, dass sie Juristen bei den von ihnen geforderten Entscheidungen wenig helfen.[11] Die Ökonomen scheinen Fragen zu beantworten, die Juristen nie gestellt haben und deswegen zumeist für irrelevant erachten; hingegen sind Ökonomen oftmals nicht bereit, sich auf die Diskussion konkreter Rechtsprobleme und Einzelfälle einzulassen, vielleicht da sie dies dazu zwingen würde, ihre Modellwelt zumindest teilweise aufzugeben und viele Annahmen, die eine mathematisch fundierte Lösung ihrer Probleme erlauben, fallenzulassen. Insofern verwundert es nicht, dass – vor allem im deutschen Rechtsraum - der juristische und ökonomische Diskurs zu oftmals ähnlichen Themengebiete aneinander vorbeigeht.[12] Dies ist bedauerlich, da gerade die Me-

---

7 Vgl. z.B. *Pindyck/Rubinfeld*, Mikroökonomie, S. 159 ff.

8 Vgl. *Pindyck/Rubinfeld*, Mikroökonomie, S. 407 ff.

9 So *Ulen*, The Efficiency of Specific Performance: Toward a Unified Theory of Contract Remedies, Michigan Law Review, Vol. 83 (1984), S. 344; Fn. 7.

10 Zu diesem Begriff näher im Rahmen der ökonomischen Analyse des Vermögensschadens beim Betrug in Teil 3:C.II.

11 Vgl. z.B. die grundlegenden Aufsätze von *Akerlof*, The Market for „Lemons": Quality Uncertainty and the Market Mechanism, The Quarterly Journal of Economics, Vol. 84 (1970), S. 488-500 oder *Darby/Karni*, Free Competition and the Optimal Amount of Fraud, Journal of Law and Economics, Vol. 16 (1973), S. 67-88, dazu näher in Teil 2:B.I.

12 So gehört der Betrugsstraftatbestand (§ 263 StGB) zu einer der am umfassenden kommentierten Vorschriften des Strafgesetzbuches (schon der Handkommentar von *Fischer* widmet dieser Vorschrift 68 Seiten). In den aufgeführten Literaturlisten findet sich, soweit ersichtlich, kein einziger Beitrag zu den ökonomischen Grundlagen des Betrugs.

thodik der Ökonomen den Juristen vor Augen führen könnte, welche ökonomischen Anreize und damit gesellschaftlichen Konsequenzen die Entscheidung für die „eine" oder die „andere" Rechtsauffassung mit sich bringt. Dieser „Blick über den Tellerrand" auf das „große Ganze" kann wertvolle Impulse für die eigene Denkweise geben und gelegentlich sogar zu neuen Lösungsansätzen führen, in jedem Fall aber dazu beitragen, den ökonomischen Sinn bestehender Entscheidungsmuster besser zu verstehen und Einzelfallentscheidungen „ökonomisch überprüfen" zu können.[13] Diesen Zielsetzungen hat sich die Disziplin der „Ökonomischen Analyse des Rechts" verschrieben. Im deutschen Rechtsraum hat insbesondere die Ökonomische Analyse des Zivilrechts einen breiten Stellenwert eingenommen,[14] aber auch in anderen Rechtsgebieten ist eine immer breitere Akzeptanz für die Implementierung ökonomischer Methoden in den juristischen Diskurs zu beobachten.[15] Hingegen fehlen im deutschen Strafrecht, soweit ersichtlich, bis auf wenige Ausnahmen nennenswerte rechtsökonomische Aufarbeitungen.[16]

In dieser Forschungslücke beabsichtigt diese Arbeit, Erkenntnisse der ökonomischen Disziplin der „Informationsökonomik", insbesondere der Theorie asymmetrischer Informationen,[17] mit der juristischen Diskussion um den Be-

---

Auf der anderen Seite gehen die ökonomischen Artikel, zumeist aus dem englischsprachigen Raum, nur sporadisch und z.T. oberflächlich auf konkrete Rechtsanwendungsprobleme ein. Wirtschaftswissenschaftliche Beiträge mit unmittelbarem Bezug zum deutschen Betrugsstraftatbestand waren nicht aufzufinden.

13 Im Rahmen dieser Arbeit wurden zahlreiche höchstrichterliche und instanzgerichtliche Entscheidungen zu ausgewählten Problemen des Betrugsstraftatbestands analysiert. Dabei zeigte sich, dass in den meisten Fällen die bestehende Rechtsprechung auch „ökonomisch sinnvoll" ist. Die ökonomische Analyse kann dann aber dazu beitragen, das eigene Entscheidungsergebnis außerhalb der gängigen juristischen Auslegungsmethoden im geschlossenen wissenschaftlichen Konzept der Mikroökonomie alternativ begründen und „überprüfen" zu können.

14 Vgl. z.B. das Lehrbuch von *Schäfer/Ott* oder einzelfallorientiert *Adams*, Ökonomische Theorie des Rechts: Konzepte und Anwendungen, 2. Auflage, Frankfurt a.M. 2004, beide mit zahlreichen weiteren Nachweisen.

15 So beispielsweise aus dem Kapitalmarktrecht die Dissertation von *Teigelack*, Finanzanalysen und Behavioral Finance, Baden-Baden 2009 oder im öffentlichen Recht die Habilitationsschrift von *Martini*, Der Markt als Instrument hoheitlicher Verteilungslenkung – Möglichkeiten und Grenzen einer marktgesteuerten staatlichen „Verwaltung des Mangels", Tübingen 2008.

16 Hier ist insbesondere die Dissertation von *Curti* zu nennen: Abschreckung durch Strafe: eine ökonomische Analyse der Kriminalität, Wiesbaden 1999. Mit der ökonomischen Begründung der Versuchsstrafbarkeit beschäftigen sich *Adams/Shavell*, GA 1990, S. 337.

17 Vgl. dazu näher in Teil 2:B.

trugsstraftatbestand (§ 263 StGB) zu verbinden. Sowohl die ökonomischen als auch die juristischen Diskussionsstränge zeichnen sich durch ein hohes Grad an Spezialisierung und damit verbunden einer fast unübersehbaren Literatur aus. Insofern ist es gerade bei dieser Themenstellung notwendig, gleich zu Beginn der Arbeit Einschränkungen und Abgrenzungen sowie Schwerpunktsetzungen vorzunehmen, um trotz der Breite der Thematik noch eine hinreichende wissenschaftlichen Argumentationstiefe leisten zu können.

B. Gang der Darstellung

I. Der Untersuchungsgegenstand: Betrug bei gegenseitigen Verträgen

Ausgangspunkt dieser (juristischen) Arbeit ist der Betrugsbegriff, wie er in § 263 des deutschen Strafgesetzbuches geregelt ist. Danach wird derjenige, der in der Absicht, sich oder einem Dritten einen rechtswidrigen Vermögensvorteil zu verschaffen, das Vermögen eines anderen dadurch beschädigt, dass er durch Vorspiegelung falscher oder durch Entstellung oder Unterdrückung wahrer Tatsachen einen Irrtum erregt oder unterhält, mit einer Freiheitsstrafe von bis zu fünf Jahren oder mit Geldstrafe bestraft.

In dieser Regelung ist die Tathandlung des Betrugs als „Vorspiegelung falscher" oder „Entstellung oder Unterdrückung wahrer Tatsachen" definiert. Diese Umschreibung ist unvollkommen, logisch widersprüchlich und beinhaltet Überschneidungen.[18] Es kommt nicht auf die Richtigkeit von Tatsachen an, sondern auf die Richtigkeit von *Erklärungen* über Tatsachen – nur diese – nicht die Tatsachen selbst - können wahr oder falsch sein. Insofern hat sich als Umschreibung der Tathandlung des Betrugsstraftatbestands, abweichend vom gesetzgeberischen Wortlaut, die griffige Formel *„Täuschung über Tatsachen"* herausgebildet.[19] Der Täuschungsbegriff wird in Teil 3, Abschnitt A dieser Arbeit näher behandelt.

Bis zu diesem Punkt ähnelt der Betrugsstraftatbestand der in § 123 BGB geregelten zivilrechtlichen „arglistigen Täuschung", die zur Anfechtung täuschungsbedingt geschlossener Verträge berechtigt. Da aber der Betrugsstraftatbestand im Unterschied zu § 123 BGB nicht auf Schuldverhältnisse beschränkt ist, hat der Gesetzgeber in § 263 StGB zusätzliche einschränkende Tatbestandsvoraussetzungen vorgesehen, um aus der Vielzahl täglich auftretender vorsätzli-

---

18 LK-*Tiedemann*, § 263 Rn. 7.

19 OLG Düsseldorf, NJW 1993, S. 1872 f.; vgl. für viele z.B. *Lackner/Kühl*, § 263 Rn. 3; SK-*Hoyer*, § 263 Rn. 10; *Fischer*, § 263 Rn. 5.

cher Täuschungen diejenigen Fälle herauszudestillieren, die nicht „nur" sozial unerwünscht sind, sondern den Einsatz des Strafrechts als „ultima ratio" des Rechtsstaates rechtfertigen.[20] Hingegen ist die „Lüge als solche", anders etwa im römisch-rechtlichen „falsum", nicht strafbar;[21] es gibt kein allgemeingültiges „Recht auf Wahrheit".[22]

So erfordert die Vorschrift des § 263 StGB zusätzlich zur Täuschungshandlung, dass der Täter durch die Täuschung einen *Irrtum* erregt hat. Irrtum wird definiert als jeder Widerspruch zwischen Vorstellung und Wirklichkeit.[23] Dabei ist umstritten, ob eine „fehlende Vorstellung" („ignorantia facti") im Gegensatz zur (positiven) „Fehlvorstellung" einen Irrtum entfallen lässt.[24] Ferner ist umstritten, welchen „Intensitätsgrad" der Irrtum haben muss, um als vor dem Hintergrund des § 263 StGB relevanter Irrtum eingestuft zu werden („Irrtum unter Zweifeln").[25] Mit dem Irrtumsbegriff beschäftigt sich Teil 3, Abschnitt B dieser Arbeit.

Schließlich muss die Tathandlung des Betrugs, nämlich die Täuschung über Tatsachen, über den Weg des Irrtums einen Vermögensschaden hervorgerufen haben. Zwar wird in der juristischen Literatur diskutiert, inwieweit der Betrugsstraftatbestand neben dem (hoch umstrittenen) „Vermögen" auch andere Rechtsgüter, wie etwa das „Recht auf Wahrheit" oder die „Dispositionsfreiheit" schützt, jedoch ist unstreitig, dass das (Haupt-)Rechtsgut und -Angriffsobjekt beim Betrug das „Vermögen" ist.[26] Da der Vermögensschaden als Saldo eine bloße Rechengröße ist, bedarf es einer Konkretisierung, *wie* der Irrtum diese Vermögensminderung verursacht hat. Dieses „notwendige" Bindeglied zwischen Irrtum und Vermögensschaden wird durch den Begriff der „Vermögensverfügung" umschrieben.[27] Den Tatbestandsmerkmalen der Vermögensverfügung und des Vermögensschaden ist Teil 3, Abschnitt C dieser Arbeit gewidmet.

---

20 Vgl. zur Legitimation des Betrugsstraftatbestands sowohl aus juristischer als auch aus ökonomischer Sicht Teil 2:C.

21 Dies ist ein allgemein anerkannter Grundsatz, vgl. z.B. für die Straflosigkeit der „schriftlichen Lüge" im Zusammenhang mit der Urkundenfälschung (§ 267 StGB) *Brockhaus*, ZIS 2008, S. 556 m.w.Nws.

22 Ein solches Konzept wurde durch den berühmten Strafrechtler *von Feuerbach* (Lehrbuch des gemeinen in Deutschland gültigen peinlichen Rechts, 14. Auflage, 2. Neudruck, Giessen 1847) entwickelt, vgl. LK-*Tiedemann*, S. 64.

23 Vgl. für viele Sch/Sch-*Cramer/Perron*, § 263 Rn. 33 m.w.Nws.

24 Vgl. dazu Sch/Sch-*Cramer/Perron*, Rn. 23, § 263 Rn. 36; und aus der Rechtsprechung z.B. RGSt 42, 40.

25 Vgl. dazu näher in Teil 3:B.I.

26 Vgl zum Rechtsgut des Betrugs aus juristischer Sicht Teil 2:C.I.

27 Vgl. für viele LK-*Tiedemann*, § 263 Rn. 2, 96; SK-*Hoyer*, § 263 Rn. 87 m.w.Nws.

Ausgeschlossen aus dem Untersuchungsprogramm dieser Arbeit sind die subjektiven Merkmale des Betrugsstraftatbestands, nämlich Probleme des Vorsatzes und insbesondere die Absicht rechtswidriger Bereicherung (sogenannte „Bereicherungsabsicht“). Ebenso werden Probleme des Strafmaßes zwar im Rahmen der Erläuterungen zum Vermögensschaden kurz angedeutet, nicht aber näher behandelt. Es ist aber zu erwarten, dass die hier vorgestellten ökonomischen Erwägungen auch bei diesen Fragestellungen gewinnbringend angewendet werden können.

Schließlich beschränkt sich diese Arbeit auf die Erörterung des Betrugs im Rahmen gegenseitiger Vertragsverhältnisse, d.h. auf diejenigen Fälle, die früher unter dem Begriff „zivilrechtlicher Betrug“ subsumiert wurden.[28] Dies hat den praktischen Grund, dass die ökonomische Theorie des Zivilrechts eine umfangreiche Literatur zum ökonomischen Zweck von Vertragsschlüssen und zu zahlreichen Einzelproblemen der Rechtsanwendung hervorgebracht hat.[29] So ist insbesondere die rechtsökonomische Literatur zu Aufklärungspflichten für die ökonomische Analyse des Täuschungsbegriffs im Betrugsstraftatbestand sehr ergiebig.[30] Hingegen handelt es sich bei Betrugsfällen außerhalb von Vertragsverhältnissen in der Regel um nicht-marktliche „Transaktionen“, für die die hier zugrunde gelegten rechtsökonomischen Ansätze zumindest unmittelbar nicht gelten. Es ist zwar zu erwarten, dass die Grundsätze der Informationsökonomik und insbesondere die Theorie asymmetrischer Informationen auch eine ökonomische Analyse solcher Fälle, wie etwa des Sozialleistungsbetrugs, ermöglichen. Jedoch hätte eine angemessene wissenschaftliche Aufarbeitung den Umfang dieser Arbeit überschritten.

---

28 So wurde das zivilrechtliche Anfechtungsrecht bei arglistigen Täuschungen (heute § 123 BGB) in § 865 des Sächsischen Bügerlichen Gesetzbuches vom 2. Januar 1863 noch als „Betrug“ bezeichnet. Vgl. dazu *Huber*, Aufklärungspflichten vor Vertragsschluss, in: Karlsruher Forum 2000: Aufklärungspflichten, Karlsruhe 2001, S. 5, 12.

29 Vgl. für einen Überblick über die ökonomische Vertragstheorie *Cooter/Ulen*, S. 307 ff. Für eine Analyse des deutschen Vertragsrechts vgl. *Schäfer/Ott*, S. 393 ff.

30 Vgl. etwa den Pioniersaufsatz von *Kronman*, Mistake, Disclosure, Information, and the Law of Contracts, The Journal of Legal Studies, Vol. 7 (1978), S. 1-34; für eine Anwendung dieses Konzepts auf das deutsche Vertragsrecht vgl. *Adams*, Irrtümer und Offenbarungspflichten im Vertragsrecht, AcP 186 (1986), S. 453-489. Näheres hierzu folgt in Teil 3:A.II dieser Arbeit.

II. Die Untersuchungsmethodik: Ökonomische Analyse des Rechts

1. Grundlagen

Die Disziplin der „Ökonomischen Analyse des Rechts“, im anglo-amerikanischen Rechtsraum „economic analysis of law“ bzw. „law and economics“, hat ihren Ursprung in dem Aufsatz des Nobelpreisträgers *Ronald Coase* aus dem Jahr 1960 über das Problem sozialer Kosten,[31] dessen Gedankengang erst später der Nobelpreisträger *George Stigler* zum sog. „Coase-Theorem“ formalisierte.[32] Die Motivation von *Coase* war es zunächst, das damals vorherrschende Konzept der sogenannten „Pigou-Steuer“ zu entkräften. *Pigou* behauptete, der Staat müsse die aus einem Marktversagen resultierenden externen Effekte mit einer Steuer oder anderen prohibitiven Eingriffen korrigieren.[33] Die „Pigou-Steuer“ soll idealerweise exakt die externen Kosten in den jeweiligen Produktpreis mit abbilden und so im Ergebnis sämtliche Externalitäten internalisieren. *Coase* leitete aus einer Analyse von Einzelfällen ab, dass eine staatliche Korrektur in vielen Fällen gerade nicht erforderlich sei, sondern sich vielmehr unter bestimmten Bedingungen ein gesellschaftlich effizientes Endergebnis „von selbst“ einstellen würde: Dies sei der Fall, wenn die jeweiligen Handlungsrechte eindeutig definiert und frei übertragbar sind sowie ihre Übertragung kostenlos durchführbar ist, d.h. die Transaktionskosten gleich Null sind.[34] Soweit diese Voraussetzungen erfüllt sind, wird sich immer dieselbe bestmögliche („pareto-optimale“) Allokation der gesellschaftlichen Ressourcen ergeben, unabhängig von der jeweiligen Anfangsverteilung. Die Bedeutung der Erkenntnisse von *Coase* reichen weit über seine eigenen Anwendungsbeispiele hinaus. Vor dem Hintergrund seiner Überlegungen lassen sich insbesondere alternative Rechtsregeln ökonomisch analysieren und aus dieser Analyse rechtspolitische Handlungsempfehlungen ableiten.[35]

Wenn sich effiziente Zustände einstellen, wenn Rechtsübertragungen kostenlos möglich sind, so ergibt sich zwanglos, dass Transaktionskosten möglichst zu minimieren sind. Eine Welt gänzlich ohne Transaktionskosten, wie im Coase-Theorem angenommen, existiert jedoch nur in ökonomischen Modellen[36]

---

31 *Coase*, The Problem of Social Cost, Journal of Law and Economics, Vol. 3 (1960), S. 1 ff.

32 Vgl. *Stigler*, The Theory of Price, 4. Auflage, New York 1987, S. 110 ff.

33 Vgl. *Pigou*, The Economics of Welfare, 4. Auflage, London 1932, S. 192.

34 Formulierung des „*Coase*-Theorems“ nach *Schäfer/Ott*, S. 102.

35 Vgl. *Schäfer/Ott*, S. 101.

36 *Adams* spricht insofern zutreffend von einer „Arrow-Debreu-Modellwelt“: *Adams*, Ökonomische Theorie des Rechts, 2. Auflage, Franfurt a.M. 2004, S. 76.

– sie hat aber den analytischen Wert, dass sich mit ihrer Hilfe eine optimale Ressourcenverteilung, etwa in Fällen von Marktversagen, simulieren lässt. Ziel einer Regulierung kann es sein, diesem Idealzustand möglichst nahezukommen – allerdings nur dann, wenn staatliche Maßnahmen einen solchen Zustand kostengünstiger herbeiführen können als der Markt. Transaktionskosten setzen sich zusammen aus den Kosten der Information, der Kosten der Koordination der Übertragung und der Kosten der Rechtsdurchsetzung.[37] Mit den „Kosten der Information" beschäftigt sich die ökonomische Teildisziplin der Informationsökonomik („economics of information").[38] Insbesondere asymmetrisch verteilte Informationen können erhebliche Transaktionskostenerhöhungen zur Folge haben und im Extremfall sogar zum Zusammenbruch ganzer Märkte oder Marktsegmente führen.[39]

Diese Arbeit soll Erkenntnisse der Informationsökonomik im Hinblick auf asymmetrische Informationen mit der juristischen Diskussion um den Betrugsstraftatbestand verbinden. Dabei kann der Betrugsstraftatbestand, wie noch näher auszuführen sein wird, als *ein* Instrument verstanden werden, um informationsspezifische Transaktionskosten zu senken und so näher an den „Coase'schen Idealzustand" kostenloser Rechtsübertragungen heranzurücken. Da es sich beim Betrugsstraftatbestand um eine Strafnorm handelt, ist sowohl nach juristischer als auch ökonomischer Sichtweise ihr Einsatz besonders zu begründen. Während Juristen den Einsatz des Strafrechts mit dem Schutz von „Rechtsgütern" legitimieren[40], stellen sich Ökonomen die Frage, ob andere (rechtliche und außerrechtliche) Instrumente zur Verhaltenssteuerung Mängel aufweisen, die eine Strafnorm ausgleichen kann.[41] Die ökonomischen Grundlagen für die Wirkung und Funktion des Strafrechts hat der Nobelpreisträger *Gary Becker* in seinem Aufsatz „Crime and Punishment: An Economic Approach" erarbeitet.[42] Seine Erkenntnisse haben den Grundstein für eine ökonomische Analyse des Straf-

37 Vgl. *Schäfer/Ott*, S. 102.

38 Den „Startschuss" für diese Forschungsrichtung gab *Stigler* mit seinem Aufsatz „The Economics of Information" (The Journal of Political Economy, Vol. 3 (1961), S. 213 ff.), in dem er Informationen einen impliziten Wert über die Suchkosten zuwies und so die Annahme vollkommener Informationen fallenlies. Näheres folgt in Teil 2:B.I dieser Arbeit.

39 Hier ist insbesondere der Beitrag des Nobelpreisträgers *Akerlof* zu nennen, der den „Zitronenmarkt" für Gebrauchtwagen ökonomisch analysiert. Vgl. *Akerlof*, The Market for „Lemons": Quality Uncertainty and the Market Mechanism, The Quarterly Journal of Economics, Vol. 84 (1970); sowie näher in Teil 2:B.I dieser Arbeit.

40 Vgl. dazu näher in Teil 2:C.I.

41 Vgl. dazu näher in Teil 2:C.II.

42 Vgl. *Becker*, Crime and Punishment: An Economic Approach, Journal of Political Economy, Vol. 76 (1968), S. 169-217.

rechts gelegt. Das Zusammenspiel der ökonomischen Analyse von Strafnormen und den Erkenntnissen der Informationsökonomik ermöglicht es, die spezifische Funktion des Betrugsstraftatbestand im Geflecht der Instrumente zur Abmilderung negativer Folgen asymmetrischer Informationen zu verstehen und zu begründen. Diese Begründung legt dann den Grundstein, einzelne Rechtsprobleme des Betrugsstraftatbestands, wie sie sich aus der Eingrenzung im vorherigen Abschnitt ergeben, ökonomisch zu analysieren.

2. Abgrenzung des Themas

Aus der Eingrenzung dieser Arbeit auf die Analyse des deutschen Betrugsstraftatbestands mithilfe des mikroökonomischen Instrumentariums ergeben sich zugleich Abgrenzungen zu anderen Ansätzen, insbesondere zu (rein) strafrechtlichen und (rein) ökonomischen Arbeiten.

a) Abgrenzung zu (rein) juristischen Arbeiten

Wie schon angedeutet, gehört der deutsche Betrugsstraftatbestand zu einer der Strafvorschriften, die die meiste Literatur hervorgebracht hat.[43] Dabei unterscheidet sich die juristische Methodik grundlegend von dem rechtsökonomischen Analyseansatz. So ist Gegenstand der Rechtswissenschaften die Gesetzesanwendung, die wiederum durch zwei verschiedene Arbeitsschritte gekennzeichnet ist:[44] Zum einen muss der Rechtsanwender einen in der Realität vorgefundene „Rohsachverhalt“ soweit aufbereiten und konkretisieren, dass die Subsumtion unter die jeweiligen möglicherweise anwendbaren Rechtssätzen möglich ist. Zum anderen muss er aber auch die abstrakt formulierten Rechtsnormen soweit präzisieren und mit Inhalt füllen, dass sie vor dem Hintergrund eines in der Realität angetroffenen Sachverhaltes eine konkrete Aussage zulassen. Die juristische Forschung beschäftigt sich vor allem mit dem letztgenannten Arbeitsschritt, der sog. *Gesetzesauslegung*. Dabei bezeichnet „Auslegung“ ein „vermittelndes Tun, durch das sich der Auslegende den Sinn eines Textes, der ihm problematisch geworden ist, zum Verständnis bringt“.[45] „Problematisch“ wird der Sinn eines Textes dadurch, dass der Gesetzgeber, anders als z.B. in der Mathematik oder der formalisierten Logik, keine genau festgelegten Begriffe verwendet, sondern sich einer „Umgangssprache“ bedient, deren Bedeutung innerhalb einer bestimmten Spannbreite schwankt und die in Abhängigkeit des jeweiligen

43 Vgl. Fn. 12.

44 Beschreibung in Anlehnung an *Larenz*, Methodenlehre der Rechtswissenschaft, 6. Auflage, Berlin u.a. 1991, S. 312 ff.

45 Fn. 44.

Kontextes unterschiedlich verstanden werden kann.[46] Die rechtswissenschaftlich akzeptierten Deutungen sind diejenigen, die durch die gängigen Auslegungsmethoden ermittelt worden sind: Darunter fällt der Wortsinn, das systematische und historische Verständnis, aber vor allem der Sinn und Zweck (der „Telos“) der auszulegenden Vorschrift.[47] Die klassische Streitfrage[48] ist in diesem Zusammenhang, ob die Ermittlung des Willens des Gesetzgebers oder der normative Gesetzessinn primäres Ziel der Auslegung sein soll.[49]

Im Unterschied dazu versuchen rechtsökonomische Ansätze nicht, ein Gesetz anhand des gesetzgeberischen Willens oder dem normativen Gesetzessinn auszulegen, sondern positive *und* normative Aussagen zu einer rechtlichen Regelung zu machen.[50] Zum einen fragen sie, welche Folgen die jeweilige rechtliche Regelung in der Wirklichkeit auslöst, insbesondere welche Anreize sie für menschliches Verhalten setzt (positive Analyse). Zum anderen bewerten sie diese Folgen vor dem Hintergrund eines in einer bestimmten Weise definierten ökonomischen Effizienzkriteriums (normative Analyse), wobei sie sich Erkenntnissen der Wohlfahrtsökonomik bedienen. Als Effizienzkriterien sind vor allem die Pareto- und die Kaldor-Hicks-Effizienz zu nennen. Ein gesellschaftlicher Zustand ist pareto-effizient, wenn durch eine Veränderung kein Gesellschaftsmitglied besser gestellt werden kann, ohne dass zumindest ein anderes Gesellschaftsmitglied schlechter gestellt wird.[51] Hingegen lässt das Kaldor-Hicks-Kriterium die Schlechterstellung eines oder mehrerer Gesellschaftsmitglieder zu, soweit dadurch ein anderes oder mehrere Gesellschaftsmitglieder ihre Situation im mindestens gleichem Umfang verbessern; es muss also möglich

46 Fn. 44.

47 Fn. 44, S. 320 ff.

48 So haben sich bereits in der 2. Hälfte des 19. Jahrhunderts im rechtsphilosophischen und rechtsmethodischen Diskurs zwei Theorien herausgebildet, um das Ziel der Gesetzesauslegung zu beschreiben: Während die „subjektive“ bzw. „Willenstheorie“ den historischen Willen des Gesetzgebers für maßgeblich erachtete, versuchte die „objektive“ Theorie, die dem Gesetz selbst innewohnenden Sinn zu erschließen (*Larenz*, Methodenlehre der Rechtswissenschaft, 6. Auflage, Berlin u.a. 1991, S. 316).

49 Vgl. *Larenz*, Fn. 44, S. 316 f., der beide Zielsetzungen für maßgebend erachtet.

50 Vgl. *Eidenmüller*, Effizienz als Rechtsprinzip: Möglichkeiten und Grenzen der ökonomischen Analyse des Rechts, Diss., 3. Auflage, Tübingen 2005, S. 21.

51 Formulierung nach *Schäfer/Ott*, S. 395. Der Begriff der „Pareto-Optimalität“ geht auf den italienischen Ökonom und Soziologen Vilfredo *Pareto* zurück, der den Begriff der Effizienz beim Tausch prägte: Vgl. *Pareto*, Manual of Political Economy, New York 1971.

sein, dass die Gewinner die Verluste der Verlierer aus ihrem Zugewinn ausgleichen (*hypothetische* Kompensationsmöglichkeit).[52]

Ob das „Effizienzprinzip" in der Rechtsordnung einen Platz hat oder sogar als Auslegungsmaßstab mit herangezogen werden kann, soll in dieser Arbeit offengelassen werden.[53] Zwar wird der Versuch unternommen, ökonomische Wertungen in die strafrechtliche Dogmatik zu integrieren. Jedoch liegt der mögliche Mehrwert der hier entwickelten Gedanken zunächst in einer eigenständigen wirtschaftswissenschaftlichen Analyse, ohne dass sich die Schlussfolgerungen für die Lösung bestimmter Fallgruppen in die bestehende strafrechtliche Dogmatik reibungsfrei einfügen, geschweige denn im Geflecht der juristischen Argumentationslinien gerechtfertigt werden müssen. Letztendlich steht es jedem Leser frei, den Wert ökonomischer Ansätze für die Lösung juristischer Auslegungsprobleme für sich festzulegen. Wer die Zielsetzung gesellschaftlicher Effizienz für den juristischen und insbesondere strafrechtlichen Diskurs in vollem Umfang für irrelevant erachtet, mag den folgenden Ausführungen trotzdem eine „allgemeine akademische Neugier" entgegenbringen.

b) Abgrenzung zu (rein) ökonomischen Arbeiten

Die traditionelle Mikroökonomie versucht seit jeher die Bedingungen zu beschreiben, zu denen eine Gesellschaft den Zustand der Allokationseffizienz erreicht.[54] Eine solche Gesellschaft ist durch „vollständige Konkurrenz"[55] gekennzeichnet und führt bei einer marktwirtschaftlichen Organisation unter Vertragsfreiheit zu einer Abwesenheit von Verschwendung. Da aber in der Realität kein System diese Bedingungen erfüllt, etwa aufgrund in dieser Arbeit im Mittelpunkt stehenden Informationsunvollkommenheiten, hat ein solcher Zustand den Charakter eines „Referenzsystems",[56] an das es zur bestmöglichen Vermeidung von Verschwendung möglichst nahe heranzurücken gilt. Implizit vorausgesetzt,

---

52 Dieses Kriterium wurde von den Ökonomen Nicholas Kaldor und John Hicks entwickelt. Vgl. *Eidenmüller*, Effizienz als Rechtsprinzip: Möglichkeiten und Grenzen der ökonomischen Analyse des Rechts, Diss., 3. Auflage, Tübingen 2005, S. 51. Der Nachteil des Kaldor-Hicks-Kriteriums im Vergleich zum Pareto-Kriterium ist, dass es eine kardinale Nutzenskala vorausaussetzt: Um die Ausgleichsmöglichkeit festzustellen, bedarf es eines interpersonellen Nutzenvergleichs, hingegen reicht es für die Pareto-Optimalität aus, dass jedes Gesellschaftsmitglied einen Zustand als im Vergleich zu einem anderen Zustand besser oder schlechter bewertet (ordinale Nutzenskala).

53 Vgl. dazu ausführlich die Dissertation von *Eidenmüller*, Effizienz als Rechtsprinzip: Möglichkeiten und Grenzen der ökonomischen Analyse des Rechts, Diss., 3. Auflage, Tübingen 2005.

54 *Schäfer/Ott*, S. 5.

55 Zu den Bedingungen vollkommener Märkte vgl. Teil 2:A.II.

56 Terminologie nach *Schäfer/Ott*, S. 5.

aber lange Zeit aus der traditionellen mikroökonomischen Analyse ausgeklammert, wurde die Existenz eines rechtlichen Rahmens, der wesentlich den Wert physischer Güter durch Handlungsrechte und Sanktionsnormen mitbestimmt. Erst *Ronald Coase* analysierte in seinem bereits benannten Aufsatz[57] die Rolle des Rechts für die Ressourcenallokation und arbeitete in diesem Zusammenhang die Bedeutung der Transaktionskosten heraus.

Insoweit sich diese Arbeit für die Analyse des Betrugsstraftatbestands mikroökonomischer Instrumentarien bedient, steht sie im Einklang mit originär ökonomischen Arbeiten. Während (straf-)rechtliche Arbeiten durch das Primat der juristischen Auslegungsmethoden in der Regel einen grundlegend anderen Problemzugang wählen,[58] misst diese Arbeit die rechtliche Regelung des § 263 StGB an Effizienzkriterien und stimmt so in ihrem Grundannahmen mit wirtschaftswissenschaftlichen Beiträgen überein. Trotzdem bestehen erheblich Unterschiede in der Durchführung. So werden in dieser Arbeit weder bestehende ökonomische Modelle zur Analyse asymmetrischer Informationen um betrugsspezifische Probleme erweitert noch wird ein eigenes ökonomisches Modell zur Beschreibung des Betrugs entwickelt. Auch erfolgt in dieser Arbeit keine empirische Verifizierung eines bestehenden Modells zu asymmetrischen Informationen, geschweige denn eine empirische Überprüfung der hier verbal entwickelten Prinzipien dahingehend, ob sie den Betrugsstraftatbestand zu einem effektiveren Instrument zur Reduktion informationsspezifischer Transaktionskosten machen.

Vielmehr liegt der Wert dieser Arbeit darin, das juristische und ökonomische Wissenschaftssystem im Rahmen des Untersuchungsgegenstandes dieser Arbeit zu verknüpfen; es handelt sich also im wesentlichen um eine *Integrationsleistung*.[59] Da sich, um mit den Worten des Soziologen *Niklas Luhmann* zu sprechen, unterschiedliche soziale Systeme verschiedener „Codierungen" bedienen,[60] ist für ein gegenseitiges Verständnis eine „Übersetzung" von einer Fach-

57 Fn. 31.

58 Es gibt auch zahlreiche juristische Arbeiten, die eine rechtspolitische Fragestellung verfolgen oder aus einer eigentlich juristischen Fragestellung rechtspolitische Schlussfolgerungen ziehen. Die Begründungen der rechtspolitischen Vorschläge bewegen sich jedoch in aller Regel innerhalb der juristischen Argumentationslogik, z.B. ergibt oftmals eine verfassungs- oder europarechtliche Analyse, dass gesetzliche Regelungen anders zu fasssen sind.

59 Der Philosoph *Richard Precht*, der in jüngster Zeit mit seinem populärwissenschaftlichen Buch „Wer bin ich – und wenn ja, wie viele?" einem breiteren Publikum bekannt geworden ist, bezeichnet in einem Interview Vertreter solcher interdispliärer Ansätze (einschließlich ihm selbst) pointiert als „Diskurskonnektoren" (Der Tagesspiegel vom 4. Januar 2011, Kulturteil).

60 Vgl. grundlegend zur Systemtheorie *Luhmann*, Soziale Systeme: Grundriß einer allgemeinen Theorie, Nachdruck, Frankfurt a.M. 2010; speziell in Bezug auf die Wissen-

sprache in die andere notwendig. Da sich diese Arbeit trotz des mikroökonomischen Ansatzes mit einem juristischen Untersuchungsgegenstand beschäftigt, ist eine „Übersetzung" der ökonomischen Erkenntnisse über asymmetrische Informationen für den juristischen Diskurs zum Betrugsstraftatbestand erforderlich (und nicht umgekehrt). Dies ist Hauptanliegen der vorliegenden Arbeit und damit der wesentliche Unterschied zu originär ökonomischen Beiträgen.

III. Aufbau der Arbeit

Diese Arbeit ist folgendermaßen strukturiert:

In einem ersten konzeptuellen Kapitel (Teil 2) soll in einem problemorientierten Zugriff der gegenwärtige Forschungsstand der Informationsökonomik zu asymmetrischen Informationen aufgearbeitet und anschließend mit dem Betrugsstraftatbestand verknüpft werden. Um das Problem asymmetrischer Informationen zu verstehen, wird nach einer Klärung elementarer Grundbegriffe (Abschnitt A) zunächst die Funktion von Informationen in marktlichen Austauschprozessen und verschiedene Arten der Informationsunvollkommenheiten dargestellt (Abschnitt B.I). Es folgt ein kurzer Überblick über die Wirkung asymmetrischer Informationen (Abschnitt B.II) und mögliche marktliche und staatliche Instrumente, um den negativen Wirkungen asymmetrischer Informationsverteilungen entgegenzuwirken (Abschnitt B.III). Der letzte Abschnitt des 2. Kapitels (Abschnitt C) leitet dann zum Betrugsstraftatbestand über. Nach dem sowohl die juristische (Abschnitt C.I) als auch die ökonomische (Abschnitt C.II) Begründung von Strafnormen abstrakt dargestellt wurde, wird in einem ersten Zugriff die Stellung und Funktion des deutschen Betrugsstraftatbestands im Geflecht der Instrumente zur Abmilderung negativer Folgen asymmetrischer Informationsverteilungen analysiert. Das Kapitel schließt mit einem Blick in das amerikanische Recht zum Betrug als Beispiel eines „common law"-Rechtssystems (Abschnitt D).

Das folgende Kapitel (Teil 3) konzentriert sich dann auf konkrete Fragen der Rechtsanwendung. Wie schon in der Eingrenzung des Untersuchungsgegenstandes ausgeführt, sollen in dieser Arbeit, ausgehend von dem im Kapitel zuvor erarbeiteten konzeptuellen Grundlagen, ausgesuchte praktisch relevante Tatbestandsmerkmale des Betrugs ökonomisch aufgearbeitet werden: Der Täuschungsbegriff (Abschnitt A), der Irrtumsbegriff (Abschnitt B) und der in der juristischen Literatur vor allem diskutierte Begriff des Vermögensschadens (Ab-

---

schaft ders., Die Wissenschaft der Gesellschaft, Frankfurt a.M. 2009; in Bezug auf die Wirtschaft und das Recht ders., Die Wirtschaft der Gesellschaft, Frankfurt a.M. 1988 und ders., Das Recht der Gesellschaft, 3. Auflage, Frankfurt a.M. 1993.

schnitt C). Im Rahmen dieser Analyse wird zunächst - in der gebotenen Kürze - ein Überblick über den juristischen Diskussionsstand gegeben, woran sich eine Erörterung der ökonomische Funktion des jeweiligen Tatbestandsmerkmals anschließt. Zu jedem Diskussionsstand werden ausgesuchte Entscheidungen aus der Rechtsprechung vorgestellt und nach den zuvor erarbeiteten Erkenntnissen ökonomisch gewürdigt.

Die Arbeit schließt mit einer Zusammenfassung der wesentlichen Ergebnisse (Teil 4).

Teil 2: Verträge, Betrug und Ökonomie

A. Grundbegriffe: Märkte, Transaktionen und Verträge

Um das Phänomen des Betrugs in Vertragsverhältnissen aus wirtschaftswissenschaftlicher Sicht zutreffend einordnen zu können, ist es notwendig, sich zu vergegenwärtigen, welche Funktion einzelne Austauschprozesse (=Transaktionen), Märkte und Verträge in einer Volkswirtschaft haben. Der wirtschaftswissenschaftlich vorgebildete Leser mag diesen Abschnitt überspringen.

I. Vom einzelnen Tauschgeschäft (Transaktion) zum Markt

Transaktionen stellen die „Grundeinheit“ wirtschaftswissenschaftlicher Analyse dar.[61] Während ein Markt die Institution ist, der das Zusammentreffen von Angebot und Nachfrage und damit Austauschbeziehungen ermöglicht, so kann die einzelne Austauschbeziehung als eine Transaktion bezeichnet werden. Der amerikanische Ökonom *Oliver E. Williamson*, neben *Coase* prominenter Vertreter der Transaktionskostentheorie, definiert eine Transaktion wie folgt: „A transaction ocurs when a good or a service is transferred across a technologically seperated interface.“[62] Trotz in Teilen abweichender Definitionsansätze[63] besteht Einigkeit, dass durch jede Transaktion Verfügungsrechte an Gütern umverteilt werden.[64] Transaktionen setzen weder einen Vertrag noch einen Markt voraus, treffen aber andererseits häufig damit zusammen.

Während Transaktionen im Idealfall zu pareto-optimalen Umverteilungen führen,[65] also alle Beteiligten profitieren, ist dies bei sog. „prekären“ Transaktionen nicht notwendigerweise der Fall. Solche Transaktionen sind dadurch gekennzeichnet, dass sie zwar bei absprachegemäßen Verhalten aller Transaktionspartner für jeden Beteiligten vorteilhaft sind, jedoch individuelles Verhalten

61 Vgl. *Erlei*, Institutionen, Märkte und Marktphasen, Tübingen 1998, S. 47.

62 Vgl. *Williamson*, The Economic Institutions of Capitalism, Nachdruck, New York 2010, S. 1.

63 Vgl. *Erlei*, Institutionen, Märkte und Marktphasen, Tübingen 1998, S. 47 m.w.Nws.

64 So sehr klar *Weise/Brandes/Eger/Kraft*, Neue Mikroökonomie, 5. Auflage, Heidelberg 1985, S. 145. Vgl. auch die Definition von *Milgrom* und *Roberts*: „The transfer of goods or services from one individual to another“ (*Milgrom/Roberts*, Economics, Organization and Management, Englewood Cliffs u.a. 1992, S. 21).

65 Insbesondere unter den Bedingungen vollkommener Märkte, vgl. dazu Teil 2:A.II.

einzelner oder mehrerer Akteure potentielle Transaktionsgewinne vernichtet.[66] Die Antizipation solchen Verhaltens verhindert die allseitige ex-ante-Zustimmung zu solchen Transaktionen; es bedarf mithin vertraglicher oder institutioneller Absicherungen, um entsprechende Tauschgewinne trotzdem realisieren zu können. Insbesondere Informationsdefizite und Betrug können, wie noch an den Erläuterungen zur „adverse selection" verdeutlicht werden wird, Transaktionen verhindern und sogar zum Zusammenbruch ganzer Märkte führen.[67]

Die Summe der Kosten aus den Effizienzeinbußen des unerwünschten Verhaltens bei prekären Transaktionen, der deswegen erforderlichen institutionellen Absicherung sowie weiteren Such-, Informations- und Verhandlungskosten[68] ergeben den „Preis" von Transaktionen und werden deswegen als *Transaktionskosten* bezeichnet. Die Transaktionskosten entsprechen den „Reibungsverlusten bei der Durchführung einer Transaktion";[69] trotzdem führen sie nicht immer zu sozialen Verlusten, sondern sind bei unerwünschten Transaktionen sogar volkswirtschaftlich erwünscht.[70]

Die Summe aller Austauschbeziehungen wird als „Markt" bezeichnet.[71] Strukturelle Defizite einzelner Transaktionen können somit auf aggregierter Ebene zu einem Marktversagen führen. Die Bedingungen, unter denen Märkte funktionieren, werden im folgenden Abschnitt dargestellt.

---

66 Vgl. *Erlei*, Institutionen, Märkte und Marktphasen, Tübingen 1998, S. 48 m.w.Nws.

67 Vgl. dazu Teil 2:B.I.

68 Darstellung nach *Erlei*, Institutionen, Märkte und Marktphasen, Tübingen 1998, S. 50.

69 Vgl. *Williamson*, The Economic Institutions of Capitalism, New York u.a. 1985 (reprint 1998), S. 1.

70 Hier sind insbesondere Koordinationskosten zur Etablierung wettbewerbseinschränkenden Verhaltens (z.B. Kartelle) zu nennen (*Erlei*, Institutionen, Märkte und Marktphasen, Tübingen 1998, S. 50). Staatliche Sanktionen, wie etwa Kartellbußen, erhöhen so Transaktionskosten für den jeweiligen Wettbewerber, fördernd jedoch insgesamt den Wettbewerb und führen damit im Ergebnis zu geringeren Preisen und mehr Transaktionen.

71 So wird in der Mikroökonomie das Marktgleichgewicht aus dem Zusammenspiel der durch die Aggregation individueller Nachfragekurven ermittelter Marktnachfragekurven und durch die Aggregation individueller Angebotskurven ermittelter Marktangebotskurven abgeleitet. Vgl. dazu *Pindyck/Rubinfeld*, Mikroökonomie, 7. Auflage, München 2011, S. 99 ff.

II. Märkte als Institutionen zur Ressourcenallokation

1. Marktdefinition

Ein Grundbegriff in den Wirtschaftswissenschaften ist der des „Markts". Umgangsprachig hat jeder eine Vorstellung von diesem Begriff, sei es aufgrund des samstäglichen Gemüseeinkaufes auf dem Wochen"markt" oder, weitaus moderner, der Online-Handel von Wertpapieren.

In den Wirtschaftswissenschaften gehört die „Entdeckung" von Märkten zu den ersten Errungenschaften. Bereits in der berühmten Abhandlung *An Inquiry into the Nature and Causes of Wealth of Nations* von *Adams Smith* finden sich Erläuterungen zum Markt.[72] *Smith* war auch einer der ersten, der Märkte als eine Institution zur pareto-optimalen Allokation von Ressourcen kennzeichnete. Diese Eigenschaft von Märkten fand jedoch ihre klarste Formulierung in den Arbeiten von *Arrow* und *Debreu*.[73]

Doch um diese zentrale volkswirtschaftliche Wirkung von Märkten zu verstehen, soll zunächst der Begriff des „Marktes" definiert werden.

a) Ausgangsdefinition

Aus ökonomischer Sicht können wirtschaftliche Einheiten in zwei Gruppen unterteilt werden – Käufer und Verkäufer. Dabei ist hierbei „Kauf" nicht im juristischen Kontext zu verstehen, nach dem eine Kaufsache gegen die Zahlung einen Kaufpreis veräußert wird.[74] Vielmehr werden damit Wirtschaftssubjekte bezeichnet, die über die Institution des Marktes in *Tauschbeziehungen jeder Art* treten können.[75] Der Markt ist dabei weder der geografische noch der „ökonomische Ort"[76], an dem diese Tauschbeziehungen stattfinden, sondern vielmehr eine Ansammlung von „Käufern" und „Verkäufern", die durch ihre tatsächlichen oder potenziellen Interaktionen den Preis eines Produktes oder eines Produktsortiments bestimmen.[77] Organisatorisch lässt sich der Markt als soziale Einrichtung sich wiederholenden Tauschs zwischen einer Mehrheit von Tauschreflek-

---

72 *Adam Smith*, An Inquiry into the Nature and Causes of Wealth of Nations, Oxford 1976.

73 *Arrow*, An extension of the basic theorems of classical welfare economics, in: J. Neyman, Proceedings of the Second Berkeley Symposium on Mathematical Statistics and Probability, Berkeley 1951; *Debreu*, Theory of Value: an axiomatic analysis of economic equilibrium, Cowles Foundation Monograph, 17. Band, Nachdruck, New Haven u.a. 1987.

74 So etwa die Definition im deutschen Zivilrecht (§ 433 BGB).

75 Vgl. für viele *Richter/Furubotn*, Neue Institutionenökonomik, S. 340.

76 So sehr klar *Weise/Brandes/Eger/Kraft*, Neue Mikroökonomie, 5. Auflage, Heidelberg 1985, S. 144.

77 So *Pindyck/Rubinfeld*, Mikroökonomie, S. 32.

tanten begreifen.[78] Er ist damit nicht der Ort, wo Angebot und Nachfrage zusammentreffen, sondern eine Institution, die das Zusammentreffen von Angebot und Nachfrage ermöglicht.[79]

b) Eigenschaften von Märkten

Damit der Markt die ihm eben zugeschriebene Funktion erfüllen kann, bedarf es einiger Vorbedingungen, die in der Realität in vollkommener Ausprägung aber äußerst selten anzutreffen sind. Insofern hat sich in der wirtschaftswissenschaftlichen Diskussion die Unterscheidung zwischen „*perfekten*" und „*imperfekten*" bzw. analog zwischen „*vollkommenen*" und „*unvollkommenen*" Märkten herausgebildet.[80] Ursprünglich beschäftigte sich die Wissenschaft nur mit vollkommenen Märkten, bis in den dreißiger Jahren die Idee vom unvollkommenen Wettbewerb aufkam und damit ein neues Denken einleitete.[81] Es wurde klar, dass der Idealtyp des vollkommenen Marktes auf bestimmten Annahmen beruhte, und es in der Realität vielerlei Abweichungen vom Idealtyp gab, die zu Fehlfunktionen bis hin zum vollständigen Versagen von Märkten führen konnten.

aa) Perfekte bzw. Vollkommene Märkte

Perfekte Märkte zeichnen sich durch einige Grundannahmen aus, die sowohl notwendige als auch hinreichende Bedingungen für perfekten Wettbewerb sind:[82]

- Es existiert eine hinreichend große Zahl an Anbietern und Nachfragern, so dass kein Einzelner über bedeutenden Einfluss auf den Preis verfügt.[83]
- Es besteht die Möglichkeit des freien Markzugangs und des Marktaustritts, d.h. es existieren keine Marktzugangs- oder Marktaustrittsbarrieren (barriers to entry or to exit).[84]

---

78 *Richter/Furubotn*, Neue Institutionenökonomik, S. 340.

79 *Weise/Brandes/Eger/Kraft*, Neue Mikroökonomie, 5. Auflage, Heidelberg 1985, S. 144.

80 Es wird auch teilweise synonym vom vollkommenen Wettbewerb und unvollkommenen Wettbewerb gesprochen (vgl. z.B. *Pindyck/Rubinfeld*, Mikroökonomie, S. 33). Genau genommen ist vollkommener Wettbewerb die Folge eines vollkommenen Marktes.

81 Vgl. für eine historische Aufarbeitung der Idee des (im-)perfekten Wettbewerbs *Stigler*, Perfect Competition, Historically Contemplated, Journal of Political Economics, Vol. 65 (1957), S. 1-17.

82 Vgl. dazu *Stigler*, Perfect Competition, Historically Contemplated, Journal of Political Economics, Vol. 65 (1957), S. 1-17.

83 Abweichungen von dieser Bedingung führt zu Oligopolen und Monopolen (z.B. OPEC-Kartell), vgl. *Pindyck/Rubinfeld*, Mikroökonomie, S. 33, zur Preisbildung bei Oligopolen und Monopolen vgl. S. 507 ff.

84 Vgl. *Stigler*, Perfect Competition, Historically Contemplated, Journal of Political Economics, Vol. 65 (1957), S. 1-17.

- Es handelt sich um vollkommen homogene und unteilbare Produkte.
- Es gibt kein kollusives Verhalten zwischen den Markteilnehmern.[85]
- Es gibt keine Externalitäten.[86]
- Es gibt keine steigenden Grenzerträge.
- Es herrscht vollkommene Information seitens der Marktteilnehmer und Suchkosten sind vernachlässigbar gering.

bb) Imperfekte bzw. Unvollkommene Märkte

In der Praxis sind perfekte Märkte (alle vorstehenden Bedingungen sind erfüllt) nicht zu finden. Zwar gibt es durchaus Märkte, die relativ nahe an diesen Idealtyp herankommen (z.B. Kapitalmärkte), aber trotzdem bleiben einzelne Voraussetzungen zumindest teilweise unerfüllt. Insbesondere die Annahme vollständiger Informationen ist in vielen Austauschbeziehungen nicht realistisch. Betrug und asymmetrische Informationsverteilungen, insbesondere bei Betrugsfällen, führen somit definitionsgemäß zu unvollkommenen Märkten.

c) Märkte als Institutionen zur pareto-optimalen Allokation von Ressourcen

Die Aufgabe von Märkten in unserer Gesellschaft ist bereits in der Definition angedeutet: es geht um die Ermöglichung des „Zusammentreffens von Angebot und Nachfrage", also von Austauschbeziehungen. Aber diese Funktionsbeschreibung sagt noch nichts darüber aus, in welcher Qualität Märkte diese Aufgabe erfüllen, d.h. in welcher Weise die gesellschaftlichen Ressourcen durch die Austauschbeziehungen an Märkten auf die einzelnen Gesellschaftsteilnehmer neu aufgeteilt werden.

Hier haben *Arrow* und *Debreu* als erstes nachgewiesen,[87] dass funktionierende – also vollkommene - Märkte zugleich gesellschaftlich zu einer pareto-optimalen Allokation von Ressourcen führen. Dabei ist eine Güterverteilung pareto-optimal (oder auch „pareto-effizient"), wenn durch eine Umverteilung nie-

85 Ansonsten besteht das Risiko der Kartellbildung, zu Kartellen vgl. *Pindyck/Rubinfeld*, Mikroökonomie, S. 607 ff.

86 Als Externalitäten werden indirekte Effekte der Aktivität eines Wirtschaftssubjekts auf den Konsum, die Produktion oder den Nutzen eines anderen Wirtschaftssubjekts verstanden. Indirekt sind diese Effekte deshalb, weil es sich beim Verursacher und Belasteten um getrennte Personen handelt und die Effekte nicht durch das Preissystem widergespiegelt werden. Externalitäten könne entweder positiv oder negativ sein, vgl. dazu *Pindyck/Rubinfeld*, Mikroökonomie, S. 836 ff.

87 Vgl. *Arrow*, An extension of the basic theorems of classical welfare economics, in: J. Neyman, Proceedings of the Second Berkeley Symposium on Mathematical Statistics and Probability, Berkeley 1951; *Debreu*, Theory of Value: an axiomatic analysis of economic equilibrium, Cowles Foundation Monograph, 17. Band, New Haven u.a. 1987.

mand besser gestellt werden kann, ohne dass ein anderer dadurch schlechter gestellt wird.[88]

III. Verträge als Instrumente zur Stabilisierung unsicherer Erwartungen

Schon lange gaben Rechtsordnungen Marktteilnehmern die Möglichkeit, nicht nur Transaktionen frei durchführen und damit Rechte übertragen zu können, sondern sich vielmehr auch vorher zu deren Übertragung zu verpflichten. Ein Vertrag ist nach der im kontinentaleuropäischen Rechtsraum vorherrschenden Willenstheorie[89] das Resultat einer Willensübereinstimmung - eine vertragliche Verpflichtung folgt entsprechend allein aus dem Umstand, dass freie Menschen sich binden *wollen*. Die Vertragsfreiheit bietet den Parteien zum einen die Möglichkeit, Verträge überhaupt abzuschließen oder davon abzusehen (Abschlussfreiheit) sowie die Freiheit, den Inhalt dieser Verträge frei zu bestimmen (Inhaltsfreiheit). Verfassungsrechtlich folgt die Vertragsfreiheit aus dem Recht der freien Entfaltung der Persönlichkeit (Art. 2 Abs. 1 GG).[90] Das Vertragsrecht beschäftigt sich insbesondere mit den Fragen, unter welchen Voraussetzungen eine solche rechtlich bindende Willensübereinkunft im Gegensatz etwa zu bloßen (nicht bzw. nur beschränkt bindenden) Vorverhandlungen vorliegt und welche Sanktionen das Recht bei Verletzungen des vertraglichen Pflichtenprogramms vorhalten soll.

Im Gegensatz zur juristischen Herleitung der Vertragsfreiheit aus verfassungsrechtlichen Freiheitsrechten verfolgt die ökonomische Vertragstheorie einen pragmatischen Ansatz: Ziel von Transaktionen ist – wie bereits dargelegt – die pareto-optimale Verteilung von Ressourcen. Beide Parteien soll die Durchführung einer Transaktion zum Vorteil gereichen – ansonsten würde der ökonomische Zweck von Transaktionen, nämlich eine bestmögliche Zuweisung knapper Güter sicherzustellen, nicht erfüllt. Die Existenz von Vertragsrecht als Mechanismus zur Durchsetzung von Transaktionen ist angesichts der institutionellen Kosten nur dann zu rechtfertigen, wenn die Parteien besser dastehen als in einer hypothetischen Situation ohne Vertragsrecht. In einem weniger entwickelten Wirtschaftssystem mit einem hohen Anteil von simultanen, unmittelbaren

---

88 Der Begriff der „*Pareto*-Optimalität" geht auf den italienischen Ökonom und Soziologen Vilfredo *Pareto* zurück, der den Begriff der Effizienz beim Tausch prägte: Vgl. *Pareto*, Manual of Political Economy, London 1971.

89 Vgl. zur Abgrenzung zur amerikanischen „Bargain Theory" *Cooter/Ulen*, S. 277 ff.

90 Vgl. für viele *Flume*, Allgemeiner Teil des Bürgerlichen Rechts, Band 2: Das Rechtsgeschäft, 4. Auflage, Berlin u.a. 1992, S. 1 ff.

Tauschgeschäften - also solchen, bei denen die beiderseitige Leistungserbringung ohne zeitliche Verzögerung erfolgt - besteht kaum eine Notwendigkeit, Versprechen zu geben.[91] Anders sieht es bei einem – in heutiger Zeit zumeist vorliegendem - zeitversetztem Leistungsaustausch aus. Die Zeitspanne zwischen Austausch der vertraglichen Versprechungen und Vertragsdurchführung verursacht Unsicherheiten. So wird der Käufer eines Neuwagens nicht bereit sein, vorab den Kaufpreis zu bezahlen, wenn der Autohändler lediglich eine moralische Verpflichtung hätte, diesen Wagen letztendlich auch zu liefern. Das Vertragsrecht erfüllt hier die Aufgabe, trotz unsicherer Erwartungen eine Transaktionen zu ermöglichen und damit das Interesse beider Parteien an einem störungsfreien Leistungsaustausch zu bedienen. Zwar könnte sich auch ohne Vertragsrecht vertragswidriges Verhalten in vielen Fällen am Markt nicht behaupten, da sich oftmals außerrechtliche Verhaltensnormen (wie z.B. ein Kodex „ehrbarer Kaufleute“) herausbilden.[92] Doch wären diese Austauschbeziehungen deutlich „primitiver“ als solche unserer Zeit, denn Vertragspartner müssten vor jeder einzelnen Transaktion die Vertrauenswürdigkeit des anderen Teils gesondert prüfen. Somit liegt der besondere Nutzen des Vertragsrecht darin, anonyme Transaktionen zwischen Personen, die sich nicht zu vertrauen brauchen, zu ermöglichen.[93] Zusätzlich zur Reduzierung des Vorleistungsrisikos hat das Vertragsrecht eine dreifach transaktionskostensenkende Wirkung:[94]

– In Abwesenheit einer Parteivereinbarung ordnet das Vertragsrecht Risiken so zu, wie ihn redliche Parteien bei Transaktionskosten von null geschlossen hätten (sog. „vollständiger Vertrag“) und spart so Informations- und Koordinationskosten.
– Vertragsrecht minimiert das Risiko opportunistischen Verhaltens vor Vertragsschluss (ex-ante) durch vorvertragliche Informations- und Verhaltensvorschriften sowie dem Schutz vertragsspezifischer Vertrauensinvestitionen.
– Schließlich reduziert das Vertragsrecht in gleicher Weise auch das Risiko des opportunistischen Verhaltens nach Vertragsschluss (ex-post).

Wie aber werden Transaktionen durch Verträge durchgesetzt? Die entscheidende Überlegung ist, dass es für eine rational handelende, egoistische Partei *attraktiv* gemacht wird, sich vertragskonform zu verhalten. Es geht aus ökono-

---

91 *Cooter/Ulen*, S. 283 ff.

92 Vgl. *Schäfer/Ott*, S. 397 mit der treffende Bezeichnung solchen Verhaltens als „evolutorisch instabil“. Vgl. dazu auch die sog. „impliziten Verträge“, etwa in *Ripperger*, Ökonomik des Vertrauens, 2. Auflage, Tübingen 2003, S. 28

93 *Schäfer/Ott*, S. 398.

94 In Anlehnung an *Schäfer/Ott*, S. 398. Vertragsrecht wird dort treffend als „Schmiermittel der Wirtschaft“, vergleichbar mit dem Geld, bezeichnet.

mischer Sicht nicht vordergründig darum, fehlgeschlagene Vertragsbeziehungen im Anschluss durch das Recht zu „reparieren“ (redistributive Wirkung), sondern durch rechtlichen Regelungen Anreize zu schaffen, sich von vorneherein vertragstreu zu verhalten und damit Transaktionen und dadurch arbeitsteilige Kooperationen zu fördern (produktive bzw. wohlfahrtserhöhende Wirkung). Mithilfe der Spieltheorie[95] lässt sich zeigen, wie sich Sanktionen für Vertragsverletzungen auf die erwarteten Auszahlungen der Vertragsparteien auswirken und welche Schadenersatzregelungen optimale Anreize vermitteln.[96] Ungeachtet aller Detailprobleme, insbesondere bei der Schadensberechnung,[97] genügt es an dieser Stelle festzuhalten, dass Verträge eine unverzichtbare Voraussetzung für den ökonomischen Erfolg moderner arbeitsteiliger Gesellschaften sind.

Wie schon angesprochen, ist der Vertrag im juristischen Sinne lediglich *ein* Anreizmechanismus, um Verhalten zum beidseitigen Vorteil bindend zu koordinieren. Das ökonomische Vertragsverständnis differenziert zwischen sog. *impliziten* und *expliziten* Verträgen.[98] Während explizite Verträge ausdrücklich mündlich oder schriftlich spezifiziert und gerichtlich durchsetzbar sind, zeichnen sich implizite Verträge durch von den Vertragsparteien geteilte wechselseitige Erwartungen aus. Diese Erwartungen werden zwar als verbindlich angesehen, sind aber rechtlich nicht durchsetzbar. Damit entsprechen „explizite Verträge“ Verträgen im juristischen Vertragsverständnis, während implizite Verträge ihre Bindungswirkung abseits staatlicher Sanktionsmechanismen, etwa durch die Drohung des Abbruchs der Kooperationsbeziehungen zwischen den Parteien, erfahren.[99] Damit ist die Wirksamkeit impliziter Verträge in besonderem Maße von der Existenz sozialer Normen und Reputationsmechanismen abhängig.[100] Auch implizite Verträge können von Informationsasymmetrien und Täuschungen betroffen sein. Der Betrugsstraftatbestand erfasst auch solche „Verträ-

95 Für eine Einführung in die Spieltheorie vgl. *Holler/Illing*, Einführung in die Spieltheorie, 7. Auflage, Berlin u.a. 2009.

96 Vgl. dazu das sog. „agency game“ z.B. in *Cooter/Ulen*, S. 283 ff.

97 Vgl. zu der umfangreichen juristischen Diskussion um die Schadensberechnung in Betrugsfällen im Teil 3:C.I.

98 Vgl. z.B. *Grossman/Hart*, The costs and benefits of ownership: A theory of vertical and lateral integration, Journal of Political Economy, Vol. 94 (1986), S. 691-719.

99 Diese (impliziten) Verträge werden deswegen auch als selbstdurchsetzend („self-enforcing“) bezeichnet, vgl. *Ripperger*, Ökonomik des Vertrauens, 2. Auflage, Tübingen 2003, S. 28.

100 Vgl. z.B. *Carmichael*, Self-enforcing contracts, shirking, and life cycle incentives, Journal of Economic Perspectives, Vol. 3 (1989), S. 65-83.

ge“, da er nicht auf Vertragsverhältnisse beschränkt ist.[101] Damit werden implizite Verträge zwar nicht rechtlich durchgesetzt, aber ihr *täuschungsfreies Zustandekommen* im deutschen Recht unter den Voraussetzungen des § 263 StGB geschützt.

B. Einordnung des Betrugs als Problem asymmetrischer Informationen

Jeder Fall des Betrugs setzt *asymmetrisch verteilte Informationen* voraus. Diese sind in der wirtschaftswissenschaftlichen Literatur aus verschiedenen Perspektiven aufgearbeitet worden, obwohl der gegenwärtige Diskussionsstand ein geschlossenes Gesamtsystem vermissen lässt.[102] Um den Betrugsstraftatbestand in das Forschungsprogramm der Informationsökonomik einordnen zu können, ist zunächst ein Verständnis der Funktion von Informationen in unserem Wirtschaftssystem erforderlich. Informationsasymmetrien im Sinne dieser Arbeit setzen voraus, dass Parteien mit unterschiedlichen Informationsständen Transaktionen auf Märkten vornehmen und diese durch Verträge strukturieren.

I. Informationen in den Wirtschaftswissenschaften

1. Was sind Informationen?

Informationen sind definiert als zweckorientiertes Wissen.[103] Im klassischen Modell der Mikroökonomie wurde das Problem der Informationsbeschaffung und –übertragung ausgeblendet. Wirtschaftssubjekte galten als vollständig informiert, Transaktionen waren kostenlos möglich und Verträge per se vollständig und damit ausnahmslos beiderseitig nutzenerhöhend.[104] Diese Vorstellung änderte sich mit der „Entdeckung“ der Transaktionskosten durch *Ronald Coase*

---

101 Um nicht jede Lüge strafrechtlich zu sanktionieren, hat der Gesetzgeber den Betrugsstraftatbestand durch das Erfordernis eines Vermögensschadens auf vermögensrelevante Täuschungen beschränkt.

102 *Fleischer* stellt in diesem Zusammenhang fest, dass es bislang noch nicht einmal gelungen ist, das Forschungprogramm der Informationsökonomik präzise zu definieren (Informationsasymmetrie im Vertragsrecht, München 2001, S. 93).

103 *Schäfer/Ott*, S. 500.

104 So z.B. *Richter/Furubotn*, Neue Institutionenökonomik, S. 13 ff., die treffend von der „sonderbaren Welt kostenloser Transaktionen“ sprechen.

in seinem bahnbrechenden Aufsatz „The Problem of Social Costs“[105] und speziell im Hinblick auf Informationen durch die Analyse von Informations(beschaffungs)kosten durch *George J. Stigler.*[106] In seinem Aufsatz „The Economics of Information“ kritisierte *Stigler* die Ausblendung von Informationskosten aus der wirtschaftswissenschaftlichen Diskussion und ordnete Informationen anhand der Kosten der Informationsbeschaffung im Vorfelde einer Transaktion (Suchkosten) einen Wert zu. In diesem Zusammenhang legitimierte er auch unternehmerische Werbung als Instrument zur Reduzierung von Suchkosten.[107] Die Tatsache, dass Informationen die Grundvoraussetzung einer beiderseitig nutzenerhöhenden und damit pareto-optimalen Transaktion sind, gleichzeitig aber das „Gut“ Information einen Wert hat und durch Transaktionen übertragen werden kann, führt zu einem Paradoxon: Informationen sind gleichzeitig *Voraussetzung und Objekt* von rationalen Entscheidungen und damit auch von Transaktionen und Verträgen.[108] Gegenwärtig beschäftigt sich ein gesamter Zweig der Wirtschaftswissenschaften, die sog. Informationsökonomie, mit Problemen der Informationsbeschaffung und –übertragung. Ziel dieses Forschungszweiges ist es, Verhaltensweisen wie Vertrauen, Kooperation und reziproken Altruismus in die ökonomische Theorie einzubeziehen, ohne dabei die Hypothese des rational handelnden und egoistischen Akteurs[109] aufzugeben.[110]

Betrachtet man Informationen als Objekt von Transaktionen, so unterscheidet sich das Gut „Information“ in zweierlei Hinsicht von „herkömmlichen“ Gütern:[111] Zum einen besteht ein *Glaubwürdigkeitsproblem,* da die Information über das Gut „Information“ als Gegenstand einer entsprechenden Transaktion

---

105 Dieser Aufsatz gilt als der meistzitierte ökonomische Beitrag, für den *Coase* u.a. im Jahre 1991 mit dem Nobelpreis für Wirtschaftswissenschaften geehrt wurde. Vgl. *Coase*, The Problem of Social Costs, Journal of Law and Economics., Vol. 3 (1960), S. 1 ff.

106 Vgl. *Stigler*, The Economics of Information, The Journal of Political Economy, Vol. 69 (1961), S. 213 ff.

107 „A small $5 advertisement in a metropolitan newspaper reaches (in the sense of being read) perhaps 25,000 readers, or fifty readers per penny, and, even if only a tiny fraction are potential buyers (or sellers), the economy they achieve in search, as compared with uninstructed solicitation, may be overwhelming.“ *Stigler*, Fn. 119, S. 220.

108 Vgl. hierzu *Scheppele*, Legal Secrets: Equality and Efficiency in the Common Law, Chicago u.a. 1988, S. 25: „Information plays a dual role in rational choice theory. On the one hand, it is a precondition of choice. (...) On the other hand, knowledge itself is an object of choice, that is, one can choose whether to acquire more information.“

109 Sog. „REM-Hypothese“, vgl. dazu z.B. *Schäfer/Ott*, S. 58 ff.

110 *Schäfer/Ott*, S. 499.

111 Vgl. dazu *Cooter/Ulen*, S. 114.

nicht von diesem getrennt werden kann.[112] Zum anderen ist das Gut Information durch ein Problem der *Aneignung* gekennzeichnet. So sind werthaltige Informationen kostspielig zu produzieren, aber günstig zu übertragen. Wiederverkäufer, die lediglich die (niedrigen) Übertragungskosten tragen müssen, umgehen die Produzenten werthaltiger Informationen, denn diese müssen den gesamten Herstellungsaufwand leisten. Konsumenten haben die Möglichkeit des „free-riding", indem sie lediglich die Informationsübertragungskosten, nicht aber die Produktionskosten bezahlen.[113]

Betrachtet man Informationen in ihrer Rolle als Voraussetzung von Transaktionen, so ist ein Zielkonflikt erkennbar: Zwar ist es vorteilhaft, eine möglichst breite Informationsbasis herzustellen, um den erwarteten Nutzen einer Transaktion abschätzen zu können. Jedoch führt die Notwendigkeit der Informationsgewinnung unter Investition von Suchkosten dazu, dass eine vollständige Informationsbasis in den wenigsten Fällen die bestmögliche Strategie ist. Vielmehr geht es darum, eine *optimale* (= in aller Regel unvollständige) Informationsbasis herzustellen, nämlich solange Informationen zu beschaffen, bis die erwarteten Gewinne einer zusätzlichen Informationseinheit den erwarteten Kosten ihrer Beschaffung entsprechen.[114]

2. Die „ideale" Welt vollkommener Informationen

Obwohl es heute weitgehend akzeptiert ist, dass ein Zustand vollkommener Informationen aufgrund der angeführten Informationsbeschaffungskosten weder durchführbar noch erstrebenswert ist, soll zum Verständnis der realen Situation unvollkommener Informationen noch einmal die Wirkung *vollkommener* Informationen zusammengefasst werden:

- Auf der Ebene des einzelnen Tauschgeschäfts, also der individuellen Transaktion, führt eine vollkommene Informationsbasis dazu, dass nur solche

112 Insofern hat sich in Anlehnung an *Arrow* (Economic Welfare and the Allocation for Ressources for Invention, in: National Bureau of Economic Research, The rate and Direction of Incentive Acivity: Economic and Social Factors, Princeton 1962, S. 233) auch die Bezeichnung „Informationsparadoxon" durchgesetzt. Ein Beispiel ist die Vereinbarung „If you pay me 1 million, I'll show you how to make 2 million" – um zu erfahren, ob die Information wirklich 2 Millionen wert ist, muss der „Verkäufer" diese offenlegen und überträgt im gleichen Schritt schon das „Gut" Information. Der Verkäufer wird dies nicht tun, insofern würde der Käufer auch nicht kaufen.

113 Ein Beispiel hierfür ist die aktuelle Diskussion um die „digitalen Urheberrechte". In den letzten Wahlkämpfen machte etwa die „Piraten-Partei" mit der Forderung der Abschaffung aller Urheberrechte im Internet auf sich aufmerksam.

114 *Stigler*, Fn. 106.

Übertragungsakte durchgeführt werden, die beiderseitig nutzenerhöhend sind.[115]

- Auf der aggregierten Ebene des Marktes würden damit Ressourcen, soweit es ansonsten keine Transaktionskosten gibt, dahin gelenkt werden, wo ihre Wertschätzung am höchsten ist.
- Verträge würden keine Unsicherheiten enthalten und das Vertragsrecht würde sich darauf beschränken, alle Verträge durchzusetzen, da die Vertragsparteien über alle das Vertragsergebnis beeinflussenden Umstände vollständig im Bilde wären und diese in ihren Regelungen berücksichtigt hätten.[116]

In dieser Welt vollkommener Informationen ist das Problem des Betrugs nicht existent – niemand könnte Wissensvorsprünge mittels Täuschungen zum eigenen Vorteil ausnutzen.[117] Diese „Arrow-Debreu-Modellwelt"[118] im Sinne einer „First-best solution" verdeutlicht, dass vollständige Informationen Grundlage rationaler Entscheidungen und damit Voraussetzung für die optimale Ressourcenallokation in marktwirtschaftlich organisierten Gesellschaften sind.

3. Die Realität: unvollkommene Informationen

Die Welt vollkommener Informationen ist jedoch Utopie. Informationskosten sind zumeist so hoch, dass rational handelnde Akteure für ihre Entscheidungen deutlich weniger Informationen beschaffen. Zum Teil sind die Informationskosten sogar *prohibitv* hoch – d.h. die Informationen *können* von dem jeweiligen Entscheidungsträger nicht eingeholt werden.

Die daraus resultierenden Informationsunvollkommenheiten lassen sich auf verschiedene Weise unterteilen.

---

115 Unter der Prämisse der Gültigkeit der REM-Hypothese.

116 In diesem Zusammenhang ist aber hervorzuheben, dass ein funktionierende Marktwirtschaft nicht durch vollständiges Wissen, sondern durch eine bestimmte Kombination von Wissen und Nichtwissen gekennzeichnet ist: Während ein hoher Wissensstand in Bezug auf Preise und Qualitäten der gehandelten Waren produktiv ist, wirkt sich ein hoher Wissensstand hinsichtlich der Präferenzen und der persönlichen Situation der anderen Marktteilnehmer nachteilig aus – dieses Wissen eröffnet die Möglichkeit strategischen Verhaltens, um die anderen Marktteilnehmer zu seinen Vorteil auszunutzen (z.B. Täuschung oder Drohung), vgl. dazu *Schäfer/Ott*, S. 519.

117 *Gerschlager*, Deception in Markets, Nachdruck, Basingstoke u.a. 2006, S. 3.

118 So *Adams*, Ökonomische Theorie des Rechts, 2. Auflage, Franfurt a.M. 2004, S. 76.

a) Unterteilung von Informationsunvollkommenheiten

Die erste wichtige Weichenstellung ist die Verteilung der Informationsunvollkommenheiten auf die jeweiligen Parteien einer Transaktion oder eines Vertrags.

Hierbei ist denkbar, dass beide Parteien gleichermaßen unvollständig informiert sind. Aufgrund der Existenz von Informationskosten ist dies zumeist der Fall – insofern soll von *symmetrischen Informationsunvollkommenheiten* gesprochen werden. Die im Hinblick auf das Phänomen des Betrugs relevante Konstellation ist jedoch die *ungleiche* Verteilung von Informationsunvollkommenheiten – insofern hat sich die Bezeichnung „asymmetrische Informationen" bzw. „Informationsasymmetrien" herausgebildet.

Eine ähnliche Gliederung nimmt die formale Vertragstheorie vor. Diese unterscheidet zwei Informationsschranken, nämlich dass es unter den gegebenen Umständen zu teuer oder unmöglich ist herauszufinden, was die Zukunft bringen wird *(unvollkommene Voraussicht)* oder Parteien Informationsvorsprünge gegenüber anderen haben (*asymmetrische Information*).[119]

aa) Symmetrisch

Handelt es sich um eine symmetrische Informationsunvollkommenheit, unterliegen also beide Parteien gleichermaßen einem Informationsdefizit, so besteht nicht die Gefahr der Ausnutzung eines Informationsvorteils mit dem Mittel der Täuschung und damit auch keine Möglichkeit des Betrugs. Symmetrische Informationsunvollkommenheiten erfasst insbesondere das Zivilrecht. Ändern sich die Umstände, unter denen ein Vertrag geschlossen wurde, so kann nach den Regeln zum Wegfall der Geschäftsgrundlage (jetzt in § 313 BGB kodifiziert) Vertragsanpassung verlangt werden. Haben die Parteien Risiken vertraglich nicht zugeordnet, so kann eine ergänzende Vertragsauslegung in Betracht kommen, in deren Rahmen der hypothetischer Parteiwillen zu erforschen ist.[120] Diese Rechtsfigur ähnelt dem ökonomischen Ansatz der „Rekonstruktion des vollständigen Vertrags".[121]

---

119 *Richter/Furubotn,* Neue Institutionenökonomik, S. 216.

120 Die Abgrenzung der ergänzenden Vertragsauslegung zu den Regeln zum Wegfall der Geschäftsgrundlage ist seit jeher umstritten, beschäftigen sich doch beide Rechtsinstitute mit der Frage, wie das Recht nicht im Vertrag geregelte Risikozuweisungen treffen soll. Der BGH geht von unterschiedlichen Funktionen aus und räumt der ergänzenden Vertragsauslegung den Vorrang ein, da diese die „Durchführung des Regelungsplans" der Parteien ermögliche, während der Wegfall der Geschäftsgrundlage vertragliche Abreden korrigiere (BGHZ 90, 69).

121 Vgl. hierzu *Schäfer/Ott*, S. 431 ff.

bb) Asymmetrisch

Im Mittelpunkt dieser Arbeit steht der Betrug als notwendiger Fall asymmetrischer Informationen. Andersherum ist aber nicht jeder Fall von Informationsasymmetrien immer ein Betrug. Im Gegenteil, Informationsvorsprünge sind allgegenwärtig und in vielen Fällen sogar erwünscht: Ohne die Triebfeder überlegenden Wissens würde der Anreiz für viele Transaktionen entfallen.[122] Auf der anderen Seite erhöhen Informationsasymmetrien Transaktionskosten, denn Informationsdefizite führen zur Notwendigkeit, Informationsbeschaffungsaufwand zu betreiben oder, wenn dieser zu teuer ist, Informationsdefizite hinzunehmen, die verbleibenden Unsicherheiten aber immer in die eigene Zahlungsbereitschaft („*Willingness to Pay*") mit „einzupreisen". Transaktionen werden teurer und damit weniger häufig durchgeführt.

Im Folgenden werden zunächst die verschiedenen Erscheinungsformen asymmetrischer Informationen und ihre Wirkung auf Transaktionen, Märkte und Verträge aufgegliedert und sodann Gegenstrategien zur Vermeidung der negativen Auswirkungen asymmetrischer Informationen aufgezeigt[123]. Diese Überlegungen legen dann den Grundstein für eine ökonomische Begründung strafrechtlicher Sanktionen für Betrugsfälle.[124]

b) Asymmetrische Informationsverteilung

aa) Zeitliche Unterteilung

Eine Möglichkeit der Strukturierung vom Informationsasymmetrien ist die Aufgliederung nach ihrem Zeitpunkt im Verhältnis zu Transaktion.[125] Danach lassen sich folgende Fälle unterscheiden: Informationsasymmetrien *vor/beim* Vertragsschluss und Informationsasymmetrien *nach* Vertragsschluss bzw. bei der Vertragsdurchführung. In diesem Zusammenhang wird auch von den Phänomenen „Adverse Selection" und „Moral Hazard" gesprochen.

---

122 Insbesondere sollte die Beschaffung sog. „produktiven" Informationen, also solchen, die einen gesellschaftlichen Wert haben, honoriert werden. Wer aber gezwungen wird, seinen Informationsvorsprung etwa durch weitgreifende Aufklärungspflichten aufzugeben, und auch sonst keine Entschädigung erhält, wird nicht motiviert werden, diese Informationen zu erlangen und gesellschaftlich nutzbar zu machen. Vgl. dazu grundlegend *Hirshleifer*, The Private and Social Value of Information and the Reward to Inventive Activity, American Economic Review, Vol. 61 (1977), S. 561 ff. sowie Teil 3:A.II.

123 Dazu Teil 2:B.II.

124 Dazu Teil 2:B.III.

125 Vgl. z.B. *Macho-Stadler/Pérez-Castrillo*, An Introduction to the Economics of Information, 2. Auflage, Nachdruck, Oxford u.a. 2009, S. 9 ff.

(1) Ex-ante Informationsasymmetrie: Das Problem der Adverse Selection

Das Problem der „Adverse Selection wurde vom Nobelpreisträger *Akerlof* in seinem bahnbrechenden Aufsatz „The Markets For „Lemons": Quality Uncertainty And The Market Mechanism" entdeckt.[126] Im Ausgangspunkt zeigte sich *Akerlof* verwundert, warum es den Markt für Gebrauchtwagen so große Preisunterschiede zwischen Neu- und Gebrauchtwagen gibt – die bloße Freude, einen Neuwagen zu fahren, könne dies nicht erklären.[127] In der Tat war dieser Befund das Resultat eines bis dahin unentdeckten Falls von Marktversagen aufgrund asymmetrischer Informationen. Der Gedankengang ist auch ohne mathematische Formalisierung gut verständlich:

Angenommen es gäbe nur vier Arten von Autos – Neu- und Gebrauchtwagen, die jeweils eine gute oder schlechte Qualität – in den USA als „peaches" und „lemons" bezeichnet – aufweisen können. Der Kunde kann zum Zeitpunkt des Kaufes die „wahre" Qualität nicht erkennen. Erkennbar für ihn ist lediglich eine Wahrscheinlichkeit, mit der das ihm angebotene Auto zur Gruppe der höherqualitativen Fahrzeuge oder der „lemons" gehört. Fährt er das Auto jedoch einige Zeit, so offenbaren sich ihm mit hoher Wahrscheinlichkeit auch versteckte Mängel und er kann die wahre Qualität seines Fahrzeugs relativ gut einschätzen. Beim Wiederverkauf des Autos hat er somit eine gute Vorstellung, wie wertvoll sein Auto wirklich ist – zumindest kann er eine deutlich bessere Einschätzung geben als der jeweilige Käufer. Es liegt also ein Fall asymmetrischer Informationen vor.[128]

Der nächste Teil seines Aufsatzes beschäftigt sich mit den Folgen dieser Informationsasymmetrie für den Markt für Gebrauchtwagen. Da Käufer zwar nicht die Qualität des einzelnen Fahrzeug einschätzen können, wohl aber ihrer Kaufentscheidung aufgrund von Erfahrungswerten *Wahrscheinlichkeiten* über die Qualität zugrunde legen, sind sie auch nur bereit, für eine „durchschnittliche" Qualität zu bezahlen. Auf der anderen Seite werden aber Verkäufer eines überdurchschnittlichen Fahrzeugs nicht bereit sein, für einen solchen Durchschnittspreis zu kontrahieren, kennen sie doch die wahre Qualität und damit den wahren Wert ihres Wagens. Setzt man dieses Gedankenspiel fort, so führt dieser Ausgangssachverhalt asymmetrischer Informationen in Abwesenheit von rechtlichen oder marktinternen gegenwirkenden Institutionen zu einer Abwärtsspirale – die

---

126 *Akerlof*, "The Market for „Lemons": Quality Uncertainty and the Market Mechanism, The Quarterly Journal of Economics, Vol. 84 (1970), S. 488-500.

127 *Akerlof*, Fn. 126, S. 489.

128 Dieser Gedankengang in *Akerlof*s Argument erklärt, warum gerade Verträge über Gebrauchtwagen durch Informationsasymmetrien zwischen Verkäufer und Käufer gekennzeichnet sind.

schlechten Qualitäten, nämlich die „lemons", verdrängen die guten Qualitäten vom Markt und lassen diesen im Extremfall vollständig zusammenbrechen.[129] Aber warum gibt es dann überhaupt noch halbwegs funktionierende Gebrauchtwagenmärkte? Die Antwort ist bereits in der zuvor vorgenommenen Einschränkung des Arguments enthalten: Es existieren zahlreiche rechtliche sowie außerrechtliche Institutionen, die gerade das verhindern.[130] Schon *Akerlof* führt insofern im letzten Teil seines Aufsatzes „Counteracting Institutions", wie Garantien, Gewährleistungsrechte, aber auch Markennamen und Lizenzen, auf.[131]

Schließlich nutzt *Akerlof* seine Modell, um eine grundsätzliche Anmerkung zu den Kosten der Unehrlichkeit („costs of dishonesty") zu machen.[132] Nach *Akerlof* bestehen diese Kosten nicht (nur) aus dem Betrag, in dessen Höhe der Käufer durch die falsche Informationsbasis geschädigt wurde, sondern vielmehr aus der Tatsache, dass ehrliche Marktteilnehmer aus dem Geschäft gedrängt werden[133] – im Grundfall des „markets for lemons" haben diese nämlich keine Möglichkeit, ihren Kunden überlegene Qualitäten zu signalisieren.[134]

Obwohl *Akerlof* seine Theorie explizit nur für Gebrauchtwagenmärkte formuliert hat, ist der von ihm entdeckte Mechanismus auf alle Märkte mit asymmetrischen Informationsverteilungen übertragbar. So nennt *Akerlof* beispielhaft Versicherungsmärkte,[135] die Beschäftigung von Minderheiten[136] und Kreditmärkte in unterentwickelten Ländern[137].

Zwar hat *Akerlof* selbst kein umfassendes Vertragsmodell mit ex-ante Informationssymmetrien entwickelt, doch haben seine Überlegungen den Grundstein für die Erweiterung der ökonomischen Vertragsmodelle gelegt.[138] Schon

---

129 *Akerlof*, Fn. 126, S. 490.

130 Dazu ausführlicher in Teil 2:B.III.

131 *Akerlof*, Fn. 126, S. 499 f.

132 *Akerlof*, Fn. 126, S. 495 f.

133 „The costs of dishonesty, therefore, lies not only in the amount by which the purchaser is cheated; the costs also must include the loss incurred from driving legitimate business out of existence.", *Akerlof*, Fn. 126, S. 495.

134 Zum „signaling" als Strategie zur Milderung der negativen Auswirkungen asymmetrischer Informationen siehe Teil 2:B.III.

135 *Akerlof*, Fn. 126, S. 492.

136 *Akerlof*, Fn. 126, S. 494.

137 *Akerlof*, Fn. 126, S. 498.

138 So zeigte *Rasmusen* (Games and Information: an Introduction to Game Theory, 4. Auflage, Nachdruck, Malden u.a. 2009, S. 134 f.), dass sich das Problem der adverse selection anhand folgender Schritte modelliert werden kann: In einem ersten Zug legt die „Natur" die Kostenfunktion des „Agenten" fest, über die nur dieser selbst Informationen hat. Im nächsten Schritt bietet der Prinzipal dem Agenten einen Vertrag an. Der Agent kann diesen entweder akzeptieren oder ablehnen.

1973 setzte sich *Spence* formal mit Akerlofs „Zitronen"-Ansatz auseinander, aber unter dem Vorzeichen der Signalisierung („signaling).[139] Er untersuchte Arbeitsmärkte, auf denen Arbeiter private Informationen über ihre Grenzproduktivität haben, die der Arbeitgeber nicht beobachten kann. Um eine höhere Entlohnung zu erhalten, haben Arbeiter den Anreiz, Aktivitäten zu ergreifen, die für sie weniger kostspielig sind als für Arbeiter mit geringerer Produktivität. Arbeitgeber wiederum werden bereit sein, diese „Signale" (z.B. Ausbildungsniveaus) entsprechend zu vergüten, ist es doch aufgrund der Kostenverteilung wahrscheinlich, dass diese mit der individuellen Produktivität des Arbeiters korrelieren. So schlägt *Spence* bei seiner Analyse des „Adverse Selection"-Problems zugleich einen Lösungsansatz vor, nämlich die Signalisierung.

(2) Ex-post Informationsasymmetrie: Das Problem des Moral Hazard

Bewegt man sich auf der Zeitschiene zur Unterteilung von Informationsasymmetrien auf den Zeitraum *nach* Vertragsschluss, so ergibt sich ein vollkommen anderes Problem. Während Informationsasymmetrien vor Vertragsschluss die Herstellung einer hinreichenden Informationsbasis als Entscheidungsgrundlage gefährden, führen Informationsasymmetrien nach Vertragsschluss zu einem *Überwachungsproblem.* So besteht das Risiko, dass Vertragsparteien nach dem Vertragsschluss ihr Verhalten ändern, um Auszahlungen aus der Kooperation zu ihren Gunsten zu beeinflussen. Die Besonderheit des „moralischen Risikos", oder auch „Moral Hazard", ist der Umstand, dass in bestimmten Fällen eine solche Verhaltensänderung von der anderen Vertragspartei nicht beobachtet werden kann.[140] Lehrbuchbeispiel hierfür sind Versicherungen:[141] Wenn das Eigenheim voll gegen Diebstahl versichert ist, wird der Hauseigentümer möglicherweise weniger darauf achten, beim Verlassen des Hauses die Tür richtig zu verschließen. Ein voll Krankenversicherter wird unter Umständen häufiger den Arzt aufsuchen als ein Patient, bei dem nicht alle Leistungen abgedeckt sind.

---

139 *Spence*, Job Market Signaling, Quarterly Journal of Economics, Vol. 87 (1973), S. 355-374.

140 Z.B. *Pindyck/Rubinfeld*, Mikroökonomie, S. 814. Der Ausdruck „Moral Hazard" geht auf *Arrow* zurück, der in seiner „Yrjö Jahnsson"-Vorlesung Informationsasymmetrien nach Vertragsschluss als „das" Anreizproblem einordnete, vgl. *Arrow*, Essays in the Theory of Risk-Bearing, 3. Auflage, Amsterdam u.a. 1976, Kapitel 2 und 3.

141 Auch beziehen sich die ersten formalen Ansätze zur Principal-Agent-Theory und zum Moral Hazard auf den Markt für Versicherungen, vgl. z.B. *Spence/Zeckhauser*, Insurance, Information, and Individual Action, American Economic Review, Papers and Proceedings of the Eighty-Third Annual Meeting of the American Economic Assosiation, Vol. 61, S. 380-387.

Ähnlich wie beim Fall der Adverse Selection erörtern auch bei der Problematik des Moral Hazards die jeweiligen Autoren entsprechende Lösungsansätze zusammen mit der Problembeschreibung.[142] Außerhalb staatlicher Regulierungen haben sich im Rahmen der Principal-Agent-Theorien zahlreiche Vorschläge zur Gestaltung anreizkompatibler Verträge herausgebildet. Ziel ist es, die Entlohnung des „Agenten" derart an das Ergebnis seiner Handlungen zu knüpfen, dass die von einem Verhalten ausgehenden externen Effekte weitgehend internalisiert werden und dadurch eine Zielkongruenz zwischen Agent und Prinzipal erreicht wird.[143] Ein weitere Möglichkeit der Kontrolle ist der Austausch von „Geiseln" – also die Übertragung eines Sicherungsgutes, das der „Agent" im Falle opportunistischen Verhaltens verliert.

Da die Mehrzahl der Betrugsfälle vorvertragliche Täuschungen betrifft, soll das Problem des Moral Hazard in dieser Arbeit nicht weiter behandelt werden.

bb) Gegenständliche Einordnung

Zusätzlich zur zeitlichen Unterteilung können Informationsasymmetrien nach ihrem Gegenstand gegliedert werden. Im Vordergrund steht somit nicht der Zeitpunkt der Informationsasymmetrie im Verhältnis zum Vertragsschluss, sondern die Beschaffenheit der Information, die asymmetrisch zwischen den Vertragsparteien verteilt ist.

(1) Preisunsicherheiten

Mit seinem Aufsatz „The economics of information" setzte *Stigler* den Anfangspunkt des Forschungszweigs der Informationsökonomik.[144] In diesem Zusammenhang führte den Begriff der Suchkosten („search costs") ein: Suchkosten sind notwendige Kosten, um in einem Markt mit einer Streuung von Preisen den günstigsten zu identifizieren. *Stigler* beschränkte seine Ausführung auf Informationsasymmetrien also auf *Preise* – den (praktisch bedeutsameren) Fall der Qualitätsunsicherheit behandelte er hingegen nicht.

Die Argumentation *Stiglers* beginnt mit einer kaum bestreitbaren Grundannahme: Wenn Käufer die Wahl zwischen zwei identischen Gütern zu unterschiedlichen Preisen haben, würden sie das günstigere Gut vorziehen. Käufer, die hingegen den teureren Preis bezahlen, kennen entweder den günstigeren Preis nicht oder wissen nicht, wo sie das Produkt für diesen Preis finden können. Sie haben insofern *unvollständige Informationen* sowohl hinsichtlich der Preis-

---

142 Vgl. für eine Übersicht zu den verschiedenen Varianten und Erweiterungen des Grundmodells zum Moral Hazard *Richter/Furubotn*, Neue Institutionenökonomik, S. 289 ff.

143 Vgl. z.B. *Ripperger*, Ökonomik des Vertrauens, 2. Auflage, Tübingen 2003, S. 66 f.

144 Fn. 106.

verteilung als auch der Verfügbarkeit der von ihnen nachgefragten Produkte.[145] Durch Suchaktivitäten haben diese Käufer aber die Möglichkeit, ihre Informationsbasis zu vergrößern – allerdings ist eine solche Suche mit Kosten verbunden. Wie viel Suchkosten würde ein rational handelnder Käufer aufwenden? Unter der Gewinnmaximierungsbedingung der Mikroökonomie (Grenzkosten = Grenzerlös)[146] würde ein Käufer solange (weiter-)suchen, bis die Kosten einer zusätzlichen Sucheinheit dem erwarteten Gewinn aus den dadurch gewonnenen Informationen entsprechen. Ab diesem Punkt lohnt sich das Weitersuchen nicht mehr: Zwar wäre der Käufer durch zusätzliche Informationen noch in der Lage, das gewünschte Gut zu einem geringeren Preis zu finden, jedoch wäre der damit verbundene Suchaufwand größer als die erwartete Einsparung.

Stigler betont, dass Preisdifferenzen auf einigen Märkten außerhalb von Suchkosten nur durch Produktheterogenität oder besonderen Service einzelner Unternehmen erklärbar seien. Während Heterogenität auch langfristige Preisdifferenzen erklären kann, ist die kurzfristige Fluktuation von Preisen nicht in *Stigler's* Modell enthalten. *Stigler* erkennt dies, bietet aber für dieses Phänomen keine weitere Erklärung an.[147]

Eine hohe Bedeutung erhielt *Stiglers* Aufsatz insbesondere aufgrund seiner Implikationen für unternehmerische Werbung. Er zeigte auf, dass Werbung eine kostengünstige Methode sein kann, Preisunsicherheiten zu reduzieren. Insbesondere dient Werbung dazu, Käufer über die Existenz von Verkäufern und ihre Produkte zu informieren. Da die Kosten der Informationsübermittlung durch Massenmedien verhältnismäßig gering sind, kann Werbung insofern durchaus volkswirtschaftlich nützlich sein.

(2) Qualitätsunsicherheiten

In einer funktionierenden Marktwirtschaft haben Preise die Funktion, knappe Güter an den Ort ihrer bestmöglichen Verwendung zu lenken. Damit lösen Preise *ein* Informationsproblem – nämlich hinsichtlich der Information über die Knappheit.[148] Neben Informationen über die Knappheit eines Gutes existieren in

145 Beachte, dass damit das Modell *Stigler*s nicht notwendigerweise ein Problem asymmetrischer Informationen ist – es ist durchaus vorstellbar, dass der Verkäufer des teureren Gutes ebenso keine Kenntnis über günstigere Angebote hat.

146 Vgl. z.B. dazu *Pindyck/Rubinfeld*, Mikroökonomie, S. 363 ff.

147 Dazu z.B. *Telser*, Economic Theory and the Core, Chicago u.a. 1978; zuvor schon Tesler, Searching fot the lowest price, American Economic Review, Papers and Proceedings of the Eighty-Third Annual Meeting of the American Economic Assosiation , Vol. 63 (1973), S. 40-49.

148 *Hayek*, The Use of Knowledge in Society, American Economic Review, Vol. 35 (1945), S. 519-530.

einem Wirtschaftssystem noch andere Informationsprobleme, von denen eines besonders betrugsrelevant ist: Qualitätsunsicherheiten, also Informationen über die Eigenschaften des gehandelten Gutes. Die meisten Fälle asymmetrischer Informationen betreffen nicht den Preis eines Gutes, sondern dessen Qualität

Preis- und Qualitätsunsicherheiten bestehen jedoch nicht unabhängig voneinander, sondern sind miteinander verknüpft: Aufgrund von Unsicherheiten über die Charakteristika der gehandelten Güter ist der Preis nicht mehr in der Lage, diese Güter an den Ort ihrer bestmöglichen Verwendung zu lenken.[149]. Dabei unterscheiden sich Qualitätsunsicherheiten von den eben beschriebenen Preisunsicherheiten dadurch, dass Informationen über die Qualität teurer zu beschaffen sind als über den Preis.[150] Die Suchkosten (in *Stiglers* Terminologie) sind regelmäßig höher. Hinsichtlich der Höhe der Informationskosten für Qualitäten verschiedener Produktgruppen hat sich in den Wirtschaftswissenschaften die Unterscheidung zwischen drei Arten von Gütern eingebürgert: Suchgüter („search goods"), Erfahrungsgüter („experience goods") und Glaubensgüter („credence goods").

Als erster diskutierte *Nelson* in seinem Aufsatz „Information and Consumer Behavior" Qualitätsunsicherheiten und führte in diesem Zusammenhang die Differenzierung zwischen Suchgütern und Erfahrungsgütern ein. Im Ausgangspunkt knüpft *Nelson* an die Definition von Suchkosten nach *Stigler* an, begrenzt diese aber auf die Kosten, die durch die Inspektion des Gutes *vor* der Transaktion entstehen. Dabei kann der Käufer sowohl nach der besten Qualität als auch nach dem günstigsten Preis suchen – der Unterschied zwischen Preis und Qualität ist nur, dass Informationen über die Qualität schwieriger und damit kostspieliger zu beschaffen sind.[151] Es gibt aber auch Güter, bei denen es sich nicht lohnt, Suchkosten aufzuwenden. Dies ist insbesondere der Fall, wenn der Kaufpreis geringer ist als die Kosten der Qualitätsüberprüfung. Gegebenenfalls ist es für den Käufer vorteilhaft, ein Produkt einfach zu kaufen und die Qualität aus der *Erfahrung* mit dem Gut zu beurteilen. Als Beispiel kann eine Konservendose mit Thunfisch dienen: Es gibt keinen kostengünstigen Weg, die Qualität vor dem Vertragsschluss zu überprüfen. Dagegen ist die Prüfung durch „Erfahrung" vergleichsweise kostengünstig. Je nachdem, ob die Charakteristika eines Guts durch Suche (*vor* Vertragsschluss) oder durch Erfahrung (*nach* Vertragsschluss) bewertet werden können, spricht *Nelson* von „Suchgütern" und „Erfahrungsgü-

---

149 *Stiglitz*, The Contributions of the Economics of Information to Twentieth Century Economics, Quarterly Journal of Economics, Vol. 115 (2000), S. 1441, 1447.

150 *Nelson*, Information and Consumer Behavior, Journal of Political Economy, Vol. 78, S. 311.

151 *Nelson*, Fn. 150, S. 312: So unterscheide sich z.B. das Anprobieren eines Kleides von der Erkundigung nach dem Preis nur dadurch, dass das Anprobieren länger dauert.

tern".[152] Als Indikator zur Unterscheidung dieser beiden Kategorien führt *Nelson* das Verhältnis der Reparaturkosten im Vergleich zu den Anschaffungskosten eines Gutes ein, denn Erfahrung wird genutzt, wenn die Suche zu teuer wird. Aufgrund einer Auswertung für verschiedene Gebrauchsgüter im Jahr 1963 ordnete *Nelson* (z.B.) Porzellan- und Glaswaren, Möbel, Spiegel, Sportartikel und Gartenzubehör als Suchgüter ein, während Autos, Fahrräder, Flugzeuge, Reifen, Batterien, Radios und Fernseher Erfahrungsgüter darstellen.[153]

In seinem zweiten Aufsatz „Information as Advertising" thematisierte *Nelson*, wie Werbung Informationen über Produkte vermittelt.[154] Auch hier differenziert er zwischen Suchgütern und Erfahrungsgütern: Während der Verkäufer beim Vertrieb von Suchgütern in aller Regel keine Anreize für irreführende Werbung hat, da die beworbenen Charakteristika vor dem Kauf überprüfbar sind,[155] liegen die Dinge bei Erfahrungsgütern anders: Hier ist die Marktmacht der Konsumenten geringer als bei Suchgütern, denn sie können lediglich durch unterlassene Wiederholungskäufe Verkäufer zu wahrheitsgemäßen Werbeaussagen disziplinieren. Aber auch hier führt der Marktmechanismus in den meisten Fällen dazu, dass Verkäufer zumindest bei bloßen Funktionsbeschreibungen einen Anreiz zur wahrheitsgemäßen Werbung haben.[156] Zusätzlich zu den Informationen über einzelne Eigenschaften des jeweiligen Guts vermittelt Werbung

---

152 *Nelson*, Advertising as Information, Journal of Political Economy, Vol. 82 (1974), S. 729, 730.

153 Für genaue Zahlen vgl. die Tabelle in *Nelson*, Fn. 150, S. 319. Aus seiner Untersuchung leitete er ab, dass Erfahrungsgütern eher auf monopolistischen Märkten gehandelt werden als Suchgüter. Weiterhin spielt die Kaufempfehlung anderer bei Erfahrungsgütern eine größere Rolle; Verkäufer von Suchgütern neigen eher zur Clusterbildung als solche von Erfahrungsgütern. Das Verhältnis von Werbung im Einzelhandel zur gesamten Werbung ist bei Erfahrungsgütern größer, während das Verhältnis vom Inventar zu Verkäufen bei Suchgütern größer ist als bei Erfahrungsgütern (S. 327).

154 Fn. 152.

155 Ein wenig relativiert *Nelson* diese Aussage, in dem er zwei Fälle anführt, bei denen auch bei Suchgütern Falschinformationen möglich sind: Zum einen ist daran zu denken, dass Käufer aufgrund den Nutzen des Produktes übertreibende Werbung Transportkosten aufwenden und am Ende das Produkt trotzdem kaufen. Zum anderen mag es nutzenerhöhende Produkteigenschaften geben, die durch Werbung nicht kommuniziert werden können. Insoweit hätte der Verkäufer den Anreiz, Käufer überhaupt auf seine Produkte (auch mit irreführenden Angaben) aufmerksam zu machen, damit sie diese Eigenschaften überhaupt wahrnehmen. Vgl dazu *Nelson*, Fn. 152, S. 730.

156 Nach *Nelson* müssen dazu mindestens eine der beiden Bedingungen erfüllt sein: Entweder (1) führt der Glaube des Konsumenten an die Richtigkeit der Produkteigenschaft nicht zu einer Steigerung der Erstkäufe (im Gegensatz zu Wiederholungskäufen) oder (2) es ist für den Verkäufer kostenlos möglich, eine Werbeaussage wahr zu machen. Vgl. zur Begründung *Nelson*, Fn. 152, S. 731.

„indirekt“ Informationen – nämlich dass das Unternehmen wirbt. *Nelson* zeigte in seinem Beitrag, dass diejenigen Unternehmen mit dem geringsten Preis pro Nutzeneinheit den *größten* Anreiz zum Werben haben und somit Werbung mit der Produktqualität korreliert.[157] In einem besonderen Abschnitt widmet sich *Nelson* schließlich der betrügerischen Werbung („Deceptive Advertising“).[158] Wie er vorher gezeigt hatte, besteht für Suchgüter ein relativ geringer Betrugsanreiz. Für Funktionsbeschreibungen von Erfahrungsgütern gilt ähnliches. Nur bei Qualitätsbeschreibungen (*wie gut* wird eine Funktion durch das Produkt erfüllt?) von Erfahrungsgütern sei dies anders, doch insofern verweist *Nelson* auf die Mündigkeit der Konsumenten: Diese bringen gerade bei Qualitätsbeschreibungen einer Werbeaussage das geringste Vertrauen entgegen, bzw. *sollten* das geringste Vertrauen entgegenbringen.[159] Eine andere Ursache für betrügerische Werbung sieht *Nelson* in gesetzlichen Regelungen. Als Beispiel führt er die Pflicht zur Kennzeichnung von Kleidung mit „Labeln“ an, die den Konsumenten über verwendetes Material (z.B. Wolle) informieren sollen. Sobald die Wahrheitsmäßigkeit einer solchen Angabe unzureichend kontrolliert und damit die Regelung unvollständig durchgesetzt wird, führt das Gesetz zu einem höheren Betrugsanreiz als ohne Regelung: Konsumenten vertrauen fälschlicherweise auf die Wirksamkeit der gesetzlichen Regelung und damit auf die Wahrheit der Angaben. In einer Referenzsituation ohne ein entsprechendes Gesetz würde keiner solchen Angaben trauen und Hersteller von Kleidung hätten einen geringen Anreiz zur Fehlinformation ihrer Kunden. Zusätzlich führen gesetzliche Regelungen dazu, dass das Sorgfaltsniveau der Konsumenten insgesamt sinkt: Das Wissen, dass ein Gesetz gegen Betrug schützt, führe zu einem geringeren Anreiz zur Eigeninformation.[160] Was ist dann nach *Nelson* die Rechtfertigung von gesetzlichen Regelungen gegen betrügerische Werbeaussagen? Das Recht kann, verbunden mit Kosten der Rechtsdurchsetzung und teilweise erhöhten Betruganreizen, Konsumenten *zusätzliche* Informationen zur Verfügung stellen, die sich aus

157 Auf den ersten Blick erscheint es so, dass Unternehmen mit hohen Werbeausgaben ein schlechteres Preis-Leistungs-Verhältnis bieten, denn schließlich führt die Werbung alleine zu keiner Nutzensteigerung für den Käufer. Jedoch sind Werbeausgaben nicht zufällig über die gesamten Anbieter verteilt, sondern konzentrieren sich auf die Anbieter mit dem besten Preis-Nutzen-Verhältnis. Vgl. zur Begründung *Nelson*, Fn. 152, S. 732 ff.

158 *Nelson*, Fn. 152, S. 749 ff.

159 *Nelson* stellt in seinem Aufsatz eine Entscheidungsregel auf, wie Konsumenten Fehlinformationen aufgrund betrügerischer Werbung vermeiden können, vgl. *Nelson*, Fn. 152, S. 749.

160 „The more the law protects against fraud, the more people think the law protects against fraud.“, *Nelson*, Fn. 152, S. 750.

den Werbeaussagen der Hersteller nach der oben dargestellten Entscheidungsregel nicht ableiten lassen. Dafür bieten sich Qualitätsbeschreibungen bei Erfahrungsgütern (im Gegensatz zu bloßen Funktionsbeschreibungen) an, denn hier bietet der Markt keinen hinreichenden Anreiz zu wahrheitsgemäßen Informationen. Im Ergebnis misst *Nelson* jedoch dem Problem des Betrugs durch fehlerhafte Werbeaussagen keine große Bedeutung zu, denn sowohl durch Werbeaussagen aufgeklärte als auch getäuschte Konsumenten würden das gleiche Verhalten an den Tage legen: Sie verlassen sich auf Werbeaussagen, da es in ihrem eigenen Interesse liegt.[161]

Im Jahr 1973 ergänzen *Darby* und *Karni* die Zweiteilung *Nelsons* durch die Einführung einer dritten Kategorie von Gütern: die sog. „Glaubensgüter" oder „credence goods".[162] Während bei Erfahrungsgütern der Käufer in der Lage ist, nach dem Kauf die wahre Qualität durch Benutzung zu erkennen, liegen die Dinge bei Glaubensgütern anders. Ein Beispiel ist die Reparatur eines Autos: Wenn der Wagen nach der Reparatur wieder fährt, ist der (durchschnittliche)[163] Kunde einer Autowerkstatt nicht in der Lage nachzuvollziehen, ob *diese* Reparatur zur Erzielung des Reparaturerfolgs wirklich notwendig war („overtreatment") oder sie überhaupt durchgeführt worden ist („overcharging").[164] Die fehlende Überprüfungsmöglichkeit der erbrachten Leistung führt zu einem erhöhten Betrugsanreiz bei Glaubensgütern.[165] Andere Beispiele für Glaubensgüter sind die Dienstleistungen von Computerspezialisten, Anwälten oder Ärzten, also Märkte, auf denen *Expertenwissen* gehandelt wird. Auch bei Religionen handelt es sich um Glaubensgüter: Da der durch Religionsgemeinschaften versprochene Erfolg im transzendenten Bereich liegt (z.B. „ewiges Leben"), ist er mit Methoden innerhalb des menschlichen Erfahrungshorizontes nicht überprüfbar – die Überprüfungskosten sind prohibitiv hoch.[166]

---

161 *Nelson*, Fn. 152, S. 751.

162 *Darby/Karni*, Free Competition and the Optimal Amount of Fraud, Journal of Law and Economics, Vol. 16 (1973), S. 67-88.

163 Anders liegen die Dinge, wenn der Konsument selbst ein Experte ist. So zeigte eine Studie *Emons* aus dem Jahre 1997, dass die Wahrscheinlichkeit, einem größeren chirurgischen Eingriff unterzogen zu werden, für den Durchschnittspatienten um ein Drittel höher liegt als für einen Mediziner oder seine Familienangehörigen (*Emons*, Credence Goods and Frau*dulen*t Experts, RAND Journal of Economics, Vol. 28 (1997), S. 107-119).

164 Terminologie nach *Dulleck/Kerschbamer*, On Doctors, Mechanics, and Computer Specialists: The Economics of Credence Goods, Journal of Economic Literature, Vol. 44 (2006), S. 5, 8.

165 *Darby/Karni*, Fn. 162.

166 *Eilinghoff*, Ökonomische Analyse der Religion, Diss., Frankfurt a.M. 2004.

Da die Überprüfungsmöglichkeiten bei Glaubensgütern stark eingeschränkt oder oftmals sogar unmöglich sind, bestehen kaum Möglichkeiten der marktlichen Sanktionierung betrügerischen Verhaltens. Bei diesen Gütern wird es – in Abwesenheit rechtlicher Sanktionen - immer einen Betrugsanreiz geben und sich auf dem Markt in der Folge ein positives Betrugsniveau durchsetzen. Der Betrugsgewinn wird lediglich durch Verluste begrenzt, die den Anbietern in den (seltenen) Fällen der Aufdeckung von Betrugsfällen drohen. Da aber eine solche Aufdeckung nur selten stattfindet, machen betrügerische Anbieter einen zusätzlichen Gewinn, während ehrlichen Anbieter Wettbewerbsnachteile drohen.

Die „Entdeckung" von Glaubensgütern durch *Darby* und *Karni* hat ein großes Maß an Sekundärliteratur hervorgebracht,[167] die sich oftmals durch einen hohen Grad an mathematischer Formalisierung auszeichnet. Hervorzuheben sind in diesem Zusammenhang die „Experten-Laien"-Modelle:[168] Diese Modelle gehen davon aus, dass „Experten" existieren, die in einem bestimmten Bereich über besseres spezifisches Fachwissen verfügen als ihre Kunden („Laien"). Die Kunden treten an die Experten mit einem Problem heran, das entweder „klein" oder „groß" sein kann. Während der Experte das wirkliche Problemausmaß erkennt, hat der Laie hierüber keine Informationen. Im nächsten Schritt stellt der Experte eine Diagnose und unterbreitet dem Laien einen Lösungsvorschlag. Der Laie kann diesen entweder annehmen oder ablehnen. Als Beispiel eines solchen Modells ist der Beitrag von *Dulleck* und *Kerschbamer* hervorzuheben, der die zahlreichen Ansätze zur Credence-Good-Problematik ordnet und in einem eigenen Modell vereint.[169]

Glaubensgüter können zu Marktversagen führen. Obwohl der Betrug im Einzelfall zumeist nicht aufgedeckt wird, haben Konsumenten ein abstraktes Wissen um die gesteigerten Betrugsanreize auf Seiten der Anbieter. Die Wettbewerbskräfte, die bei Such- und Erfahrungsgütern über Wiederholungskäufe Täuschungen entgegenwirken,[170] sind zur Verminderung der Betrugsanreize bei Glaubensgütern nur eingeschränkt geeignet.[171] In Verbindung mit dem „Lemon"-Konzept von *Akerlof* können diese Informationsasymmetrien sogar zum vollständigen Zusammenbruch der entsprechenden Märkte führen.

Gesteht man Märkten für Glaubensgütern – mit der überwiegenden Literatur – einen hohen Betrugsanreiz und damit auch ein großes Risiko des Markt-

---

167 Ein guter Überblick über diese Literatur findet sich in *Dulleck/Kerschbamer*, Fn. 164, S. 9 ff.

168 Z.B. *Emons*, Fn. 163; Wolinsky, Competition in Markets for Credence Goods, Journal of Institutional and Theoretical Economics, Vol. 151 (1995), S. 117-131.

169 *Dulleck/Kerschbamer*, Fn. 164.

170 Dazu z.B. v. *Ungern-Sternberg/v. Weizsäcker*, ZWS 1981, Band 101, S. 609, 613.

171 *Darby/Karni*, Fn. 162.

versagens zu, so stellt sich die Frage, ob und ggf. wie der Staat mit Gegenmaßnahmen reagieren soll. Der Wettbewerb könnte das Problem der Glaubensgüter lösen, wenn Wettbewerbsdruck Informationsvorteile gegenüber den Abnehmern abbaut.[172] Insofern argumentieren bereits *Darby* und *Karni*, dass der Staat als Regulierungsinstanz bei Glaubensgütern kein „cheapest cost avoider" ist, denn er ist den gleichen Fehlinformationsrisiken und Überprüfungskosten ausgesetzt wie die Konsumenten.[173]

In der weiteren Literatur wird der Regulierungsbedarf bei Glaubensgütern überwiegend bejaht, während staatliche Maßnahmen bei Such- und Erfahrungsgütern differenziert beurteilt werden.[174] So ist nach *Rubin* bei Suchgütern regelmäßig kein staatlicher Eingriff nötig, denn jeder Abnehmer könne vor der Transaktion durch einfache Inspektion die Charakteristika des Gutes feststellen. Bei günstigeren Erfahrungsgütern sind die Kosten aus Betrugsfällen verhältnismäßig gering – insofern solle sich der Staat auf höherpreisige Erfahrungsgüter und Glaubensgüter konzentrieren.[175] In diesem Zusammenhang ist aber zu beachten, dass viele Güter je nach Zusammenhang als Inspektions-, Erfahrungs- und Glaubensgüter qualifiziert werden können. So können etwa Äpfel im Hinblick auf ihr Aussehen Inspektionsgüter, im Hinblick auf ihren Geschmack Erfahrungsgüter und im Hinblick auf ihre gesundheitlichen Auswirkungen Glau-

---

172 So löst etwa im Modell von *Dulleck* und *Kerschbamer* der Markt selbst das Problem der Glaubensgüter, solange drei Annahmen erfüllt sind (Fn. 164, S. 8): (1) Die Experten stoßen auf eine homogene Gruppe von Abnehmern, (2) es bestehen „economies of scope" zwischen der Diagnose und der Behandlung, d.h. Experten und Abnehmer werden im Falle einer Diagnose auch die Behandlung durchführen, und (3) entweder die Behandlung selbst ist überprüfbar oder es existiert eine „Haftungsregel", die die Abnehmer vor einer zur Lösung des Problems ungeeigneten Behandlung schützt („undertreatment": beachte, dass nur diese Form der Fehlbehandlung mit dem „Lemon"-Modell von *Akerlof* eins zu eins vergleichbar ist. Im Falle des undertreatment handelt es sich nämlich nicht mehr um ein Glaubensgut, sondern – wie bei *Akerlof* - um ein Erfahrungsgut – der Abnehmer wird nach der Behandlung nämlich erkennen, dass sein Problem nicht gelöst ist). In der Realität sind jedoch häufig nicht alle diese drei Annahmen erfüllt, was dann doch zu einem Marktversagen führt (zu den Folgen, sobald eine oder mehrere der Annahmen fallengelassen werden, vgl. die Tabelle in *Dulleck/Kerschbamer*, Fn. 164, S. 34). Zudem setzt das Modell von Dulleck und Kerschbamer in Annahme (3) bereits staatliche Maßnahmen, wie etwa der Straftatbestand des § 263 StGB, voraus.

173 „At the current state of knowledge, no strong case can be made for governmental intervention even in markets where deliberate deception is a regular practice. This is because governmental evaluators will be subject to much the same costs and temptations as are present for private evaluators." (*Darby/Karni*, Fn. 162, S. 86 f.).

174 Z.B. *Rubin*, The Economics of Regulating Deception, CATO Journal, Vol. 10 (1991), S. 667 ff. m.w.Nws.

175 *Rubin*, Fn. 174, S. 673.

bensgüter sein. Entscheidend für den Regulierungsbedarf ist somit nicht das Gut an sich, sondern die jeweilige Eigenschaft (Aussehen, Geschmack, Gesundheit), die für den Käufer im Vordergrund steht. Letztendlich sind Produkte entsprechend ihrer Anteile an den verschiedenen Güterkategorien zuzuordnen.

Einzelheiten zu Strategien zur Verringerung von Betrugsanreizen sowohl durch marktinterne Mechanismen als auch durch staatliche Regulierung werden im Verlauf der Arbeit noch näher behandelt.[176]

cc) Relevanz für den Betrugsstraftatbestand

Nach diesen Ausführungen zur Bedeutung von Informationen für Märkte, Transaktionen und Verträge sowie zur Klassifizierung von Informationsasymmetrien sollen diese ersten Erkenntnisse mit dem Betrugsstraftatbestand verknüpft werden.

- Jeder Betrug setzt eine Informationsasymmetrie voraus, aber nicht jede Informationsasymmetrie ist zugleich ein Betrug. Vielmehr bestehen im Wirtschaftsleben unzählige Situationen mit asymmetrischen Informationen - viele davon sind sogar nötig, um Anreize zur Informationsgewinnung zu setzen.[177] Insofern fällt der Rechtsordnung und insbesondere dem Vertragsrecht[178] die Aufgabe zu, diesem „Idealzustand" der bestmöglichen Information zumindest weitestgehend nahezukommen, dabei aber auch die Kosten der Herstellung einer höheren Informationsbasis im Blick zu behalten.[179]
- In zeitlicher Hinsicht können Informationsasymmetrien in solche vor Vertragsschluss/Transaktion („adverse selection") und danach („moral hazard") unterteilt werden. Während erstere dazu führen, dass die Informationsbasis für den Vertragsschluss unvollständig ist, handelt es sich beim „moral hazard" um ein Überwachungsproblem im Rahmen der Vertragsdurchführung. Betrug zeichnet sich dadurch aus, dass das Opfer täuschungsbedingt eine vermögensschädigende Handlung vornimmt. Damit liegt definitionsgemäß die Täuschungshandlung immer *vor* der Transaktion und es geht - in den

176 Vgl. dazu Teil 2:B.III.

177 Dazu näher im Teil 2:B.II.

178 Eine sehr klare Aufgabenbeschreibung des Vertragsrechts liefert *Hirsch*, Law and Economics. An Introductory Analysis, 3. Auflage, San Diego, u.a. 1999, S. 94: „Contracts as societal institutions facilitate efficient exchange by providing a social mechanism for enforcing those agreements where aggregate value between the parties can be presumed to have increased."

179 So wird Vertragsrecht sehr plastisch auch als „Schmiermittel" der Marktwirtschaft bezeichnet und seiner Funktion nach mit einer funktionierenden Geldverfassung verglichen (*Schäfer/Ott*, S. 398).

meisten Fällen[180] - um ein Problem der ex-ante-Informationsasymmetrie („adverse selection").

- In gegenständlicher Hinsicht sind Informationsasymmetrien bei Suchgütern, Erfahrungsgütern und Glaubensgütern zu unterscheiden, wobei die meisten Güter zu unterschiedlichen Anteilen allen diesen Kategorien unterfallen können. Die Überprüfungskosten und damit das Risiko der Fehlinformation sind bei Erfahrungs- und insbesondere bei Glaubensgütern am höchsten. Staatliche Eingriffe sind notwendig, um den Betrugsanreiz gerade bei Produkten, die zu hohen Anteilen die Charakteristika von Erfahrungs- oder Glaubensgüter aufweisen, zu verringern.

II. Wirkungen von Informationsvorsprüngen und Betrug

In diesem Abschnitt soll die volkswirtschaftliche Bedeutung von Informationsvorsprüngen sowie die negativen Folgen von Betrugsmöglichkeiten im einzelnen dargestellt werden.

1. Möglichkeit der Ausnutzung von Informationsvorsprüngen als notwendiger Anreiz zur Informationsgewinnung

Da die Terminologie „Informationsasymmetrien" oftmals mit Marktversagen gleichgesetzt wird und mithin eine negative Konnotation aufweist, ist es zunächst notwendig klarzustellen, dass fast alle Situationen im Wirtschaftsleben durch ungleiche Informationsverteilungen gekennzeichnet sind. In den meisten Fällen ist die Ausnutzung von Wissensvorsprüngen auch vollkommen legitim.[181]

---

180 Gelegentlich kommt es vor, dass nach Vertragsschluss im Rahmen der Vertragsdurchführung erneute Täuschungshandlungen vorgenommen werden. Insofern wäre die darauf beruhende vermögensschädigende Handlung des Betrugsopfers nicht der Vertragsschluss, sondern die Vermögensminderung durch die Vertragsdurchführung (z.B. die Erbringung der eigenen Leistung). Insofern ist in solchen Fällen Betrug auch als Fall des „moral hazard" denkbar.

181 Vgl. dazu z.B. *Kirzner*, nach dem Markprozesse ohne irrtümliche Transaktionen nicht denkbar wären: Die allokativen Eigenschaften von Wettbewerbsmärkten beruhen auf der Attraktivität der Erzielung unternehmerischer Gewinne; solche Gewinne seien aber nur dann möglich, wenn diejenigen, von denen Unternehmer kaufen und diejenigen, an die sie verkaufen, eben nicht über vollständiges Wissen verfügen. *Kirzner* rechtfertigt diesen Befund normativ mit der „Finder-Besitzer-Ethik", die er in Anlehnung an die Ethik des Privateigentums entwickelt: Solange eine Ressource nicht entdeckt worden sei, gelte sie im rechtlichen Sinne als überhaupt nicht vorhanden. Wenn z.B. ein Unternehmer beobachtet, dass auf dem Großmarkt Orangen für 5 Doller gehandelt werden, während der Verbraucher bereit ist, für diese in Form von Orangensaft 12 Dollar zu be-

Der Autohändler begeht keinen Betrug dadurch, dass es eine bessere Wiederverkaufsmöglichkeit beim Ankauf eines Gebrauchtwagen verschweigt – vielmehr gehört es zu seinem Kerngeschäft, Marktunvollkommenheiten durch bessere Kenntnisse der Absatzmöglichkeiten „auszunutzen“. Ebenso muss der Verkäufer eines Fernsehers in einem Elektrokleinladen seine Kunden nicht darauf hinweisen, dass das Gerät bei einem großen Eletronikdiscounter um die Ecke um ein Drittel günstiger zu haben ist. Solange die Transaktion im übrigen „freiwillig“ erfolgt, ist sie aus ökonomischer Sicht trotz des Befundes asymmetrischer Informationen nicht zu beanstanden. Vollkommene Informationsgleichheit zwischen den Vertragsparteien würde hingegen dazu führen, dass sämtliche Anreize zum Erwerb neuen Wissens verloren gingen („Informationstod“).[182]

Vor dem Hintergrund dieser Anreizwirkung der Ausnutzung von Informationsvorsprüngen werden in der rechtsökonomischen Literatur[183] teilweise Aufklärungspflichten bei Vertragsschlüssen abgelehnt und einer Vertragspartei damit ein „Recht zum Schweigen zugestanden, wenn sich die Informationsüberlegenheit auf eine sog. „produktive“[184] (in Abgrenzung zur bloß redistributiven) Information bezieht, die die verschweigende Vertragspartei unter kostspieligen Suchanstrengungen erworben hat. Eingängiges Beispiel ist der Kunsthändler, der aufgrund erheblicher Suchanstrengungen einen echten „van Gogh“ auf dem Dachboden eines nicht kunstverständigen Verkäufer entdeckt und ihm das Gemälde zum Preis von 100,- € ohne Offenlegung der wahren Urheberschaft abkauft. Während schnell zu erkennen ist, dass der *einzelne* Vertrag nicht paretooptimal ist (ein Vertragspartner wird durch ihn schlechter gestellt), so ist trotzdem zu bezweifeln, dass die entsprechende Informationsasymmetrie in der gesellschaftlichen Gesamtsschau schädlich ist. Wüsste nämlich der Kunsthändler, dass er seinen Wissensvorsprung nicht ausnutzen darf, sondern unter der Androhung zivilrechtlicher Folgen oder sogar strafrechtlicher Sanktionen sein Sonderwissen offenlegen muss, so hätte er keinen Anreiz, seine (gesellschaftlich

---

zahlen, so ist die Ausnutzung dieses Gewinns bei Herstellungskosten von Saft für 4 Dollar dasselbe, als wenn der Unternehmer eine Ressource im Wert von 3 Dollar entdeckt hätte. Deswegen ist es nur folgerichtig, dem Entdecker dieser Ressource auch die exklusive Verwertungsmöglichkeit zuzusprechen. Dazu *Kirzner*, Unternehmer und Marktdynamik, München 1988, S. 230, 239, 241.

182 So *Fleischer*, Informationsasymmetrie im Vertragsrecht, München 2001, S. 109 f. unter Verwendung der Terminologie nach *Morgenstern*, Vollkommene Voraussicht und wirtschaftliches Gleichgewicht, Zeitschrift für Nationalökomomik 1935, S. 337.

183 Vgl. z.B. die Überblicke in *Cooter/Ulen*, S. 354 ff.; *Schäfer/Ott*, S. 517 ff.

184 Terminologie nach *Kronman*, Mistake, Disclosure, Information, and the Law of Contracts, The Journal of Legal Studies, Vol. 7 (1978), S. 1-34; für eine Anwendung dieses Konzepts auf das deutsche Vertragsrecht vgl. *Adams*, AcP 186 (1986), S. 453-489.

erwünschte) Suchaktivitäten weiter zu betreiben. Aufgrund der bereits beschriebenen Besonderheiten des Gutes „Informationen" hätte er keine Möglichkeit, sein wertvolles Sonderwissen durch einen gesonderten Vertrag zu verwerten[185] - der „van Gogh" würde wohlmöglich nie entdeckt werden. Entsprechende Fallgruppen werden im Abschnitt zur „Täuschung" behandelt.[186] An dieser Stelle soll lediglich festgehalten werden, dass Wahrheits- und Offenlegungspflichten zwar Informationsasymmetrien reduzieren, gleichzeitig aber gesellschaftlich erwünschte Anreize zur Sammlung produktiver Informationen behindern können.

2. Negative Auswirkungen von Betrug

Im Regelfall überwiegen jedoch bei vorsätzlichen Täuschungen die negativen Auswirkungen. So haben Betrugsfälle negative Folgen für die getäuschte Vertragspartei. Zudem führen Betrugs*möglichkeiten*, also das Wissen um die Existenz von Betrug auf Märkten, zu transaktionskostenerhöhende Reaktionen *aller* Marktteilnehmer.[187] An dieser Stelle ist jedoch darauf hinzuweisen, dass die teilweise vorgenommene Differenzierung zwischen den Auswirkungen von Täuschungen auf „Mikro"- und „Makroebene"[188] keine Bedeutung für die ökonomische Bewertung von Betrug und den entsprechenden Regulierungsbedarf hat. Sowohl die Kosten für einzelne Vertragsparteien als auch für alle anderen Marktteilnehmer sind volkswirtschaftlich zu berücksichtigen und werden deswegen in diesem Abschnitt zusammenhängend aufgeführt.

a) Fehlende Garantie für die wohlfahrtserhöhende Wirkung einzelner Transaktionen

Wie bereits ausgeführt, schafft ein funktionierendes Vertragsrecht die Voraussetzungen für nutzenmehrende Tauschprozesse: Beide Vertragspartner erhalten

185 Vgl. dazu Teil 2:B.I.

186 Siehe dazu Teil 3:A.II.

187 Diese Differenzierung zwischen ist Wirtschaftswissenschaftlern gut aus der Angebots- und Nachfragetheorie bekannt: Zunächst analysiert man die Nachfrageentscheidung des einzelnen Haushalts bzw. die Produktionsentscheidung des einzelnen Unternehmens, bevor man sich der aggregierten Ebene des Marktes zuwendet (z.B. *Pindyck/Rubinfeld*, Mikroökonomie, S. 161 ff., S. 263 ff.).

188 Teilweise auch „individuelle" oder „überindividuelle" Komponenten. So hat der amerikanische Privatrechtler Conard den Begriff macrojustice geprägt (*Cornard*, Macrojustice: A Systematic Approach to Conflict Resolution, Georgia Law Review, Vol. 5 (1971), S. 415, 419 f.): Entscheidend sei, wir das System „in an aggregate of one thousand or ten thousand cases" funktioniert, und nicht im „individual case". *Fleischer* hat diese Unterscheidung in seiner Habilitationsschrift zur „Informationsasymmetrie im Vertragsrecht" übernommen (S. 178 ff. zum „makrojuristischen Vertragsmodell").

ein Gut, das sie zumindest ein wenig mehr schätzen als was sie dafür hergeben.[189] Damit ist der ökonomische Leistungsaustausch kein Nullsummenspiel, sondern liegt vielmehr im Interesse beider Vertragsparteien, da die ausgetauschten Güter in der Hand des jeweiligen Erwerbers wertvoller sind als in der Hand des Veräußerers.[190] Die soziale Wohlfahrt wird nicht nur durch Produktionsprozesse erhöht, sondern auch durch reine Tauschvorgänge,[191] denn diese lenken knappe Güter an den Ort ihrer wertvollsten Verwendung. Liegen die im vorherigen Abschnitt beschriebenen Voraussetzungen eines vollständigen Vertrags vor, so ist der Austausch auch immer pareto-optimal und verbessert das beiderseitige Nutzenniveau. Das kann, muss aber nicht immer der Fall sein. Transaktionen sind nur dann nutzenverbessernd, wenn sie auf beiden Seiten freiwillig und in vollem Wissen über ihre Wirkungen erfolgen.[192]

Liegt eine vollständige Informationsbasis vor, so ist die jeweilige (freiwillige) Transaktion für beide Seiten in jedem Fall nutzenerhöhend. Bei allen Abweichungen dieses „Idealzustands" besteht diese „Garantie" nicht mehr – je schlechter der Informationsstand einer oder beider Parteien ist, desto eher führt die Transaktion nicht mehr zu einer Verbesserung zum status quo ex-ante, und desto eher führt die Transaktion nicht mehr dazu, dass knappe Ressourcen ihrer bestmöglichen Verwendung zugeführt werden.

b) Erhöhung von Transaktionskosten durch überhöhte Vorsorgeaufwendungen

Informationsasymmetrien und insbesondere Betrug erhöhen Transaktionskosten, d.h. diejenigen Kosten, die mit dem Abschluss und Einhaltung eines Vertrags verbunden sind.[193] Ähnlich wie beim Diebstahl[194] entsprechen die ökonomischen Kosten von Betrugsfällen nicht dem Schaden im zivilrechtlichen Sinne, denn dieser berücksichtigt nur die Kosten aus der ungewollten Umverteilung des

---

189 Vgl. für viele *Cooter/Ulen*, S. 283.

190 Vgl. für viele *Schäfer/Ott*, S. 393.

191 Oftmals herrscht unter ökonomischen Laien die Vorstellung, nur die Produktion von Gütern sei volkswirtschaftlich produktiv. Zur Werthaltigkeit des Tausches mit weiteren Nachweisen *Fleischer*, Informationsasymmetrie im Vertragsrecht, München 2001, S. 180.

192 *Friedman*, Kapitalismus und Freiheit, 7. Auflage, München 2010, S. 34. Anders als die Juristen haben Ökonomen jedoch keine trennscharfe Definition der Voraussetzungen, unter denen eine Transaktion die Voraussetzung der „Freiwilligkeit" erfüllt, vgl. dazu *Fleischer*, Informationsasymmetrie im Vertragsrecht, München 2001, S. 185.

193 Z.B. *Wiese*, Ökonomie des Lügens und Betrügens, Kölner Zeitschrift für Soziologie und Sozialpsychologie 1994, S. 65, 69.

194 Vgl. dazu z.B. *Tullock*, The Welfare Costs of Tariffs, Monopolies and Theft, Western Economic Journal, Vol. 5 (1967), S. 224-232.

jeweiligen Gutes, nicht aber den durch Betrugsmöglichkeiten verursachten Ressourcenschaden.[195]

Die gesamten volkswirtschaftlichen Kosten des Betrugs folgen vielmehr aus den Aufwendungen, die einerseits Betrüger für ihre (unerwünschte) Aktivitäten und andererseits potentielle Betrugsopfer, also Vertragsparteien, zum Abwehr von Betrugsgefahren tätigen. Das Wissen, dass Vertragspartner überlegenes Wissen über den Vertragsgegenstand haben, erzeugt einen Anreiz, die eigene Informationsbasis zu verbessern und (kostspieligen) Informationsbeschaffungsaufwand zu betreiben. Das Versprechen ehrlicher Vertragsparteien ist, in Abwesenheit rechtlicher Sanktionsmechanismen, nur begrenzt glaubhaft. Vertragsparteien müssen sozial unnötige Vorsorgeaufwendungen tätigen, um sich gegen Betrugsfälle abzusichern: Erwerber von Gütern werden eigene Nachforschungen, etwa über zugesagte Eigenschaften, anstellen und Veräußerer andererseits kostspielige Anstrengungen, wie etwa die Einräumung umfassendere Garantien oder extensivere Werbung, unternehmen, um überlegene Produktqualitäten glaubwürdig zu signalisieren.

Diese Anstrengungen wiederum steigen mit dem erwarteten Verlust aus Betrugsfällen und damit dem privaten Vermögensschaden: Je mehr Vertragsparteien fürchten müssen, dass ihre berechtigten Erwartungen an Vertragsschlüsse enttäuscht werden, desto vorsichtiger werden sie an Märkten agieren und desto mehr werden sie selbst vorsorgen oder, soweit diese Vorsorge zu teuer ist, von Vertragsschlüssen absehen. Nicht durch Informationsbeschaffung klärbare Unwägbarkeiten führen zu einer verringerten Zahlungsbereitschaft der mit der Unsicherheit belasteten Vertragspartei. Die Möglichkeit zur Lüge, oder anders gefasst, die Unmöglichkeit, sich selbst für die andere Partei zu geringen Kosten glaubhaft zu einer vertragsgemäßen Leistung zu verpflichten und damit die Kostenersparnis für Betrugsvermeidungsaufwand gemeinsam zu realisieren, schadet *allen* Marktteilnehmern. Im Ergebnis werden Transaktionen verteuert und es gibt weniger wohlfahrtsfördernde Austauschbeziehungen. Insoweit hat es sich durchgesetzt, Informationskosten als Teil der Transaktionskosten einzuordnen.[196]

---

195 Zur Funktion des Tatbestandsmerkmals des „Betrugsschadens“ im Einzelnen vgl. die Ausführungen in Teil 3:C.II.

196 So zum Begriff der Transaktionskosten in der sog. „Neue Institutionenökonomik“ (vgl. zum Verhältnis und Überschneidungen dieses Wissenschaftszweigs mit der Informationsökonomik und der Ökonomischen Analyse des Rechts *Fleischer*, Informationsasymmetrie im Vertragsrecht, München 2001, S. 131 ff.), Zum Begriff der Transaktionskosten vgl. dazu *Richter/Furubotn*, Neue Institutionenökonomik, S. 54 ff., zu Informationskosten vgl. S. 59 f.

Betrugsmöglichkeiten sind so ihrer Wirkung nach mit einer Steuer vergleichbar, die alle Marktteilnehmer – also auch solche, die nicht konkret Opfer eines Betrugs geworden sind – tragen müssen.[197] Dieser sog. „Deadweight Loss" führt zu einem Verlust der Konsumenten- und Produzentenrente und kann in einem Marktdiagramm durch die Verschiebung sowohl der Nachfrage- als auch der Angebotskurve dargestellt werden.[198] Im Unterschied zur Analyse der Wohlfahrtsauswirkungen von Steuern,[199] erfolgt jedoch keine Teilkompensation durch staatliche Steuereinnahmen, sondern es sind hingegen die Anstrengungen zur Vorsorge von Betrug auf Anbieter- und Nachfragerseite *endgültig* für die Gesellschaft verloren. Insofern ist der Wohlfahrtsverlust aus Betrug sogar noch größer als derjenige, der mit der Einführung einer Steuer im gleichen Markt verbunden wäre.

c) Kostenerhöhung durch „psychologischen Schaden"

Nach der ökonomischen Prämisse des rational und egoistisch handelnden Individuums[200] werden Verkäufer Käufer immer belügen, wenn es zu ihrem Vorteil ist; Käufer wiederum werden diesen Umstand in ihrer Zahlungsbereitschaft berücksichtigen und eigenen Informationsbeschaffungsaufwand betreiben.

Studien der ökonomischen Experimentalforschung deuten jedoch darauf hin, dass dies sowohl auf Käufer- als auch auf Verkäuferseite nicht der Fall ist. So zeigten *Brandts* und *Charness*, dass getäuschte Vertragspartner keineswegs individuell gewinnmaximierend reagieren, sondern vielmehr sogar unter der Inkaufnahme eigener Verluste bereit sind, das Verhalten der Gegenseite zu sanktionieren.[201] Ein solcher sozialer Mechanismus ist den Wirtschaftswissenschaften schon länger bekannt: So ergaben Studien zum sog. „ultimatum game", dass Probanden bei der Entscheidung über die Aufteilung eines Gewinnbetrags nach Vorschlag der Gegenseite eher bereit sind, „leer" auszugehen, als eine subjektiv als unfair empfundene Aufteilungsregel (obwohl gewinnbringend) zu akzeptieren.[202] Im Falle des Betrugs geht dieser Bestrafungsmechanismus nach den Befunden von *Brandts* und *Charness* jedoch noch weiter: Im Ergebnis stellen sie fest, dass die Bereitschaft, ein unfaires Verhalten der Gegenseite zu sanktionie-

---

197 Vgl. zu einer Modellierung von Betrugsschäden *Ulen*, The Economics of Corporate Criminal Liability, Managerial and Decision Economics, Vol. 17 (1996), S. 351-362.

198 Zu Wirkungen von Steuern und Subventionen vgl. *Pindyck/Rubinfeld*, Mikroökonomie, S. 438 ff.

199 Vgl. dazu *Pindyck/Rubinfeld*, Mikroökonomie, S. 434 ff.

200 Sog. „REM"-Hypothese, vgl. dazu *Schäfer/Ott*, S. 58 ff.

201 *Brandts/Charness*, Truth or Consequences: An Experiment, Management Science, Vol. 49 (2003), S. 116-130.

202 Vgl. dazu *Pindyck/Rubinfeld*, Mirkoökonomie,S. 253 f.

ren, sich deutlich erhöht, wenn dieses in einer Täuschung besteht. Soweit der für eine Partei ungünstige Ausgang aus einem Betrug herrührt, *verdoppelt* sich die Bereitschaft zur Bestrafung im Vergleich zu einem anderen unfairen Verhaltens mit der gleichen negativen Folge. Es scheint so zu sein, dass Lügen bei Kooperationen als deutlich beeinträchtigender wahrgenommen wird als lediglich „gewöhnliches“ opportunistisches Verhalten – daher der Wille zur Bestrafung. Die gleichen negativen Folgen unterscheiden Individuen in ihrer subjektiven Bewertung danach, durch welchen Prozess sie zustande gekommen sind.

Dieser Befund wird durch ein Anschlussexperiment von *Gneezy* untermauert.[203] Im Unterschied zu *Brandts* und *Charness* untersucht er die Frage, wie sich das Verhalten des Lügenden im Vergleich zum „gewöhnlichen“ rationalen Opportunismus unterscheidet. Auch insoweit zeigte sich, dass außer der Wahrscheinlichkeit und Höhe einer Sanktion für die Entscheidung zur Lüge wichtig ist, inwieweit die Gegenseite durch die Lüge Verluste erleidet.[204] So sollen Aussagen eines Gebrauchtwagenverkäufers zum Zustand der Bremsen deutlich vertrauenswürdiger sein als eine entsprechende Äußerung zur Funktionsfähigkeit der Klimaanlage. Dieses Verhalten ließe sich aber auch mit höheren Sanktionen erklären, die der Händler im Falle einer Fehlfunktion der Bremsen und damit verbundener Folgen für die Wageninsassen erleiden würde.

In Bezug auf die in diesem Abschnitt vorgestellten „objektiven“ Kostenbestandteile täuschungsbedingter Informationsasymmetrien lässt sich damit feststellen, dass diese nicht den wahren Schaden des Betrugs widerspiegeln. Zusätzlich zur Vermögensumverteilung erleidet das entsprechende Opfer nämlich eine Beeinträchtigung alleine aus dem Gefühl, betrogen worden zu sein – eine rein monetäre Betrachtung würde so den wirklichen volkswirtschaftlichen Schaden *untertreiben.*

Andererseits sollen diese psychologischen Befunde auch darauf hindeuten, dass zur Betrugsbekämpfung möglicherweise gar keine rechtlichen Sanktionsmechanismen notwendig sind, da sich die Vertragspartner selbst darum bemühen werden, der unehrlichen Gegenseite ebenso einen Verlust zuzuführen.[205] Im Ergebnis scheint diese Form der „Abschreckung“, insbesondere in Anbetracht einer geringen Aufdeckungswahrscheinlichkeit bei Glaubensgütern, kein Ersatz für rechtliche Sanktionen zu sein. Zusätzlich ist zweifelhaft, ob sich die soziale Norm des Täuschungsverbots unabhängig vom Recht überhaupt herausbilden

---

203 *Gneezy*, Deception: The Role of Consequences, American Economic Review, Vol. 95 (2005), S. 384-394.

204 *Gneezy*, Fn. 203, S. 391.

205 So stellt *Gneezy* (Fn. 203, S. 392) fest: „Under such intrisic motivation to tell the truth, penalizing deception may be counterproductive and result in even more lies.“

würde oder ob nicht gerade die Existenz einer (straf-)rechtlichen Sanktion für Betrugsfälle diesen sozialen Standard schafft.[206]

d) Extremfall: Marktzusammenbruch als Folge asymmetrischer Informationen (Akerlof)

Unter bestimmten Bedingungen können nach dem Konzept des *Akerlof'schen* „Zitronenmarkt" Informationsasymmetrien und insbesondere Betrugsfälle zum Zusammenbruch eines ganzen Marktes führen. Für Einzelheiten sei auf die vorhergegangenen Ausführungen zum Phänomen der „adverse selection" bei ex-ante-Informationsasymmetrien verwiesen.

III. Instrumente zur Herstellung eines "optimal amount of fraud"

Die täuschungsbedingte Ausnutzung von Informationsasymmetrien kann dazu führen, dass die Ressourcenallokation sowohl auf Ebene der einzelnen Transaktion als auch auf der aggregierten Marktebene nur noch eingeschränkt funktioniert. Jedoch ist eine Reduzierung täuschungsbedingter Informationsasymmetrien durch staatliche Eingriffe ebenso mit Kosten verbunden. Zielsetzung muss es somit sein, einen „optimalen" Grad von Täuschungen herzustellen. Dazu kommen verschiedene Instrumente – sowohl markimmanent als auch staatlich - in Betracht.[207]

Diese sollen im diesen Abschnitt dargestellt werden[208], bevor im Abschnitt C die spezifische Funktion des Betrugsstraftatbestands im Geflecht dieser Instrumente erörtert wird.

---

206 In der Soziologie wird insofern von einer „kontrafaktischen Normstabilierung" gesprochen, die u.a. durch strafrechtliche Sanktionen sichergestellt wird: Die „Verarbeitung" einer Normverletzung durch eine Sanktion bestätigt dem Normadressaten, dass die Norm (immer noch) gilt. Das Strafrecht stabilisert so unsichere Erwartungen. Vgl. dazu *Luhmann* Rechtssoziologie, mittlerweile in der 4. Auflage, Wiesbaden 2008 und daran anknüpfend *Jakobs*, Schuld und Prävention, Tübingen 1976.

207 Naturgemäß kann in einer juristischen Arbeit hierzu keine Aussage gemacht, geschweige denn die Kosten quantifiziert werden. Im Folgenden wird deswegen „nur" ein Überblick über die verschiedenen Instrumente zur Steuerung von Informationsasymmetrien gegeben und (qualitativ) begründet, warum eine strafrechtliche Sanktion notwendig ist, um die Defizite derselben auszugleichen.

208 Gliederung und Darstellung im folgenden Teil erfolgt in Anlehnung an *Fleischer*, Informationsasymmetrie im Vertragsrecht, München 2001, S. 123 ff.

1. Wettbewerbskräfte

Wer das *Akerlof'sche* Marktmodell mit der Realität vergleicht, wird feststellen, dass sowohl Gebrauchtwagenmärkte existieren als auch andere Produkte der Kategorie *Nelson's* Erfahrungsgüter, wie Fernseher oder Stereoanlagen, gehandelt werden.[209] Der Markt selbst hat hier informationsschaffende Institutionen herausgebildet, die einige Fälle von Informationsasymmetrien bereits hinreichend steuern.

So hält *Rubin* in seiner Zusammenfassung der aktuellen Literatur zur Informationsregulierung staatliche Eingriffe für Suchgüter und niederpreisige Erfahrungsgüter sogar gänzlich für überflüssig – der Gesetzgeber solle sich seiner Meinung schwerpunktmäßig auf höherwertige Erfahrungsgüter und Glaubensgüter konzentrieren.[210] *Ulen* macht es von der Effektivität der Marktkräfte im Einzelfall abhängig, ob staatliche Sanktionsmechanismen zum Einsatz kommen sollen.[211] Abgesehen von den Kosten der Regulierung ist es aber auch nicht schädlich, wenn *zusätzlich* zu Marktkräften staatliche Regelungen greifen.[212]

Im Folgenden werden die wichtigsten außerrechtlichen Mechanismen zur Abmilderung informationsasymmetrisch bedingter Defizite vorgestellt. Dabei hat sich die Unterteilung zwischen Modellen der Informationsübertragung (*signaling*) und Informationsbeschaffung (*screening*) herausgebildet.[213] Bei der Informationsübertragung geht der Informationstransfer von der informierten Vertragspartei aus, bei Modellen der Informationsbeschaffung hingegen veranlasst ihn die weniger informierte Vertragspartei. Einen Sonderfall der Informationsübertragung stellt die Selbstselektion (*self selection*) dar. Schließlich können Anbieter durch *Wiederholungskäufer* diszipliniert werden.

---

209 *Fleischer*, Informationsasymmetrie im Vertragsrecht, München 2001, S. 123.

210 *Rubin*, Information Regulation (Including Regulation of Advertising), in: Bouckaert/DeGeest (Hersg.) , Enyclopedia of Law & Economics, Nachdruck, Cheltenham 2001, Abschnitt 5110.

211 Vgl. *Ulen*, The Efficiency of Specific Performance: Toward a Unified Theory of Contract Remedies, Michigan Law Review, Vol. 83 (1984), S. 341, 348.

212 So auch *Ulen*, Fn. 211, S. 349: „Even if it were true that reputation and a rule of law were substitutes and not complements, there might be minimal harm in specifying a rule of law to hold in all breach cases, even those where reputation was the more efficient enforcer."; vgl. *Adams*, Betriebsberater 1989, S. 781.

213 *Fleischer*, Informationsasymmetrie im Vertragsrecht, München 2001, S. 123.

a) Screening

Beim sog. „Screening" versucht der Vertragspartner, seine Ungewissheit durch Tests abzubauen.[214] Beim Kauf eines Gebrauchtwagens bietet sich z.B. die Untersuchung durch einen Mechaniker an; beim Kauf eines Hauses werden oftmals Bausachverständige hinzugezogen. Auch auf Kreditmärkten haben sich Kennzahlensysteme durchgesetzt, aufgrund derer sich die Bonität eines Schuldners ermitteln lässt.[215] Ziel solcher Instrumente ist es, das individuelle Verlustrisiko eines Schuldners in einer Maßzahl abzubilden.[216]

Da Screening-Modelle immer *vor* der Transaktion ansetzen, erfassen sie definitionsgemäß nur sog. Suchgüter. Schlechte Produkteigenschaften, die durch das „Screening" nicht entdeckt werden können, zeigen sich frühestens nach Erwerb des Gutes. Wie schon ausgeführt, liegt der größte Anreiz zur Täuschung des Vertragspartners bei Erfahrungs- und Glaubensgüter, da dort die Überprüfungsmöglichkeiten des Abnehmers eingeschränkt oder vollkommen ausgeschlossen sind. Insofern sind Screening-Mechanismen nur teilweise geeignet, Betrugsmöglichkeiten zu verringern.

b) Signaling

Die Idee des Signaling wurde erstmals von *Spence* aufgeworfen, als er das Problem der ex-ante Informationsasymmetrien am Beispiel des Arbeitsmarktes erörterte.[217] In seinem Ansatz verfügen Arbeitnehmer über private Informationen über ihre Produktivität, während die Arbeitgeber nur die *durchschnittliche* Produktivität aller Arbeitnehmer am Markt kennen.[218] Nach *Akerlof* bestünde in dieser Situation das Risiko, dass sich schlechte Arbeitnehmer am Markt durchsetzen und so die guten Qualitäten vom Markt „verdrängen". Hier setzt der Signaling-Ansatz von *Spence* an: Gute Arbeitnehmer haben einen Anreiz, ihren Arbeitgeber über ihre überdurchschnittliche Produktivität zu informieren, denn dann wäre dieser im Gegenzug bereit, höhere Gehälter zu bezahlen. Ein Weg, dieses glaubwürdig zu machen, ist die Aussendung eines „Signals". Dabei

---

214 *Wessling*, Individuum und Information, Tübingen 1991, S. 92; auch *Fleischer*, Informationsasymmetrie im Vertragsrecht, München 2001, S. 124.

215 Vgl. zum Beispiel die Schufa Holding AG (www.schufa.de, abgerufen am 23. September 2011). Prominente Beispiele sind auch die sog. „Rating-Agenturen", die in der aktuellen Schuldenkrise in die öffentliche Diskussion gelangt sind.

216 *Fleischer*, Informationsasymmetrie im Vertragsrecht, München 2001, S. 124 mit Verweis auf *Devinney*, Rationing in a Theory of the Banking Firm, Berlin u.a. 1986.

217 *Fleischer*, Informationsasymmetrie im Vertragsrecht, München 2001, S. 124.

218 *Spence*, Job Market Signaling, Quarterly Journal of Economics, Vol. 87 (1973), S. 355 ff.; vgl auch dazu als Grundlage seine Doktorarbeit: Market Signaling: Information Transfer in Hiring and Related Practices, Cambridge (Mass.) 1974.

zeichnet sich ein sogenanntes „starkes“ Signal dadurch aus, dass es von schlechteren Anbietern teurer zu produzieren ist als von einem besseren Anbieter. Im Arbeitsmarkt kann die Ausbildung ein solches „starkes“ Signal sein. Überdurchschnittlich produktive Arbeitnehmer können in der Regel unter geringeren Kosten höhere Schul- und Universitätsabschlüsse erwerben, denn sie sind entweder intelligenter und deswegen lernbereiter (und damit auch produktiver) und/oder arbeitswilliger (d.h. sie arbeiten härter und länger, was ebenso mit einem Produktivitätsgewinn für den Arbeitgeber verbunden ist). Arbeitgeber wiederum, die dies erkennen, sind bereit, für ein höherwertiges Signal eine höhere Prämie zu bezahlen, was wiederum den Anreiz auf Arbeitnehmerseite stärkt, ein solches Signal auszusenden. Nach *Spence* stellt sich im Ergebnis ein sog. „Signalisierungsgleichgewicht“ ein, in dem Arbeitnehmer mit höherer Produktivität einen höheren Lohnsatz erhalten als weniger produktive.

Obwohl *Spence* seine Ausführungen auf den Arbeitsmarkt beschränkt, haben seine Ergebnisse auch in vielen anderen Bereichen Gültigkeit:[219] So können etwa Werbeausgaben als ein Signal angesehen werden. Unterstellt man mit *Nelson*,[220] dass es bei Produkten von höherer Qualität zu Wiederholungskäufen kommt, so ist der Ertrag von Investitionen in den Aufbau einer Reputation („goodwill“) größer als bei Produkten niedriger Qualität. Sobald Verbraucher diesen Zusammenhang erkennen, haben Anbieter höherer Qualitäten einen Anreiz, diese Investitionen zu tätigen. Dabei muss die Werbung keine Information über das Produkt als solches vermitteln – alleine die Tatsache, dass das Unternehmen wirbt, signalisiert firmenspezifische Investitionen und damit eine höhere Qualität.[221]

Für Ausbildungsinstitutionen und Werbeagenturen mag dieser Befund irritierend sein: So besteht nach dem Modell von *Spence* der überwiegende Nutzen der von ihnen erbrachten Leistungen keineswegs in einem Zuwachs von Wissen bzw. methodischer Fähigkeiten oder in einer optimalen Präsentation eines Produkts, sondern lediglich in der Vermittlung der Tatsache, sie als „Signalisierende“ Aufwendungen getätigt haben. In Anbetracht der Kosten der Signalisierung, nämlich die Investition in Ausbildung oder Werbung, ist zu fragen, ob sich die verbesserte Informationsbasis der Gegenseite auf anderem Wege kostengünsti-

219 *Fleischer*, Informationsasymmetrie im Vertragsrecht, München 2001, S. 124.

220 Dazu *Nelson*, Fn. 152.

221 „Advertising does not „signal“ the presence of a „best buy“, but „signals“ the presence of firmspecific selling costs and therefore the magnitude of the price premium.“ (*Klein/Leffler*, The Role of Market Forces in Assuring Contractual Performance, Journal of Political Economy, Vol. 89 (1981), S. 615, 630).

ger herstellen lässt.[222] Ebenso besteht das Risiko, dass die Signalwirkung von Ausbildungszertifikaten zu sog. „schulischen Überinvestitionen" führt.[223]

c) *Self Selection*

Ein Sonderfall der Informationsübertragung durch die besser informierte Vertragspartei ist die Selbstselektion („self selection").[224] So können z.B. Darlehensgeber ihre Darlehensnehmer in Risikoklassen einteilen und jedem Risiko einen individuellen Zinssatz zuordnen. Soweit sie die Kosten der Bonitätsprüfung den Kreditnehmern nur bei einem positiven Ergebnis erstatten, werden diese ihr besseres Wissen über ihre eigene Bonität durch eine Selbsteinordnung in die entsprechende Risikoklasse preisgeben. Entscheidend ist lediglich, dass die Kreditnehmer davon *ausgehen*, dass eine Bonitätsprüfung stattfindet – die Prüfung selbst ist dann überflüssig.[225] *Rothschild* und *Stiglitz* wendeten das Konzept der Selbstselektion auf Versicherungsmärkte an:[226] Zwar können die Versicherungsgeber den Versicherungsnehmern aufgrund asymmetrischer Informationen keine ihrer Schadenshäufigkeit angepassten Prämien berechnen. Jedoch können sie ihre Versicherungsverträge durch verschiedene Kombinationen von Versicherungsschutz und Versicherungsprämie so gestalten, dass sich die Versicherungsnehmer selbst anhand ihrer Schadengeneigtheit in ein Tarifmodell einordnen. Dabei sind die Versicherungsmodelle so kalkuliert, dass die Prämien mit umfassenderen Versicherungsschutz im Verhältnis zum jeweiligen höheren Schadensrisikos der entsprechenden Gruppe der Versicherungsnehmer steigen. Jeder Versicherungsnehmer wählt den für ihn optimalen Vertrag aus und gibt so sein privates Wissen über sein individuelles Schadensrisiko preis.

Dieser Lösungsansatz beeindruckt durch seine Eleganz: Es sind kein Zwang und insbesondere keine staatliche Sanktion notwendig, um die Akteure dazu zu

---

222 Ähnlich auch *Fleischer*, Informationsasymmetrie im Vertragsrecht, München 2001, S. 125.

223 Vgl. z.B. *Arrow*, Higher education as a filter, Journal of Public Economics, Vol. 2 (1973), S. 193-216.; zum Problem der Überinvestitionen in der Principal-Agent-Theorie *Jensen/Meckling*, Theory of firm: Managerial behavior, agency costs, and ownership structure, Journal of Financial Economics, Vol. 3 (1976), S. 305-360.

224 Darstellung in Anlehnung an *Fleischer*, Informationsasymmetrie im Vertragsrecht, München 2001, S. 125 f. Für eine knappe Übersicht vgl. auch *Wessling*, Individuum und Information: die Erfassung von Information und Wissen in ökonomischen Handlungstheorien, Tübingen 1991, S. 92 f.

225 *Wessling*, Individuum und Information: die Erfassung von Information und Wissen in ökonomischen Handlungstheorien, Tübingen 1991, S. 93.

226 *Rothschild/Stiglitz*, Equilibrium in Competitive Insurance Markets: An Essay on the Economics if Imperfect Information, The Quaterly Journal of Economics, Vol. 60 (1976), S. 629-649.

bringen, die Informationsasymmetrie zu beseitigen.[227] Auch ist der administrative Aufwand solcher Vertragsmodelle gering. Jedoch funktioniert der Mechanismus der Selbstselektion nur in bestimmten Fallgruppen (insbesondere Versicherungen) und kann das allgemeine Täuschungsrisiko bei anderen Qualitätsunsicherheiten (z.B. Gebrauchtwagen) nicht hinreichend beseitigen.

d) Disziplinierung durch Wiederholungskäufer

Schließlich können betrügerische Anbieter durch (das Ausbleiben von) Wiederholungskäufer „sanktioniert“ werden. Abhängig vom Umfang und Schnelligkeit, mit der Kunden neue Vertragsschlüsse verweigern, kann dieser „Goodwill“-Mechanismus die von *Akerlof* skizzierte Gefahr des Marktversagens heilen.[228] Begünstigt wird eine solche Kundenabwanderung, wenn unter den Konsumenten ein Meinungsaustausch über die Qualität der Produkte stattfindet. Dies kann insbesondere bei sog. „clubähnlichen“ Strukturen der Fall sein[229]; auch die heutzutage im Internet etablierten Systeme der Kundenbewertung können eine informationsverbreitende Wirkung haben.

Teilweise wird für die Wirksamkeit solcher Reputationsmechanismen zwischen anonymen und nicht-anonymen Märkten unterschieden:[230] Im Fall anonymer Märkte können der Käufer den Verkäufer nicht individuell sanktionieren – er habe lediglich die Möglichkeit, nach einer Enttäuschung von weiteren Käufen abzusehen oder das jeweilige Gut an einen Dritten weiterzuveräußern. Im Gegensatz dazu *kann* auf nicht-anonymen Märkten eine effiziente Informationsbeschaffung und –übertragung durch Reputation der Marktteilnehmer hergestellt werden. Die Wirksamkeit wird insbesondere begünstigt, wenn eine Vertragswiederholung in der Zukunft wahrscheinlich ist oder die jeweiligen Abieter unternehmensspezifisches Kapital aufgewendet haben. Dann werden Reputationsverluste durch den Abbruch von Geschäftsbeziehungen von Vertragspartnern oder mangelndes Interesse anderer Kunden für den Produzenten kostspielig.

227 Im Hinblick auf die Informationsprobleme der Gerichte beim Nachweis des Vermögensschadens vgl. die Ausführungen zu Instrumenten der „self-assessed valuation“ im Teil 3:C.II.

228 So *Adams*, Ökonomische Analyse des Gesetzes zur Regelung des Rechts der Allgemeinen Geschäftsbedingungen (AGB-Gesetz), in: M. Neumann (Hrsg.) Ansprüche, Eigentums- und Verfügungsrechte, Schriften des Vereins für Socialpolitik, Band 140, 1984, S. 655, 666 in Anlehnung an *Ungern-Sternberg/von Weizsäcker*, Marktstruktur und Marktverhalten bei Qualitätsunsicherheit, Zeitschrift für Wirtschafts- und Sozialwissenschaften 1981, S. 609 ff.

229 *Adams*, Ökonomische Analyse des Gesetzes zur Regelung des Rechts der Allgemeinen Geschäftsbedingungen in: M. Neumann (Hrsg.) Ansprüche, Eigentums- und Verfügungsrechte, Schriften des Vereins für Socialpolitik, Band 140, 1984, S. 655, 670 f.

230 *Ott/Schäfer*, Ökonomische Probleme des Zivilrechts, S. 126 f.

Nach *Williamson* soll insbesondere der Umfang des unternehmensspezifischen Kapitals für die Höhe der Opportunismusprämie entscheidend sein.[231] Dazu passt auch die Beobachtung, dass in der Praxis an solchen Märkten die meisten Probleme auftreten, auf denen ein Marktaustritt zu relativ geringen Kosten möglich ist (z.B. Gebrauchtwagen).[232]

Im Ergebnis ist festzuhalten, dass „Goodwill"-Mechanismen das Risiko des Marktversagens aufgrund asymmetrischer Informationsverteilungen unter bestimmten Voraussetzungen zwar abmildern, aber nicht beheben können. Staatliche Regulierung und insbesondere der Betrugsstraftatbestand, ist, wie zuvor ausgeführt, trotzdem erforderlich, insbesondere da auch funktionierende Reputationsmechanismen nicht kostenfrei arbeiten.[233]

2. Regulierung

a) Allgemeines Zivilrecht

Das Zivilrecht hält verschiedene Regelungen bereit, die Betrugsanreize verringern können. Vorgestellt werden im folgenden Anfechtungs- und Gewährleistungsrechte, Garantien sowie Schadenersatzansprüche aufgrund fehlerhafter Informationen.

aa) Anfechtungsrechte

Wie in vielen anderen Rechtsordnungen ist es auch im deutschen Recht möglich, informationsdefizitäre Willenserklärungen unter besonderen Voraussetzungen anzufechten. In Fällen des Betrugs kommt insbesondere die Anfechtung wegen arglistiger Täuschung gem. § 123 BGB in Betracht. Diese Vorschrift schützt die rechtsgeschäftliche Selbstbestimmung vor „gravierenden Störungen" im Bereich der Willensbildung[234] und erfasst – anders als die Gewährleistungsrechte – auch reine Motivirrtümer,[235] die nicht Vertragsgrundlage geworden sind. In der Rechtsfolge ist diese Vorschrift jedoch enger als die vertragliche Gewährleistungshaftung: Während diese auch das Erfüllungsinteresse absichert, gibt der Gesetzgeber dem arglistig Getäuschten gem. § 123 BGB lediglich das Recht,

---

231 *Williamson*, The Economic Institutions of Capitalism, Nachdruck, New York 2010 S. 73 ff.

232 *Schäfer/Ott*, S. 523.

233 So im Hinblick auf die Rechtfertigung der AGB-Kontrolle auch *Adams*, Ökonomische Analyse des Gesetzes zur Regelung des Rechts der Allgemeinen Geschäftsbedingungen (AGB-Gesetz), in: M. Neumann (Hrsg.) Ansprüche, Eigentums- und Verfügungsrechte, Schriften des Vereins für Socialpolitik Band 140, 1984, S. 655, 673.

234 RGZ 134, 43, 55.

235 Staudinger-*Singer*, § 123 Rn. 1 m.w.N.

sich vom Vertrag zu lösen. Anderseits ordnet der Gesetzgeber nicht „automatisch“ die Nichtigkeit des gesamten Vertrags an, sondern hat sich durch die Gestaltung als Anfechtungsrecht dazu entschieden, dem Getäuschten ein Wahlrecht zuzusprechen: Möchte dieser trotz des schweren Mangels seiner Willenerklärung an dem Vertrag festhalten, so kann er dies tun.

Im Vergleich zum hier im Mittelpunkt stehenden Betrugsstraftatbestand fällt auf, dass die Anfechtbarkeit einer Willenserklärung nach § 123 BGB – wegen seiner systematischen Stellung im Recht der Willensmängel - weder einen Vermögensschaden noch eine Schädigungsabsicht voraussetzt.[236] Bei vorsätzlichen Täuschungen, die den Getäuschten zur Abgabe einer Willenserklärung bewegt haben, ist dieser Tatbestand somit immer erfüllt.

Zusätzlich zur Anfechtbarkeit gem. § 123 BGB kommt in Fällen von Betrug tatbestandsmäßig auch oftmals eine Anfechtung wegen Eigenschaftsirrtum nach § 119 Abs. 2 BGB in Betracht. Jedoch ist diese Vorschrift von den Tatbestandsvoraussetzungen teilweise enger als § 123 BGB, denn sie lässt nur Irrtümer über die „Eigenschaft einer Person oder Sache“ – und damit keine reinen Motivirrtümer – als Anfechtungsgrund zu. Zudem muss die Anfechtung gem. § 121 BGB „unverzüglich“, also ohne schuldhaftes Zögern, nach Entdeckung des Irrtums erfolgen, während in Fällen arglistiger Täuschung die Anfechtungsfrist nach § 124 BGB ein Jahr nach der Entdeckung der Täuschung beträgt. Insofern hat die Vorschrift des § 119 Abs. 2 BGB als Instrument zur Steuerung täuschungsbedingter Informationsasymmetrien neben § 123 BGB keine eigenständige Funktion.[237]

Im System der Instrumente zur Abmilderung der negativen Auswirkungen asymmetrischer Informationen führt die Anfechtbarkeit wegen arglistiger Täuschung dazu, dass der getäuschte Vertragspartner zumindest rechtlich nicht schlechter steht als im status quo ex-ante ohne Vertrag. Jedoch erlangt er durch die Anfechtung nicht das sog. positive Interesse oder Erfüllungsinteresse. Auch setzt die Anfechtung voraus, dass der Getäuschte diese entdeckt und auch ausübt.

236 Vgl. RGZ 111, 5, 7; 134, 55; aus der Literatur für viele *Flume*, Allgemeiner Teil, Band 2: Das Rechtsgeschäft, 4. Auflage, Berlin u.a. 1992, § 29 II, S. 543.

237 Anders in Fällen von nicht-täuschungsbedingter Informationsasymmetrien, vgl. dazu aus rechtsökonomischer Sicht *Adams*, Fn. 184.

bb) Gewährleistungsrechte

Abhängig vom Vertragstyp sieht das deutsche Zivilrecht Gewährleistungsrechte vor. Diese umfassen typischerweise Ansprüche auf Nachlieferung / Nachbesserung, Minderung, Rücktritt und Schadens- oder Aufwendungsersatz.[238]

Im Unterschied zu freiwilligen Garantieversprechen (dazu folgender Abschnitt) hat der Verkäufer im Rahmen der gesetzlichen (verpflichtenden) Gewährleistungshaftung keine Möglichkeit, seine überlegene Qualität zu signalisieren. Trotzdem kann die gesetzliche Gewährleistungshaftung dazu beitragen, die Qualitätsunsicherheit der Nachfrager zu überwinden:[239] Muss der Hersteller kraft Gesetz für eine unzureichende Vertragserfüllung vollen Ersatz leisten, so muss sich der Abnehmer keine Sorgen darüber machen, ob ihm der Anbieter wesentliche Qualitätsinformationen vorenthalten hat.[240] Zudem führen Gewährleistungsrechte dazu, dass der (risikoneutrale) Verkäufer den (risikoaversen) Käufer für das Sachmängelrisiko versichert.[241] Zusätzlich bieten Gewährleistungsrechte Anreize zur Verbesserung der Produktqualität,[242] erhöhen jedoch auch die Preise. Insofern werden Käufer gezwungen, durch den Preisaufschlag für Gewährleistungsrechte in eine höhere Qualität und eine verbesserte Produktsicherheit zu investieren.[243]

Voraussetzung für diese Wirkungen der gesetzlichern Gewährleistungshaftung ist jedoch, dass der entsprechende Informationsgegenstand zur Vertragsgrundlage geworden ist und damit die fehlerhafte Erfüllung zu einem „Mangel" führt, der einen entsprechenden Gewährleistungsanspruch begründen kann. Dies ist bei Täuschungen über Motive der Transaktion regelmäßig ausgeschlossen, denn dann wird etwa im deutschen Kaufrecht kein „Sachmangel bei Gefahrübergang" vorliegen.[244] Insofern besteht „nur" ein Anfechtungsrecht bzw. eine Schadensersatzhaftung nach den Grundsätzen der culpa in contrahendo (§§ 280 Abs. 1 i.V.m. 311 Abs. 2 BGB) oder deliktischer Art (§§ 826 BGB, 823 Abs. 2

---

238 So etwa im Kaufrecht (vgl. § 437 BGB) und ähnlich im Werkvertragsrecht (vgl. § 634 BGB, der in Nr. 2 BGB dem Besteller zusätzlich ein Selbstvornahmerecht einräumt).

239 *Fleischer*, Informationsasymmetrie im Vertragsrecht, München 2001, S. 127 f.

240 *Tirole*, Industrieökonomik, 2. Auflage, München u.a. 1999, S. 232.

241 *Fleischer*, Informationsasymmetrie im Vertragsrecht, München 2001, S. 128 mit Verweis auf *Priest*, A Theory of the Consumer Product Warranty, Yale Law Journal, Vol. 90 (1981), S. 1297-1352.

242 *Fleischer*, Informationsasymmetrie im Vertragsrecht, München 2001, S. 128 mit Verweis auf *Emons*, The Theory of Warranty Contracts, Journal of Economic Surveys, Vol. 3 (1989), S. 43-57.

243 Sog. „Investitionstheorie der Gewährleistung" (*Priest*, A Theory of the Consumer Product Warranty, Yale Law Journal, Vol. 90 (1981), S. 1297-1352).

244 Vgl. § 434 Abs. 1 S. 2 BGB.

i.V.m. § 263 StGB), die grundsätzlich auf das negative (Vertrauens-)Interesse gerichtet ist.[245]

cc) (Selbständige) Garantieversprechen[246]

Der selbstständige Garantievertrag ist ein – gesetzlich nicht geregelter - einseitig verpflichtender Vertrag eigener Art.[247] Durch ihn verpflichtet sich der „Garant", den Gläubiger („Garantienehmer") im Garantiefall so zu stellen, als ob der ins Auge gefasste Erfolg eingetreten wäre; es handelt sich um eine verschuldensunabhängige Erfüllungshaftung.[248]

Im Unterschied zur verpflichtenden Gewährleistungshaftung können Vertragsparteien Garantien, anknüpfend an den Signalisierungsmechanismus, zur Informationsübermittlung einsetzen.[249] So begründete *Grossman* im Anschluss des Ansatzes von *Spence*[250], warum freiwillige Garantien Rückschlüsse auf Produktqualitäten zulassen:[251] Verkäufer hochwertiger Produkte sind in der Lage, umfassende Garantieversprechen kostengünstiger abzugeben als Verkäufer niedriger Produktqualitäten. Für die letztgenannten Anbieter ist die Aussendung eines entsprechenden Qualitätssignals zu kostspielig und sie werden deswegen gar keine oder nur eingeschränkte Garantiezusagen treffen. Soweit Käufer entsprechender Produkte diesen Mechanismus verstehen, werden sie Garantien als Indikator für ein hochwertiges Produktes anerkennen. Der Markt zerfällt dann in unterschiedliche Teilmärkte für verschiedene Produktqualitäten. Die von *Akerlof*

245 Vgl. z.B. BGH NJW 1991, 1819, 1820.

246 Garantien werden in diesem Gliederungszusammenhang als Maßnahmen staatlicher Regulierung eingeordnet, obwohl sie dem Grundgedanken nach dem Signalisierungsmechanismus nahestehen. Der Grund dafür ist, dass Garantien ohne eine entsprechende vertragsrechtlichen (staatlichen) Durchsetzungsmechanismus (wie jeder Vertrag) nicht funktionieren. Letztendlich ist es jedoch ebenso vertretbar, diese der Gruppe der marktinternen Instrumente zuzuordnen.

247 *Habersack*, in: MüKo-BGB, 5. Auflage, München 2009, Vor. §§ 765 ff. Rn. 16 m.w.Nws.

248 RGZ 146, 120, 123; BGH NJW 1965, 148, 149.

249 *Fleischer*, Informationsasymmetrie im Vertragsrecht, München 2001, S. 126 m.w.N.

250 *Spence*, Consumer Misperceptions, Product Failure and Product Liability, Review of Economic Studies, Vol. 44 (1977), S. 561-72.

251 *Fleischer*, Informationsasymmetrie im Vertragsrecht, München 2001, S. 126 mit Verweis auf Grossman, The Informational Role of Warranties and Private Disclosure about Product Quality, Journal of Law & Economics, Consumer Protection Regulation: A Conference Sponsored by the Center for the Study of the Economy and the State, Vol. 24 (1981), S. 461 ff.

skizzierte Gefahr des Marktzusammenbruchs aufgrund asymmetrischer Informationen kann so beseitigt werden.[252]

Trotzdem werden selbst Hersteller hochwertiger Güter oftmals nicht bereit sein, solche umfassenden Garantieversprechen abzugeben.[253] Der Grund hierfür liegt in einer umgekehrt gelagerten ex-post-Informationsasymmetrie zwischen Käufer und Verkäufer: Sobald Käufer vom Schutz eines umfassenden Garantieversprechens profitieren, haben sie den Anreiz, ihr Sorgfaltsniveau beim Umgang mit dem Produkt abzusenken – es entsteht das Problem des *Moral Hazard*.[254] Die Verkäufer wiederum sind aufgrund asymmetrischer Informationen nicht in der Lage, die fehlende Sorgfalt zu beobachten und so im Bedingungswerk ihrer Garantien zwischen unterschiedlichen Käufern zu diskriminieren.

dd) Schadenersatzansprüche aufgrund fehlerhafter Informationen

Ein weiteres Instrument, mit dem das Zivilrecht Täuschungen entgegentritt, sind Schadenersatzansprüche wegen fehlerhafter Informationen. Als vertragliche Anspruchsgrundlage für eine vorvertraglichen Informationspflichtverletzung kommt insbesondere eine Haftung aus vorvertraglicher Pflichtverletzung („culpa in contrahendo") in Betracht (§§ 280 Abs 1 i.V.m. 311 Abs. 2 BGB), die, argumentum a majore ad minus, neben fahrlässigen Verhalten auch vorsätzliche Täuschungen erfasst.[255] Deliktisch greift bei vorsätzlichen Täuschungen zudem § 826 BGB sowie – soweit die Täuschung gleichzeitig den Straftatbestand des Betrugs erfüllt - § 823 Abs. 2 BGB i.V.m. § 263 StGB.[256]

Während im Rahmen der *deliktischen* Haftungstatbestände (§§ 826 BGB, 823 Abs. 2 i.V.m. § 263 StGB) früher das *Reichsgericht* bei arglistigen Täuschungen der getäuschten Vertragspartei ein Wahlrecht zwischen dem Ersatz des negativen und positiven Interesses zugebilligt hat,[257] beschränkt heutzutage der *Bundesgerichtshof* die deliktische Haftung auf das negative Interesse.[258] Die getäuschte Vertragspartei ist nach § 249 BGB so zu stellen, als wenn die Täu-

---

252 *Fleischer*, Informationsasymmetrie im Vertragsrecht, München 2001, S. 126.

253 *Fleischer*, Informationsasymmetrie im Vertragsrecht, München 2001, S. 126.

254 Dazu Teil 2:B.I.

255 Vgl. z.B. BGH, NJW 1962, 1196, 1198; 1968, 986, 987.

256 Vgl. dazu z.B. BGH NJW 1972, 36.

257 Die durch arglistige Täuschung zum Abschluss eines ungewollten Vertrags bewogene Partei könne verlangen, so gestellt zu werden, als „wenn die Erklärungen der Vertragsteile auf Wahrheit beruht hätten" (RGZ 59, 155, 157).

258 BGHZ 57, 137, 139; NJW 1960, 237 f. *Wagner* führt dazu aus, dass das Deliktsrecht nicht dazu instrumentalisiert werden solle, vertaglich begründete Erwerbserwartungen an dem Leistungsstörungs- und Gewährleistungsrecht vorbei durchzusetzen (MüKo-BGB, 5. Auflage, München 2009, § 826 Rn. 51).

schung nicht verübt worden wäre, also den Vertrag nie abgeschlossen hätte.[259] Jedoch reichen schon Ansprüche auf das negative Interesse weiter als die Anfechtung der Willenserklärung wegen arglistiger Täuschung (§ 123 BGB), wenn der Getäuschte gerade durch sein (enttäuschtes) Vertrauen in die Wahrheit der Erklärung der anderen Vertragspartei einen Schaden erlitten hat.

Bei der Haftung aufgrund vorvertraglicher Pflichtverletzung (§§ 280 Abs 1 i.V.m. 311 Abs. 2 BGB) lässt die Rechtsprechung *ausnahmsweise* den Ersatz des Erfüllungsinteresse zu.[260] Kann der Geschädigte nachweisen, dass er bei ordnungsgemäßer Aufklärung den Vertrag mit dem von ihm erstrebten Inhalt geschlossen hätte, so könne er – jedoch als Vertrauensschaden - den aus diesem Geschäft entgangenen Gewinn verlangen.[261] Ansonsten habe er, soweit die arglisitige Täuschung oder Aufklärungspflichtverletzung kausal für den Vertragsschluss war (was vermutet wird[262]), nach seiner Wahl einen Anspruch auf Vertragsanpassung (der Geschädigte kann seine Leistung auf ein angemessenes Maß herbsetzen und Ersatz seiner Mehraufwendungen verlangen)[263] oder Vertragsaufhebung.[264]

Beide Arten der Schadensberechnung (sowohl positives als auch negatives Interesse) schließen somit in der Rechtsfolge eine Lücke, die das Anfechtungsrecht aus Sicht des Getäuschten offen lässt – nämlich den Ersatz der Schäden, die zusätzlich zur bloßen Belastung durch einen unerwünschten Vertrag entstehen.

b) Wettbewerbsrecht

Anders als das allgemeine Vertrags- und Schuldrecht, das nach juristischem Verständnis sog. „Individualinteressen“ schützt,[265] verfolgt das Wettbewerbs-

---

259 Für die Haftung aus §§ 280 Abs. 1 i.V.m. § 311 Abs. 2 BGB (c.i.c.) vgl. BGH NJW 1968, 547; NJW 1991, 1819; für die deliktischen Haftungstatbestände vgl. z.B. BGH NJW 1960, 237 f.

260 Vgl. BGH NJW 1998, 2900 m.w.Nws.

261 BGH NJW 1965, 812; NJW 1988, 2234.

262 Der Schädiger muss also nachweisen, dass die getäuschte Vertragspartei den Vertrag auch bei ordnungsgemäßer Aufklärung abgeschlossen hätte (vgl. BGH NJW 1990, 1659, 1661 m.w.Nws.).

263 BGH NJW 1977, 1536.

264 BGH NJW 1977, 1536; NJW 1990, 1659.

265 Anders aus rechtsökonomischer Sicht – vgl. dazu die vorherigen Teile oder das Lehrbuch von *Cooter/Ulen* oder im deutschen Rechtsraum das Lehrbuch von *Schäfer/Ott*. Neuerdings werden auch im deutschen juristischen Schrifttum Stimmen laut, die dem allgemeinen Zivilrecht über den Schutz individueller Rechte (Ansprüche) hinaus eine institutionelle Schutzrichtung zuschreiben wollen: Vgl. dazu *Leistner*, Richtiger Vertrag und lauterer Wettbewerb, Tübingen 2007.

recht neben dem Schutz einzelner Marktteilnehmer vor unlauteren geschäftlichen Handlungen eine sog. „institutionelle“ Schutzrichtung: das Interesse der Allgemeinheit an einem unverfälschten Wettbewerb.[266]

Die „Generalklausel“ des Gesetzes gegen den unlauteren Wettbewerb (UWG), § 3, bestimmt, dass unterlautere Wettbewerbshandlungen, die geeignet sind, den Wettbewerb zum Nachteil der Mitbewerber, der Verbraucher oder der sonstigen Marktteilnehmer nicht nur unerheblich zu beeinträchtigen, unzulässig sind. In § 4 UWG statuiert der Gesetzgeber „Beispiele“ unlauterer Wettbewerbshandlungen, wovon sich einige auf täuschungsbedingte Informationsasymmetrien beziehen: So handelt nach § 4 Nr. 3 UWG unlauter, wer den Werbecharakter von Wettbewerbshandlungen verschleiert, ebenso nach § 4 Nr. 4 UWG, wer bei Verkaufsförderungsmaßnahen wie Preisnachlässen, Zugaben oder Geschenken die Bedingungen für ihre Inanspruchnahme nicht klar und eindeutig angibt. Die in Betrugsfällen wesentliche Vorschrift ist das Verbot irreführender geschäftlicher Handlungen in § 5 UWG. Dabei ist nach § 5 Abs 1 S. 2 UWG eine geschäftliche Handlung als irreführend zu qualifizieren, wenn sie unwahre Angaben oder sonstige zur Täuschung geeignete Angaben über im weiteren Verlauf der Vorschrift aufgezählte Umstände enthält. Innerhalb von § 5 Abs. 1 UWG ist zwischen irreführender Werbung, Irreführung über die Merkmale der Waren oder Dienstleistungen (sog. „produktbezogene Irreführung“), Irreführung über geschäftliche Verhältnisse („unternehmensbezogene Irreführung“), Irreführung über den Anlass des Verkaufs, über die Bezugsart und die Bezugsquelle, Irreführung über die Preisbemessung und die Vertragsbedingungen und Irreführung über eine angemessene Bevorratung zu unterscheiden.[267] Wie sich schon aus dem Begriff des „Beispiels“ ergibt, sind die Aufzählungen unlauterer Handlungen in den §§ 4 bis 6 nicht abschließend - eine abschließende Aufzählung aller denkbaren Erscheinungsformen unlauteren Handelns wäre ohnehin nicht möglich.[268]

In den Rechtsfolgen bietet das UWG zunächst Mitbewerbern (§ 8 Abs. 3 Nr. 1 UWG) und Verbänden (§ 8 Abs. 3 Nr. 2-4 UWG) einen Beseitigungs- und Unterlassungsanspruch. Mitbewerber können zudem nach § 9 UWG Schadenersatzansprüche geltend machen. Ergänzend zum Unterlassungsanspruch nach § 8 UWG können entsprechend Berechtigte gem. § 10 UWG im Falle des vorsätzlichen Handelns Herausgabe des Verletzergewinns an den Bundeshaushalt verlangen. Schließlich hält § 16 UWG einen Straftatbestand für „strafbare Werbung“ vor, soweit der Täter in der Absicht, den Anschein eines besonders gün-

266 Vgl. § 1 S. 2 UWG.
267 Gliederung nach UWG-*Bornkamm*, § 5 Rn. 1.1 ff.
268 UWG-*Köhler*, Vor. § 4 Rn. 0.2.

stigen Angebots hervorzurufen, in öffentlichen Bekanntmachungen oder in Mitteilungen, die für einen größeren Kreis von Personen bestimmt sind, durch unwahre Angaben irreführend wirbt.

Im Unterschied zum allgemeinen Zivilrecht und Deliktsrecht haben somit irregeführte Abnehmer von Produkten nach dem UWG *keine* individuellen Ansprüche, etwa auf Schadenersatz oder Unterlassung, sondern lediglich die Mitbewerber oder ggf. Verbände. Auch beinhaltet das UWG keine Generalklausel für Täuschungen, sondern erfasst explizit lediglich die in §§ 3-6 UWG enumerierten Handlungen.

3. Zwischenergebnis

An dieser Stelle ist festzuhalten, dass alle vorgestellten Instrumente spezifische Defizite zur Betrugsbekämpfung aufweisen.

Marktinterne Instrumente können allenfalls in Teilbereichen Betrugsanreize verringern. So versagt das *Screening* bei Erfahrungs- und Glaubensgütern, bei denen, wie bereits gezeigt, besonders hohe Betrugsanreize bestehen. Die *Signalisierung* überlegener Produktqualitäten setzt die Existenz eines möglichst „starken" Signals voraus und ist zumeist kostspielig. Das Instrument der *Selbstselektion* greift nur auf spezifischen Märkten (z.B. Versicherungen), in denen eine Selbsteinordnung der informationsüberlegenen Vertragspartei möglich ist. Der Aufbau einer Reputation erfordert eine hinreichende Anzahl von *Wiederholungskäufern*, die gerade bei einmaligen Geschäftskontakten selten vorliegen wird.

Aber auch *staatliche Regulierung* ist ohne strafrechtliche Instrumente zur Betrugsbekämpfung nicht ausreichend. So können getäuschte Vertragsparteien zwar durch die Geltendmachung von *Anfechtungsrechten* und *Schadenersatzansprüchen* denjenigen Zustand herbeiführen, der ohne täuschungsbedingten Vertragsschluss bestünde. Sind die Erwartungen der getäuschten Vertragspartei vertraglich vereinbart, so kann diese durch Geltendmachung von *Gewährleistungsrechten* denjenigen Zustand herbeiführen, den sie sich durch den Vertragsschluss erhofft hat. Jedoch kommt gerade bei (häufig betrugsrelevanten) Motivirrtümern kein Ersatz des Erfüllungsinteresses in Betracht. *Garantieversprechen* greifen nur dann, soweit sie im Einzelfall abgegeben werden. Betrüger werden hierzu in aller Regel keinen Anreiz haben. Das *Wettbewerbsrecht* räumt der getäuschten Vertragspartei keine individuellen Ansprüche ein und ist somit zur weitgehenden Durchsetzung eines Täuschungsverbotes unzureichend.

So spielt das Strafrecht, insbesondere der der hier im Mittelpunkt stehende Straftatbestand des Betrugs, bei der Bekämpfung täuschungsbedingter Informationsasymmetrien eine tragende Rolle. Im folgenden Abschnitt soll die spezifische Funktion des Betrugsstraftatbestands im Verhältnis der soeben vorgestellten Instrumente herausgearbeitet werden.

C. Warum Strafrecht? – Funktion des Betrugsstraftatbestands

I. Juristische Begründung: Schutz des Rechtsguts des Betrugsstraftatbestands

1. Strafrecht als Instrument zum Rechtsgüterschutz

Vertreter der strafrechtlichen Literatur bezeichnen das Strafrecht als die „schärfste Waffe“, derer sich der Staat im Rahmen seiner Regelungsaufgaben bedienen kann. Er solle deswegen von dieser „Waffe“ nur zurückhaltend Gebrauch machen, denn der Schutz des Opfers erfolge durch eine „Verletzung“ des Täters.[269] Insoweit sei es dem Gesetzgeber – insbesondere vor dem verfassungsrechtlichen Hintergrund des Rechts- und Sozialstaatsprinzips - verwehrt, ein geschlossenes Schutzsystem ausschließlich mit den Mitteln des Strafrechts zu schaffen.[270] Strafrecht sei seiner Natur nach deswegen immer „fragmentarisch“, d.h. jeder Strafnorm sollte den „Stempel der Ausnahme“ tragen.[271] Dies sei sowohl ein Prinzip des liberalen Rechtsstaats[272] als auch eine prozessuale Notwendigkeit - denn im Hinblick auf die Ressourcenknappheit solle sich eine effektive Strafverfolgung auf Verhaltensweisen beschränken, die das soziale Leben empfindlich stören.[273] Ähnlich wie der Grundsatz der fragmentarischen Natur des Strafrechts erfordere auch das Subsidiaritätsprinzip eine Beschränkung des Einsatzes des Strafrechts, allerdings aufgrund einer anderen Erwägung:[274] Da Verantwortungszuständigkeiten der unteren Einheit solange gegen Eingriffe der höheren Einheit abgeschirmt werden sollen, bis die Kräfte der unteren Einheit zur Aufgabenbewältigung nicht mehr ausreichen, müsse der Gesetzgeber unter mehreren staatliche Maßnahmen diejenige auswählen, die die Eigenverantwortlichkeit des Einzelnen am wenigsten beeinträchtigt. Daraus folge – bei gleicher Eignung - ein Vorrang des Zivilrechts vor dem Strafrecht, da dies dem Opfer mehr Raum

269 Vgl. z.B. *Ellmer*, Betrug und Opfermitverantwortung, Berlin 1986, S. 232, der insoweit vom Strafrecht auch als „zweischneidiges Schwert“ spricht (m.w.Nws.).
270 *Ellmer*, Fn. 269, S. 232 m.w.Nws.
271 *Ellmer*, Fn. 269, S. 233 m.w.Nws.
272 *Ellmer*, Fn. 269, S. 233 m.w.Nws.
273 *Ellmer*, Fn. 269, S. 233 m.w.Nws.
274 *Ellmer*, Fn. 269, S. 233 ff.

für Eigeninitiative lässt. In diesem Zusammenhang wird auch vom „ultima ratio-Gedanken“ beim Einsatz des Strafrechts gesprochen, der sich mit dem verfassungsrechtlichen Gebot des Erforderlichkeitsgrundsatzes als Teil des Rechtsstaatsprinzips[275] deckt und ein Unterfall des Übermaßverbots bzw. des Verhältnismäßigkeitsprinzips darstellt.[276]

Strafrecht sei nach alledem keine „poenalisierte Ethik“[277], denn dem Staat fehle die Berechtigung, seine Bürger moralisch zu bevormunden.[278] Vielmehr bedarf des Einsatzes des Strafrechts einer besonderen Legitimation. Insofern hat sich nach überwiegender Auffassung die Formulierung durchgesetzt, dass das Strafrecht (nur) zum Zweck des Schutzes von sog. „Rechtsgütern“ zulässig sei.[279] Dies spiegelt sich auch im sog. „materiellen Verbrechensbegriff“ wider, wonach nur „elementar“ die Rechts- und Sozialordnung beeinträchtigende Verhaltensweisen als Verbrechen deklariert werden dürfen.[280] Solche Verhaltensweisen sollen anhand der *Sozialschädlichkeit* des Täterverhaltens identifiziert werden, wobei das „Wert“ des beeinträchtigten Rechtsguts und die Intensität der Verletzungshandlung in die Betrachtung mit einzubeziehen ist.[281]

Zwischen den verschiedenen Rechtsgütern bestehe eine „Rangordnung“, die vorgibt, ob und in welcher Härte das Strafrecht zur Anwendung kommen soll. Ableiten lasse sich die Wertigkeit der Rechtsgüter aus der Verfassung, die eine „objektive Werteordnung“ verkörpert und für alle Rechtsgebiete – auch für das Strafrecht - maßgebend sei.[282] Im Vergleich beispielsweise zum Leben oder der körperlichen Unversehrtheit nehmen dabei die Rechtsgüter Eigentum und Vermögen eine relativ niedrige Position ein – dies ergebe sich aus Art. 14 GG, den

---

275 Das BVerfG leitet diesen Grundsatz schon aus dem Wesen der Grundrechte ab, vgl. z.B. BVerfGE 19, 342, 348 f.

276 So *Ellmer*, Fn. 269, S. 235 m.w.N.

277 Formulierung z.B. in *Amelung*, Rechtsgüterschutz und Schutz der Gesellschaft, Frankfurt a.M. 1972, S. 318.

278 Vgl. *Ellmer*, Fn. 269, S. 232 m.w.N.

279 Vgl. etwa aus der Rechtsprechung BVerfGE 88, 203, 288 zur Strafbarkeit des Schwangerschaftsabbruches. Aus der Literatur für viele *Radtke*, in: MüKo-StGB, Vor. § 38 Rn. 3 m.w.Nws.

280 Dagegen definiert der „formelle Verbrechensbegriff“ jedes menschliche Verhalten, was von der Rechtsordnung mit Strafe bedroht ist, als Verbrechen (z.B. *Vogler*, Möglichkeiten und Wege einer Entkriminalisierung, ZStW 1978, S. 132, 137, zitiert nach *Ellmer*, Fn. 269, S. 240 m.w.N). Vgl. zum materiellen Verbrechensbegriff *Ellmer*, Fn. 269, S. 240 m.w.N.

281 Vgl. *Ellmer*, Fn. 269, S. 240 mit Verweis auf *Zipf*, Kriminalpolitik: ein Lehrbuch, 2. Auflage, Heidelberg u.a. 1980, S. 107, 108.

282 *Ellmer*, Fn. 269, S. 236 mit Verweis (u.a.) auf *Günther*, JuS 1978, S. 8, 13.

der Verfassungsgesetzgeber mit zahlreichen Einschränkungsmöglichkeiten ausgestattet hat.[283]

So soll in der Anwendung des Betrugsstraftatbestands, der nach ganz überwiegender Auffassung Vermögensinteressen schützt, der „fragmentarische" Charakter des Strafrechts durch eine „trennscharfe Auskonturierung der Randbereiche der Norm" erhalten werden.[284] Dafür sprächen zudem auch generalpräventive Aspekte: Ein (zu) umfassender Rechtsgüterschutz mit Mitteln des Strafrechts schwäche die verhaltenssteuernde Wirkung einer Strafnorm, denn der Normadressat sei aufgrund seiner Aufnahmekapazität nicht mehr in der Lage, die Normbefehle zu internalisieren.[285] Sobald die Normen ihren Ausnahmecharakter verloren haben, trete ein Prozess der Abstumpfung ein – strafbares Verhalten werde als „normal" wahrgenommen.[286] Insoweit sei der Gesetzgeber gerade im Bereich der leichten Vermögenskriminalität gehalten, die Grenze zwischen (lediglich) unmoralischem und strafbarem Verhalten klar zu definieren, um die „Signalwirkung" der Strafnormen zu erhalten.[287]

2. Rechtsgut des Betrugsstraftatbestands

Das geschützte Rechtsgut eines Straftatbestands spielt im Strafrecht eine doppelte Rolle: Zum einen drückt es das gesetzgeberische Ziel aus, was durch die Sanktionierung eines bestimmten Verhaltens erreicht werden soll und wirkt sich somit als Leitlinie auf die Auslegung des gesamten Straftatbestands aus. Zum anderen wird aber das Rechtsgut selbst erst durch Auslegung ermittelt. Um nicht in die Gefahr eines Zirkelschlusses zu gelangen, sind zur Ermittlung des Rechtsguts nur diejenigen Auslegungsgrundsätze heranzuziehen, für die das geschützte Rechtsgut selbst nicht benötigt werden.[288] Wann eine staatliche Zwecksetzung als „Rechtsgut" qualifiziert werden kann, ist unklar[289], was dem Konzept des

283 So *Günther*, Fn. 282.

284 Zur Stärkung der Präventivkraft des Strafrechts durch die Vermeidung „kritischer Randzonen" vgl. *Ellmer*, Fn. 269, S. 244 mit Verweis auf *Kaufmann*, Strafrechtsdogmatik zwischen Sein und Wert, Köln u.a. 1982, S. 275.

285 *Ellmer*, Fn. 269, S. 244 mit Verweis auf *Günther*, Fn. 282, S. 11, der die Norminternalisierung als wesentliche Voraussetzung der Generalprävention ansieht.

286 *Ellmer*, Fn. 269, S. 244 mit Verweis auf (u.a.) *Günther*, Fn. 282, S. 13.

287 Im Bild des Strafrechts als „zweischneidiges Schwert" gelte der Satz: „Allzu scharf mach schartig" (vgl. *Ellmer*, Fn. 269, S. 244 m.w.N.).

288 *Hefendehl*, Kollektive Rechtsgüter im Strafrecht, Köln 2002, S. 25.

289 Vgl. z.B. *von Feuerbach*, der Straftatbestände ohne Rechtsverletzung „Verbrechen im weiteren Sinne" bezeichnet (Lehrbuch des gemeinen in Deutschland gültigen peinlichen Rechts, 14. Auflage, 2. Neudruck, Giessen 1847, §§ 388 ff.) oder *Birnbaum*, der bei der Suche nach greifbaren Rechtsgüter letztendlich bei den sittlichen Vorstellungen der Ge-

Rechtsgüterschutzes als Instrument zur Auslegung und Konturierung von Straftatbeständen und damit zur Strafbarkeitsbegrenzung den Vorwurf der Untauglichkeit eingebracht hat.[290]

a) *Vorherrschende Meinung: Ausschließlich Schutz des Vermögens*

Die vorherrschende Meinung sieht das Rechtsgut des Betrugsstraftatbestands ausschließlich im Schutz des Vermögens.[291] Der Grund und die Grenzen des Vermögensbegriffs sind dabei seit über einem Jahrhundert im Streit[292] – auf diese Auslegungsfrage wird im folgenden Kapitel im Abschnitt zum Vermögensschaden näher eingegangen. An dieser Stelle soll genügen, dass sowohl Rechtsprechung als auch Literatur im Kern einen wirtschaftlichen Vermögensbegriff vertreten: Danach ist Vermögen als Summe aller geldwerten Positionen definiert (wirtschaftliche Komponente), wobei nach dem in der Literatur vertretenen juristisch-ökonomischen Vermögensbegriff rechtlich missbilligte Vermögensbestandteile (z.B. der Lohn eines Auftragsmörders) – trotz wirtschaftlichem Wert – aus dem geschützten Vermögen wieder ausgenommen werden.[293]

b) *Schutz zusätzlicher Rechtsgüter?*

Die Deutung des Rechtsguts des Betrugs als Vermögen schließe nach Ansicht anderer Autoren aber nicht aus, darüber hinaus noch andere (Zusatz-)Rechtsgüter in den Schutzbereich des § 263 StGB mit einzubeziehen. Kriminologisch sowie historisch verberge sich hinter vorsätzlichen Täuschungen auch immer ein Angriff auf (Individual-)Vertrauen, der zugleich eine Verletzung der „Dispositionsfreiheit“ und des „Rechts auf Wahrheit“ mit sich bringe.[294]

Die Lehre von einem allgemeingültigen „Recht auf Wahrheit“ wurde ursprünglich in Anlehnung an das vormoderne „falsum“ von dem prominenten Strafrechtler *Feuerbach*[295] entwickelt, hat sich aber für den modernen Betrugs-

---

sellschaft landete (Über das Erforderniß einer Rechtsverletzung zum Begriff des Verbrechens, mit besonderer Rücksicht auf den Begriff der Ehrenkränkung, Archiv des Kriminalrechts, Neue Folge 1 (1834), S. 150, 178, 183 ff.).

290 So hat *Hassemer* die Bezeichnung „symbolisches Strafrecht“ geprägt, vgl. NStZ 1989, S. 553, 557 f.

291 Aus der Rechtsprechung z.B. RGSt 74, 167, 168; BGHSt 16, 220, 221; 16, 321, 325; 16, 367, 372 und wistra 1995, 28 f.; aus der Kommentarliteratur z.B. *Lackner/Kühl*, § 263 Rn. 2; NK-Duttke, § 263 Rn. 2 oder ausführlich LK-*Tiedemann*, Vor § 263 Rn. 18 m.w.Nws.

292 LK-*Tiedemann*, Vor § 263 Rn. 26.

293 Dazu genauer im Teil 3:C.I.

294 LK-*Tiedemann*, Vor § 263 Rn. 21.

295 *Von Feuerbach*, Lehrbuch des gemeinen in Deutschland gültigen peinlichen Rechts, 14. Auflage, 2. Neudruck, Giessen 1847.

straftatbestand nicht durchsetzen können.[296] Erst im nationalsozialistischen Schrifttum der dreißiger Jahre wurde unter dem Oberbegriff „Treu und Glauben" Wahrheit und Vertrauen wieder als Zusatzrechtsgüter des Betrugs angesehen.[297] In neuerer Zeit hat das Recht auf Wahrheit eine „Renaissance"[298] erlebt.[299] Es schließt sich dann die Frage an, wann ein solches garantiertes Recht auf Wahrheit vorliegt: *Kindhäuser* rekurriert insofern auf außerstrafrechtliche Quellen und dem allgemeinen Grundsatz des Vertrauens in die Vertragsanbahnung und –durchführung,[300] während *Pawlik* als Voraussetzung für eine betrugsrelevante Täuschung „spezifische strafrechtliche Ansprüche des Opfers" fordert.[301] Beide Ansätze haben Schwächen: Nach der sehr breiten Definition nach *Kindhäuser* bleibt es bei dem Problem, aus der Vielzahl außer(straf-)rechtlicher Pflichten ein für § 263 StGB relevantes Recht auf Wahrheit „herauszudestillieren". In dieser Hinsicht ist der Ansatz *Pawliks* zwar konkreter, jedoch vermenge die Ableitung von Wahrheitsrechten aus Garantenstellungen die Grenzen zwischen Tun und Unterlassen und mache eine Neuformulierung des Handlungsunrecht beim Betrug erforderlich.[302] Insofern ist im Moment noch nicht erkennbar, wo der praktische „Mehrwert" einer solchen Rechtsgutsbestimmung für die Auslegung des Betrugsstraftatbestands im Vergleich zum herrschenden Dogma des Vermögensschutzes liegt.

c) *Stellungnahme aus ökonomischer Sicht*

Bevor ein ökonomischer Ansatz zur Bestimmung des Rechtsgut des § 263 StGB vorgestellt wird, sollen die juristischen Begründungsansätze einer kritischen Würdigung unterzogen werden. Die vorherrschende Auffassung, nach der der Betrugsstraftatbestand ausschließlich Vermögensinteressen schützt, ist abzulehnen. Zwar ist nach einer Wortlautinterpretation zuzugestehen, dass § 263 StGB *(„Vermögen eines anderen (...) beschädigt")* auf den Schutz von Vermögensinteressen hindeutet. Aus ökonomischer Sicht ist aber entscheidend, warum Transaktionen *gerade* strafrechtlich vor Täuschungen geschützt werden sollen. Für die Beantwortung dieser Frage ist der alleinige Verweis auf Vermögensinteressen unzureichend.

---

296 LK-*Tiedemann*, Vor § 263 Rn. 22 mit weiteren Nachweisen.

297 LK-*Tiedemann*, Vor § 263 Rn. 22 mit Verweis auf *Kempermann*, ZStW 1938, S. 145 f.

298 *Pawlik*, Das unerlaubte Verhalten beim Betrug, Köln u.a. 1999, S. 103.

299 LK-*Tiedemann*, Vor § 263 Rn. 22 mit Verweis auf *Kindhäuser*, ZStW 1991, S. 398, 402; *Pawlik*, Das unerlaubte Verhalten beim Betrug, Köln u.a. 1999, S. 73 ff.

300 Vgl. *Kindhäuser*, ZStW 103 (1991), S. 398.

301 Vgl. *Pawlik*, Fn. 298, S. 74 ff.

302 LK-*Tiedemann*, Vor § 263 Rn. 25.

In der rechtsökonomischen Literatur werden zwei Arten von Schäden unterschieden – Ressourcenschäden und Umverteilungsschäden.[303] Ein Beispiel für einen Ressourcenschaden ist die Zerstörung eines Hauses durch einen Brand. Während dieser Schaden klar einen Wohlfahrtsverlust darstellt, da der Gesellschaft eine Ressource entzogen wird, lassen sich Umverteilungen deutlich schwieriger als Schaden im ökonomischen Sinne begreifen: Ob der Dieb oder der Eigentümer das Auto fährt, wäre im gesamtwirtschaftlichen Saldo unerheblich, soweit das Auto nach dem Diebstahl noch vorhanden ist und für den Dieb den gleichen Nutzen stiftet wie für den Eigentümer. Der *private* – und in der Einschränkung imperfekter Kompensation auch der zivilrechtliche[304] - Schaden des Eigentümers ist der Entzug seines Autos, jedoch steht dem Dieb gleichermaßen ein Wertzuwachs in Höhe seines privaten Nutzen aus dem Auto zu, der in der gesamtgesellschaftlichen Bilanz mit zu veranschlagen ist. Vordergründig betrachtet handelt es sich um ein Nullsummenspiel. Trotzdem ist auch in diesem Fall ein Schaden entstanden: So handelt es sich bei einem Diebstahl um einen erzwungenen Transfer von Verfügungsrechten, der – im Gegensatz zu freiwilligen Austauschprozessen – nicht die Gewähr einer beiderseitigen Nutzensteigerung enthält.[305] Damit besteht die Möglichkeit, dass eine ineffiziente Transaktion zustande gekommen ist und der Markt das Gut nicht demjenigen zuführt, der die höchste Wertschätzung hat und damit die Ressource auch am effizientesten einsetzen kann. Wenn es zum allgemeinen Erfahrungswissen gehört, dass die Gefahr eines sanktionslosen Sachentzugs durch Diebstahl besteht, werden Eigentümer versuchen, sich durch kostspielige Vorsorgemaßnahmen gegen Diebstähle abzusichern, die sie nicht oder nur im geringeren Maße betreiben müssten, wenn es weniger bzw. keine Diebstähle gäbe. Ist die Diebstahlgefahr für einzelne Produkte übermäßig groß, werden diese gegebenenfalls gar nicht mehr erzeugt werden und keinen Nutzen mehr spenden. Diese Posten addiert entsprechen – im Gegensatz zum privaten Schaden für den Eigentümer des Autos – dem „wahren" gesellschaftliche Schaden und rechtfertigen die strafrechtliche Sanktionierung von Diebstählen.

Analog verhält es sich in Betrugsfällen: So verursacht etwa ein „Insider", der Aktien unter Zurückhaltung seines Sonderwissens verkauft, zunächst keinen Ressourcenschaden. Der durch den Käufer gezahlte Preis ist weiterhin im Verkäufervermögen vorhanden und dessen Verlust aus einem „zu teuren" Kauf kor-

---

303 Vgl. diese Abgrenzung im Zusammenhang zur Diskussion um die Ersatzfähigkeit sog. „reiner Vermögensschäden" im Zivilrecht *Schäfer/Ott*, S. 301 ff.

304 Vgl. dazu die Ausführungen zur ökonomischen Legitimation des Strafrechts im Teil 2:C.II.

305 Zur erwünschten Wirkung von freiwilligen Transaktionen vgl. Teil 2:A.

respondiert ein entsprechender Gewinn auf Verkäuferseite. Diese Vermögensverschiebung für sich genommen ist zur Rechtfertigung des Betrugsstraftatbestands unzureichend. Strafrechtlicher Vermögensschutz als Selbstzweck wäre Gegenstand reiner (Verteilungs-)Gerechtigkeitserwägungen, zu denen die ökonomische Analyse des Rechts keine Aussagen treffen kann.[306] Vielmehr soll der Betrugstraftatbestand Anreize für *alle* Marktteilnehmer setzen, vorsätzliche Täuschungen bei Vertragsschlüssen zu unterlassen. Wie im vorherigen Abschnitt dargestellt, muss das Recht zur Sicherung einer funktionierenden Ressourcenallokation Märkte, Transaktionen und Verträge gegen Täuschungen absichern, um den negativen Auswirkungen von ex-ante Informationsasymmetrien – wie im Extremfall der Zusammenbruch ganzer Märkte - entgegenzutreten.[307] *Ein* Instrument, dies zu erreichen, ist der Betrugsstraftatbestand. Vermögensschutz des Opfers alleine ist hingegen keine Letztbegründung für den Betrugsstraftatbestand.

Die Autoren hingegen, die auch andere Rechtsgüter, wie das „Recht auf Wahrheit“ oder die „Dispositionsfreiheit“ als Ausfluss des Prinzips von Treu und Glauben[308] durch § 263 StGB mit erfasst sehen, verfolgen das Anliegen, die Schutzrichtung des Betrugsstraftatbestands um von privaten Vermögensinteressen losgelöste Komponenten zu erweitern. Jedoch bleiben diese Kategorien zu vage, um im Einzelfall eine praktikable Entscheidungshilfe zu bieten.

---

306 Das heißt nicht, dass solche Verteilungsgesichtspunkte nicht ein legitimes Ziel staatlichen Handelns sein können bzw. sollten. Es geht nur darum, diese beiden Aspekte voneinander zu trennen: So schlagen Ökonomen vor, das Rechtssystem in zwei Teile zu untergliedern – eine Abteilung für Effizienz, die das Recht des Güter- und Leistungsaustauschs beinhaltet – und eine Abteilung für Verteilungsgerechtigkeit, etwa durch das Steuer- und das Sozialrecht. Dadurch könne das Zivilrecht von verteilungspolitischen Aufgaben entlastet werden, für das es ungeeignet sei. Vgl. dazu *Cooter/Ulen*, S. 9 ff.

307 Vgl. dazu Teil 2:B.II.

308 So LK-*Tiedemann*, Vor. § 263 Rn. 21.

II. Ökonomische Begründung: Förderung werterhöhender Austauschprozesse durch Senkung der Informationsübertragungskosten

1. Ökonomische Theorie des Strafrechts

a) Ausgangspunkt: Die Straftat als „Handlung wie jede andere"

Kaum ein anderer Ökonom hat mit seinen Thesen sowohl die Fachwelt als auch die öffentliche Meinung so stark polarisiert[309] wie der Nobelpreisträger *Gary S. Becker* von der University of Chicago. In zahlreichen Beiträgen[310] hat er ökonomische Grundprinzipien auf vermeintlich fachfremde Gebiete angewendet, wie z.B. die Ehe[311] einschließlich der Entscheidung zur Zeugung von Kindern[312], Sucht[313], Diskriminierung[314] und - was hier im Vordergrund steht – die Erklärung von Kriminalität und damit verbunden die ökonomische Begründung des Strafrechts.[315]

In seinem Aufsatz „Crime and Punishment: An Economic Approach" geht er der Frage nach, unter welchen Voraussetzungen Individuen eine Straftat zu begehen und welche Rolle dem Strafrecht zukommt. Nach *Becker* unterscheidet sich die Entscheidung zur Begehung einer Straftat nicht von anderen Entscheidungen, die Wirtschaftssubjekte treffen. Der Täter nimmt eine Kosten-Nutzen-Abwägung vor und begeht eine Straftat dann, wenn der erwartete Nutzen größer ist als die erwarteten Kosten. Beide Komponenten, Kosten und Nutzen, lassen sich weiter aufgliedern: So beinhaltet der Nutzen des Täters beispielsweise die Tatbeute oder immaterielle Gewinne, wie etwa erfüllte Rachegelüste oder Reputation. Auf der anderen Seite muss der Täter zur Begehung einer Straftat notwendige Kosten tragen. Dazu gehören zum einen die Kosten der Tatausführung,

309 Für einen aktuellen Beleg aus der deutschen Presse - auch zum gängigen Missverständnis ökonomischer Laien über den Nutzenbegriffs - vgl. *Norbert Blüm*, Im goldenen Reich des Preisvergleichs, in: Die Zeit, Nr. 37/09, S. 13 und die sehr pointierte Replik von *Simon Scheller*, Ich maximiere, in: Die Zeit, Nr. 38/09, S. 13.

310 Für eine gute Zusammenstellung seiner wichtigsten Aufsätze in deutscher Sprache vgl. *Becker*, Ökonomische Erklärung menschlichen Verhaltens, 2. Auflage, Tübingen 1993.

311 *Becker*, A Theory of Mariage: Part I, Journal of Political Economy, Vol. 81 (1973), S. 813, 846; Part II, Journal of Political Economy, Vol. 82 (1974), S. 11-26.

312 Vgl. z.B. *Barro/Becker*, Fertility Choice in a Model of Economic Growth, Economectrica, Vol. 57 (1989), S. 481-501.

313 *Becker/Murphy*, A Theory of Rational Addiction, Journal of Political Economy, Vol. 96 (1988), S. 675-700.

314 *Becker*, The Economics of Discrimination, 2. Auflage, Chicago u.a. 1971.

315 *Becker*, Crime and Punishment: An Economic Approach, Journal of Political Economy, Vol. 76 (1968), S. 169-217.

wie z.B. Einbruchswerkzeug oder Fluchtwagen, oder etwa die Opportunitätskosten der Zeit – der Täter könnte anstelle von Straftaten einer anderen legalen Tätigkeit nachgehen. Die wichtigste „Stellschraube“ sind aus gesetzgeberischer Sicht jedoch die Kosten aus staatlichen Sanktionen. Hierzu gehören sowohl zivilrechtliche, insbesondere deliktrechtliche, Ansprüche gegen den Täter als auch ordnungs- und strafrechtliche Sanktionen. Da ein Teil der Straftaten unentdeckt bleibt, muss der Täter nicht das volle Strafmaß als Kostenbestandteil verbuchen, sondern vielmehr nur die *erwartete* Strafe – also die Strafhöhe multipliziert mit der Verurteilungswahrscheinlichkeit.[316]

Soll der Täter durch das Strafrecht effektiv von der Begehung einer Straftat abschreckt werden, so muss diese erwartete Strafe größer sein als der erwartete Tatertrag minus der erwarteten Tatbegehungskosten minus des alternativen Nettoertrages. Strafgesetze sind somit aus ökonomischer Sicht „Preisschilder“ für die in den jeweiligen Straftatbeständen beschriebenen Tathandlungen. Täter können dann unter einer persönlichen Kosten-Nutzen-Abwägung entscheiden, ob sie die jeweilige Straftat begehen oder nicht.[317]

Der Strafgesetzgeber muss in diesem Zusammenhang zwei Fragen beantworten:[318] Zum einen muss er entscheiden, welche Verhaltensweisen überhaupt unter Strafe zu stellen und damit durch das Strafrecht zu „bepreisen“ sind. Zum anderen muss er die erwartete Strafhöhe – also den Preis – für die jeweilige Verhaltensweise festlegen. In dieser Arbeit steht die Strafhöhe im Hinter-

---

316 Dies ergibt sich schon aus der zuvor genannten Bedingung zur Begehung einer Straftat, nämlich dass der erwartete Nutzen die erwarteten Kosten übersteigen muss.

317 Das Verständnis des Straftäters als rational abwägenden Gewinnmaximierer mag – insbesondere vor dem Hintergrund von Tätern mit schlechter oder fehlender Schuldbildung sowie Straftaten, die aus nicht-monetären Motiven verübt werden – unrealistisch erscheinen. Besser jedoch als die Plausibilität der Modellannahmen lässt sich der Wahrheitsgehalt eines Konzepts anhand seiner Vorhersagekraft bestimmen. Empirische Studien belegen, dass Straftäter auf Änderungen der Opportunitätskosten, der Entdeckungswahrscheinlichkeit und der Strafhöhe durchaus wie rational handelnde gewinnmaximierende Individuen reagieren – und zwar gleichermaßen bei nicht-monetär motivierten Straftaten wie auch im Falle von minderjährigen oder schlecht gebildeten Straftätern. Vgl. für eine Zusammenfassung der empirischen Literatur über die ökonomische Analyse der Kriminalität z.B. *Levitt*, Understanding Why Crime Fell in the 1990s: Four Factors That Explain the Decline and Six That Do Not, Journal of Economic Perspectives, Vol. 18, Winter 2004, S. 163, 170-171; *Ehrlich*, Crime, Punishment, and the Market for Offenses, Journal of Economic Perspectives, Vol. 10 (1996), S. 43, 55-63; oder im deutschen Schrifttum *Curti*, Abschreckung durch Strafe: eine ökonomische Analyse der Kriminalität, Diss., Wiesbaden 1999.

318 *Cooter/Ulen*, S. 454.

grund.[319] Vielmehr soll der Frage nachgegangen werden, in welchen Fällen vorsätzliche Täuschungen bei Verträgen überhaupt das Label „Betrug" tragen und damit strafrechtliche Sanktionen folgen sollen.

b) Das „Ob" der Strafbarkeit aus ökonomischer Sicht

Die Frage, ob eine Handlung unter Strafe zu stellen ist, wird nach dem juristischen Dogma des „Rechtsgüterschutz" – auch mit der Konkretisierung durch den „ultima ratio"-Gedanken bzw. dem „materiellen Verbrechensbegriff" - nicht beantwortet. Vielmehr ist es letztendlich eine gesetzgeberische Ermessensentscheidung, wann staatliche Sanktionen angemessen sind. Eine Begrenzung strafgesetzgeberischer Entscheidungen ergibt sich lediglich aus dem verfassungsrechtlichen Übermaßverbot, etwa in Fällen, in denen überhaupt kein schützenswertes Rechtsgut identifiziert werden kann, sondern allenfalls gesellschaftliche Moralvorstellungen geschützt werden.[320]

Die ökonomische Theorie des Strafrechts hingegen bietet empirisch verifizierbare Aussagen zur Wirkung des Strafrechts an und schlägt klare Zielsetzungen strafrechtlicher Sanktionen vor.[321] Ausgehend vom Modell *Beckers* wurden Voraussetzungen entwickelt, unter denen das Strafrecht ggf. zusätzlich zu anderen rechtlichen oder außerrechtlichen Steuerungsmechanismen zur Anwendung kommen soll. Für den Einsatz des Strafrechts sprechen insbesondere folgende Umstände:[322]

- Es gibt eine positive Wahrscheinlichkeit, dass Straftaten unentdeckt bleiben, Opfer keine zivilrechtlichen (insbesondere deliktsrechtlichen) Ansprüche gegen den Täter geltend machen oder diese nicht geeignet sind, das Opfer vollständig zu kompensieren.

---

319 Dies entspricht auch der herkömmlichen juristischen Ausbildung in Deutschland, in der der angehende Jurist zunächst lernt, ob eine Handlung an sich strafbar ist, bevor er, zumeist im Rechtsreferendariat, mit Fragen der Strafzumessung konfrontiert wird. Ein kurzer Ausblick zur optimalen Strafhöhe bei Betrugsfällen erfolgt am Ende der Arbeit im Rahmen der Diskussion um den Vermögensschaden (Teil 3:C.II).

320 Vgl. z.B. die Diskussion um die Sittenwidrigkeit der Einwilligung in eine Körperverletzung (§ 228 StGB), dazu der Streitstand in NK-*Paeffgen*, 3. Auflage, München 2010, § 228 Rn. 33 ff. m.w.Nws.

321 *Cooter/Ulen*, S. 460 ff.

322 Angelehnt an *Ulen*, The Economics of Corporate Criminal Liability, Managerial and Decision Economics, Vol. 17 (1996), S. 351 m.w.N. Die Voraussetzungen, unter denen das Strafrecht aus wirtschaftswissenschaftlicher Sicht zur Anwendung kommen soll, werden in der Literatur unterschiedlich dargestellt und aufgegliedert (vgl. z.B. der „Marktumgehungsansatz" von *Posner*, Economic Analysis of Law, 8. Auflage, New York u.a. 2011, S. 215 ff.). Inhaltlich entsprechen sich die Begründungsstränge weitestgehend.

- Straftäter handeln in der Regel vorsätzlich. Während fahrlässiges Verhalten durch das Deliktsrecht gesteuert wird, sollten vorsätzliche Schädigungen kategorisch unterbunden werden.
- Die Straftat legt nicht nur einzelnen leicht bestimmbaren Opfern Kosten auf, sondern einem Personenkreis, der nicht oder nur sehr schwer zu identifizieren ist.

Der erste Begründungsstrang ist relativ einfach nachzuvollziehen: Solange lediglich zivilrechtliche Ansprüche und keine strafrechtlichen Sanktionen greifen, hat der potentielle Täter einen Anreiz, Märkte durch erzwungene Transaktionen zu umgehen.[323] Dies wird an einem einfachen Beispiel deutlich:[324] Der Täter begehrt einen Fernseher mit einem Wert von 500,- €. Er hat zwei Möglichkeiten – den Fernseher zu kaufen oder zu stehlen. Kauft er ihn, so muss er 500,- € bezahlen. Entwendet er ihn, so muss er lediglich die Kosten der Tatausführung und die Opportunitätskosten der Tatbegehungszeit tragen. Zudem besteht das Risiko, dass seine Tat entdeckt wird und der Eigentümer des Fernsehers Ansprüche gegen ihn geltend macht. Zivilrechtlich müsste er dann den Fernseher wieder herausgeben oder ggf. Schadenersatz leisten. Allerdings sind diese Ansprüche allesamt (lediglich) kompensatorisch, stellen also den Eigentümer in die hypothetische Situation ohne das schädigende Ereignis (vgl. § 249 BGB).[325] Liegt nun die Wahrscheinlichkeit der Tataufdeckung und Anspruchsstellung durch das Opfer z.B. bei 50 % und sind die Aufwendungen des Täters für die Tatausführung zuzüglich Opportunitätskosten kleiner als 250,- €, so ist es in der Abwesenheit (überkompensatorischer) strafrechtlicher Sanktionen vorteilhaft, den Fernseher zu stehlen und damit dem Markt für Fernseher zu umgehen.

Doch auch wenn eine Aufdeckungs- und Verfolgungswahrscheinlichkeit von 100 % besteht, sind zivilrechtliche Ansprüche nicht genügend: Die Entschädigung erfolgt nämlich in der Regel nach dem *Marktwert*, der wiederum nur die Wertschätzung der Grenznachfragers, nicht aber zwangsläufig diejenige des Opfers reflektiert.[326] So mag im Beispielsfall der Eigentümer dem Fernseher einen höheren Wert beimessen als 500,- €, sei es aus einem besonderen Affektion-

323 Z.B. *Posner*, Economic Analysis of Law, 8. Auflage, New York u.a. 2011, S. 215 ff. Zum Marktumgehungsansatz vgl. auch *Posner*, An Economic Theory of the Criminal Law, Columbia Law Review, Vol 85 (1985), S. 1193 ff.

324 Vgl. *Ulen*, Fn. 322, S. 352.

325 Diese Ansprüche können auf das negative (Vertrauens-)Interesse oder das positive (Erfüllungs-)Interesse abzielen.

326 Zu den verschiedenen Formen des Schadenersatzes und ihre Vor- und Nachteile aus ökonomischer Sicht vgl. *Cooter/Ulen*, S. 307 ff. (contracts) und S. 253 ff. (torts).

sinteresse oder weil er aus anderen Gründen nicht bereit gewesen wäre, den Fernseher zu dem Preis zu verkaufen. Zivilrechtliche Ansprüche reflektieren somit keine *rein subjektiven Wertschätzungen* und sind in solchen Fällen ungeeignet, das Opfer vollständig zu kompensieren – also indifferent zwischen der (realen) Situation mit dem schädigenden Ereignis und der (hypothetischen) Situation ohne das schädigende Ereignis zu machen. Insofern besteht die Notwendigkeit, auf den „objektiven" Schadensposten einen erheblichen Zuschlag („Kicker")[327] zu addieren.[328]

Zusammenfassend lässt sich dieser Erklärungsansatz zum Einsatz des Strafrechts folgendermaßen zusammenfassen: Strafrecht schließt die Anreizlücke, die (kompensatorische)[329] Ansprüche des Zivilrechts im Falle von unvollständiger Tatentdeckung und Anspruchsstellung sowie imperfekter Kompensation offen lassen und *zwingt Transaktionen in den dafür vorgesehenen Mark*t.[330]

Ein anderes Differenzierungsmerkmal von Straftaten zu anderen rein zivilrechtlich zu ahndenden Schädigungen ist der Vorsatz.[331] Während fahrlässige Schädigungen nur durch ein durch Anreize vermitteltes optimal kostenbelastetes Sorgfaltsniveau gesteuert werden, können vorsätzliche Schädigungen durch den Täter kostenlos unterbunden werden – der Verhaltensstandard ist somit immer die Unterlassung der Schädigung.[332] Dabei ist aber zu beachten, dass Vorsatz in

---

327 So *Calabresi/Melamed*, Property Rules, Liability Rules, and Inalienability: One View of the Cathedral, Harvard Law Review, Vol. 85 (1972), S. 1089, 1126.

328 Vgl. auch *Rubin*, Fn. 174, S. 686: „Fines must equal ther harm, so must be greater than the observed harm for those who are detected."

329 Anders sieht die Situation bei der Existenz von dem deutschen Recht unbekannten „punitive damages" aus, die oftmals ein Vielfaches des eigentlich entstandenen Schadens betragen; diese haben funktional Strafcharakter. Vgl. dazu insbesondere das amerikanische Recht im Teil 2:D.

330 Würde das Recht es zulassen, sich Güter außerhalb von Märkten gegen Zahlung kompensatorischen Schadenersatzes, z.B. durch Wegnahme, zu beschaffen, so würden im Ergebnis Eigentumsrechte in Vermögensrechte umgedeutet. Vgl. dazu *Calabresi/Melamed*, Property Rules, Liability Rules, and Inalienability: One View of the Cathedral, Harvard Law Review, Vol. 85 (1972), S. 1089, 1126 und im Zusammenhang mit der Legitimation des Strafrechts *Klevorick*, Crime as a distinct category of behaviour, in: The New Palgrave Dictionary of Economics and the Law, London/New York 1998, S. 342 ff.

331 Dazu genauer *Parker*, The Economics of Mens Rea, Virginia Law Review, Vol. 79 (1993), S. 741 ff. Auch zivilrechtliche Haftungstatbestände greifen bei vorsätzlichem Verhalten; hier geht es aber um die Frage, warum zusätzlich Strafrecht zur Anwendung kommen soll.

332 *Posner*, Fn. 323, S. 233: Wer einen fremden Regeschirm aus einem Restaurant in der Annahme entwende, es handele sich um seinen eigenen Schirm, und diesen danach zurückbringt, sollte nicht bestraft werden. Zum einen müsste er bei jedem Restaurantbe-

diesem Zusammenhang als zielgerichtetes Wollen („Absicht") oder sicheres Wissen, also juristisch „dolus directus",[333] zu verstehen ist. Beim bloß „billigenden In-Kauf-Nehmen" eines Schadens („dolus eventualis"), das auch dem strafrechtlichen Vorsatzbegriff unterfällt,[334] wäre hingegen eine Unterlassung nicht notwendigerweise (vollkommen) kostenlos möglich. Betrügerische Täuschungen werden jedoch in aller Regel absichtlich begangen.

Schließlich soll Strafrecht zum Einsatz kommen, wenn das entsprechende Verhalten neben einzelnen Opfern einem nicht identifizierbaren Personenkreis Kosten auferlegen. Diese Geschädigten haben dann entweder keine zivilrechtlichen Ansprüche oder ihre Durchsetzung ist im Verhältnis zum relativ geringen Schadenanteil zu aufwändig. Insofern bleiben diese Kosten durch das Zivilrecht unkompensiert und werden durch den Schädiger nicht internalisiert. In einem „perfekten" System, in dem die Aufklärung von Straftaten und Zuordnung der Schäden auf einzelne Personen kostenlos durchführbar wäre, gäbe es keinen solchen Personenkreis und zivilrechtliche Ansprüche würden eine optimale Verhaltenssteuerung bewirken.[335] Da in der Realität ein solches System nicht existiert, sind (überkompensatorische) strafrechtliche Sanktionen erforderlich, die diese Kosten mit einbeziehen.

2. Anwendung auf den Betrugsstraftatbestand

Nun ist zu prüfen, ob die ökonomischen Voraussetzungen des Einsatzes des Strafrechts in Betrugsfällen erfüllt sind.

a) Unvollständige Aufdeckungswahrscheinlichkeit und imperfekte Kompensation

Wie schon gezeigt, lassen sich nach *Nelson* und *Darby/Karni* bei Qualitätsunsicherheiten in Abhängigkeit von den Überprüfungskosten drei Arten von Gütern

---

such Nachforschungsanstrengungen unternehmen, um diesen Irrtum vollkommen auszuschließen. Zum anderen ist der Verlust des Eigentümers – nämlich der temporäre Besitz des Schirms – gering. Eine Strafdrohung würde hier ein unerwünscht hohes – weil zu teures - Sorgfaltsniveau provozieren. Vollkommen anders stellt sich der Sachverhalt bei einem Diebstahl des Schirms dar: Hier investiert der Täter sogar in die sozial unerwünschte Aktivität, den fremden Schirm zu entwenden und der Eigentümer *erlei*det wahrscheinlich einen endgültigen Verlust. Insofern sollten solche Handlungen durch das (Straf-)Recht kategorisch unterbunden werden.

333 Vgl. zu den verschiedenen Vorsatzformen und der Gleichwertigkeit von „Absicht" und „sicherem Wissen" Sch/Sch-*Sternberg-Lieben*, § 15 Rn. 65 ff. m.w.Nws.

334 Vgl. zum Eventualvorsatz Sch/Sch-*Sternberg-Lieben*, § 15 Rn. 72 ff. m.w.Nws.

335 *Ulen*, The Economics of Corporate Criminal Liability, Managerial and Decision Economics, Special Issue: Corporate Crime, Vol. 17 (1996), S. 351, 352.

unterscheiden[336]: Such- bzw. Inspektionsgüter, Erfahrungsgüter und Glaubensgüter. Während der Betrugsanreiz bei der erstgenannten Kategorie vergleichsweise gering ist - die Qualität ist durch den Abnehmer *vor* der Transaktion durch Inspektion („Screening“) überprüfbar -, und damit Marktmechanismen im Regelfall eine ausreichende Steuerungswirkung entfalten, liegen die Dinge bei Erfahrungs- und Glaubensgütern anders. Hier bestehen auch *nach* der Transaktion nur eingeschränkte bzw. gar keine Überprüfungsmöglichkeiten (die Überprüfungskosten sind hoch bzw. sogar prohibitiv) und die Aufdeckungswahrscheinlichkeit würde in Abhängigkeit von den Überprüfungskosten sinken. Wie gezeigt, sind Marktkräfte (Signaling, Self Selection und Disziplinierungswirkung durch Wiederholungskäufer) nur eingeschränkt geeignet, Betrugsanreize zu verringern. Damit ist der Erwartungswert zur Begehung eines Betrugs positiv, wenn (ceteris paribus) das Rechtssystem keine Sanktionen vorsieht. Sobald der Täter nämlich das Opfer durch Täuschung zu einer für ihn vorteilhaften Transaktion veranlassen kann und er im Entdeckungsfall maximal den auf Seiten des Opfers entstandenen Vermögensschaden ersetzen muss, wird für ihn Betrug attraktiv sein: Der Schadenersatzanspruch, soweit als negatives Interesse berechnet, führt zur Verpflichtung, das Opfer in den *status quo ex-ante* zu versetzen. Dies entspricht wirtschaftlich einer Rückabwicklung des Vertrags, wodurch der Täter aber (wie das Opfer) keine Vermögensverschlechterung im Vergleich zur Situation vor Vertragsschluss erfährt.[337] Für das Anfechtungsrecht nach § 123 BGB gilt das gleiche. Allenfalls der Schadenersatzanspruch auf das positive Interesse (=Erfüllungsinteresse) kann eine täuschungsabschreckende Wirkung haben, soweit das Vertragserfüllungsinteresse des Opfers den erwarteten Tätergewinn aus dem Betrug übersteigt.[338] Jedoch hat auch dieser Anspruch Unvollkommenheiten: Zum einen wird nach deutscher Rechtslage ein Ersatzanspruch auf das Erfüllungsinteresse nicht gewährt, soweit die getäuschte Vertragspartei nicht nachweisen kann, dass sie im Falle einer ordnungsgemäßen Aufklärung einen entsprechenden vertraglichen Anspruch erworben hätte.[339] Dies wird bei vom

336 Vgl. Teil 2:B.I m.w.Nws.

337 Es ist allenfalls an ersatzfähige Aufwendungen zu denken, die das Opfer im Vertrauen auf die Richtigkeit der Aussage des Täters getätigt hat. Diese werden – soweit sie vorliegen – zumeist im Verhältnis zum Transaktionswert wenig bedeutend sein.

338 Durch den Ersatz des Erfüllungsschadens ist die geschädigte Vertragspartei so zu stellen, wie wenn ordnungsgemäß erfüllt worden wäre, also die Fehlinformation des Täters zutreffend ist.

339 So die höchstrichterliche Rechtsprechung zu Aufklärungspflichtverletzungen bei Vertragsschluss, vgl. für das neue Schuldrecht BGH NJW 2006, 3139; für das alte Schuldrecht BGH NJW 2001, 2875. Jedoch kann über das negative Interesse auch ein soge-

vertraglichen Leistungsprogramm nicht umfassten Motivirrtümern zumeist der Fall sein – insoweit bleibt es bei der Möglichkeit, den ungewollten Vertrags nach § 123 BGB anzufechten und den Ersatz des (negativen) Vertrauensinteresses geltend zu machen. Zum anderen berücksichtigen zivilrechtliche Schadenersatzansprüche nur im Ausnahmefall subjektive Wertschätzungen und sind damit oftmals unterkompensatorisch.[340] Somit sind die zivilrechtlichen Rechtsfolgen für vorsätzliche Täuschungen isoliert betrachtet ungeeignet, einen hinreichenden Anreiz zur Ehrlichkeit bei Vertragsschlüssen zu erzeugen.

Zwar hält auch das Wettbewerbsrecht Ansprüche und teilweise auch Sanktionen gegen den arglistig Täuschenden vor. Jedoch greifen diese nur, soweit eine in §§ 3-6 UWG genannte Handlung vorliegt – eine Generalklausel für Täuschungen existiert nicht. Zudem kann der Geschädigte selbst keine Ansprüche geltend machen, sondern nur Mitbewerber und Verbände.

b) Täuschungen als vorsätzliches Verhalten

Zwar wird im Rahmen des zivilrechtlichen Haftungsinstituts der „cupla in contrahendo" (§ 280 Abs. 1 i.V.m. § 311 Abs. 2 BGB) die Fallgruppe der „fahrlässigen Täuschungen" diskutiert.[341] Da der Straftatbestand des Betrugs in jedem Fall nur vorsätzlich verwirklicht werden kann (es gibt keinen strafbaren „fahrlässigen Betrug"), Täuschungen zumeist sogar absichtlich begangen werden, ist es dem Täter kostenlos möglich, Schädigungen zu unterlassen. Wie im vorherigen Abschnitt dargestellt, sollten vorsätzliche (aktive)[342] Schädigungen – anders als durch das Deliktsrecht zu steuernde Fälle von Fahrlässigkeit - im Regelfall kategorisch unterbunden werden. Für den Betrug formuliert: Der Täter kann mit dem gleichen Aufwand die Wahrheit sagen wie lügen[343] – das Recht sollte versuchen, diesen gesellschaftlich erwünschten Verhaltensstandard durchzusetzen.

---

nannter „Restvertrauensschaden" liquidiert werden, der den Betrag umfasst, um den der Geschädigte einen Kaufgegenstand infolge der Täuschung „zu teuer" erworben hat.

340 Vgl. dazu die Erörterung des Falls Hawkins v. McGee in *Cooter/Ulen*, S. 251 ff.

341 Vgl. dazu die ausführliche Kommentierung in MüKo-BGB-*Emmerich*, § 311 Rn. 117-120. Der BGH lässt zivilrechtlich die Vertragsaufhebung eines fahrlässig „Getäuschten" über dem Weg der c.i.c. nach §§ 311 Abs. 2, 241 Abs. 2, 280 Abs. 1, 249 Abs. 1 BGB zu, soweit dem Getäuschten ein Vermögensschaden entstanden ist. Dafür reiche es aber schon aus, wenn der Vertrag für den Getäuschten nachteilig ist (BGH NJW 1998, 302 ff.).

342 Anders stellt sich die Situation bei Unterlassungsdelikten dar, denn hier muss der Täter Rettungsaktivitäten entfalten, um einen Schadenseintritt zu vermeiden. Dies ist auch der Grund, warum die Fallgruppe der „Täuschung durch Unterlassung" bzw. teilweise auch die „konkludente Täuschung" große Probleme bereitet. Vgl. dazu später in Teil 3:A.

343 Oftmals wird es sogar so sein, dass der Betrüger investiert, um seiner Lüge Glaubwürdigkeit zu ver*lei*hen – z.B. durch „Rückdrehen" des Kilometerstands eines Gebraucht-

c) *„Diffuse" Kosten als Konsequenz von Täuschungen*

Auch der dritte ökonomische Begründungsstrang zum Einsatz des Strafrechts ist bei Betrugsfällen erfüllt. Wie dargestellt, liegen die „wahren" Kosten des Betrugs nur zum Teil in der privaten Vermögensschädigung des Vertragspartners (insoweit Vermögensumverteilung), sondern vornehmlich in der durch die Verteuerung von Transaktionen bedingten Reduzierung von wohlfahrtserhöhenden Kooperationen. Diese Kosten fallen aber nicht nur dem Getäuschten, sondern der Gesamtheit der Marktteilnehmer zur Last, die aber mangels zivilrechtlicher Ansprüche ihren Kostenanteil dem Betrüger nicht auferlegen können. Insoweit fällt dem Strafrecht die Aufgabe zu, diesen den kompensatorischen zivilrechtlichen Anspruch des Opfers übersteigenden Kostenblock durch eine entsprechende Sanktion beim Täter zu internalisieren.

d) *Ergebnis*

Die ökomomische Begründung des Betrugsstraftatbestands kann damit wie folgt zusammengefasst werden:

> Der Betrugsstraftatbestand ist ein Instrument, um den negativen Auswirkungen asymmetrischer Informationsverteilungen entgegenzuwirken und werterhöhende Austauschprozesse durch die Reduzierung von Informationsübertragungskosten zu fördern.

Um den Anreiz zu Täuschungen zum Zweck von Vertragsschlüssen auf ein optimales Maß zu reduzieren, sollte der Betrüger

1. zivilrechtlich das Opfer so stellen, dass dieses möglichst indifferent zwischen Vertragserfüllung und Sekundärleistung wird (vollständig kompensierender Schadenersatzanspruch) und
2. eine strafrechtliche Sanktion erfahren, die die praktisch gegebenen Unvollkommenheiten außerrechtlicher und zivilrechtlicher Ansprüche ausgleicht.

Erst dann wird die Abschreckungslücke geschlossen, die außerrechtliche und zivilrechtliche Instrumente bei vorsätzlichen Täuschungen offenlassen und es bestünden - bei optimaler Strafhöhe und –vollstreckung - keine Anreize, Vertragsschlüsse durch unhaltbare Versprechen zu erzielen.

---

wagens, um seiner Aussage zur Fahrleistung stärkeres Gewicht zu verleihen. In diesem Zusammenhang schreibt der bekannte amerikanische Rechtsökonom und Richter *Posner* zum Betrug durch aktive Täuschung in Abgrenzung zur Verletzung von Aufklärungspflichten: „The lie is different. The liar makes a positive investment in manufacturing and disseminating information. This investment is wasted from a social standpoint, so the law does not reward him for his lie." (Economic Analysis of Law, 8. Auflage, New York 2011, S. 111).

3. Vergleich der juristischen mit der ökonomischen Begründung

Vergleicht man schließlich das ökonomische mit dem juristischen Konzept, so ergibt sich folgendes Bild:

- Nach beiden Ansätzen sollen Strafnormen außerstrafrechtliche Zwecke fördern. Während juristische Ansätze den „Rechtsgüterschutz" anführen, verweist die wirtschaftswissenschaftliche Theorie auf für die Wohlfahrtsmaximierung notwendige Verhaltenssteuerung durch Abschreckung, wenn zivilrechtliche Haftungsregelungen diese nicht hinreichend gewährleisten können.
- Das juristische Schrifttum hat bis jetzt noch keine befriedigende Definition des Begriffs „Rechtsgut" entwickelt. Die Entscheidung über die Definition von Rechtsgütern liegt letztendlich im Verantwortungsbereich des Gesetzgebers, der durch das verfassungsrechtliche Übermaßgebot eingeschränkt ist. Nach dem ökonomischen Ansatz hingegen dient das Strafrecht dazu, Unzulänglichkeiten des Zivilrechts auszugleichen und Transaktionen in den dafür vorgesehenen Markt zu zwingen.
- Sowohl der juristische als auch der ökonomische Ansatz stehen einer inflationären Anwendung des Strafrechts skeptisch gegenüber. Juristen sprechen von dem „fragmentarische Charakter des Strafrechts"; ökonomisch betrachtet ist das Strafrecht *ein* Instrument, um Verhaltensanreize zu setzen. Ihm stehen zahlreiche rechtliche und außerrechtliche Instrumente zur Seite und der Gesetzgeber ist gehalten, das Strafrecht nur dann einzusetzen, wenn der Nutzen die Kosten seines Einsatzes übersteigt. Soweit das Zivilrecht schon zu einer optimalen Anreizsetzung führt, würde der Einsatz des Strafrechts zu einer unerwünschten „Überabschreckung" führen.
- Ebenso folgern beide Ansätze *au*s diesen Überlegungen, dass Strafrecht nur dann einzusetzen ist, wenn nicht andere Instrumente die gleiche Wirkung milder (juristisch) oder kostengünstiger (ökonomisch) erreichen können. Die Bezeichnung des Strafrechts als „ultima ratio" durch die Juristen entspricht damit der ökonomischen Erwägung, dass Strafrecht nur bei Unzulänglichkeiten des Zivilrechts eingesetzt werden soll.

D. Die amerikanische Lösung – Abschreckung im Zivilrecht

Wie im deutschen Recht finden sich auch im amerikanischen Recht an verschiedenen Stellen Regelungen zu Täuschungen bei Verträgen und ihren Folgen. Das Vertragsrecht („Law of Contracts") gesteht in Fällen des „Fraud" dem Getäuschten ein Anfechtungsrecht, also ein Recht, sich von dem Vertrag zu lösen, zu.[344] Darüber hinaus kommen Schadenersatzansprüche in Betracht. Die wesentlichen Regelungen zu vorsätzlichen Täuschungen sind jedoch im Deliktsrecht („Law of Torts") zu finden. Im Vergleich zum Vertragsrecht bietet das Deliktsrecht dem Geschädigten erweiterte Ansprüche, insbesondere dem deutschen Recht unbekannten[345] „Punitive Damages". Schließlich enthält auch das amerikanische Strafrecht einen „bunten Strauß" an Sanktionen für vorsätzliche Täuschungen bei Verträgen. Anders als im deutschen Strafrecht existiert in den USA jedoch keine „Generalklausel", die alle Arten von Täuschungen erfasst – vielmehr zeichnet sich das amerikanische Recht durch eine Vielzahl von Regelungen aus, die je nach Bedarf durch Gerichte auch auf andere Fälle übertragen werden und für den kontinentaleuropäischen Juristen „unstrukturiert" und „chaotisch" wirken.[346] Dieses (vermeintliche) Chaos und die Orientierung an Einzelfällen anstatt abstrakter (akademischer) Prinzipien zwingt aber auch dazu, die dem jeweiligen Fall zugrundeliegenden Interessenkonflikte und Wertungen aufzuzeigen und ergebnisorientiert zu argumentieren. Im Gegensatz dazu besteht in kontinentaleuropäischen Rechtssystemen die Gefahr, durch den argumentativen Bezug auf übergeordnete formale Strukturen den Blick für vernünftige und insbesondere praktikable Lösungen für Probleme der Praxis zu verlieren. Gerade der Bereich des Betrugs bringt ständig neue Verhaltensweisen hervor, durch die sich Menschen täuschungsbedingte Vorteile auf Kosten anderer verschaffen.[347] Eine prinzipienorientierte und dadurch oftmals zu starre Rechtsanwendung birgt insoweit das Risiko, Betrügern „hinterherzulaufen".

---

344 Z.B. § 164 des Restatement of the Law of Contracts (2nd) oder § 1689 des California Civil Code.

345 Jedoch hat der Bundesgerichtshof dem deliktsrechtlichen Anspruch auf Schmerzengeld eine „Genugtuungsfunktion" zugeschrieben. Vgl. zu § 847 BGB a.F. z.B. BGHZ NJW 1955, 1675.

346 Dies ist jedoch keine spezifische Beobachtungen für den Betrug, sondern ein vielfach hervorgehobener allgemeiner Unterschied zwischen „Common Law"- und „Civil Law"-Rechtsystemen. Vgl. zur historischen Entwicklung beider Rechtskulturen als Erklärungsmodell sehr illustrativ *Zweigert/Kötz*, Einführung in die Rechtsvergleichung:, Tübigen 1996, S. 62 ff.

347 So schon *Lord Coke* im englischen Twyne's Case, (1601) 3 Co. Rep. 80b, 82a, 76 Eng. Rep. 809, 815-16 (K.B.): „Quoeritur, ut crescunt tot magna volumina legis? In promptu causa est, crescit in orbe dolus.", was sich übersetzen lässt als „Wenn Du Dich wunderst, warum es so viele Gesetze gibt: Die Antwort ist das Betrug immer zunehmen wird". Darauf aufbauend vertritt der amerikanische Strafrechtler *Buell* eine „open-textured", also offene, Anwendung des Strafrechts auf Fälle des sog. „Novel Fraud", vgl. dazu *Buell*, Novel Criminal Fraud, New York University Law Review Vol. 81 (2006), S. 1 ff.

Als „pars pro toto" des Common Law wird hier das amerikanische Recht[348] zum „Fraud" kurz vorgestellt, da es im Vergleich zum deutschen Recht auf das Deliktsrecht fokussiert ist. Ein umfassender Rechtsvergleich soll in dieser Arbeit nicht durchgeführt werden.[349]

I. Überblick: Die amerikanischen Regelungen zum Betrug

Die erste „Weichenstellung" im amerikanischen Recht ist die Aufteilung der Regelungsbefugnisse zwischen Einzelstaaten („state law") und dem Bund („federal law"). Dabei hat der Bund nur diejenigen Kompetenzen, die ihm von der Verfassung ausdrücklich oder implizit eingeräumt werden; alles andere liegt in der Regelungskompetenz der Einzelstaaten. Unter letztere fällt auch die weite Zuständigkeit zum Erlass von Strafgesetzen zum Schutz der öffentlichen Gesundheit, Sicherheit, Wohlfahrt oder Moral („police power").[350] Im Ergebnis hat jeder Staat sein eigenes Strafgesetzbuch, in denen Straftaten wie Diebstahl, Unterschlagung oder – was hier im Vordergrund steht – „Vorspiegelung falscher Tatsachen" geregelt sind. Zusätzlich zu den festgeschriebenen Straftatbeständen existieren noch sog. „common law-Straftaten", die auf das englische Recht zurückgehen.[351] Aufgrund von Widersprüchen zum Gesetzlichkeitsprinzip („lex

348 Im Gegensatz zum sehr traditionsverliebten englischen Recht vereint das amerikanische Recht den Pragmatismus des „Common Law" mit der besseren Übersichtlichkeit von stärker strukturierten „Civil Law"- Rechtssystemen und bietet sich damit gerade für den kontinentaleuropäischen Juristen zum Rechtsvergleich an. Ein Beispiel sind die sogenannten „Restatements of Laws", in denen eine Vereinigung amerikanischer Rechtsgelehrten im „American Law Institute" das Recht aus Gerichtsentscheidungen und Gesetzen aufbereitet und in Paragraphenform niederschreibt. Durch diese Restatements werden auch gemeinsame Grundprinzipien des teilweise voneinander abweichenden Recht der Bundesstaaten („State Law") aufgezeigt und in den Erläuterungen dazu die Gerichtsentscheidungen zitiert. Vgl. zum amerikanischen Recht als Objekt der Rechtsvergleichung *Zweigert/Kötz*, Einführung in die Rechtvergleichung, S. 233 ff.; zur Rolle der Restatements dies., S. 24.

349 So auch im Rahmen eines Aufsatzes *Darby*, ZStW 1996, S. 548, 549.

350 Verfassung der Vereinigten Staaten (U.S. Constitution), 10th Amendement.

351 So übernahmen zum Zeitpunkt der Unabhängigkeitserklärung (4. Juli 1776) alle 13 Gründungsstaaten und die Mehrheit der nachträglich eingetretenen Staaten das englische Common Law. Einzelne Staaten, wie z.B. Kalifornien, passten das Recht ihren Gegebenheiten an. Vgl. dazu Hall, Common Law: An Account of Its Reception in the United States, Vanderbilt Law Review, Vol. 4 (1951), S. 791.

scripta“) geht die Entwicklung jedoch dahin, diese abzuschaffen.[352] Schließlich existieren auf Bundesebene einzelne Straftatbestände, die besondere Betrugsarten pönalisieren. Aufgrund der oben ausgeführten grundsätzlichen Zuständigkeit der Einzelstaaten darf der Bund nur insoweit Regelungen treffen, als er durch die Verfassung explizit dazu ermächtigt ist. Die praktisch bedeutendste Ermächtigungsgrundlage ist die sog. „commerce clause“[353], wonach Bundesgesetze den Handel zwischen den Einzelstaaten regeln können. Da nahezu alle menschlichen Verhaltensweisen den innerstaatlichen Handel in irgendeiner Form betreffen, eröffnen sich für den Bund durch diese verfassungsrechtliche Klausel vielfache Gesetzgebungsmöglichkeiten.[354] Im Bereich von Betrugsstraftaten betreffen die Regelungen insbesondere staatenübergreifende Betrügereien, deren die Bundesstaaten aufgrund ihrer lokal beschränkten Regelungskompetenz nicht Herr werden können. So überrascht es nicht, dass die *Federal Mail Statute*[355] als wichtigste Regelung bundesstaatlicher Betrugsstraftatbestände erachtet wird. In diesem Gesetz wird die Benutzung von Postdiensten zum Zweck des Betrugs unter Strafe gestellt. Eine weitere bundesstaatliche Regelung betrifft Fälle, in denen der Bund selbst Opfer eines Betrugs ist.[356] Schließlich ist als Bundesgesetz noch der *Racketeer Influenced and Corrupt Organizations Act (RICO)* zu nennen.[357] Der Zweck dieses Gesetzes ist die Bekämpfung der organisierten Kriminalität, insbesondere durch die Verhinderung der Anlage rechtswidrig erlangter Erlöse in illegale Unternehmen.[358] Der RICO-Act erfasst aber darüber hinaus auch alle anderen typischen Formen der Wirtschaftskriminalität wie Post- und Fernmeldebetrug, Wertpapierbetrug, betrügerischer Bankrott[359] und diente als Rechts-

352 So existieren auf Bundesebene überhaupt keine common-law-Straftaten. Das Gesetzlichkeitsprinzip und das Verbot der Rückwirkung verbietet das nachträgliche Einführen von Straftaten. Vgl. dazu Krulewitch v. United States, 69 S.Ct. 716, 727 (1949).

353 Verfassung der Vereinigten Staaten (U.S. Constitution), Article 1, Section 8, Clause 3.

354 So hat sich durch auf die commerce clause gestützte gesetzgeberische Tätigkeit des Kongress faktisch eine „nationale Polizeigewalt“ entwickelt, die durch die Rechtsprechung des Supreme Court wieder „zurechtgestützt“ wurde. Vgl. z.B. United States vs. Lopez, 115 S.Ct. 1624 (1995) hinsichtlich des „Gun Free School Act“ von 1990, der den Waffenbesitz an Sch*ulen* durch Bundesgesetz unter Strafe stellte.

355 18 U.S.C. § 1341.

356 So erklärt die Federal False Statement Statute (18 U.S.C. § 1001) jegliche Herstellung oder Nutzung einer unechten Urkunde im Einflussbereich der Behörden der vereinigten Staaten für strafbar.

357 18 U.S.C. §§ 1961-1968.

358 *Darby*, Fn. 349, S. 557.

359 18 U.S.C. § 1961 (1).

grundlage für die Verfolgung der Zigarettenindustrie in den sog. Tabak-Prozessen.[360]

Auch im Zivilrecht ist zwischen dem Recht der Einzelstaaten und des Bundes zu unterscheiden. Im Unterschied zum weitgehend kodifizierten Strafrecht folgen die zivilrechtlichen Folgen betrügerischer Handlungen jedoch weitgehend aus Richterrecht, das durch das „American Law Institute" zu gesetzesähnlichen „Restatements of the Law" aufgearbeitet wird. Die Irreführung eines anderen erfüllt den Tatbestand einer unerlaubten Handlung („deceit") und führt sowohl zu einer Pflicht zum Ersatz des Vermögensschadens als auch zusätzlicher *Punitive Damages*, ohne dass es einer expliziten Rechtsgrundlage bedarf.[361] Im Vertragsrecht führt eine vorsätzliche Täuschung zur Anfechtbarkeit des Vertrags.[362] Zusätzlich haben einzelne Staaten sowie der Bund Regelungen erlassen, die an betrügerische Handlungen besondere zivilrechtliche Rechtsfolgen knüpfen. Prominentes Beispiel hierfür ist der *Federal Securities Act* von 1933[363], der eine zivilrechtliche Anspruchsgrundlage für Schäden durch inhaltliche Falschdarstellungen und Auslassungen im Registrierungsantrag an die *Securities and Exchange Comission (SEC)* oder in an die Investoren verteilten Prospekten bietet.[364] Ein Beispiel für eine einzelstaatliche Regelung ist der kalifornische *Consumers Legal Remedies Act*[365], der verschiedene irreführende Handelspraktiken enumeriert. Im Falle eines Verstoßes kann der Verbraucher oder Verbände den Ersatz des daraus entstehenden Schadens sowie Punitive Damages verlangen oder weitere Rechte geltend machen.

Als letzte Sanktionsmöglichkeit für Betrugsfälle sind die sog. „Zivilstrafen" („civil penalties") zu nennen. Diese sind nicht mit Punitive Damages zu verwechseln, sondern bieten Bundes- oder Staatsbehörden die Möglichkeit, nicht-strafrechtliche Geldstrafen gegen Täter eines Betrugs zu verhängen. Gemeinsames Merkmal von Punitive Damages und Civil Penalties ist, dass sich Zivil- und Strafrecht in einer für die deutsche Rechtskultur ungewohnten Weise vermi-

360 Vgl. hierzu *Adams*, Das Geschäft mit dem Tod – Der Anfang vom Ende der Zigarettenindustrie?, Frankfurt a.M. 2007. Dieser 7jährige Prozess umfasste den Austausch von Millionen Dokumenten und stellt den größten Prozess der US-Justizgeschichte dar. Allein die US-Regierung hat über 130 Millionen Dollar Prozesskosten aufgewandt

361 *Darby*, Fn. 349, S. 557.

362 Siehe Fn. 344.

363 15 U.S.C. §§ 77a ff.

364 Hierbei handelt es sich um einen Fall einer Gefährdungshaftung. Als Rechtsfolge kann der Kläger die Differenz zwischen Kauf- und Verkaufspreises des von ihm gekauften Wertpapiers oder, falls sich das Papier noch in seinem Eigentum befindet, die Differenz zum Marktwert im Zeitpunkt des Verfahrens ersetzt verlangen (15 U.S.C. § 77k (e)).

365 Civil Code § 1780.

schen. In beiden Fällen werden strafrechtliche Funktionen durch zivilrechtliche Regelungen übernommen; der Trend in der amerikanischen Rechtspolitik geht sogar dahin, diesen Widerspruch weiter zu verstärken.[366] Insoweit ist der *Federal Securities Act* von 1933[367] als bundesrechtliche Regelung im Kapitalmarktrecht zu nennen. In diesem Gesetz wird die *Securites and Exchange Commission (SEC)* als zuständige Verwaltungsbehörde für Täuschungen im Zusammenhang mit der Vermarktung von Wertpapieren ermächtigt, empfindliche „Zivilstrafen" für Gesetzesverletzungen festzusetzen.[368]

Nach diesem kurzen Überblick wird deutlich, dass es unmöglich ist, eine dem deutschen Betrugsstraftatbestand funktionsäquivalente Regelung ausfindig zu machen. Vielmehr soll hier überblicksartig dargestellt werden, welche Rechtsfolgen das amerikanische Recht an Täuschungen in Verträgen knüpft.

II. Rechtsfolgen im Zivilrecht

1. Fraud im Law of Contracts

Das amerikanische Vertragsrecht[369] definiert eine Täuschung als eine Äußerung, die nicht mit den zugrunde liegenden Tatsachen im Einklang steht.[370] Das Verschweigen von Tatsachen („concealment") sowie die unterlassene Aufklärung („non-disclosure") steht einer ausdrücklichen Täuschung gleich.[371] Vertragsrechtlich kann eine Täuschung drei Folgen haben: Zunächst kann sie, in seltenen Fällen, dem Vertragsschluss überhaupt entgegenstehen.[372] Zweitens führt sie –

366 *Coffee*, Does „Unlawful" Mean „Criminal"?: Reflections on the Disappearing Tort/Crime Distinction in the American Law, Boston University Law Review, Vol. 71 (1991), S. 193.

367 Siehe Fn. 363.

368 Diese können bis zu 100.000 $ für Einzelpersonen und bis zu 500.000 $ für Kapitalgesellschaften betragen, 15 U.S.C. § 78u-2. Die SEC hat darüber hinaus u.a. die Möglichkeit, den Fall zur Strafverfolgung an die Bundesbehörden abzugeben (15 U.S.C. § 77t).

369 Wie schon ausgeführt, gibt es „das" amerikanische Vertragsrecht nicht, da weder Einzelstaaten noch der Bund insofern einheitliche Regelungen geschaffen haben. Es gibt jedoch aus der Rechtsprechung in „leading cases" abgeleitete allgemeine Prinzipien, die im Ergebnis dem deutschen Vertragsrecht sehr nahe kommen. Diese werden regelmäßig durch das American Law Institute in Restatements zusammengeführt. Im folgenden wird für das Vertragsrecht der aktuelle Restatement of Contracts (2nd, 1981) und für das Deliktsrecht der Restatement of Torts (2nd, 1977) herangezogen.

370 Sog. „misrepresentation", vgl. Restatement of Contracts (2nd), § 159.

371 Restatement of Contracts (2nd), §§160, 161.

372 Restatement of Contracts (2nd), § 163,

wie im deutschen Recht § 123 BGB - zur *Anfechtbarkeit* des Vertrags.[373] Drittens kann der getäuschte Vertragspartner die *Anpassung* des Vertrags verlangen.[374] Der praktisch häufigste Fall ist hierbei die Anfechtung des Vertrags.[375]

Anders als im Deliktsrecht („law of torts") führt eine Täuschung im Vertragsrecht *nicht* zu einer Schadenersatzpflicht, sondern lediglich zu einer Möglichkeit der Rückabwicklung des Vertrags. Insofern überrascht es nicht, dass die Anfechtung des Vertrags unter weniger Voraussetzungen möglich ist als die Geltendmachung eines entsprechenden deliktischen Schadenersatzanspruchs.

Die allgemeinen Voraussetzungen einer Anfechtung sind das Vorliegen einer Täuschung[376], diese muss arglistig oder schwerwiegend sein[377] und der Getäuschte muss aufgrund der Täuschung den Vertrag geschlossen haben[378]. Schließlich muss das Vertrauen des Getäuschten in die Erklärung gerechtfertigt sein – problematisch ist dies bei Meinungsäußerungen, Rechtsansichten und inneren Absichten.[379]

Während im Deliktsrecht[380] eine Täuschung sowohl arglistig („fraudulent") als auch schwerwiegend („material") sein muss, um entsprechende Ansprüche auszulösen, genügt es für eine Anfechtung, dass die Täuschung *entweder* arglistig *oder* schwerwiegend ist.[381] Im Ergebnis ist das Anfechtungsrecht somit relativ einfach zu realisieren. Andererseits führt es – wie im deutschen Recht – nur zur Rückabwicklung des Vertrags und ist damit für sich alleine für eine hinreichende Absenkung von Betrugsanreizen unzureichend.

Von dem für alle Verträge gültigen Anfechtungsrecht sind Ansprüche aus der kaufrechtlichen Gewährleistungshaftung zu unterscheiden. In diesem Bereich ist der amerikanische Bundesgesetzgeber tätig geworden und hat den *Uniform Commercial Code (UCC)* erlassen, der für Täuschungen bei Kaufverträgen Spezialregelungen vorhält.[382] In Fällen, in denen sich die Täuschung auf eine Eigenschaft der Kaufsache bezieht, kommt in vielen Fällen ein *breach of warranty* in Betracht. Anders als die Formulierung „warranty" ihrem Wortlaut nach

373 Restatement of Contracts (2nd), § 164.

374 Restatement of Contracts (2nd), § 166.

375 Vgl. Restatement of Contracts (2nd), S. 425.

376 Oder eine entsprechendes Schweigen oder unterlassene Aufklärung, Restatement of Contracts (2nd), §§159, 160, 161.

377 Restatement of Contracts (2nd), § 162.

378 Restatement of Contracts (2nd), § 167.

379 Restatement of Contracts (2nd), §§168-171.

380 Dazu genauer im folgenden Teil.

381 Restatement of Contracts (2nd), S. 425. Vgl. dazu § 164 des Restatement of Contratcs (2nd) mit § 538 des Restatement of Torts (2nd).

382 Vgl. § 2.03 (B)(1) des Uniform Commercial Code (U.C.C.).

nahelegt, handelt es sich nicht um eine Zusicherung von Eigenschaften, aus der besondere Rechte für den Käufer erwachsen.[383] Vielmehr beinhaltet eine solche „Garantie" wenig mehr als eine Äußerung des Verkäufers über die Qualität oder andere Merkmale des Kaufgegenstands[384] und entspricht damit im deutschen Recht in etwa der Soll-Beschaffenheit einer Kaufsache nach § 434 BGB. Zu unterscheiden sind ausdrückliche[385] und implizierte[386] Garantien (express vs. implied warranties). Eine *express warranty* entsteht, wenn bestimmte, in § 2-313 U.C.C. enumerierte Umstände, den Kaufgegenstand konkretisieren und zur Grundlage des Kaufvertrags werden. Dies kann eine Tatsachenbehauptung oder Versprechen des Verkäufers gegenüber dem Käufer sein, aber auch eine Beschreibung oder Modell des Kaufgegenstands reicht für die Begründung einer solchen Garantie aus. Viele Jahre lang war die *express warranty* für den Käufer die einzige Möglichkeit, Gewährleistungsansprüche bei Kaufverträgen geltend machen zu können.[387] Erst der *Uniform Commercial Code* schuf die dem amerikanischen Recht bis dahin unbekannte Rechtsfigur der *implied warranties*. Zu unterscheiden sind hier die *implied warranty of merchantibiliy*[388], *implied warranty of fitness for particular purpose*[389] und die *implied warranty of good title and against infringement*[390].

Voraussetzung einer *implied warranty of merchantibility* ist, dass es sich beim Verkäufer um einen „Kaufmann"[391] handelt, der von der Garantie erfassten Kaufgegenstände in Ausübung seines gewöhnlichen Geschäftsbetriebs veräußert. Als Folge bestehen Gewährleistungsansprüche, wenn das gelieferte Produkt nicht die Anforderungen der „merchantibility" i.S.v. § 2-314 Abs. 2 U.C.C. erfüllt. Der Kaufgegenstand muss dafür weder perfekt sein noch alle vom Käufer beabsichtigten Verwendungen ermöglichen.[392] Vielmehr ist entscheidend, ob er den gewöhnlichen Zweck, für den Kaufgegenstände solcher Art in der Regel eingesetzt werden, erfüllt.[393]

---

383 Apollo Group, Inc. v. Avnet, Inc., 58 F.3d 477, 481 (9th Cir. 1995).

384 *Ferriell/Navin*, Understanding Contracts, New York 2004, S. 357.

385 U.C.C. § 2-313 (2005).

386 U.C.C. §§ 2-314, 315, 312 (2005).

387 Es galt die Doktrin „let the buyer beware", vgl. dazu allgemein *Hamilton*, The Ancient Maxim Caveat Emptor, Yale Law Review Vol. 40 (1931), S. 1133, 1931.

388 U.C.C. § 2-314 (2005).

389 U.C.C. § 2-315 (2005).

390 U.C.C. § 2-312 (2005).

391 Selbstverständlich ist nicht der „*Kaufmann*" im Sinne des deutschen HGB gemeint, sondern der Begriff des merchant im U.C.C.

392 *Ferriell/Navin*, Fn. 384, S. 372.

393 U.C.C. § 2-314 (2)(c) (2005).

Die *implied warranty of fitness for particular purpose*[394] geht dagegen nicht von einem objektiven Standard aus, sondern schützt individuelle Verwendungsmöglichkeiten.[395] Voraussetzung dieser speziellen Gewährleistung ist, dass der Verkäufer einerseits den speziellen Verwendungszweck des Käufers erkennen konnte und sich der Käufer andererseits auf die besonderen Fähigkeit des Verkäufers verlassen hat, ein für diesen Zweck passendes Gut auszuwählen und zu liefern.

Schließlich „garantiert" die *implied warranty of good title and against infringement*[396], dass das gelieferte Gut keine Rechtsmängel, wie fehlendes Eigentum des Veräußerers oder Sicherungsrechte, aufweist. Ist der Verkäufer ein „Kaufmann", so ist er zusätzlich verpflichtet, den Käufer vor Ansprüchen dritter Personen, wie etwa Urheberrechtsverletzungen, zu schützen.[397]

Über die kodifizierten Garantien des U.C.C. hinaus haben amerikanische Gerichte für den Kauf von Wohneigentum *implied warranties of the habitability,* also der Bewohnbarkeit, entwickelt.[398] Der Hintergrund ist der Umstand, dass die zuvor erläuterten *implied warranties of merchantibility and fitness for particular purpose* durch einen *Disclaimer* ausgeschlossen werden können. Hatte der Verkäufer keine *express warranty* eingeräumt und selbst keine Kenntnis von versteckten Mängeln einer Wohnimmobilie,[399] so hatte der Käufer regelmäßig keine Ansprüche.

Vorsätzliche Täuschungen über Eigenschaften der Kaufsache gehen regelmäßig mit Verletzungen einer oder mehrerer der eben erläuterten *warranties* einher. Greift kein Haftungsausschluss („Disclaimer")[400], so stellt sich die Frage nach den daraus resultierenden Ansprüchen des Käufers. Zunächst stellt § 2-721 U.C.C. klar, dass die Ansprüche in Fällen vorsätzlicher Täuschungen („fraud") alle Ansprüche wegen „normaler" Vertragsverletzungen unberührt lassen. Im amerikanischen Vertragsrecht unterscheidet man zwischen drei verschiedenen

---

394 U.C.C. § 2-315 (2005).

395 So mag ein „Mini Cooper" zwar den gewöhnlichen Zweck eines Autos zum Transport (merchantibility), jedoch nicht für einen Käufer geeignet sein, der damit ein Boot ziehen möchte (fitness for particular purpose). Beispiel aus *Ferriell/Navin*, Fn. 384, S. 376.

396 U.C.C. § 2-312 (2005).

397 U.C.C. § 2-312 (3).

398 Zum Beispiel McDonald v. Mianecki, 398 A.2d 1283 (N.J. 1979); Vanderschrier v. Aaron, 140 N.E.2d 819, 821 (Ohio Ct. App. 1957).

399 Ansonsten käme ein deliktsrechtlicher Anspruch wegen fraud in Betracht, dazu mehr im folgenden Teil.

400 Zu den Voraussetzungen eines wirksamen Disclaimers bei implied warranties vgl. U.C.C. § 2-316 sowie für weitere Erläuterungen in *Ferriell/Navin*, Fn. 384, S. 389 ff.

Anspruchszielen:[401] Ersatz des Erfüllungsinteresses (*expectation*), Ersatz des Vertrauensinteresses (*reliance*) und Rückabwicklung (*restitution*). Das *Erfüllungsinteresse*[402] verlangt, dass die geschädigte Partei so gestellt wird, als ob ordnungsgemäß erfüllt worden wäre. Dies erfordert, dass die Partei den Vertragsgewinn („benefit of its bargain“) erhält[403] und damit indifferent zwischen Vertragserfüllung und Vertragsverletzung wird. Solche *expectation damages* gehören zu den gebräuchlichsten Ansprüchen im amerikanischen Vertragsrecht[404] und sind für Kaufverträge explizit in §§ 2-711 ff. U.C.C. normiert. Sie werden anhand der Wertdifferenz zwischen der versprochenen und empfangenen Leistung[405] oder den zusätzlichen Kosten der Beschaffung eines Ersatzgegenstands[406] oder dessen Wert berechnet.[407] Zusätzlich hat die verletzte Partei einen Anspruch auf Ersatz aller Neben- und Folgeschäden.[408] Die Schadenersatzpflicht besteht nur für vorhersehbare („forseeable“)[409] und hinreichend bestimmbare („reasonably certain“)[410] Schäden, die durch die geschädigte Partei – wie etwa durch die Beschaffung eines Substituts – nicht abwendbar waren.[411]

In einigen Fällen, insbesondere bei entgangenem Gewinn, ist es schwierig, die Höhe des Erfüllungsinteresses festzustellen. In solchen Situationen begnügt sich das amerikanische Vertragsrecht damit, dem Geschädigten das *Vertrauensinteresse* (*reliance interest*) zu ersetzen.[412] Im Gegensatz zum Erfüllungsinteres-

---

401 Vgl. den Grundlagenartikel von *Fuller/Perdue*, The Reliance Interest in Contract Damages, Yale Law Journal, Vol. 46 (1936), S. 52 als Ausgangspunkt für die gesamte Diskussion für vertragliche Schadenersatzansprüche. Die Diskussion um verschiedene Schadenersatzsprüche für Betrugsfälle wird an späterer Stelle auch rechtsvergleichend vertieft und deswegen hier relativ kurz gehalten.

402 Das Erfüllungsinteresse (expectation interest) im amerikanischen Recht entspricht dem „positiven Interesse“ und das Vertrauensinteresse (reliance interest) dem „negativen Interesse“ im deutschen Recht.

403 Restatement of Contracts (2nd), § 344 (a) (1981); U.C.C. § 1-305 (a) (2005).

404 Für alle anderen Verträgen folgen sie aus dem Common Law, vgl. Restatement of Contracts (2nd), § 347 (a) (1981).

405 Vgl. U.C.C. § 2-714 (2) (2005); Hawkins v. McGee, 146 A. 641 (N.H. 1929).

406 Vgl. U.C.C. § 2-712 (2005); oder z.B. Laredo Hides Co., Inc. v. H & H Meat Products Co., Inc, 513 S.W.2d 210 (Tex. Ct. App. 1974).

407 Vgl. U.C.C. § 2-713 (2005); z.B: Acme Mills & Elevator Co. V. Johnson, 133 S.W. 784 (Ky. Ct. App. 1911).

408 Restatement of Contracts (2nd), § 347(b) (1981).

409 Restatement of Contracts (2nd), § 351 (1) (1981); U.C.C. § 2-715 (2) (2005).

410 Restatement of Contracts (2nd), § 352 (1981).

411 U.C.C. § 2-715 (2)(a) (2005).

412 Zur Begründung des Ersatz des negativen Interesses mit Schwierigkeiten der Schadenfeststellungen vgl. Fuller/Purdue, Fn. 401.

se wird der Geschädigte in den vorvertraglichen Zustand zurückversetzt und so gestellt, als ob er nie einen Vertrag geschlossen hätte. Dieser Anspruch umfasst den Ersatz des Betrags, den die geschädigte Partei in Vertrauen auf ordnungsgemäße Vertragserfüllung investiert hat.[413]

Durch das dritte Anspruchziel (*restitution*) zielt das amerikanische Vertragsrecht darauf ab, eine ungerechtfertigte Bereicherung sowohl auf Schädiger- als auf Geschädigtenseite zu vermeiden. So werden alle Vermögensverschiebungen zurückabgewickelt, die aus dem Vertragsbruch herrühren.[414] Sie ist grundsätzlich bei erheblichen Vertragsverletzungen zu gewähren und auch mit anderen Ansprüchen kombinierbar.[415]

Wie schon ausgeführt, sind *Punitive Damages nicht* im Vertragsrecht ersatzfähig[416]– selbst wenn es sich - wie in Betrugsfällen - um einen vorsätzlichen Vertragsbruch handelt.[417] Ein solcher Anspruch sei mit dem primären Ziel der vertragsrechtlichen Sekundäransprüche, nämlich dem Ersatz des *Erfüllungs*interesses, inkompatibel.[418] Begehrt der Kläger *Punitive Damages*, so ist er auf das Deliktsrecht verwiesen.

Schließlich sind der Vollständigkeit halber noch die *Nominal Damages* zu nennen.[419] Sie werden gewährt, wenn die geschädigte Partei nicht in der Lage ist, einen Schaden nachzuweisen und sind in der Regel symbolischer Natur (meistens nicht mehr als 1 US$). Sie dienen dem Ersatz von Gerichts- und Anwaltskosten.[420]

2. Fraud im Law of Torts

In Fällen von *fraud* überschneiden sich im amerikanischen Recht regelmäßig vertragliche und deliktsrechtliche Ansprüche.[421] Überhaupt fand im *common law* die Trennung zwischen vertraglichen und deliktischen Ansprüchen in Fällen ar-

---

413 Vgl. für weitere Nachweise *Ferriell/Navin*, Fn. 384, S. 595.

414 *Ferriell/Navin*, Fn. 384, S. 595, vgl. zu den allgemeinen und speziell kaufrechtlichen Voraussetzungen des Anspruchs auf restitiution S. 668 ff.

415 Restatement of Contracts (2nd), § 373 (2001); für das Kaufrecht U.C.C. § 2-711 (2005).

416 Restatement of Contracts (2nd), § 355 (2001).

417 Vgl. *Marschall*, Willfulness: A Crucial Factor in Choosing Remedies for Breach of Contract, Arizona Law Review Vol. 24 (1982), S. 733-762.

418 *Ferriell/Navin*, Fn. 384, S. 598.

419 Restatement of Contracts (2nd), § 346 (2) (1981); aus der Rechtsprechung zum Beispiel Lawson v. City of Fergus Falls, 229 F.3d 692 (8th Cir. 2000).

420 *Ferriell/Navin*, Fn. 384, S. 599.

421 So wird in vertragsrechtlichen Lehrbüchern regelmäßig auf korrepsondierende Ansprüche im Deliktsrecht verwiesen und umgekert: vgl. z.B. dazu *Ferriell/Navin*, Fn. 384, für das Vertragsrecht sowie für das Deliktsrecht *Kionka*, Torts, 4. Auflage, St. Paul 2005, S. 467 ff.

glistiger Täuschung erst relativ spät statt. So gab es im englischen Recht vor dem 18. Jahrhundert einen Schadenersatzanspruch des sog. „deceit“, der eigentlich dem Deliktsrecht zugeordnet war. Bis zur Leitentscheidung *Pasley v. Freeman*[422] wurde dieser jedoch nur gewährt, wenn zwischen den Parteien eine vertragliche Beziehung existierte.[423] Erst später wurde die Rechtsfigur der *warranties* anerkannt, die *unabhängig* von einer vorsätzlichen Täuschung verschuldensunabhängig bestimmte vertragliche Pflichtverletzungen mit einer Schadenersatzpflicht belegte.[424] Das Deliktsrecht bekam nun eine eigenständige Bedeutung, denn es erfasste zwar nur Fälle vorsätzlicher Täuschungen, war jedoch nicht an eine vertragliche Beziehung zwischen Schädiger und Geschädigten geknüpft. Innerhalb des Deliktsrechts nimmt der *Fraud* insofern eine Sonderrolle ein, als dass der gewöhnliche Anspruch der Ersatz von *Vermögensschäden* („economic losses“) ist.[425] Hingegen erfasst das amerikanische Law of Torts überwiegend Fälle der Verletzung *absoluter* Rechte, wie z.B. „property“. Trotzdem wird der Tatbestand des „Fraud“ als nicht weniger wichtig als Verletzungen absoluter Rechte angesehen, da es sich um einen Angriff auf die *Institution des Vertrags* handele.[426]

Hinsichtlich der Voraussetzungen einer Haftung unterscheiden die Gerichte vier bis teilweise neun verschiedene Elemente einer *fraudulent misrepresentation.*[427] Im Ergebnis sind sich jedoch alle einig, dass der Kläger zumindest folgendes darlegen muss:[428] Es muss (1) eine arglistige Täuschung („*intentional misrepresentation*“) über eine Tatsache oder Meinung vorliegen, diese muss (2) bedeutend („*material*“) sein und (3) dazu geführt haben, dass der Geschädigte auf die Richtigkeit der Tatsache oder Meinung vertraut. Die (4) Verursachung dieses Vertrauens muss vom Schädiger beabsichtigt worden sein und (5) zu einem Vermögensschaden („*pecuniary loss*“) auf Seite des Geschädigten führen.[429]

---

422 K.B. 1789.

423 *Kionka*, Fn. 421, S. 465 f.

424 Vgl. dazu die Erläuterung im vorherigen Teil.

425 *Keeton/Sargentich/Keating*, Tort and accident law: cases and materials, 4. Auflage, St. Paul 2004, S. 233 f.

426 So schreibt etwa *Keating*: „(...) obtaining benefits of a contract by deceit is as wrong as taking property by force”, vgl. *Keeton/Sargentich/Keating*, Fn. 425, S. 234.

427 Vgl. *Dobbs*, The Law of Torts, Vol. 2, St. Paul 2001, S. 1345.

428 Vgl. Restatement of Torts (2nd) (1977), §§ 525 ff.; aus der unüberschaubaren Rechtsprechung z.B. Walker v. Percy, 142 N.H. 345, 702 A.2d 313 (1997); für die Voraussetzung einer „material“ misrepresentation vgl. z.B. D’Ambrosio v. Colonnade Council of Uni Owners, 717 A.2d 356 (D.C.Ct.App. 1998).

429 Die Gliederungen der verschiedenen Voraussetzungen unterscheiden sich sowohl in der Rechtsprechung als auch in der Literatur, aber stimmen inhaltlich überein. Die hier vor-

Wie im deutschen Recht kann eine „Tatsache" auch ein geistiger Zustand sein – sog. „innere Tatsachen" sind somit tauglicher Täuschungsgegenstand.[430] Die der Täuschung zugrundeliegende Tatsache oder Meinung ist bedeutend („material"), wenn ein vernünftiger Dritter sie für die Entscheidung über die vermögenswirksame Transaktion als relevant ansehen würde oder der Schädiger weiß, dass das Opfer ihr für seine Entscheidung Bedeutung beimisst.[431]

Liegen die Voraussetzungen einer Haftung dem Grunde nach vor, so ist die Höhe des Schadenersatzes zu bestimmen. Dabei ist für den kompensatorischen Schadenersatzsanspruch, wie im Vertragsrecht, zwischen dem Erfüllungs- und dem Vertrauensinteresse zu unterscheiden.[432] Zusätzlich besteht im amerikanischen Deliktsrecht ggf. ein Anspruch auf *Punitive Damages*, soweit das Verhalten des Schädigers als besonders verwerflich anzusehen ist („outrageous").[433] Dies ist in den meisten Betrugsfällen gegeben, da vorsätzliche Täuschungen mit Schädigungsabsicht in aller Regel als besonders verwerflich angesehen wird. Einzelfragen hierzu werden später bei der Analyse des Vermögensschadens behandelt.[434]

III. Rechtsfolgen im Strafrecht

Wie bereits ausgeführt, ist es anhand der vielschichtigen strafrechtlichen Regelungen des Bundes und der Einzelstaaten zum Betrug unmöglich, eine dem deutschen Betrugsstraftatbestand vergleichbare Bestimmung ausfindig zu machen.[435] Trotz der vielen Spezialtatbestände hat sich aufgrund der sehr offenen, über den Wortlaut hinausgehenden Interpretation der *Federal Mail Fraud Statute*[436] durch den Supreme Court eine Art Generalklausel herausgebildet.[437] Im Vorfeld des

---

genommene Darstellung ist angelehnt an *Dobbs*, Fn. 427, S. 1345; vgl. anders z.B. *Kionka*, Fn. 421, S. 469.

430 Restatement of Torts (2nd) (1977), § 525.

431 Restatement of Torts (2nd) (1977), § 538.

432 Vgl. hierzu die Definitionen in Restatement of Torts (2nd) (1977), § 549.

433 Restatement of Torts (2nd) (1977), § 908.

434 Vgl. dazu Teil 3:C.

435 Vgl. *Darby*, Fn. 349 für einen Überblick.

436 18 U.S.Code § 1341.

437 Vgl. z.B. *Buell*, Fn. 347, S. 11: „At virtually the first opportunity, the Supreme Court created an all-purpose antifraud provision out of what might have been cast as a measure solely concerned with charlatans exploiting the postal system. Despite occasional misgivings, the impetus to frame the federal mail fraud statute as a one-size-fits-all device for policing market predators controlled for the next century."

Betrugs wird diese Regelung durch den Straftatbestand des *consipracy*[438] ausgedehnt, der bereits die Verabredung zu einem Betrug unter Strafe stellt. Für den Bereich des Kapitalmarkts ist der Wertpapierbetrug in §§ 77q, j des 15 U.S. Code im Zusammenhang mit § 10 (b) des Gesetzes von 1934[439] die einschlägige Rechtsgrundlage. Auch der eigentlich für die Bekämpfung der organisierten Kriminalität gedachte *RICO*[440] erfasst Verhaltensweisen, die in Deutschland nach § 263 StGB bestraft werden. Es folgt ein kurzer Überblick über die für Betrug bei Verträgen am häufigsten einschlägige Sanktionsnorm der *Federal Mail Fraud Statute*.

Ursprünglich diente die Regelung des 18 U.S. Code § 1341 dem Schutz des Postverkehrs vor Betrugszwecken. Nach dieser Vorschrift macht sich strafbar, wer die Post benutzt, um einen Betrug zu begehen. In objektiver Hinsicht ist kein Erfolg, wie etwa die Schädigung oder zumindest ein Irrtum des Opfers, notwendig.[441] Lediglich auf subjektiver Seite muss der Täter neben Vorsatz in Bezug auf die Tathandlung mit der Absicht gehandelt haben, einen Schaden oder eine Verletzung des Opfers hervorzurufen. Die Gerichte haben diesen ohnehin schon sehr weiten Tatbestand in der Rechtsanwendung sukzessive ausgedehnt.[442] So hat die Rechtsprechung als „betrügerisches Vorgehen oder Mittel" jedes Verhalten interpretiert, das „moralische Aufrichtigkeit, grundsätzliche Ehrlichkeit, fair play und richtiges Handeln im täglichen und geschäftlichen Leben der Mitglieder der Gesellschaft"[443] missachtet. Ergänzt wird die *Mail Fraud Statute* durch die *Wire Fraud Statute*[444], die seit 1952 zusätzlich den Gebrauch von „Leitung, Radio oder Fernsehen" zum Zweck des Betrugs unter Strafe stellt. Im Unterschied zur *Mail Fraud Statute* muss die Betrugshandlung jedoch den „einzelstaatsübergreifenden oder internationalen Handel" betreffen, während für die Bestrafung nach 18 U.S. Code § 1341 schon eine innerstaatliche Postsendung ausreicht.

Im Ergebnis kommt beiden Regelungen ein Auffangcharakter zu. Durch sie werden alle unehrlichen und sozial inakzeptablen Handlungen abgedeckt, die nicht schon durch andere Gesetze mit Strafe bedroht sind.[445] Sobald sich neue

---

438 18 U.S. Code § 371.

439 Ausgeführt durch Verordnung § 10b-5 der SEC.

440 Racketeer Influenced and Corrupt Organizations Act, 18 U.S. Code, §§ 1961-1968.

441 *Darby*, Fn. 349, S. 564.

442 Vgl. z.B. Durland v. United States, 16 S.Ct. 508 (1896) als Beginn dieser Entwicklung; für die Notwendigkeit einer solchen „open texture"-Interpretation vgl. *Buell*, Fn. 349 m.w.Nws.

443 Blachly v. United States, 380 F. 2d 665, 671 (5th Cir. 1967).

444 18. U.S. Code § 1343.

445 *Darby*, Fn. 349, S. 464.

Betrugsformen entwickeln, kommen diese beiden Straftatbestände zum Einsatz, bis ein eigenes Gesetz verabschiedet ist, das das neue Phänomen unmittelbar bekämpft.[446]

Die *Mail Fraud Statute* schützt sowohl materielle als auch immaterielle Werte. Unter letztere fallen etwa Loyalität und Vertrauen – insoweit wird betrügerisches Verhalten auch als Bruch einer Treuepflicht charakterisiert, durch die das Opfer um sein „Recht auf ehrliches Verhalten" gebracht wird (ähnlich dem „Recht auf Wahrheit"[447]).[448] Im Unterschied zum deutschen Recht ist damit der Betrugsvorwurf völlig von einer Verletzung von Vermögenswerten entkoppelt. Die Tathandlung ist jedoch enger, da sie sich nur auf Täuschungen durch Postkommunikation beschränkt.

IV. Vergleich mit dem deutschen Recht

Unterscheidet man zivil- und strafrechtliche Rechtsfolgen, so lassen sich die amerikanischen Regelungen zum Betrug bei Verträgen den deutschen Regelungen folgendermaßen gegenüberstellen:

- Vertragsrechtliche Ansprüche auf *Rückabwicklung des Vertrags* finden sich im deutschen Recht in Gestalt des Anfechtungsrecht gem. § 123 BGB und dem schuldrechtlichen Anspruch auf Vertragsaufhebung aus § 280 Abs. 1 i.V.m. § 311 Abs. 2 BGB („culpa in contrahendo") sowie des Rücktritts im Gewährleistungsrecht. Im amerikanischen Recht entspricht dies insbesondere dem Anfechtungsrecht (*„voidability"*) in § 164 des *Restatement of Contracts*.[449] In beiden Rechtssystemen hat der Getäuschte damit die Möglichkeit, sich in Fällen von Betrug seiner vertraglichen Verpflichtungen zu entledigen.
- Ansprüche auf Ersatz des *negativen Interesses*, also so gestellt zu werden, also ob nie ein Vertrag geschlossen worden wäre, gewährt das deutsche Zivilrecht durch die Haftung aus § 280 Abs. 1 i.V.m. § 311 Abs. 2 BGB („culpa in contrahendo") und aus § 823 Abs. 2 BGB i.V.m. § 263 StGB sowie § 826 BGB. Im amerikanischen Recht entsprechen diese Ansprüche den vertragsrechtlichen *reliance damages*[450] und den deliktsrechtlichen *„out-of-pocket-*

446 Judge *Burger* bezeichnete die Federal Mail Fraud Statute insofern als „Notstopfen", vgl. United States vs. Maze, 94 S.Ct. 645, 651 (1974).

447 Vgl. dazu Teil 2:C.I.

448 *Darby*, Fn. 349, S. 465.

449 Vgl. Fn. 373.

450 Voraussetzung ist hierzu eine breach of warranty unter dem U.C.C. bei Kaufverträgen.

losses". Festzuhalten ist, dass beide Rechtssysteme im Falle von Täuschungen bei Verträgen das negative Interesse im Regelfall ersetzen.

- Ansprüche auf Ersatz des *positiven Interesses* gewährt das deutsche Schuldrecht in § 280 Abs. 1 i.V.m. § 311 Abs. 2 BGB („culpa in contrahendo"), wenn der Geschädigte nachweisen kann, dass er bei ordnungsgemäßer Aufklärung den Vertrag mit dem von ihm erstrebten Inhalt geschlossen hätte.[451] Daneben ist ein Anspruch auf das Erfüllungsinteresse möglich, wenn die Täuschung gleichzeitig zur vertraglichen Gewährleistungshaftung führt.[452] In Fällen, in denen die Täuschung einen Umstand außerhalb des vertraglichen Pflichtenprogramms betrifft, bleibt es beim Ersatz des negativen Interesses bzw. beim Anfechtungsrecht.[453] Hier geht das amerikanische Recht weiter, denn der Anspruch auf Ersatz der *expectation damages* kann außerhalb der vertraglichen Gewährleistungshaftung im U.C.C. (*breach of warranty*) auch über das Deliktsrecht liquidiert werden: Die Gerichte in den meisten Bundesstaaten gewähren in Fällen des *fraud* ein Wahlrecht zwischen dem Ersatz der out-of-pocket-losses und dem benefit-of-the-bargain.
- Der zentrale Unterschied zwischen den beiden Rechtssystemen sind jedoch die sog. *Punitive Damages*, die amerikanische Gerichte in Betrugsfällen in der Regel zusprechen, aber dem deutschen Recht fremd sind.[454] Obwohl sie formal dem amerikanischen Deliktsrecht unterfallen, haben sie funktional Strafcharakter, da sie Anreize über das „neutrale" Zivilrecht hinaus setzen.[455] Damit entspricht der Tatbestand des *fraud* im *Law of Torts* seiner Funktion nach in weiten Teilen dem deutschen Betrugsstraftatbestand.[456]

---

451 BGH NJW 1965, 812; NJW 1988, 2234.

452 Im Kaufrecht müsste etwa gem. § 434 Abs. 1 BGB ein „Sachmangel" vorliegen. Dies ist gem. § 434 Abs. 1 S. 1 BGB u.a. der Fall, wenn die Sache bei Gefahrübergang nicht die vereinbarte Beschaffenheit hat. Ob der durch die Täuschung vermittelte Umstand in die Beschaffenheitsvereinbarung mit aufgenommen wurde, ist eine Frage des Einzelfalls.

453 Insbesondere gewähren die deutschen deliktsrechtlichen Ansprüche bei Täuschungsfällen (§ 823 Abs. 2 BGB i.V.m. § 263 StGB sowie § 826 BGB) lediglich den Ersatz des negativen Interesses.

454 Eine Ausnahme sind Fälle der Persönlichkeitsverletzungen.

455 Dies impliziert schon die Bezeichnung „punitive", die mit „strafend" übersetzt werden kann.

456 So existiert im amerikanischen Deliktsrecht eine umfangreiche Kasuistik zur Schadensberechnung beim Betrug, möglicherweise da die Existenz der punitive damages den Anreiz für getäuschte Vertragspartner zur Klage im Vergleich zum deutschen Zivilrecht deutlich erhöhen. Die dort erörterten Rechtsfragen entsprechen in vielen Fällen den Problemen, die im deutschen Betrugsstraftatbestand im Tatbestandsmerkmal des Vernögensschadens diskutiert werden (vgl. dazu Teil 3:C.I). Viele Fälle, insbesondere bei

– Eine strafrechtliche Sanktion für Betrugsfälle bei Verträgen hält das deutsche Strafrecht vor allem in § 263 StGB vor.[457] Hingegen gibt es im amerikanischen Recht eine Vielzahl von einzelstaatlichen und föderalen Straftatbeständen, die aber lediglich besondere Formen des Betrugs erfassen. In der Praxis steht dabei die *Federal Mail Fraud Statute* im Vordergrund, die durch die weite Auslegung den Charakter einer Generalklausel angenommen hat. Der Nachweis eines Vermögensschadens ist *nicht* Voraussetzung einer Bestrafung – vielmehr werden alle materiellen sowie immateriellen Werte gleichsam geschützt. Im Ergebnis besteht eine deutlich zerklüftetere Rechtslage als im deutschen Recht, da nicht – wie in § 263 StGB - alle Arten von Täuschungen in einer Vorschrift geregelt werden. Sobald der Fall jedoch Anknüpfungspunkte für einen speziellen Straftatbestand, z.B. der *Federal Mail Fraud Statute*, aufweist, besteht ein deutlich weitergehender Schutz als im deutschen Recht.

Sieht man die Zielsetzung des Betrugsstraftatbestands in der Abschreckung vorsätzlicher Täuschungen, so wird diese Funktion im amerikanischen Recht vom Deliktsrecht mit übernommen. Hingegen spielt das Strafrecht vor allem bei gewerbsmäßigen Betrugsfällen eine Rolle.[458] Wenn es aber zum Einsatz kommt, erfasst es, trotz der Beschränkungen auf besondere Täuschungsformen, durch die sehr weite Auslegung amerikanischer Strafgerichte eine Vielzahl der Betrugsfälle. Soweit das amerikanische Recht zum deutschen Betrugsstraftatbestand als Vergleichsmaßstab herangezogen werden kann, konzentriert sich der Vergleich auf entsprechende Fallgestaltungen im *Law of Torts*.[459]

---

der Berechnung von Betrugsschäden, finden sich fast identisch in deutschen Gerichtsentscheidungen zu § 263 StGB wieder. Vgl. zum amerikanischen Recht umfassend *Dunn*, Recovery of Damages for Fraud, 3. Auflage, Westport 2004.

457 Es kommen im Kapitalmarktrecht noch Spezialvorschriften der Prospekthaftung und des WpHG in Betracht. Auch sei auf den Tatbestand der strafbaren Werbung in § 16 UWG verwiesen.

458 So die Einschätzung der amerikanischen Strafrechtlers *David A. Sklansky* von der University of Berkeley, Boalt Hall School of Law im Gespräch vom 19.3.2009.

459 Dies ist auch der Bereich, in denen die Diskussionen am ehesten denen im deutschen Betrugsstraftatbestand ähneln. Viele Fälle, insbesondere bei der Berechnung von Betrugsschäden, finden sich fast identisch in deutschen Gerichtsentscheidungen zu § 263 StGB wieder. Vgl. zum amerikanischen Recht umfassend *Dunn*, Fn. 456 mit vielen Nachweisen.

Teil 3: Ökonomische Analyse einzelner Tatbestandsmerkmale

Nach den konzeptuellen Überlegungen soll nun in diesem Teil der Arbeit der Blick auf den Betrugsstraftatbestand verengt und konkrete Probleme der Rechtsanwendung ökonomisch beleuchtet werden. Aus der Vielzahl der beim Betrugsstraftatbestand diskutierten Rechtsprobleme werden hier der Täuschungs- (Abschnitt A) und Irrtumsbegriff (Abschnitt B) sowie die Tatbestandsmerkmale der Vermögensverfügung und des Vermögensschadens (Abschnitt C) herausgestellt.

A. Die Tathandlung des § 263 StGB

In der Regelung des § 263 StGB ist die Tathandlung als „Vorspiegelung falscher" oder „Entstellung oder Unterdrückung wahrer Tatsachen" definiert. Wie schon ausgeführt, ist diese Umschreibung unvollkommen, logisch widersprüchlich und beinhaltet Überschneidungen.[460] Es kommt nicht auf die Richtigkeit von Tatsachen an, sondern die Richtigkeit von *Erklärungen* über Tatsachen – nur diese – nicht die Tatsachen selbst - können wahr oder falsch sein.[461] Insofern hat sich als Umschreibung der Tathandlung des Betrugsstraftatbestands abweichend vom gesetzgeberischen Wortlaut die griffige Formel „Täuschung über Tatsachen" herausgebildet.[462] Daraus ergeben sich für die Rechtsanwendung im wesentlichen zwei Problemkreise: Zum einen steht in der Diskussion der Täuschungsgegenstand „Tatsachen" – ähnlich wie beim Art. 5 Abs. 1 S. 1 1. Var. GG – die Abgrenzung zu „Werturteilen". Zum anderen stellt sich die Frage, welche Verhaltensweisen als „Täuschung" im Sinne des § 263 StGB zu qualifizieren sind. Insbesondere die zweite Frage hat eine umfangreiche Literatur hervorgebracht, da durch den Täuschungsbegriff irreführende, aber noch sozialadäquate Verhaltensweisen aus dem Anwendungsbereich des Betrugsstraftatbestands herausgenommen werden sollen, während andererseits sozial unerwünschte und damit strafwürdige Fallkonstellationen als Tathandlung zu erfassen sind.[463] Insofern hat sich eine Untergliederung des Täuschungsbegriffs nach der „Intensität" der Täuschung in drei Gruppen weitgehend durchgesetzt: Der ausdrücklichen und der konkludenten Täuschung als Täuschungen durch „posi-

---

460 LK-*Tiedemann*, § 263 Rn. 7.

461 LK-*Tiedemann*, § 263 Rn. 7.

462 OLG Düsseldorf, NJW 1993, 1872 f.; vgl. für viele z.B. *Lackner/Kühl*, § 263 Rn. 3; SK-*Hoyer*, § 263 Rn. 10; *Fischer*, § 263 Rn. 5.

463 Vgl. zum Interessenkonflikt zwischen für ein funktionierendes Wirtschaftssystem notwendigen Informationsvorsprüngen und dem Bedürfnis der Bekämpfung von Täuschungen *Kühne*, Geschäftstüchtigkeit oder Betrug?, Kehl am Rein 1978.

tives Tun“ steht die „Täuschung durch Unterlassen“ gegenüber.[464] Wie diese Täuschungsformen voneinander abzugrenzen sind, ist umstritten. Es besteht aber weitgehende Einigkeit dahingehend, dass die entscheidende Grenze zwischen der Täuschung durch (aktives) Tun und der Täuschung durch Unterlassen zu ziehen ist, denn letztere ist nur dann tatbestandsrelevant, soweit der Täter eine Aufklärungspflicht verletzt.[465]

Insbesondere die Problematik der Täuschung durch Unterlassen hat im Vertragsrecht eine umfangreiche rechtsökonomische Literatur hervorgebracht[466], die bis jetzt noch nicht auf den Betrugsstraftatbestand übertragen wurde.

Zunächst soll aber der Täuschungsbegriff aus juristischer Sicht in einem Überblick dargestellt werden.

I. Der Täuschungsbegriff aus juristischer Sicht

1. Ausgangspunkt: Täuschungsdefinition

Eine (aktive) Täuschungshandlung liegt vor, wenn der Täter durch sein Verhalten auf das intellektuelle Vorstellungsbild eines anderen Menschen[467] einzuwirken versucht.[468] Dabei ist „Verhalten“ weit zu verstehen – unerheblich ist, ob sich der Täter sprachlicher oder kommunikativer Mittel bedient. Entscheidend (bei der Täuschung durch positives Tun) ist, ob seinem Verhalten ein *Erklärungswert* zukommt, der den Schluss auf die Unwahrheit zulässt.[469] Der Erklärungswert einer Aussage ist nach allgemeinen Interpretationsregeln zu ermitteln. Maßgebend ist der objektive Inhalt der Erklärung, wobei die äußeren Umstände der und die Beziehung des Täters zur Erklärung zu berücksichtigen sind.[470] Entscheidend ist die *Verkehrsauffassung*– also derjenige Erklärungswert, den der rechtsgeschäftliche Verkehr dem Gesamtverhalten des Täters zuordnet.[471]

---

464 Vgl. für viele *Fischer*, § 263 Rn. 16 m.w.Nws.

465 Vgl. Sch/Sch-*Cramer/Perron*, § 263 Rn. 11 m.w.Nws.

466 Vgl. dazu im Überblick z.B. *Cooter/Ulen*, S. 354 ff. oder *Schäfer/Ott*, S. 517 ff. und die Ansätze im Einzelnen im folgenden Teil 3:A.II.

467 Daraus ergibt sich, dass die „Täuschung“ von Datenverarbeitungsmaschinen, insbesondere Computer oder Geldautomaten, nicht möglich ist. Insofern hat der Gesetzgeber jedoch den Spezialtatbestand des § 263a StGB geschaffen.

468 Definition in Anlehnung an Sch/Sch-*Cramer/Perron*, § 263 Rn. 11.

469 So z.B. in OLG Düsseldorf, NJW 1992, S. 924, wo der Täter für eine Straßenbahnfahrt einen Fahrtschein vorzeigte, bei dem der Stempelaufdruck des Entwertergerätes unkenntlich gemacht wurde.

470 Sch/Sch-*Cramer/Perron*, § 263 Rn. 12.

471 BGH NJW 1995, S. 539.

2. Ausdrückliche Täuschung

Eine ausdrückliche Täuschung erfordert, dass der Täter die Unwahrheit „expressis verbis“ zum Ausdruck bringt – also die unwahre Tatsache zum Gegenstand seiner Aussage macht.[472] Die Erklärung kann durch Worte, Schrift oder, soweit eine Erklärung nach Verkehrsauffassung auch in anderer Weise abgegeben werden kann, durch Zeichen, Gesten oder andere kommunikative Mittel erfolgen.[473] Im Gegensatz zu der noch zu erörternden konkludenten Täuschung setzt eine ausdrückliche Täuschung voraus, dass der entscheidende Gesichtspunkt für die Vermögensverfügung des Opfers *ausdrücklich* genannt wird.[474] Die Abgrenzung zur konkludenten Täuschung kann dabei in Anlehnung an *Tiedemann* nach folgender Leitlinie erfolgen:[475] Je eindeutiger und vollständiger der Täter die unwahre Erklärung abgibt, desto eher liegt eine ausdrückliche Täuschung vor, hingegen spricht eine weniger unvollständige und eindeutige Erklärung für eine konkludente Täuschung. Nach *Hefendehl* können diese Abgrenzungskriterien um die Testfrage ergänzt werden, inwieweit für die Beurteilung der Unwahrheit der Tatsache ein Rekurs auf die Verkehrsanschauung notwendig ist – je mehr dies der Fall sei, desto eher liege eine konkludente Täuschung vor, vice versa spreche eine verkehrsanschauungsunabhängige als unwahr zu verstehende Erklärung für eine ausdrückliche Täuschung.[476] Die Abgrenzungsfrage zwischen ausdrücklicher und konkludenter Täuschung sollte jedoch nicht überbewertet werden, denn in beiden Fällen handelt es sich – im Gegensatz zur Täuschung durch Unterlassen – um eine *aufklärungspflichtunabhängige* Täuschung durch positives Tun.

Beispiel für eine ausdrückliche Täuschung ist die Zusicherung einer nicht vorhandenen Eigenschaft einer Kaufsache, wobei gleichgültig ist, ob sie Gegenstand eines schriftlichen Vertrags oder mündlich abgegeben worden ist.[477] Unbeachtlich ist in diesem Zusammenhang auch die Klausel in einem schriftlichen Vertrag, dass mündliche Abreden unbeachtlich seien.[478] Jedoch setzt ein ausdrückliches Vorspiegeln nicht notwendigerweise eine Äußerung voraus: Auch im Unterschieben unwahrer oder unechter Urkunden[479], in der Manipulation von Verbrauchsmessern (z.B. Strom- oder Gaszählern) oder Kilometerzählern[480],

472 Sch/Sch-*Cramer/Perron*, § 263 Rn. 13.
473 LK-*Tiedemann*, § 263 Rn. 24 m.w.Nws.
474 MüKo-StGB-*Hefendehl*, § 263 Rn. 78.
475 LK-*Tiedemann*, § 263 Rn. 26.
476 MüKo-StGB-*Hefendehl*, § 263 Rn. 79.
477 OLG Hamm, NJW 1960, 643.
478 OLG München, NJW 1978, 435.
479 BGHSt 8, 46.
480 BayOLG MDR 1962, 70.

Glücksspielautomaten[481] oder dem Entwerterfeld von Mehrfahrtenausweisen[482] kann eine ausdrückliche Täuschung liegen. Ein weiteres Beispiel ist das Austauschen von Preisschildern, um sich einen günstigeren Einkauf zu ermöglichen.[483]

Schließlich ist noch zu erwähnen, dass selbst eine objektiv wahre Äußerung eine ausdrückliche Täuschung sein kann, soweit sie in der konkreten Situation oder einem verbreiteten unrichtigen Sprachverständnis einen anderen Sinn hat, der Täter sich aber wissentlich auf den Wortlaut seiner Aussage zurückziehen will.[484] Ein Beispiel ist die (vermeintlich) scherzhafte Erklärung eines Bankangestellten bei der Ausgabe eines gefälschten Geldscheins, es handele sich um Falschgeld.[485]

3. Konkludente Täuschung

Im Gegensatz zur ausdrücklichen Täuschung ist es bei der konkludenten Täuschung nicht erforderlich, dass der Täter die unwahre Tatsache expressis verbis zum Ausdruck bringt, soweit er diese durch sein Verhalten miterklärt.[486] Der Erklärungsinhalt ist auch hier durch Auslegung des Täterverhaltens vor dem Hintergrund der Verkehrsauffassung und dem Empfängerhorizonts zu ermitteln.[487] Der Täter täuscht durch „schlüssiges Verhalten“, d.h. ein auf Irreführung ausgerichtetes Gesamtverhalten, das nach der Verkehrsanschauung als (stillschweigende) Erklärung über eine Tatsache zu deuten ist.[488] In Abgrenzung zur ausdrücklichen Täuschung ist bei der konkludenten Täuschung der Rückgriff auf die Verkehrsanschauung notwendig - dem Täterverhalten lässt sich ohne diesen Maßstab die unwahre Erklärung nicht entnehmen.[489] Inwieweit die Verkehrsauffassung den Verklärungsinhalt bei konkludenten Erklärungen (mit-)bestimmen soll, ist Gegenstand einer Kontroverse zwischen der „faktischen“ und „normativen“ Betrachtungsweise.[490] Nach *beiden* Ansätzen sind so im Ergebnis sowohl faktische als auch normative Gesichtspunkte zu berücksichtigen,

481 OLG Hamm, NJW 1957, 1162.
482 OLG Düsseldorf NJW 1992, 924.
483 OLG Hamm, NJW 1968, 1895.
484 Z.B. LG Osnabrück, MDR 1991, 468.
485 Vgl. Sch/Sch-*Cramer/Perron*, § 263 Rn. 12 m.w.Nws.
486 BGHSt 47, 3; OLG Frankfurt, NJW 2003, 3215.
487 *Fischer*, § 263 Rn. 21.
488 BGH, NJW 2001, 2187; BGH, NStZ 2002, 144; vgl. *Lackner/Kühl*, § 263 Rn. 7 m.w.Nws.
489 MüKo-StGB-*Hefendehl*, § 263 Rn. 79.
490 Vgl. MüKo-StGB-*Hefendehl*, § 263 Rn. 86 m.w.Nws.

weswegen der praktische Unterschied sehr gering ist.[491] Insofern soll in dieser Arbeit auf diese Streitigkeit nicht weiter eingegangen werden, denn zur rechtlichen Beurteilung der praktisch bedeutsamsten Fallgruppen reichen die genannten Kriterien aus.

Im Rahmen von Austauschverträgen geht es bei konkludenten Täuschungen zumeist um die Vorspiegelung der Zahlungs- oder Lieferungsbereitschaft bei Vertragsschluss oder um nach dem Vertragstyp miterklärten Eigenschaften des Vertragsgegenstands. Im Hinblick auf die erste Fallgruppe ist anerkannt, dass derjenige, der einen Vertrag abschließt, konkludent erklärt, nach seiner Überzeugung zur Leistungserbringung in der Lage („leistungsfähig") und willens („leistungswillig") zu sein.[492] Beispiele für konkludente Täuschungen sind Fälle der Zechprellerei[493], des „Tankens ohne zu Bezahlen"[494] oder der Rechtsanwalt, der eine ihm nicht erfüllbare Verpflichtung (Übertragung eines Grundstücks) übernimmt.[495]

Hinsichtlich der zweiten Fallgruppe (miterklärte Eigenschaften des Vertragsgegenstands) ist nach dem zuvor Gesagten entscheidend, welche Partei das Irrtumsrisiko trägt. Regelmäßig lässt sich eine konkludente Erklärung über die Qualität des Vertragsgegenstands ableiten, wenn der Täter zuvor täuschende Manipulationen an der Ware vorgenommen hat, um dem Käufer die Mängelfeststellung zu erschweren und der Ware den Schein der Vertragsmäßigkeit zu geben.[496] Beispiele sind der Verkauf eines KFZ mit zurückgedrehtem Kilometer-Zähler oder überlackierter Durchrostung[497], der Verkauf von gefälschtem Schmuck zum Preis von echtem[498], der Verkauf nachgemachter Butter[499] oder verfälschtem Wein[500], das Übertünchen von Schwammstellen[501] oder das Überdecken von schlechter Ware durch gute.[502] Unter Umständen kann auch die For-

---

491 Sch/Sch-*Cramer/Perron*, § 263 Rn. 14; LK-*Tiedemann*, § 263 Rn. 30, der den Disput als einen „Streit um Worte" bezeichnet und eine vermittelnde Auffassung vorschlägt, die vom Grundansatz her normative und faktische Elemente vereint.

492 Vgl. aus der Rechtsprechung z.B. BGHSt 15, 26; 27, 294 f.; aus der Literatur LK-*Tiedemann*, § 263 Rn. 38 m.w.Nws.

493 BayObLGSt 1957, 146

494 BGH NJW 1983, 2827.

495 BGH NStZ 1982, 70.

496 Sch/Sch-*Cramer/Perron*, § 263 Rn. 18; LK-*Tiedemann*, § 263 Rn. 37.

497 *Fischer*, § 263 Rn. 20.

498 Küper, BT, S. 281.

499 BGH, MDR 1969, 497.

500 OLG Koblenz, NJW 1972, 1907.

501 RGSt 20, 145.

502 RGSt 59, 305 f.

derung eines bestimmten Preises eine konkludente Qualitätszusicherung enthalten, so z.B. bei Verkauf von Milch zum Vollmilchpreis.[503]

Schließlich kann die Geschäftsgrundlage eines bestimmten Geschäftstyps Gegenstand der konkludenten Täuschung sein: So erklärt ein Spieler bei Abschluss eines Spielvertrags, dass er nicht den Zufall ausgeschaltet[504] oder in sonstiger Weise den Ausgang des Spiels beeinflusst hat.[505] Ebenso erklärt derjenige, der eine „Spätwette" auf ein auswärtiges Rennen eingeht, dass er den Ausgang des Rennens zu diesem Zeitpunkt nicht kennt.[506] Im Fall „Hoyzer" hat der *Bundesgerichtshof* mit dieser Erwägung der Abgabe eines Wettscheins die konkludente Erklärung beigemessen, das jeweilige Fußballspiel nicht manipuliert zu haben.[507] Im Rahmen von Geboten in einer öffentlichen Ausschreibung behauptet der Bietende konkludent, sein Angebot zum Zwecke des erfolgreichen Abschneidens im Wettbewerb kalkuliert zu haben – eine vorhergegangene Preisabsprache ist insofern als Täuschung über die Geschäftsgrundlage zu qualifizieren.[508] Zu erwähnen ist noch, dass die Geschäftsgrundlage eines Rechtsgeschäfts auch ein bestimmter Verwendungszweck sein kann.[509]

In Abgrenzung dazu ist die Angemessenheit oder Üblichkeit des Preises kein tauglicher Täuschungsgegenstand. Alleine die Forderung eines überhöhten Preises enthält nicht die konkludente Erklärung, dass der Preis marktüblich ist,[510] außer sie lässt ausnahmsweise auf andere Umstände schließen, wie etwa eine bestimmte Qualität des Produktes (s.o.) oder, bei der Geltendmachung von Listenpreisen oder Entgelten nach Gebühren- und Preisordnungen, die Tatsache, die Leistung überhaupt erbracht zu haben.[511] Schließlich kann der Vertragspart-

---

503 RGSt 59, 311.

504 Vgl. zum Roulette BayObLGSt 93, 8.

505 RGSt 21, 108; 61, 16; oder im „Jockeyfall" (Abschluss von Wettverträgen auf Pferderennen, bei denen der Teilnehmer die Jockeys vorher bestochen hatte) BGHSt 29, 165, 167 f.

506 RGSt 62, 416; anders aber der BGH in BGHSt 16, 120.

507 BGHSt 51, 165, 172 f; vgl. aus der umfangreichen Literatur zu dieser Thematik *Saliger/Rönnau/Kirch-Heim*, NStZ 2007, S. 68.

508 BGHSt 16, 371; 47, 87; vgl. aus der umfangreichen Literatur zu diesem Komplex und insbesondere auch zur Schadensproblematik den Überblicksaufsatz von *Rönnau*, JuS 2002, S. 545.

509 So z.B. erklärt ein Bergmann bei der Entgegennahme von Deputatskohlen schlüssig, diese nur für den eigenen Bedarf zu verwenden und nicht zu veräußern (BGHSt 2, 325, 326).

510 Z.B. BGH, JZ 1989, 795; NJW 1990, 2005; BayOLG NJW 1994, 1078; OLG Stuttgart, NStZ 1985, 503 mit Anmerkung *Lackner/Werle*.

511 Diese Fälle werden auch unter dem Topos „Abrechnungsbetrug" diskutiert, vgl. dazu z.B. BGH, NStZ 93, 388; 94, 188.

ner auf besonderes Vertrauen angewiesen sein, wenn er die Angemessenheit des Preises nicht oder nur mit exorbitanten Aufwand nachprüfen kann (z.B. spezialisierter Fachhandel für Antiquitäten oder Reparatur technisch komplizierter Geräte[512]), wobei diese Fälle immer einen Ausnahmecharakter haben.[513]

Auch bringt der Empfänger einer Leistung nicht konkludent zum Ausdruck, dass ihm diese auch geschuldet sei – z.B. bei Abhebung eines Guthabens aus einer irrtümlichen Fehlüberweisung oder der Annahme versehentlich zu viel gezahlten Geldes.[514] Ebenso kann dem Angebot oder der Lieferung einer Sache nicht pauschal die Erklärung entnommen werden, die Sache weise keine Mängel auf oder besitze vom Käufer vorausgesetzte Eigenschaften.[515]

Neben der Angemessenheit oder Üblichkeit des Preises ist so – unter den Einschränkungen der oben aufgeführten Fallgruppen - die *Qualität* des Kaufobjektes (grundsätzlich) nicht Gegenstand einer konkludenten Erklärung.[516] In einem marktwirtschaftlichen System mit freier Preisbildung trägt jeder selbst das Risiko dafür, dass die vereinbarten Vertragsbedingungen ausgewogen sind und der Preis angemessen ist.[517] Soweit es um die Wertschätzung und Qualität des Vertragsgegenstandes geht, soll der Vertragspartner nicht gezwungen werden, überlegenes Wissen mit seiner Gegenpartei zu teilen.[518]

So lassen sich zusammenfassend für die Fallgruppe der konkludenten Täuschung im Zusammenhang mit gegenseitigen Verträgen folgende Leitlinien aufstellen:

- In Betracht kommt eine konkludente Täuschung insbesondere bei zwei Fallgruppen – zum einen bei der Vorspiegelung der Zahlungs- und Erfüllungsbereitschaft und zum anderen in Bezug auf miterklärte Eigenschaften des Vertraggegenstandes.
- Im Hinblick auf eine Erklärung über die Eigenschaften des Vertragsgegenstandes ist entscheidend, welche Partei das Irrtumsrisiko trägt. Manipuliert eine Partei zuvor den Vertragsgegenstand, so trägt sie das Irrtumsrisiko. Ansonsten kommt es auf den jeweiligen Geschäftstyp an.

---

512 OLG Celle, NdsRpfl 1963, 286.

513 Vgl. zum Preisgestaltungsbetrug ausführlich *Schauer*, Grenzen der Preisgestaltungsfreiheit im Strafrecht, Diss., München 1989.

514 Z.B. BGH JZ 1989, 550; OLG Köln, NJW 1987, 2527.

515 Sch/Sch-*Cramer/Perron*, § 263 Rn. 16.

516 Z.B. LK-*Tiedemann*, § 253 Rn. 35; Sch/Sch-*Cramer/Perron*, § 263 Rn. 17 b.

517 *Lackner/Werle*, NStZ 1985, S. 503, Anmerkung zu OLG Stuttgart, NStZ 1985, 503.

518 LK-*Tiedemann*, § 263 Rn. 35 m.w.Nws.

- Dieser Geschäftstyp kann auch eine bestimmte Geschäftsgrundlage (z.B. Zufallsabhängigkeit beim (Glücks-)Spielvertrag) voraussetzen, die Gegenstand einer konkludenten Täuschung sein kann.
- In der Regel ausgeschlossen ist eine konkludente Täuschung über die Üblichkeit oder Angemessenheit des Preises (Ausnahme: durch eine hohe Preisforderung wird ein bestimmter Qualitätsstandard miterklärt) oder allgemein über die Qualität des Vertragsgegenstands (unter den zuvor genannten Einschränkungen).

4. Täuschung durch Unterlassen

Teilweise wird bestritten, dass der Betrugsstraftatbestand auch durch Unterlassen verwirklicht werden kann.[519] Zum einen soll der gesetzgeberische Wortlaut des § 263 StGB dem entgegenstehen.[520] Zum anderen könne ein Unterlassungstäter nicht die erforderliche Bereicherungsabsicht aufweisen.[521] Diese Argumente sind jedoch mittlerweile entkräftet[522] und sowohl Literatur als auch Rechtsprechung erkennen die Möglichkeit der Tatbestandsverwirklichung durch Unterlassen fast einhellig an.[523]

Unklar ist jedoch in vielen Fällen die Abgrenzung der (aktiven) konkludenten Täuschung von der Täuschung durch Unterlassen.[524] Dieser Unterschied ist deswegen bedeutsam, da die Täuschung durch Unterlassen nur tatbestandsmäßig ist, soweit eine Garantenpflicht zur Aufklärung besteht und die Aufklärung möglich und zumutbar ist.[525]

Garantenpflichten zur Aufklärung können sich bei gegenseitigen Verträgen aus der Vertragsbeziehung selbst oder aus dem zivilrechtlichen Grundsatz des „Treu und Glaubens“ (§ 242 BGB) ergeben.

---

519 Vgl. z.B. *Naucke*, Zur Lehre vom strafbaren Betrug, 1964, S. 106 ff.; *Grünwald*, in: FS H. Mayer, S. 281.

520 *Naucke*, S. 106 ff.

521 *Grünwald*, FS H. Mayer, S. 281, 291.

522 Vgl. NK-*Kindhäuser*, § 263 Rn. 144.

523 Vgl. z.B. BGHSt 39, 392, 398; OLG Saarbrücken, NJW 2007, 2868; vgl. zum Schrifttum z.B. die Nachweise bei Sch/Sch-*Cramer/Perron*, § 263 Rn. 18.

524 Vgl. z.B. *Kargl*, ZStW 2007, S. 250, 264 ff.; *Maaß*, GA 1984, S. 264.

525 Z.B. BGHSt 39, 392, 398; vgl. *Fischer*, § 263 Rn. 38 m.w.Nws. Weiterhin muss gem. § 13 StGB bei unechten Unterlassungsdelikten das Unterlassen der Verwirklichung des gesetzlichen Tatbestands durch ein Tun entsprechen (sog. „Modalitätenäquivalenz“), wobei diesem Kriterium bei der Verletzung von Aufklärungspflichten in Vertragsbeziehungen keine tatbestandseinschränkende Bedeutung zukommt (vgl. *Lackner/Kühl*, § 263 Rn. 15 m.w.Nws.).

Unproblematisch sind Fälle, in denen die Parteien eine Aufklärungspflicht ausdrücklich vereinbart haben.[526] Hierbei kann die Aufklärung vertragliche Hauptpflicht (z.B. Beratungsverträge, insbesondere Vermögens-, Rechts- oder Steuerberatung) oder Nebenpflicht (z.B. Verpflichtung im Mietvertrag, später aufgenommene Personen dem Vermieter anzuzeigen) sein.

Schwieriger sind Fälle, in denen Aufklärungspflichten nicht explizit vereinbart wurden, diese sich aber aus dem Vertrag als Ganzem oder einer langfristigen Geschäftsbeziehung ergeben. Gemeinsames Merkmal dieser Fallgruppen ist ein *besonderes Vertrauensverhältnis* zwischen den Vertragsparteien.[527] Bei der Einzelfallbeurteilung stellt die Rechtsprechung – wie bei der konkludenten Täuschung – auf die vertragstypische Risikoverteilung ab. So können Aufklärungspflichten beispielsweise aus einer langjährigen Geschäftspartnerschaft[528], aus Beratungs-[529] und Gesellschaftsverträgen[530], sowie aus Warentermin-[531] und Wertpapiergeschäften[532] resultieren. Lässt sich ein überschuldeter Besteller Ware liefern, obwohl er von vorneherein keine Aussicht auf Rückzahlung hat, so begeht er einen Betrug durch Unterlassen,[533] ebenso ein Darlehensnehmer, der bereits bei Vertragsschluss keine Aussicht auf Rückzahlung des Darlehens hat.[534] Andersherum reichen bloße Zweifel an der Rückzahlung des Darlehens[535] oder eine bloße vorübergehende Zahlungsunfähigkeit des Bestellers von Waren[536] für die Begründung einer Aufklärungspflicht nicht aus.

Im Gegensatz zu den zumeist aus längeren Geschäftskontakten resultierenden besonderen Vertrauensbeziehungen begründen einfache Austauschverträge, insbesondere Kaufverträge, aufgrund entgegengesetzter Interessen der Vertragsparteien regelmäßig keine Aufklärungspflichten über mangelhafte Eigenschaften oder Qualitäten des Kaufgegenstandes.[537] Ausnahmen werden für Fälle gemacht, in denen eine Vertragspartei eine exklusive Sachkenntnis hat. So ist ein Gebrauchtwagenverkäufer verpflichtet, schwere verborgene Mängel – z.B. auf-

526 Z.B. BGHSt 39, 392.

527 Vgl. z.B. BGHSt 6, 198; 39, 392; sowie *Fischer*, § 263 Rn. 26 m.w.Nws.

528 BGH, wistra 1988, 262.

529 BGH, NStZ 1982, 70.

530 LK-*Tiedemann*, § 263 Rn. 62.

531 Z.B. BGH, NJW 1980, 794; 1981, 1266; 1981, 2131; 1994, 512; vgl. *Fischer*, § 263 Rn. 26 m.w.Nws.

532 BGH, WM 1993, 1455.

533 BGH, StV 1990, 19; NStZ 1993, 440.

534 BGHSt 6, 198, 199.

535 BGH MDR 1955, 528.

536 OLG Stuttgart, MDR 1978, 336.

537 LK-*Tiedemann*, § 263 Rn. 64.

grund eines Unfalls – ungefragt zu offenbaren.[538] Ein kunstverständiger Verkäufer eines Gemäldes muss darüber aufklären, dass ein anderer Sachverständiger Zweifel an der Echtheit hat.[539] Allgemein gesprochen müssen Vertragsparteien ihr überlegenes Wissen in Bezug auf Umstände offenbaren, die erkennbar für die Willensentscheidung der anderen Vertragspartei von maßgebender Bedeutung sind.[540] Andere fordern eine „existenzielle Bedeutung" des Vertragsdetails für den Geschäftspartner[541], wiederum andere lassen „wesentliche" verborgene Mängel einer Sache für eine Aufklärungspflicht ausreichen.[542] Da in vielen solcher Fälle „wesentlicher" Eigenschaften der Täuschungsgegenstand im Rahmen der Vertragsverhandlungen ausdrücklich thematisiert werden dürfte, liegt es näher, insofern bereits eine konkludente Täuschung anzunehmen.[543] Weitgehende Einigkeit besteht jedoch im Hinblick auf das Ergebnis, solche Fallgruppen als Täuschungshandlung anzuerkennen und damit – beim Vorliegen der übrigen Voraussetzungen - über § 263 StGB strafrechtlich zu sanktionieren.

Bestehen keine Anhaltspunkte im Vertragsverhältnis, aus denen sich Aufklärungspflichten ableiten lassen, verweist die Rechtsprechung in einigen Fällen auf den allgemeinen zivilrechtlichen Grundsatz von „Treu und Glauben" (§ 242 BGB).[544] Dieser Ansatz wurde aufgrund seiner Unbestimmtheit insbesondere vor dem Hintergrund des Art. 103 Abs. 2 GG stark kritisiert,[545] weswegen die neuere Rechtsprechung bei Vertragsverhältnissen solche Fälle durch das bereits dargestellte Kriterium des „besonderen Vertrauensverhältnis" löst.[546] Im Ergebnis hat der Rekurs auf den Grundsatz von „Treu und Glauben" bei Verträgen kaum eine eigenständige Bedeutung.[547]

Keine Aufklärungspflichten bestehen – wie bei konkludenten Täuschungen – hinsichtlich der „Angemessenheit" oder „Üblichkeit" des Preises[548] oder über

---

538 BayObLG, NJW 1994, 1078.

539 RGSt 68, 212.

540 Vgl. *Maurach/Schroeder/Maiwald*, Strafrecht, Besonderer Teil, Teilband 1, 10. Auflage, Heidelberg u.a. 2009, § 41 Rn. 53 mit Verweis auf BayObLG NJW 1994, 1078.

541 MüKo-StGB-*Hefendehl*, § 263 Rn. 145.

542 Z.B. *Fischer*, § 263 Rn. 27.

543 Vgl. MüKo-StGB-*Hefendehl*, § 263 Rn. 145; LK-*Tiedemann*, § 263 Rn. 64 m.w.Nws.

544 RGSt 70, 151, 155; BGHSt 6, 198, 199; vgl. für weitere Nachweise aus der Literatur LK-*Tiedemann*, § 263 Rn. 66.

545 Z.B. LK-*Tiedemann*, § 263 Rn. 66 f.; vgl. *Fischer*, § 263 Rn. 30 m.w.Nws.

546 BGHSt 39, 392, 398.

547 Zwar nimmt die Rechtsprechung bei laufenden Geschäftsbeziehungen noch eine Garantenstellung aus „Treu und Glauben" an (BGH StV 1988, 386), jedoch liegt in diesen Fällen in aller Regel auch eine „besondere Vertrauensbeziehung" nahe.

548 OLG Stuttgart, NStZ 1985, 503; NStZ 2003, 554.

die Marktlage sowie vom Vertragstyp erfasste allgemeine Geschäftsrisiken.[549] So ist ein Verkäufer zum Beispiel nicht darüber zur Aufklärung verpflichtet, dass die Ware anderswo günstiger angeboten wird.[550] Bietet ein Autohändler ein fabrikneues Fahrzeug an, so muss er den Kunden nicht darauf hinweisen, dass in Kürze ein neues Modell erscheint.[551] Ebenso ist ein Verkäufer eines als solchen deklarierten „Unfallwagens“ nicht dazu verpflichtet, ungefragt das *Ausmaß* der Beschädigung zu offenbaren.[552] Schließlich ist noch zu erwähnen, dass für eine Veränderung von Umständen *nach* Vertragsschluss grundsätzlich wenig Raum für Aufklärungspflichten bleibt.[553] So ist der Vertragspartner nicht verpflichtet, auf eine Verschlechterung seiner Vermögensverhältnisse hinzuweisen.[554] In Fällen der „Überzahlung“ hat der Zahlungsempfänger ebenso keine Offenbarungspflicht, denn die Höhe der Zahlung liegt im Risikobereich des Zahlenden.[555]

Die Leitlinien für die Voraussetzungen von Aufklärungspflichten beim Betrug durch Unterlassen lassen sich nach dem Gesagten wie folgt zusammenfassen:

- Liegt eine explizite vertragliche Vereinbarung zur Aufklärung vor, so ist in aller Regel (insbesondere bei Beratung als Hauptpflicht) auch eine Aufklärungspflicht und damit eine Garantenstellung i.S.v. § 263 StGB gegeben.
- Aus längerfristigen Vertragsbeziehungen resultiert im Allgemeinen ein besonderes Vertrauensverhältnis, kraft dessen Vertragspartner auch bei nicht explizit vereinbarten Aufklärungspflichten über wesentliche Umstände offenbarungspflichtig sind.
- Im Gegensatz dazu begründen einmalige Transaktionen infolge des Interessengegensatzes der Vertragsparteien regelmäßig keine Aufklärungspflicht über Eigenschaften des Vertragsgegenstands. Ausnahmen bestehen bei einer besonderen Sachkenntnis des Verkäufers (z.B. Kunsthandel) oder eine für den Käufer erkennbar wesentliche Eigenschaften des Kaufgegenstands (z.B. Unfallwagen). Die Kategorie „Treu und Glauben“ hat für die Begründung von Garantenpflichten insoweit keine eigenständige Bedeutung.

549 *Fischer*, § 263 Rn. 49.

550 BGH, NJW 1990, 2005.

551 OLG München, NJW 1967, 158.

552 BayObLG, NJW 1994, 1078.

553 LK-*Tiedemann*, § 263 Rn. 67.

554 LK-*Tiedemann*, § 263 Rn. 67, anders BGHSt 6, 198, 199. Anders stellt sich die Lage bei laufenden Geschäftsbeziehungen dar (Vertrauen), wenn sich die Kreditwürdigkeit des Vertragspartners verschlechtert und dies nicht lediglich auf vorübergehenden Zahlungsschwierigkeiten beruht (OLG Stuttgart, JR 1978, 388).

555 BGHSt 39, 392; OLG Düsseldorf, NJW 1969, 623; vgl. LK-*Tiedemann*, § 263 Rn. 64 m.w.Nws.

- Grundsätzlich keine Aufklärungspflichten bestehen hinsichtlich Angemessenheit des Preises oder allgemeiner Marktlagen. Ebenso sind veränderte Umstände nach Vertragsschluss nur in seltenen Fällen geeignet, Aufklärungspflichten zu begründen.

5. Der Täuschungsbegriff im amerikanischen Recht

Wie im deutschen Recht werden auch im amerikanischen Recht vorsätzliche Täuschungen durch drei verschiedene Rechtsgebiete erfasst. Das Vertragsrecht („law of contracts") hält im wesentlichen Rückabwicklungs- und Anfechtungsrechte sowie (kompensatorische) Schadenersatzansprüche vor, während das Deliktsrecht – anders als im deutschen Recht –zudem die Geltendmachung überkompensatorischer Schadenersatzansprüche („punitive damages") ermöglicht. Schließlich existieren im Strafrecht zahlreiche Spezialtatbestände, jedoch anders als im deutschen Recht keine „Generalklausel" wie § 263 StGB. Wie im Teil 2, Abschnitt D dargestellt, soll für diese Arbeit das Deliktsrecht als Vergleichsmaßstab zum deutschen Betrugsstraftatbestand herangezogen werden.

Wie der deutsche Betrugsstraftatbestand differenziert auch das amerikanische Deliktsrecht zwischen Täuschungen durch aktives Tun („fraudulent misrepresentation" bzw. „deceit") und Täuschungen durch Unterlassen („liability for nondisclosure"). Eine aktive Täuschung setzt voraus, dass der Täuschende durch Sprache, Schrift oder ein anderes Verhalten eine Vorstellung bei dem anderen hervorruft, die nicht mit der Realität übereinstimmt.[556] Dabei muss die Täuschung betrügerisch („fraudulent") sein. Zusätzlich muss der Täuschende in der Absicht handeln, den Getäuschten zu einer Handlung oder Unterlassung zu veranlassen. Als Rechtsfolge haftet der Täuschende für den Vermögensschaden, den der andere aufgrund des „berechtigten Vertrauens" in die Richtigkeit der Erklärung erleidet.[557]

Der Grundbegriff der Täuschung („misrepresentation") ist hinsichtlich des Täuschungsgegenstands sehr weit und umfasst neben der falschen Darstellung von Tatsachen auch Absichten, Meinungen und Rechtsansichten. Anders als im deutschen Recht erfolgt keine Unterscheidung zwischen „ausdrücklicher" und „konkludenter" Täuschung. Relevant ist die Unterscheidung zwischen diesen

---

556 3 Restatement (2nd) Torts, 1977, § 525 sowie Chapter 22, S. 56 zur Definition von „misrepresentation".

557 Die unmittelbare Rechtsfolge im amerikanischen Deliktsrecht ist die Haftung für Vermögensschäden („pecuniary loss"), die aber die Voraussetzung für die Haftung für darüber hinausgehenden „punitive damages" bildet.

Täuschungsgegenständen jedoch für die Frage, ob der Täuschende ein „berechtigtes Vertrauen“ in die Erklärung haben durfte.[558]

Die Voraussetzung der „betrügerischen“ Täuschung ist erfüllt, soweit der Täuschende die Unwahrheit seiner Äußerung kennt, also in strafrechtlicher Terminologie „vorsätzlich“ handelt.[559] Dabei ist jedoch im Vergleich zum deutschen Recht bemerkenswert, dass bereits ein mangelndes Vertrauen („confidence in the accuracy of his representation“) in die Richtigkeit der eigenen Aussage für „betrügerisches“ Verhalten ausreicht.[560] Bei zweideutigen Aussagen ist für eine „betrügerische“ Täuschung entscheidend, ob der Täuschende das falsche Verständnis beabsichtigt hat oder er diesbezüglich grob fahrlässig gleichgültig war.[561] Auch wahre Aussagen können – wie im deutschen Recht – eine „betrügerische“ Täuschungshandlung sein, soweit der Täuschende weiß, dass diese aufgrund ausgelassener Zusatzinformationen irreführend sind.[562] Eine Täuschung über eine Absicht (in der deutschen Terminologie „innere Tatsache“) ist betrügerisch, soweit der Täuschende diese Absicht in Wirklichkeit nicht hat.[563] Im Ergebnis bleibt an dieser Stelle festzuhalten, dass der relativ weite Täuschungsbegriff im amerikanischen Recht durch das qualifizierte Vorsatzerfordernis der „betrügerischen“ Verhaltensweise auf subjektiver Ebene eingeschränkt wird.

Ein weiterer Filter für die Identifikation sanktionswürdiger Täuschungen ist die Prüfung, ob der Getäuschte ein „berechtigtes Vertrauen“ in die Erklärung haben durfte.[564] Dieses Kriterium geht über die im deutschen Recht geforderte reine Kausalität des Irrtums für die Vermögensverfügung hinaus und inkorporiert Elemente der Opfermitverantwortung[565] in den Tatbestand der „fraudulent misrepresentation“. Grundsätzlich ist ein Vertrauen in die Aussage des Täuschenden nur berechtigt, soweit es sich um eine erhebliche Fehlinformation („material“) handelt.[566] Erheblich ist die Information dann, soweit ein „vernünftiger“ Erklärungsempfänger der Richtigkeit der Aussage für seine Entscheidung über die Transaktion Bedeutung beimessen würde[567] oder der Täuschende weiß oder wissen muss, dass diese Information gerade für den Erklärungsempfänger

558 3 Restatement (2nd) Torts, 1977, Chapter 22, S. 56.
559 3 Restatement (2nd) Torts, 1977, Chapter 22, S. 59.
560 3 Restatement (2nd) Torts, 1977, § 526.
561 3 Restatement (2nd) Torts, 1977, § 527.
562 3 Restatement (2nd) Torts, 1977, § 529.
563 3 Restatement (2nd) Torts, 1977, § 530.
564 3 Restatement (2nd) Torts, 1977, § 537 für die „general rule“.
565 Vgl. dazu *Ellmer*, Fn. 269.
566 3 Restatement (2nd) Torts, 1977, § 538.
567 3 Restatement (2nd) Torts, 1977, § 538 (2) (a).

bedeutend ist, obwohl sie für einen „vernünftigen" Erklärungsempfänger keine Bedeutung hätte.[568] Beinhaltet die Aussage eine Meinung („opinion"), so gelten für die Prüfung des „berechtigten Vertrauens" qualifizierte Erfordernisse.[569] Dabei unterscheidet die Aussage über eine Tatsache sich von einer Meinung dadurch, dass letztere lediglich die *Überzeugung* des Erklärenden über den Wahrheitsgehalt einer Tatsache zum Ausdruck bringt.[570] Beispiele hierfür sind Aussagen über Qualität, Wert oder Authentizität des Vertragsgegenstands. Der Erklärungsempfänger kann insoweit ein berechtigtes Vertrauen in solche Aussagen haben, als dass die dem Erklärenden bekannten Tatsachen nicht der von ihm geäußerten Meinung widersprechen oder er zuwenig Fakten kennt, um solche Aussagen überhaupt treffen zu können.[571] Kein berechtigtes Vertrauen genießt der Erklärungsempfänger jedoch in Fällen, in denen er die Unrichtigkeit der Aussage kennt oder diese für ihn offensichtlich ist.[572] Beinhaltet die geäußerte Meinung keinen Tatsachenkern, so ist das Vertrauen in die Äußerung nur unter besonderen Umständen berechtigt.[573] Das Vertrauen in die Erklärung einer inneren Absicht ist berechtigt, wenn diese für die Transaktion bedeutend ist und der Erklärungsempfänger Anlass zur Annahme hat, dass die Absicht auch umgesetzt werden wird.[574] Hinsichtlich des berechtigten Vertrauens in Rechtsfragen gelten grundsätzlich die gleichen Maßstäbe wie für Tatsachen, außer es geht lediglich um rechtlichen Konsequenzen von Tatsachen.[575] Im Vergleich zum deutschen Betrugsstraftatbestand fällt auf, dass das Erfordernis des „berechtigten Vertrauens" sowohl Fallgruppen des Täuschungsbegriffs als auch des Irrtums erfasst.

Im Grenzbereich zwischen aktiver Täuschung und Täuschung durch Unterlassen bewegt sich der Tatbestand der „Verschleierung" („fraudulent concealment").[576] Hier geht es um Fälle, in denen der Täuschende nicht Erklärungen abgibt, sondern verhindert, dass der Vertragspartner bedeutende Informationen über den Vertragsgegenstand erlangt. Ein Beispiel hierfür ist die in der deutschen Betrugsdogmatik bekannte „Manipulation von Sachen", wie etwa das

568 3 Restatement (2nd) Torts, 1977, § 538 (2) (b).
569 3 Restatement (2nd) Torts, 1977, §§ 539, 542, 543.
570 3 Restatement (2nd) Torts, 1977, Chapter 22, S. 88.
571 3 Restatement (2nd) Torts, 1977, § 539.
572 3 Restatement (2nd) Torts, 1977, § 541.
573 Z.B. wenn eine besondere Vertrauensbeziehung zwischen den Parteien besteht oder der Äußernde Anlass haben musste, die besondere Relevanz seiner Meinungsäußerung für die Entscheidung der anderen Partei zu erkennen, vgl. 3 Restatement (2nd) Torts, 1977, § 542.
574 3 Restatement (2nd) Torts, 1977, § 544.
575 3 Restatement (2nd) Torts, 1977, § 545.
576 3 Restatement (2nd) Torts, 1977, § 550.

Überdecken von Beschädigungen eines Kraftfahrzeugs oder das Zurückdrehen von Kilometerzählern. Während solche Fälle im deutschen Recht entweder mit einer konkludenten Erklärung oder einer Täuschung durch Unterlassen gelöst werden können, ist im amerikanischen Recht die Manipulation an sich schon eine betrügerische Täuschung.[577]

Die Täuschung durch Unterlassen setzt – wie im deutschen Recht – die Verletzung einer Aufklärungspflicht voraus („duty to disclose“).[578] Im Rahmen einer Geschäftstransaktion („business transaction“) muss die informationsüberlegene Partei über (ihr bekannte) Umstände aufklären, wenn und soweit

- die andere Partei aufgrund einer Fürsorgepflicht oder eines besonderen Vertrauens- oder Näheverhältnis hinsichtlich der Information einen Anspruch auf Aufklärung hat,[579]
- sie (die informationsüberlegene Partei) weiß, dass die Information notwendig ist, um eine Irreführung der anderen Partei aufgrund einer zuvor getätigten unvollständigen oder mehrdeutigen Aussage zu vermeiden,[580]
- sie zuvor Informationen erlangt hat, von denen sie weiß, dass sie eine zuvor getätigte Aussage unwahr oder irreführend werden lässt,[581]
- sie zuvor eine unrichtige Aussage getätigt hatte, von der sie nicht annahm, dass sie für die andere Partei entscheidungserheblich war, aber im nachhinein erfährt, dass sie (die andere Partei) die Entscheidung über die Transaktion doch im Vertrauen auf die Richtigkeit der Aussage trifft,[582]
- sie weiß, dass die andere Partei die Transaktion unter einer Fehlvorstellung über wesentliche Vertragsgrundlagen vornimmt und sie aufgrund der Beziehung zwischen den Parteien, den Handelsbräuchen oder anderen objektiven Umständen Aufklärung darüber erwarten darf.[583]

---

577 Bzw. wird in der Rechtsfolge gleich behandelt, so 3 Restatement (2nd) Torts, 1977, § 550: „is subject to the same liability to the other (...) as though he had stated the nonexistence of the matter“.

578 3 Restatement (2nd) Torts, 1977, § 551.

579 3 Restatement (2nd) Torts, 1977, § 551 (2) (a).

580 3 Restatement (2nd) Torts, 1977, § 551 (2) (b).

581 3 Restatement (2nd) Torts, 1977, § 551 (2) (c).

582 3 Restatement (2nd) Torts, 1977, § 551 (2) (d).

583 3 Restatement (2nd) Torts, 1977, § 551 (2) (e).

II. Der Täuschungsbegriff aus ökonomischer Sicht

1. Kriterien für die Identifikation strafwürdiger Täuschungshandlungen

Der Täuschungsbegriff hat die Funktion, aus der Gesamtheit der Erklärungen im Zusammenhang mit Transaktionen diejenigen herauszufiltern, die aufgrund des Grades ihrer Sozialschädlichkeit als betrügerische Täuschungshandlungen (potentiell)[584] zu sanktionieren sind.[585] Dazu muss es sich, wie zuvor dargestellt, um ein vorsätzliches schädigendes Verhalten handeln, das aufgrund Defizite zivilrechtlicher Ansprüche ansonsten nicht hinreichend abgeschreckt werden würde.[586] Herausfallen aus dem Täuschungsbegriff sollten damit alle Verhaltensweisen, die keine oder nur geringfügige bzw. unsichere soziale Kosten verursachen.

a) Abwägung von Kosten und Nutzen einer strafrechtlichen Sanktionierung

Während die noch zu erörternden Tatbestandsvoraussetzungen des Irrtums und des Vermögensschadens die Folgen der Täuschungshandlung für das Opfer beleuchten, knüpft die Täuschungshandlung an das Verhalten des Täters an.

An dieser Stelle sind die Kosten, die eine strafrechtliche Sanktionierung des Täterverhaltens mit sich bringen würden, mit dem Nutzen einer dadurch verbesserten Informationsbasis *abstrakt* zu vergleichen. Ergibt eine solche Kosten-Nutzen-Abwägung, dass die strafrechtliche Durchsetzung eines vom Täter geforderten „informationsverbessernden Alternativverhaltens“[587] teurer ist als die dadurch bewirkte verbesserte Informationsbasis, so ist bereits an dieser Stelle die Prüfung beendet. Das Strafrecht sollte nicht eingreifen, denn unabhängig von der Reaktion des Opfers auf die „Täuschung“ des Täters (siehe Irrtum oder Vermögensschaden) wäre es sinnlos, den Täter zu einem solchen Alternativverhalten zu zwingen. Führt hingegen die Kosten-Nutzen-Abwägung dazu, dass eine strafrechtliche Sanktionierung des Verhaltens des Täters dem Grunde nach zu rechtfertigen ist, so kann die Betrugsstrafbarkeit dennoch entfallen, wenn die

---

584 So ist das Vorliegen einer Täuschungshandlung zwar notwendige, aber nicht hinreichende Bedingungen für eine strafrechtliche Sanktion. Zusätzlich müssen noch die weiteren tatbestandlichen Voraussetzungen des Betrugsstraftatbestands gegeben sein, wie etwa ein Vermögensschaden des Getäuschten.

585 So auch aus strafrechtlicher Sicht der Gegensatz zwischen sozialadäquaten Verhaltensweisen im Wettbewerb und betrügerischen Täuschungshandlungen, vgl. dazu *Kühne*, Fn. 463.

586 Diese Defizite rühren aus unvollständiger Aufklärung und Anspruchsdurchsetzung getäuschter Vertragspartner sowie imperfekter Kompensation durch das Zivilrecht, vgl. dazu Teil 2:C.II.

587 Zu diesem Begriff später bei der ökonomischen Analyse einzelner Täuschungsformen.

Täuschungshandlung keinen Irrtum (die Verbesserung der Informationsbasis war im konkreten Fall nicht nötig, dazu Abschnitt B) oder Vermögensschaden (die Verbesserung der Informationsbasis hätte dem Opfer keinen Vorteil gebracht, dazu Abschnitt C) verursacht hat. In diesem Fall ergeben konkrete Umstände auf Seiten des Opfers, dass eine Bestrafung des abstrakt sozialschädlichen Verhaltens des Täters nicht sinnvoll ist.

aa) Nutzen: Verbesserte Informationsbasis

Wie bereits dargestellt, liegt der Nutzen einer strafrechtlichen Sanktionierung vorsätzlicher Täuschungen in der Senkung der Informationsübertragungskosten durch Abschreckung potentieller Betrüger. Für die negativen Auswirkungen von Betrug wird auf die Ausführungen im Teil 2, Abschnitt C verwiesen.

bb) Kosten

Eine Sanktionierung vorsätzlicher Täuschungshandlungen ist jedoch auch mit Kosten verbunden. So entstehen einerseits Kosten dadurch, strafrechtliche Sanktionen durchzusetzen und – insbesondere bei Fällen der Täuschung durch Unterlassen - Gerichte über diffizile Fragen von Aufklärungspflichten entscheiden zu lassen. Zum anderen verursacht eine durch das Strafrecht erzwungene Aufklärung Aufklärungsaufwand für die informationsüberlegene Partei; eine Überabschreckung „fahrlässiger Täuschungen" kann auf Märkten zu Transaktionskostenerhöhungen führen. Schließlich können durch Sanktionierung von Täuschungshandlungen Anreize zur Informationsgewinnung zerstört werden.

(1) Kosten der Rechtsdurchsetzung

Im Rahmen der Diskussion um Aufklärungspflichten wurde der Begriff der „administrativen Effizienz" eingeführt.[588] So wird die gesellschaftliche Wohlfahrt durch eine Verteilung von Informationsverantwortlichkeiten gefördert, die möglichst trennscharfe und voraussehbare Abgrenzungskriterien bereithält.[589] So bestehe die Gefahr, dass eine zu differenzierte „wohlfahrtstheoretische Feinsteuerung" zu hohen administrativen Folgekosten führt und so einen großen Teil der dadurch erzielten Gewinne wieder aufzehrt.[590] Dies spreche für möglichst einfache und klare Regeln bei der Bestimmung der Täuschungshandlung, mögen sie im Einzelfall auch zu vermeintlich unbilligen Ergebnissen führen. Eine *aus-*

---

588 Vgl. *Fleischer*, Informationsasymmetrie im Vertragsrecht, München 2001. S. 170 ff.

589 *Coleman/Heckathorn/Maser*, Bargaining Theory Approach to Default Provisions and Disclosure Rules in Contract Law, Harvard Journal of Law and Public Policy, Vol. 12 (1989), S. 639, 689 ff.

590 *Kull*, Unilateral Mistake: The Baseball Card Case, Washington University Law Quarterly, Vol. 70 (1992), S. 57 ff.

schließlich Orientierung an administrativen Kosten, etwa durch den konsequenten Verzicht der Sanktionierung vorsätzlicher Täuschungen, ist jedoch keineswegs wünschenswert, denn diese Kosten werden in vielen Fällen durch die Transaktionskostensenkung wieder aufgehoben.[591] Jedoch sollen administrative Kosten insoweit berücksichtigt werden, als für die Kosten-Nutzen-Abwägungen in Rahmen dieser Arbeit möglichst klare und einfach zu handhabbare Leitlinien aufzustellen sind, die der Rechtsanwender (Richter) in seiner täglichen Arbeit umsetzen kann.

Der Einsatz des Strafrechts ist jedoch für den Staat besonders kostspielig und sollte nur dann erfolgen, wenn das Verhalten des Täters *klar* sozialschädlich ist. Soweit der gewünschte Verhaltensstandard unsicher ist, sollte auf den Einsatz des Strafrechts verzichtet werden; zivilrechtliche Instrumente reichen hier zur Verhaltenssteruerung aus.

(2) Aufwendungen der informationsüberlegenen Vertragsparteien

Von den Kosten der Durchsetzung einer Rechtsregel zu trennen sind die Kosten, die dem Adressaten durch die Befolgung entstehen. Im Rahmen der Sanktionierung von Täuschungshandlungen kann die informationsüberlegene Partei entweder gezwungen werden, nicht die Unwahrheit zu sagen (ausdrückliche Täuschung), ein Verhalten mit anderem Erklärungswert an den Tag zu legen (konkludente Täuschung) oder die andere Partei aufzuklären (Täuschung durch Unterlassen).[592] Dieses rechtmäßige Alternativverhalten kann, abgestuft nach den Täuschungsformen, mit Kosten verbunden sein. Diese Kosten stehen bei der Prüfung des Täuschungsbegriffs im Vordergrund.

Insbesondere deutet vorsätzliches Verhalten auf eine kostenlose Vermeidbarkeit der Täuschung hin, während „fahrlässige“ Täuschungen nur durch kostspielige Sorgfaltsanstrengungen vermieden werden können. Eine strafrechtliche Sanktionierung fahrlässiger Verhaltensweisen würde zu einer transaktionskostenerhöhenden Überabschreckung führen, da Vertragsparteien sich vor Komunikationshandlungen der Richtigkeit ihrer Angaben, etwa durch eigene Nachforschungen, vergewissern müssten und, soweit dies zu aufwändig ist, von Kom-

591 Zu den Ausführungen von *Kull* sehr pointiert die Anmerkung von *Trebilcock*, The Limits of Freedom of Contract, 2. Auflage, Cambridge 1997, S. 115: „Administrative costs cannot be absolutely determinative of contract rules or we would simply ban all actions for breach of contract.“

592 Zu diesen verschiedenen Täuschungsformen aus ökonomischer Sicht wird im weiteren Verlauf dieses Teils weiter eingegangen. Die Bedeutung des „rechtmäßigen Alternativverhaltens“ bei der Beurteilung von Täuschungsfällen unterstreicht *Craswell*, Taking Information Seriously: Misrepresentation and Nondisclosure in Contract Law and Elsewherel, Virginia Law Review, Vol. 92 (2006), S. 565 ff.

munikation im Rahmen von Vertragsschlüssen vollkommen absehen werden. Insofern sollte nur erwiesenermaßen vorsätzliches Verhalten als betrugsrelevante Täuschung eingestuft werden.[593]

(3) Vernichtung von Anreizen zur Informationsgewinnung

Schließlich kann eine Sanktionierung von Täuschungshandlungen dazu führen, dass Anreize zur Informationsgewinnung vernichtet werden.[594] Informationsbeschaffung ist in vielen Fällen kostspielig und Marktteilnehmer werden solche Beschaffungsaktivitäten nur leisten, wenn sie von den Erträgen der Information profitieren.[595] Die Rechtsordnung muss somit in einem marktwirtschaftlichen System Marktteilnehmern ermöglichen, aufwändig beschaffte Informationen exklusiv nutzen zu können.[596] Ein Beispiel für ein solches Exklusivrecht ist ein Patentrecht.[597] Bei Verträgen kann die Rechtsordnung Anreize setzen, sich sog. „produktive Informationen", etwa über werterhöhende Eigenschaften des Vertragsgegenstands oder über die Marktverhältnisse, zu verschaffen. Ein Weg ist es, der informationsbeschaffenden Partei zu ermöglichen, ihren Wissensvorsprung in den Vertragsverhandlungen für sich auszunutzen und eine Prämie für ihren Informationsbeschaffungsaufwand zu erzielen. Insbesondere durch die Ablehnung von Aufklärungspflichten kann die Rechtsordnung, wie noch zu zeigen sein wird, ein solches Exklusivrecht kostengünstig bereitstellen.

b) Möglichkeiten der Kategorisierung

Zur Typisierung einer Kosten-Nutzen-Analyse wurden in der rechtsökonomischen Literatur vor allem im Zusammenhang mit zivilrechtlichen Aufklärungspflichten Kategorisierungen entwickelt. Diese sollen kurz vorgestellt werden, bevor eine eigene Empfehlung für die Handhabung des Täuschungsbegriffes im deutschen Betrugsstraftatbestand gegeben wird.

---

593 Zwar setzt der Betrugsstraftatbestand definitionsgemäß vorsätzliches Verhalten voraus, nur gibt es beim Nachweis oftmals Grenzunschärfen. Das Ausmaß dieser Unsicherheiten unterscheidet sich zwischen den verschiedenen Täuschungsformen.

594 Vgl. dazu grundlegend *Kronman*, Fn. 184; *Hirshleifer*, The Private and Social Value of Information and the Reward to Inventive Activity, American Economic Review, Vol. 61 (1977), S. 561 ff.

595 *Adams*, Fn. 184, hat diesen Zusammenhang treffend mit folgendem Satz gekennzeichnet: „Wer sät, der soll auch ernten."

596 So kommt vollkommene Informationsgleichheit in einer Marktwirtschaft dem „Informationstod" gleich, da dann keine Anreize zur Beschaffung neues Wissens mehr existieren würden (Terminologie nach *Morgenstern*, Vollkommene Voraussicht und wirtschaftliches Gleichgewicht, Journal of Economics Zeitschrift für Nationalökomomie 1935, S. 337-357).

597 Vgl. zur ökonomischen Analyse von Patenten *Cooter/Ulen*, S. 117 ff.

aa) Produktive vs. redistributive Informationen

Ein Kriterium zur Beurteilung von Aufklärungspflichten, in Anlehnung an das bereits beschriebene Argument der Anreizsetzung zur Informationsgewinnung, ist die sog. *Produktivität* von Informationen.[598] „Produktiv" sind Informationen, die einen sozialen Nutzen haben. Diese Informationen wirken wohlfahrtssteigernd, indem sie etwa Ressourcen gesellschaftlich besseren Verwendungsmöglichkeiten zuführen oder neue Methoden für die produktivere Nutzung oder Erhaltung von Ressourcen aufzeigen.[599] Beispiele sind die Entdeckung von wertvollen Mineralien unter Ackerland oder auch die sog. „doppelte Buchführung", die Unternehmen eine effizientere Erstellung ihres Jahresabschlusses ermöglicht.

Demgegenüber stehen die sogenannten „redistributiven" Informationen. Diese zeichnen sich dadurch aus, dass sie den gesamtgesellschaftlichen Wohlstand nicht fördern, sondern lediglich eine Umverteilung von Gütern von einer Person zu einer anderen ermöglichen. Ein Beispiel ist die Kenntnis von der künftigen Ausweisung eines Grundstücks als „Bauland", etwa aufgrund Vorabwissen über einen entsprechenden Gemeindebeschluss zur Änderung des Bebauungsplans. Ein anderer in diesem Zusammenhang oft zitierter Fall ist der amerikanische Rechtsstreit *Laidlaw vs. Organ*.[600] Während des englisch-amerikanischen Kriegs erfuhr ein Händler von der Vereinbarung eines Waffenstillstandes, der die Wiedereröffnung des Hafens von New Orleans zur Folge hatte. Unter Ausnutzung dieses Vorabwissens kaufte dieser Händler zu einem niedrigen Preis Tabak. Als der Tabakpreis nach der Wiedereröffnung des Hafens erheblich stieg, verweigerte der Verkäufer die Auslieferung mit der Begründung, er sei durch den Erwerber arglistig getäuscht worden.

Die Kenntnis über redistributiven Informationen beschert der informationsüberlegenen Partei einen gewichtigen Verhandlungsvorteil, führt jedoch im Gegensatz zu produktiven Informationen zu keiner nennenswerten gesamtgesellschaftlichen Wohlfahrtssteigerung – das Vorabwissen wäre, mit einer zeitlichen Verzögerung, sowieso an den Markt gelangt. Damit wäre jede Aktivität zur Er-

---

598 Vgl. dazu grundlegend *Kronman*, Fn. 184; *Hirshleifer*, The Private and Social Value of Information and the Reward to Inventive Activity, American Economic Review, Vol. 61 (1977), S. 561 ff. *Cooter/Ulen*, S. 297, führen noch die dritte Kategorie der sog. „safety information" ein. Diese sind definiert als Informationen, die Schäden abwenden sollen, z.B. Warnhinweise bei gefährlichen Gütern. Während produktive und redistributive Informationen nur unter zusätzlichen Voraussetzungen offengelegt werden sollen, so verlangt das Recht regelmäßig die Aufklärung des Kunden über mögliche Gefahren des Vertragsgegenstands.

599 *Cooter/Ulen*. S. 357.

600 15 U.S. 178 (1817).

langung solcher Informationen eine Verschwendung von Ressourcen und sollte mithin unterbunden werden.[601] Im Gegensatz dazu sollte die Rechtsordnung Anreize dafür setzen, produktive Informationen zu erlangen, da Entdecker solcher Informationen aufgrund des sog. „Informationsparadoxons" regelmäßig keine angemessene Kompensation für ihre sozial erwünschten Aktivitäten erhalten.[602]

Im Falle produktiver Information sollte der informationsüberlegenen Partei unter bestimmten Umständen die Ausnutzung ihres Informationsvorsprunges gestattet werden. Dies kann realisiert werden, indem dieser Partei keine Aufklärungspflicht auferlegt wird und sie durch dieses „Recht zum Schweigen" keine Täuschung durch Unterlassung begeht.[603] Hingegen ist bei redistributiven Informationen keine solche Vorsicht geboten, denn die Unterbindung eines täuschenden Verhaltens unter Ausnutzung redistributiver Informationen führt zu keiner nennenswerten Verminderung wertvoller Anreize zur Informationsgewinnung. Hier ist allenfalls zu berücksichtigen, dass die Ausnutzung redistributiver Informationen als bloßes Vorauswissens dazu beigetragen kann, dass sich Marktpreise, etwa auf Kapital- und Rohstoffmärkten, schneller in die „richtige" Richtung bewegen.[604]

An dieser Stelle bleibt festzuhalten, dass die Einordnung einer Information als „produktiv" oder „redistributiv" keine abschließende Entscheidung über die Strafbarkeit von Täuschungshandlungen erlaubt. Sie ist jedoch ein Gesichtspunkt, der bei der Abwägung des Kosten-Nutzen-Verhältnisses einer strafrechtlichen Sanktion von Täuschungshandlungen mit zu berücksichtigen ist.

bb) Werterhöhende vs. wertsenkende Informationen

Lenkt man den Blick vom gesamtgesellschaftlichen Wert der Information hin zum Wert der Information für die jeweiligen Parteien, so ist zwischen (privat) *werterhöhenden* und *wertsenkenden* Informationen zu unterscheiden. Sowohl produktive als auch redistributive Informationen können die Bewertung des Vertragsgegenstandes verändern (deswegen wäre die Bezeichnung „*bewertungs*erhöhende" oder „-senkende" Informationen passender) und damit der besser informierten Partei, die insoweit einen Wissensvorsprung hat, einen Verhandlungsgewinn bescheren.

Beispielsweise handelt es sich bei dem Wissen um die Bebaubarkeit eines Grundstücks um eine (privat) *werterhöhende* Information. Eine Partei, die eine

601 So kategorisch *Cooter/Ulen*, S. 357.

602 Vgl. dazu *Arrow*, Fn. 112.

603 Dazu später im Rahmen der ökonomischen Analyse einzelner Täuschungsformen.

604 Dieses Argument wird ähnlich im Kapitalmarktrecht im Rahmen der Diskussion um ein Insider-Handelsverbot vorgetragen (vgl. dazu *Fleischer*, Informationsasymmetrie im Vertragsrecht, München 2001, S. 287, m.w.Nws.).

Transaktion in der Unkenntnis über diesen Umstand vornimmt, hätte entweder eine im Vergleich zur Situation vollständiger Information geringere Zahlungsbereitschaft (Käuferseite) oder geringere Akzeptanzbereitschaft (Verkäuferseite). Daraus ergibt sich, dass es für einen Wissensvorsprung über werterhöhende Informationen auf Verkäuferseite keiner Aufklärungspflicht bedarf.[605] Der Verkäufer hat einen unmittelbares Interesse, die Information von sich aus offenzulegen und dadurch einen höheren Preis zu erzielen. Anders liegt es in Fällen, in denen der Käufer über eine werterhöhende Information verfügt, denn dieser hätte einen Anreiz, die Informationsasymmetrie mit Mitteln der Täuschung für sich auszunutzen und das Gut zu einem geringeren Preis zu erwerben.

Spiegelbildlich führen Wissensdefizite über wertsenkende Informationen zu einer im Vergleich zur Situation vollständiger Information zu hohen Zahlungsbereitschaft (Käuferseite) oder zu hohen Akzeptanzbereitschaft (Verkäuferseite). Wissensvorsprünge über wertsenkende Informationen werden - spiegelbildlich zu werterhöhenden Informationen - auf Käuferseite von sich aus aufgedeckt (um einen geringeren Kaufpreis zahlen zu müssen). Hingegen bestehen bei Wissensvorsprüngen über wertsenkende Informationen auf Verkäuferseite Täuschungsanreize, da diese Information zu einem geringeren Verkaufserlös führt.

Die Unterscheidung zwischen werterhöhenden und wertsenkenden Informationen sagt im Gegensatz zur Differenzierung zwischen produktiven und redistributiven Informationen nichts darüber aus, ob die Informationsgewinnung sozial sinnvoll ist oder nicht. Sie trifft aber eine positive Aussage über die Anreize der Parteien zur freiwilligen Offenlegung der jeweiligen Informationen und schränkt damit die Notwendigkeit rechtlicher Eingriffe ein: Sanktionsbedarf im Falle von Täuschungen besteht nur für werterhöhende Information auf Käuferseite und wertsenkenden Informationen auf Verkäuferseite. Zumeist werden in der gerichtlichen Praxis auch nur solche Fallkonstellationen auftreten. Insofern hat diese Unterteilung vor allem Bedeutung für das Verständnis der Täuschungsanreize der Parteien im Rahmen der Vertragsverhandlungen.

cc) Gezielt vs. anstrengungslos erworbene Informationen (Zufallsfunde)

Neben dem gesamtgesellschaftlichen und privaten Wert von Informationen kann danach unterschieden werden, welche Anstrengungen der Informationsinhaber für den Erwerb der Information unternommen hat. So können Informationen Resultat eines kostspieligen Suchprozesses sein, sie können aber auch als „Nebenprodukt“ einer anderen Aktivität anstrengungslos anfallen. Diese letztgenannte Gruppe von Informationen wird auch als „Zufallsinformationen“ bezeichnet. Während das Recht bei der erstgenannten Gruppe von Informationen Anreize

605 So auch *Schäfer/Ott*, S. 535 f.

für ihre Beschaffung setzen kann, ergeben sich Zufallsinformationen unabhängig von einem zielgerichteten Suchprozess. Anreize zur Informationsgewinnung würden ins Leere laufen. Insofern kann es bei solchen Informationen nur darum gehen, Anreize für die möglichst rasche *Verbreitung* bereitzustellen.

In Konsequenz sprechen sich in der rechtsökonomischen Literatur Autoren für eine Verpflichtung der informationsüberlegenen Partei aus, Zufallsinformationen ausnahmslos offenzulegen.[606] Diese Linie wird jedoch mit dem Argument kritisiert, dass Aufklärungspflichten für zufällig erlangte Informationen den zweckgerichteten *Einsatz* solcher Informationen abschrecken würden.[607] Ein Musikliebhaber, der auf dem Trödelmarkt zufällig eine wertvolle Stradivari entdeckt[608], würde bei einer Offenlegungspflicht von ihrem Erwerb absehen – eine gesellschaftlich erwünschte Informationsverwendung wäre so unterbunden. Zusätzlich erscheint die Abgrenzung zwischen kostspielig und anstrengungslos erworbenen Informationen als nicht trennscharf und im Einzelfall mit erheblichen Unsicherheiten belastet, wie etwa bei dem zunächst zweckfreien Erwerb von Humankapital.[609]

Unabhängig davon besteht jedoch im Ausgangspunkt Einigkeit, dass es keiner Anreize für den zufälligen Erwerb von Informationen bedarf. Die Kritik bezieht sich vielmehr auf die Praktikabilität einer darauf beruhenden Rechtsanwendung, nämlich der Auslegung der Begriffe „kostspielig“ und „anstrengungslos“ im Einzelfall. Diese Abgrenzungsschwierigkeit lässt sich jedoch lösen: So sollte „kostspielig“ nicht auf den einzelnen Informationserwerb verengt, sondern auf den zielgerichteten Erwerb von Humankapital ausgedehnt werden. Informationserwerber, bei denen ansonsten Anreize zu Investitionen in eine *Erhöhung der Entdeckungswahrscheinlichkeit produktiver Informationen* zerstört werden würden, sollten von einer Aufklärungspflicht freigestellt werden. Wo Humankapital gezielt erworben wurde, sollten daraus resultierende Entdeckungen als nicht „zufällig“ gelten. Im übrigen sollte dort, wo die Unterscheidung zwischen systematisch gesuchten Informationen und Zufallsfunden schwierig ist, der Versuch einer Abgrenzung von vorneherein nicht unternommen werden.[610] Im Re-

---

606 *Adams*, AcP 1986, S. 453, 474; *Kötz*, Europäisches Vertragsrecht, Tübingen 1996, S. 306; *Schäfer/Ott*, S. 523.

607 *Fleischer*, Informationsasymmetrie im Vertragsrecht, München 2001, S. 288.

608 3 Restatement (2nd) torts, 1977, § 551, Illustration 6.

609 *Fleischer*, Informationsasymmetrie im Vertragsrecht, München 2001, S. 288.

610 So auch Schäfer, in: *Ott/Schäfer*, Ökonomische Probleme des Zivilrechts, S. 137 mit Verweis auf den Ölmagnat Paul Getty, der bei einer Zugfahrt aufgrund einer Geschwindigkeitsverlangsamung auf eine Erdölblase schloss, die ihm zum Kauf des Geländes bewogen haben soll. Bei dieser Information handelt es sich weder um einen gezielten Informationsbeschaffungsprozess noch um einen Zufallsfund – die Fähigkeit zur Identi-

gelfall ist von einer gezielt erlangten Information auszugehen – nur in Fällen, in denen der Zufallscharakter evident und damit vom Gericht kostengünstig erkennbar ist, sollten Aufklärungspflichten zur Vermeidung von Informationskosten statuiert werden. Damit reduziert sich das Abgrenzungsproblem auf wenige Fälle.

dd) Überlegene Informationen auf Seiten des Anbieters vs. des Nachfragers

Shavell unterscheidet Aufklärungspflichten danach, ob der Anbieter (=Verkäufer) oder der Nachfrager (=Käufer) über einen Informationsvorsprung verfügt.[611] Während Anbieter in der Regel aufklärungspflichtig seien, sollten Nachfrager etwaige Informationsvorsprünge ausnutzen dürfen.

Anreize zur Gewinnung produktiver Informationen haben Anbieter regelmäßig dadurch, dass sie einen höheren Verkaufspreis erzielen können. Eine Aufklärungspflicht würde diese Anreize nicht zerstören. Handelt es sich hingegen um lediglich redistributive Informationen, so sollte das Recht keine Anreize setzen, Aufwendungen für ihren Erwerb zu tätigen. Eine Aufklärungspflicht würde die Ausnutzung solcher Informationen verhindern und so die (sozial verschwendeten) Anstrengungen für ihre Erwerb unrentabel machen.

Auf Seiten des Erwerbers lägen die Dinge anders: Verfügt dieser über produktive Informationen, so wird er nicht von selbst aus darüber aufklären, denn der Anbieter würde einen höheren Kaufpreis fordern. Eine Aufklärungspflicht lehnt *Shavell* aber trotzdem ab, denn sie würde notwendige Anreize zur Informationsgewinnung zerstören. Regelmäßig habe der Erwerber keine Verfügungsrechte an der Sache und eine Offenlegung würde seine Verhandlungsposition verschlechtern. Eine Aufklärungspflicht auf Erwerberseite sei lediglich dann zu erwägen, wenn die jeweilige Information rein zufällig erlangt wurde.

ee) Symmetrische vs. asymmetrische Verteilung der Informationskosten

Im Sinne der Zielsetzung einer effizienten Informationsbeschaffung sollte diejenige Partei Informationskosten aufwenden, die die jeweilige Information am kostengünstigsten erlangen kann.

Regelmäßig haben Parteien in einer arbeitsteiligen Wirtschaftsstruktur unterschiedliche Professionalisierungsgrade, die oftmals zu einer „Asymmetrie von Informationskosten" führen.[612] Ziel einer Aufklärungspflicht kann es in diesem Zusammenhang sein, die Verdoppelung von Informationsanstrengungen zu

---

fikation des Ölfelds beruhte auf einer entsprechenden Qualifikation Gettys und damit auf seinem Humankapital.

611 *Shavell*, Acquisition and disclosure of information prior to sale, Rand Journal of Economics, Vol. 25 (1994), S. 20 ff.

612 Terminologie in *Schäfer/Ott*, S. 517 f.

vermeiden und so die „gesamtgesellschaftlichen Wohlfahrtsgewinne einzelwirtschaftlicher Spezialisierung zu sichern".[613] Der Experte kann durch eine Aufklärung seine potentiellen Vertragsparteien an seiner besonderen Sachkunde teilhaben lassen und so Informationsanstrengungen für *alle* reduzieren helfen.

Diese Argumentation trägt aber nur dann, wenn der Experte eine Möglichkeit hat, über den Preis seiner Leistung einen Informationskostenersatz zu erhalten, damit notwendige Anreize zur Informationsgewinnung nicht zerstört werden. Deswegen soll der besser informierte Erwerber sein kostspielig erworbenes Expertenwissen ausnutzen können: Aufgrund des bereits beschriebenen Informationsparadoxons[614] hat dieser keine Rechte an dem Kaufgegenstand und müsste im Falle einer erzwungenen Aufklärung sein Sonderwissen, soweit sich dieses nicht von dem Kaufgegenstand abkoppeln lässt,[615] kostenlos preisgeben – notwendige Anreize zum Erwerb produktiver und werterhöhender Informationen würden so zerstört.

ff) Grad des Risikos opportunistischen Verhaltens

Beseitigungen von Informationsasymmetrien durch Statuierung von Aufklärungspflichten können jedoch auch zu schlechteren Verträgen führen, wenn sie der aufgeklärten Partei Spielräume zu opportunistischem Verhalten eröffnen.[616] Prominentes Beispiel ist die Verpflichtung, seinen Vertragspartner über die eigene finanzielle Bedrängnis aufzuklären. Weiß beispielsweise ein Kreditgeber um die wirtschaftliche Zwangslage, in der sich sein Kreditnehmer befindet, so kann er Vertragsbedingungen durchsetzen, die den Kreditnehmer einseitig belasten.[617] Dies entspricht dem Grundsatz, dass eine optimale Informationsbasis nicht vollständiges Wissen, sondern eine bestimmte Kombination von Wissen und Nichtwissen ist: Ein hoher Wissenstand hinsichtlich Preise und Qualitäten gehandelter Güter ist erwünscht, da er eine höhere Gewähr beidseitig nutzenerhöhender Transaktionen und Verträge bietet; hingegen soll ein hoher Wissensstand hinsichtlich der Präferenzen und der persönlichen Lage anderer Marktparteien unerwünscht sein, da er opportunistisches Verhalten, etwa durch Täuschung oder Drohung, ermöglicht.[618]

---

613 *Fleischer*, Informationsasymmetrie im Vertragsrecht, München 2001, S. 306.

614 Vgl. *Arrow*, Fn. 112.

615 So zum Beispiel beim Makler.

616 Dazu *Fleischer*, Informationsasymmetrie im Vertragsrecht, München 2001, S. 289 ff.

617 Würde das Recht in solchen Fällen eine Aufklärungspflicht fordern, so käme dies „einer Einladung zum Wucher" gleich (so Bydlinski, JBl. 1980, S. 393, 396).

618 Sehr klar in *Schäfer/Ott*, S. 519.

c) *Folgerungen für den Betrugsstraftatbestand*

aa) Ausgangspunkt: Vorsatz als Indikator für die Sanktionswürdigkeit

Die aufgeführten Unterscheidungsgesichtspunkte sind insbesondere zur Analyse von zivilrechtlichen Aufklärungspflichten entwickelt worden. Die Begründung von Straftatbeständen setzt aber, wie gezeigt, voraus, dass zivilrechtliche Sanktionen für die Verhaltenssteuerung unzureichend sind, da sie zu einem gesellschaftlich unerwünscht hohen Maß einer sozialschädlichen Aktivität führen.[619] Abschreckung ist geboten, wenn der gewünschte Verhaltensstandard – nämlich die *Unterlassung* der Straftat - feststeht. Vorsätzliche Täuschungen sind regelmäßig kostenlos vermeidbar:[620] Wenn der informationsüberlegene Vertragspartner weiß, dass die andere Vertragspartei einem Irrtum unterliegt, von dem sie ihre Entscheidung zum Vertragssschluss abhängig macht, so ist *unabhängig von der Täuschungsform* dieses Informationsdefizit (nahezu) kostenlos vermeidbar: Die informationsüberlegene Partei kann es im Fall der ausdrücklichen Täuschung unterlassen, die Unwahrheit zu sagen; im Fall der konkludenten Täuschung unterlassen, durch schlüssiges Verhalten die Unwahrheit zu vermitteln; oder im Fall der Täuschung durch Unterlassen die informationsunterlegene Vertragspartei gezielt über ihren Irrtum aufklären. Alle diese Vermeidungsstrategien sind, abgesehen der durch die Aufklärung verursachten Kommunikationskosten, ohne nennenswerten Aufwand durchführbar. Eine strafrechtliche Sanktion würde in Fällen vorsätzlichen Verhaltens bei jeder Täuschungsform den gesellschaftlich erwünschten Verhaltensstandard erzwingen.

In der Praxis stellt sich jedoch das Problem, vorsätzliche von „fahrlässigen" Täuschungen zu unterscheiden: Regelmäßig sind Richter nicht in der Lage zu erkennen, ob die informationsüberlegene Vertragspartei die transaktionskausalen Fehlvorstellung absichtlich herbeiführte, von dieser Kenntnis hatte, für möglich hielt oder sich gar keine Gedanken gemacht hatte. In den beiden letztgenannten Fällen müsste die informationsüberlegene Partei weitere Nachforschungen, zum Beispiel Nachfragen, anstellen, um den Informationsbedarf der anderen Partei zu erkennen und diese gegebenenfalls aufzuklären. Eine strafrechtliche Sanktionierung „fahrlässiger Täuschungen" schreckt so ehrliche Vertragspartner von gewünschten Kooperationen ab.[621] Der Nachweis des Täuschungsvorsatzes ist umso einfacher, je „ausdrücklicher" bzw. je „expliziter" eine Täu-

619 Vgl. dazu Teil 2:C.II.

620 Vgl. dazu Teil 2:C.II.

621 So führt die Kommentierung zu § 223.3 des Restatement of Criminal Law auf S. 190 zutreffend aus: „False contractual promise is not sufficient to apply criminal sanctions: businessmen make all kind of promises and trade would be hindered if there was a threat of criminal sanctions. Promises mean „perform or pay damages".

schung erfolgt. Steht etwa eine ausdrückliche (Falsch-)Aussage im Raum, so fällt es der informationsüberlegenen Partei schwer, diese mit einem „Versehen“ zu rechtfertigen. Dieser Befund entspricht dem zivilrechtlichen Täuschungsbegriff in § 123 BGB, bei dem eine aktive Täuschung „ohne weiteres“ als arglistig eingestuft wird.[622] Insofern erfüllen die Täuschungsformen die Funktion, den schwierigen Nachweis des Vorsatzes und damit der nahezu kostenlosen Vermeidbarkeit durch Kategorienbildung zu erleichtern.

bb) Einschränkungen zur Aufrechterhaltung von Anreizen zur Informationsgewinnung

Von dem Grundsatz, dass vorsätzliche Täuschungen unabhängig von der Täuschungsform weitgehend kostenlos vermeidbar sind, ist im Falle produktiver Informationen eine Ausnahme zu machen. Wie dargestellt, sollte das Recht Anreize zur Gewinnung solcher Informationen dadurch setzen, dass es dem Informationsinhaber die Möglichkeit bietet, seinen Informationsvorsprung sanktionslos[623] auszunutzen. Nach den im vorherigen Abschnitt dargestellten Kategorisierungen sollte ein solches Recht zur Ausnutzung produktiver Informationen jedoch an folgende Mindestvoraussetzungen geknüpft werden:

- Es muss sich um sog. produktive Informationen handeln, denn Anstrengungen zur Gewinnung redistributiver Informationen sind volkswirtschaftlich verschwendet. Das Recht sollte solche Anstrengungen unterbinden und nicht fördern.
- Notwendig ist ein Anreiz zur Informationsgewinnung dann nicht, wenn es sich um für die jeweilige Vertragspartei (Anbieter oder Nachfrage) günstige Informationen handelt. So werde Anbieter werterhöhende und Nachfrager wertsenkende Informationen von sich aus offenbaren, da sie ihnen einen Verhandlungsvorteil bescheren.
- Anreize sollte das Recht nur dann setzen, wenn das erwünschte Verhalten auch durch Anreize steuerbar ist. Wenn es sich um einen offensichtlichen Zufallsfund handelt, sind keine Anreize zur Informationsgewinnung notwendig.

622 So *Huber*, Aufklärungspflichten vor Vertragsschluss, in: Karlsruher Forum 2000: Aufklärungspflichten – Mit Vorträgen von Ulrich Huber und Heinrich Dörner / herausgegeben von Egon Lorenz, Karlsruhe 2001, S. 5, 9.

623 Da diese Fallgruppe bis jetzt lediglich im zivilrechtlichen Kontext diskutiert wurde, bezieht sich die aktuelle Literatur lediglich auf den Ausschluss von Anfechtungsrechten (§§ 119 Abs. 2, 123 BGB) sowie einer vorvertraglichen Schadenersatzhaftung (c.i.c.). Stellt jedoch schon das Zivilrecht Vertragsparteien im Falle der Ausnutzung produktiver Informationen von nachteiligen Rechtsfolgen frei, so muss dies erst Recht für die schärferen und damit restriktiver zu handhabenden strafrechtlichen Sanktionen gelten.

Sind die dargestellten Anforderungen erfüllt, dann ist es grundsätzlich sinnvoll, der informationsüberlegenen Partei einen Informationskostenersatz durch die Möglichkeit des Abschlusses eines zu ihrem Gunsten informationsdefizitären Vertrags zu gewähren. Damit ist aber nur die Frage nach dem *ob* des Informationskostenersatzes beantwortet – offen ist, *wie* der Informationsvorsprung, etwa durch Nicht-Aufklärung oder sogar durch das Recht zu einer ausdrücklichen Täuschung, ausgenutzt werden darf. Diese Frage wird im Rahmen der Erörterung der einzelnen Täuschungsformen diskutiert.

cc) Einschränkungen zur Vermeidung opportunistischen Verhaltens

Schließlich sollten vorsätzliche Täuschungen nicht sanktioniert werden, wenn eine Offenlegung der jeweiligen Information der anderen Partei Spielräume zum opportunistischen Verhalten eröffnet. Dieses Risiko besteht, wie beschrieben, insbesondere bei Informationen hinsichtlich der persönlichen Lage und Präferenzen der anderen Vertragspartei. Wäre ein Vertragspartner etwa gezwungen, seine eigene Bedrängnis zu offenbaren, könnte die andere Vertragspartei diesen Umstand z.B. durch exzessive Preisforderungen ausnutzen. Insofern zieht *Levmore* eine Parallele zwischen einem Recht zur Nichtoffenlegung produktiver Informationen und dem Schutz vor Ausnutzung einer „holdout“-Position:[624] Wäre etwa ein Entdecker einer wertvollen Ressource gezwungen, dem unwissenden Veräußerer sein Sonderwissen offenzulegen, dann könnte dieser unangemessen hohe Preise verlangen. Ein Beispiel ist das Erdölunternehmen, das im Rahmen der gezielten Suche nach Erdölvorkommen irreversible Kosten („sunk costs“) aufwendet. Ein Ausnahme vom generellen Täuschungsverbot würde dem Erwerber (das Erdölunternehmen) das Recht geben, sich gegen die im Falle der Offenlegung der Information drohende Abhängigkeit vom Veräußerer (der Eigentümer eines erdölhaltigen Grundstückes) präventiv zur Wehr zu setzen. Im gleichen Maße wie staatliche Enteignungsverfahren gegen Zahlung einer Entschädigung die Ausnutzung von Monopolsstellungen verhindern (z.B. durch Grundstückseigentümer bei größeren Bauvorhaben), könne ein „privates Enteignungsverfahren“ dem informationsüberlegenen Erwerber das Recht geben, produktive werterhöhende Information für sich auszunutzen, um drohendes opportunistisches Verhalten durch den Vertragspartner von vorneherein zu unterbinden.

624 Vgl. *Levmore*, Securities and Secrests: Insider Trading and the Law of Contracts, Virginia Law Review, Vol. 68 (1982), S. 117, 141 ff.

2. Ökonomische Analyse einzelner Täuschungsformen

a) Ausdrückliche Täuschung

aa) Ausgangspunkt: Kategorisches Verbot ausdrücklicher Täuschungen

Wie in der juristischen ist auch in der rechtsökonomischen Literatur die ausdrückliche Täuschung die am wenigsten umstrittene Täuschungsform. Dies liegt daran, dass in den allermeisten Fällen ein klarer Verhaltensstandard festzustehen scheint: das schon in der Bibel verankerte Verbot des Lügens.[625] Für die Begründung des Verbots ausdrücklicher Täuschungen werden verschiedene Argumente angeführt: Zum einen sei eine Lüge kostenlos vermeidbar, mehr noch müsse der Täuschende in vielen Fällen investieren, um eine aktive Täuschung glaubwürdig vollziehen zu können. Diese Investitionen seien aber sozial verschwendet.[626] Zum anderen sparen Parteien erhebliche Überprüfungskosten, soweit sie sich auf das Wort der anderen Partei verlassen können.[627]

Diese Erwägungen sind überzeugend und bedürfen keiner weiteren Erläuterung. Entsprechend sind ausdrückliche Täuschungen auch in Bezug auf den Nachweis des Vorsatzes die am wenigsten problematische Fallgruppe: Die Einlassung, es habe sich um „fahrlässiges Lügen“ gehandelt, kann, gerade wenn dadurch der Vertragspartner zu einem ungewollten Vertragsschluss veranlasst wird, zumeist ohne großen Begründungsaufwand als unbeachtliche Schutzbehauptung eingeordnet werden. Gleichzeitig ist es für Vertragsparteien kostengünstig, im Falle von Vertragsverhandlungen Behauptungen „ins Blaue hinein“ zu vermeiden und so dem Risiko eines Betrugsvorwurfes zu entgehen. Eine Überabschreckung erscheint in der Fallgruppe ausdrücklicher Täuschungen unwahrscheinlich. Insofern kann festgehalten werden, dass ausdrückliche Täu-

---

625 So lautet etwa in der katholischen Konfession das achte Gebot: „Du sollst nicht falsch Zeugnis reden wider deinen Nächsten.“

626 So schreibt *Posner*: (Economic Analysis of Law, 8. Auflage, New York 2011, S. 111): „The lie is different. The liar makes a positive investment in manufacturing and disseminating information. This investment is wasted from a social standpoint, so the law does not reward him for his lie.“; ebenso der Chief Judge des United States Court of Appeals for the Seventh Circuit *Frank H. Easterbook* in Anspielung auf den Aufsatz von *Darby/Karni* (Fn. 162): „The optimal amount of fraud is zero“ (Ackermann v. Schwartz (1991), 947 F.2d 841, 847).

627 *Cooter/Ulen*, S. 299, in Bezug auf Anfechtungsrechte wegen arglistiger Täuschung: „If parties to a contract know that fraud is a ground for voiding the agreement, then they can rely on the truthfuness of the information developed in negotiations fort he contract. This daves the parties the costs of verifying material statements. This, in turn, lowers the costs of concluding ccoperative agreements – furthering one of the economic goals of contract law.“

schungen grundsätzlich ohne weiteres als betrugsrelevante Tathandlung qualifiziert werden können.

bb) Ausnahmen aufgrund einer „Optimal-Dishonesty-Rule"?

Wie schon angedeutet, ist es jedoch in einigen Fällen sozial erwünscht, einer Vertragspartei die Ausnutzung eines Informationsvorsprungs durch eine Befreiung von möglichen Aufklärungspflichten zu gestatten. Diesen (weitgehend unbestrittenen) Ausgangspunkt nehmen einige Autoren zum Anlass, auch in Fällen ausdrücklicher Täuschungen Vertragsparteien unter bestimmten Voraussetzungen ein „Recht zur Lüge" zu gewähren.[628] So führt *Levmore* aus, ein „Recht zum Schweigen" schütze den Informationsvorteil nur solange, bis die andere Vertragspartei lernt, Fragen zu stellen. Erkundigt sich etwa im Rahmen von Verkaufsverhandlungen auf einem Trödelmarkt der Anbieter eines unerkannt echten „van Gogh" beim Kunsthändler, der die wahre Urheberschaft kennt, ob „das Gemälde echt sei", so käme eine Auskunftsverweigerung einer positiven Antwort gleich.[629] Darüber hinaus könne eine geschickte Vertragspartei Fragen so stellen, dass sie werterhöhende Informationen auch ohne konkreten Verdacht erlangen würde (z.B.: Weist die Immobilie irgendwelche Nachteile aus? Haben Sie Informationen über sich ändernde Marktverhältnisse?[630]). Auch wenn sich der Erwerber sog. „Strohmänner" bedient, könne die Information nicht hinreichend sicher geschützt werden[631]: Der Verkäufer müsste dann den Strohmann fragen, ob er für sich selbst oder einen Dritten erwerben wolle.[632] Vor diesem Hintergrund könne ein Schutz der jeweiligen Information nur gewährleistet werden, wenn der Käufer nicht nur von einer Aufklärung befreit sei, sondern auch ein Recht zur Lüge habe.[633]

---

628 So *Levmore*, Fn. 624; Wonnel, The Structure of a General Theory of Nondisclosure, Case Western Law Review, Vol. 41 (1991), S. 329 ff.; *Barnett*, Rational Bargaining Theory and Contract: Default Rules, Hypothetical Consent, the Duty to Disclose, and Fraud, Harvard Journal of Law and Public Policy, Vol. 15 (1992), S. 783 ff.; im deutschen Schrifttum befürwortend *Wagner*, Lügen im Vertragsrecht, in: Zimmermann (Hrsg.), Störungen der Willensbildung bei Vertragsschluss, Tübingen 2007, S. 59 ff.; ablehnend *Fleischer*, Informationsasymmetrie im Vertragsrecht, München 2001, S. 261 ff.

629 Vgl. *Levmore*, Fn. 624, S. 139.

630 Beispiele nach *Wagner*, Fn. 628, S. 83.

631 Anders *Fleischer*, Informationsasymmetrie im Vertragsrecht, München 2001, S. 263.

632 *Wagner*, Fn. 628, S. 83.

633 „Silence, however, will protect the buyer only until the seller learns to ask questions that require the buyer either to reveal the information in question or to be affirmatively dishonest." (*Levmore*, Fn. 624, S. 137).

Obwohl diese Argumente plausibel erscheinen, ist die Anerkennung eines Rechts zur Lüge im Sinne einer Regel „optimaler Unehrlichkeit“ mit erheblichen Folgekosten verbunden. Der Grundsatz der Unzulässigkeit ausdrücklicher Täuschungen bringt ein hohes Maß an Vertrauen in den Rechtsverkehr und hilft dadurch, Transaktionskosten zu senken. Parteien können insbesondere aufgrund der Strafdrohung alleine durch ihr Wort glaubwürdig ihren Vertragspartnern signalisieren, dass ein bestimmter Umstand in Bezug auf die Transaktion zutrifft oder nicht. Die Vertragspartner wiederum ersparen sich die Kosten, die für eine Nachprüfung der jeweiligen Angabe erforderlich wären. Gerade strafrechtliche Sanktionen wirken sich besonders vertrauensfördernd aus, da Parteien selbst bei einer geringen Entdeckungswahrscheinlichkeit von hinreichenden Anreizen zur Wahrheit ausgehen können.[634] Eine Auflockerung des kategorischen Verbots ausdrücklicher Täuschungen würde eine erhebliche Unsicherheit in den Rechtsverkehr bringen und in vielen Fällen eigene Nachforschungen der Vertragsparteien provozieren, die, da durch eine kostenlose Unterlassung der Lüge vermeidbar, sozial verschwendet wären. Bereits jetzt verursachen die anerkannten Täuschungsrechte im Arbeitsrecht bei unzulässigen Fragen (z.B. Schwangerschaft oder Vorstrafen) erhebliche Unsicherheit auf Seiten der einstellenden Unternehmen und führen dazu, dass Arbeitgeber ganze Gruppen (wie etwa junge Frauen) bei der Einstellung diskriminieren.[635] Das Risiko eines ungewollten Vertragsschlusses wird mit „eingepreist“ und die Transaktionskosten steigen. Begrenzt werden diese negativen Auswirkungen zur Zeit dadurch, dass die Rechtsprechung das „Recht zur Lüge“ sehr restriktiv auf wenige, klar umrissene Fallgruppen begrenzt. Eine einzelfallbezogene Anerkennung von Lügerechten, etwa zum Schutz der Anreize zur Generierung wertvoller Informationen[636], ist angesichts der fehlenden Trennschärfe der möglichen Unterscheidungskriterien mit erheblicher Rechtsunsicherheit verbunden und deswegen nicht zu empfehlen.

b) Konkludente Täuschung

Während Fälle der ausdrücklichen Täuschung relativ einfach zu identifizieren und immer sozial unerwünscht sind, liegen die Dinge bei konkludenten Täuschungen anders. Da der Täter keine ausdrückliche Erklärung abgibt, muss eine solche erst aus dem Gesamtkontext der Kommunikation ermittelt werden. Während der Vorsatznachweis bei der ausdrücklichen Täuschung relativ einfach ist, bewegen sich konkludente Täuschungen oftmals im Grenzbereich – so kann der

634 Zur Abschreckungslücke bei Täuschungen, insbesondere bei Glaubensgütern, und der dadurch begründeten Notwendigkeit des Einsatzes des Strafrechts vgl. Teil 2:B.I.

635 Vgl. *Adams*, ZIP 1994, S. 499.

636 So aber *Wagner*, Fn. 628, S. 94 f.

Erklärende einen unzutreffenden Umstand *bewusst* konkludent erklären, er kann eine solche Erklärung aber auch in Unkenntnis des durch sie kommunizierten Inhaltes abgeben („fahrlässige Täuschung"). Eine zu exzessive strafrechtliche Sanktionierung konkludenter Täuschungsfälle läuft so in die Gefahr, Vertragsparteien von Kommunikation im Rahmen von Vertragsschlüssen oder von Vertragsschlüssen überhaupt abzuschrecken. Transaktionskosten würden dann durch eine Betrugsstrafbarkeit nicht verringert, sondern erhöht. Gleichzeitig besteht das Problem, dass sich konkludente Täuschungen nicht immer aus dem Kommunikationskontext herauslösen lassen, ohne den Inhalt der Gesamterklärung zu verändern. [637] Führt die Unterlassung ausdrücklicher Täuschungen in aller Regel dazu, dass sich der Informationswert für die andere Vertragspartei erhöht (z.B. kann die unwahre Aussage „Der Wagen ist kein Unfallwagen" weggelassen werden, ohne dass die übrigen Informationen über das Kraftfahrzeug ihren Wert verlieren), so können konkludente Täuschungen neben der fehlerhaften Information durchaus ein wahres Element enthalten. Oftmals stehen die einzelnen Informationspartikel in einer Beziehung zueinander, aus der sich der Inhalt der gesamten Erklärung ergibt. Insofern kann, anders als bei der ausdrücklichen Täuschung, die Informationslage nicht zwangsläufig durch bloßes (kostenloses) Unterlassen der konkludenten Erklärung verbessert werden.[638] Ein Beispiel ist die konkludente Erklärung der Erfüllungsbereitschaft und –fähigkeit beim Eingehen einer Verbindlichkeit[639]: Hier ist der konkludent erklärte unwahre Inhalt nicht von der Willenserklärung zum Vertragsschluss zu trennen – eine Verpflichtung zur Unterlassung der Erklärung würde der anderen Vertragspartei somit die Möglichkeit nehmen, den Vertrag überhaupt abzuschließen. Verbessert hingegen würde die Informationslage etwa durch einen Hinweis auf die fehlende Erfüllungsfähigkeit. So gäbe es gerade bei einer vorübergehend eingeschränkten Zahlungsfähigkeit unter Umständen risikobereite Parteien, die trotzdem kontrahieren würden - die Wahlfreiheit des Opfers würde durch eine solche Erklärung verbessert.

Insofern lässt sich an dieser Stelle festhalten, dass die Beurteilung der Zulässigkeit einer konkludenten Täuschung aus ökonomischer Sicht den gleichen Abwägungen unterliegt wie eine Täuschung durch Unterlassen: Zu fragen ist, ob der Nutzen des informationsverbessernden Alternativverhaltens die Kosten der Aufklärung überwiegt. Nur wenn das bloßes Weglassen des irreführenden In-

---

637 Vgl. *Craswell*, Fn. 592, S. 593 ff.

638 Eine ähnliche Problematik stellt sich bei unwirksamen Vertragsklauseln oder Bestimmungen in Allgemeinen Geschäftsbedingungen. Hier behilft sich die Praxis mit „salvatorischen Klauseln"; bei Allgemeinen Geschäftsbedingungen gilt der Grundsatz des Verbots der geltungserhaltenden Reduktion.

639 Zur Kasuistik konkludenter Täuschungen vgl. Teil 3:A.I.

formationspartikels den Erklärungswert insgesamt nicht beeinträchtigt, ist, entsprechend der Ausführungen zur ausdrücklichen Täuschung, die konkludente Täuschung kostenlos vermeidbar und damit von vorneherein kategorisch zu unterlassen.

In allen anderen Fällen sind Kosten und Nutzen einer strafrechtlichen Sanktionierung abzuwägen. Dafür sollte zunächst ein konkretes informationsverbesserndes Alternativverhalten identifiziert werden (z.B. Aufklärung über Zweifel an der eigenen Zahlungsfähigkeit). Dieses Alternativverhalten ist dann daraufhin zu untersuchen, in welchem Umfang die dadurch vermittelten Zusatzinformationen die Entscheidung der anderen Partei beeinflussen. Da der subjektive Wert einer Information für die informationsunterlegene Partei dem Richter nicht bekannt ist[640], kann das im Rahmen der Täuschung durch Unterlassen verwendete (objektivierte) Kriterium der „Wesentlichkeit" der jeweiligen Information für den Vertragsschluss als geeignetes Indiz für die Wertschätzung dieser Partei verwendet werden.

Diesem Nutzen sind die Kosten gegenüberzustellen, die das informationsverbessernde Alternativverhalten mit sich bringen würde. Soweit es sich um vorsätzliches Verhalten handelt, sind lediglich die Kommunikationskosten zu erbringen (es sind ja, anders als bei einer „fahrlässigen Täuschung", keine kostspieligen Sorgfaltsanstrengungen notwendig), die gerade im Falle mündlicher Vertragsverhandlungen relativ gering sein werden. Da es bei konkludenten Täuschungen oftmals schwer zu erkennen ist, ob sie vorsätzlich oder nur fahrlässig getätigt wurden, besteht bei einer zu exzessiven Sanktionierung das Risiko einer Überabschreckung aufgrund eines latenten Strafbarkeitsrisikos bei Vertragsschlüssen mit der Folge einer Erhöhung der Transaktionskosten. Um Irrtümer in Grenzfällen zu vermeiden, sollte Strafrecht, wie ausgeführt, nur *klar* sozialschädliches Verhalten erfassen, also nur solche Fälle, in denen der Nutzen des informationsverbessernden Alternativverhaltens dessen Kosten ohne Zweifel überwiegt. Insofern sollten nur solche Verhaltensweisen als konkludente Täuschungen i.S.d. § 263 StGB anerkannt werden, bei denen der Vorsatz zweifellos nachweisbar ist. Dies ist bei Informationen, die die Wertschätzung der informationsunterlegenen Partei maßgeblich beeinflussen, jedoch zumeist der Fall. Solche Informationen schlagen sich in der Regel in einer Veränderung des Vertragsgewinns für die informationsüberlegene Partei nieder, über den sich diese Partei aus Eigeninteresse zumeist ein Bild gemacht haben wird.

640 Und die Partei auch keine (neutrale) Auskunft geben wird, da sie im Falle eines ungewollten Vertragsschlusses in aller Regel ein Interesse an der gerichtlichen Einordnung als konkludente Täuschung haben wird.

Insofern ist eine Konturierung des konkludenten Täuschungsbegriff anhand des Kriteriums der „Wesentlichkeit" der Information für die Wertschätzung der Gegenseite geeignet, sowohl den Nutzen als auch die Kosten der Herstellung einer verbesserter Informationsbasis abzubilden. Der Informationsmehrwert ist bei „wesentlichen" Informationen höher und zugleich das Risiko einer fehlerhaften Sanktionierung fahrlässigen Verhaltens geringer.

Anders als bei ausdrücklichen Täuschungen greifen die Einwände gegen eine „optimal-dishonesty"-Rule nicht im gleichen Maße. Die Transaktionskostenerhöhung durch den Vertrauensverlust im Rechtsverkehr würde bei einer Zulassung konkludenter Täuschungen zum Schutz sozial erwünschter Informationsbeschaffungen geringer ausfallen als bei ausdrücklichen Täuschungen, denn Vertragspartner könnten sich durch Nachfragen eine ausdrückliche Aussage „beschaffen", auf deren Richtigkeit sie - durch eine strafrechtliche Sanktion abgesichert – vertrauen können. Allerdings wird die „optimal-dishonesty"-Rule bei konkludenten Täuschungen eine geringe Rolle spielen, denn wertvolles Wissens wird in aller Regel durch ein „Recht zum Schweigen" besser geschützt werden. Es handelt sich in solchen Fällen regelmäßig um einen besonderen wertsteigernden Umstand (z.B. Urheberschaft eines Gemäldes, Erdölvorkommen unter einem Grundstück), der selten Gegenstand einer konkludenten Erklärung, sondern vielmehr einer möglichen Aufklärungspflicht ist. Insgesamt sollte aus Gründen der Rechtssicherheit auf ein „Recht zur konkludenten Täuschung" verzichtet werden.

c) Täuschung durch Unterlassen

Können konkludente Täuschungen und ausdrücklichen Täuschungen typischerweise kostenlos durch bloßes Unterlassen vermieden werden, so liegt bei Täuschungen durch Unterlassen das informationsverbessernde Alternativerhalten *immer* in einer Aufklärung. Weiß die informationsüberlegene Partei, dass die Kenntnis eines bestimmten Umstandes für die Entscheidung der anderen Partei entscheidend ist, so kann sie diese unter Aufwendung von Kommunikationskosten aufklären. Eine solche Aufklärung wird, soweit das jeweils transaktionsbestimmende Motiv bekannt ist, zu geringen Kosten möglich sein. In der Realität ist es jedoch oftmals schwierig zu erkennen, *welcher* Umstand für eine Partei transaktionsbestimmend ist. Aus diesem Grund fällt es schwer, der informationsüberlegenen Partei vorzuwerfen, sie habe einen solchen Umstand wissentlich verschwiegen, denn in aller Regel wird sie behaupten, sie habe entweder selbst keine Kenntnis über diesen Umstand gehabt oder sie habe zumindest nicht erkannt, dass dieser Umstand für die andere Partei eine für den Vertragsschluss entscheidende Bedeutung hatte. Trifft diese Behauptung zu, so handelt es sich allenfalls um fahrlässiges Verhalten, was nicht abgeschreckt, sondern über das

Deliktsrecht gesteuert werden sollte.[641] Eine zu exzessive strafrechtliche Sanktionierung von unterlassenen Aufklärungen würde sich transaktionskostenerhöhend auswirken, denn Vertragsparteien könnten sich oftmals nicht sicher sein, ob ihnen im Nachhinein hinsichtlich bei Vertragsschluss nicht bekannter Umstände Kenntnis unterstellt werden würde. Insofern sollten Täuschungen durch Unterlassen nur dann einem strafrechtlichen Vorwurf genügen, wenn die soziale Nützlichkeit des informationsverbessernden Alternativverhaltens (=Aufklärung) klar feststeht, d.h. die jeweilige Information die Wertschätzung der anderen Partei für den Vertragsschluss entscheidend beeinflusst hat (Nutzen der Aufklärung ist tendenziell hoch) und dies der informationsüberlegenen Partei mit hoher Sicherheit bekannt war (Kosten der Aufklärung sind tendenziell niedrig). Ein solcher Nachweis fällt – wie bei der konkludenten Täuschung - dann eher leicht, wenn es sich um solche Umstände handelt, die erkennbar für die Entscheidung der anderen Vertragspartei von Bedeutung sind (wesentliche Umstände). In solchen Fällen ist es unwahrscheinlich, dass der jeweilige Informationsinhaber den für ihn vorteilhaften Informationsvorsprung „aus Versehen" ausgenutzt hat – in solchen Fällen sind die zivilrechtlichen Rechtsfolgen ausreichend.

Während sich Parteien ausdrücklicher Aussagen bedienen können, um – durch strafrechtliche Sanktionen unterstützt – glaubwürdig den jeweiligen Gegenparteien Informationen etwa über besondere Qualitäten des Vertragsgegenstands oder sonstige Vorteile des Vertragsschlusses zu vermitteln, und deswegen jede Aufweichung des kategorische Lügenverbot mit erheblichen Folgekosten für den Geschäftsverkehr verbunden wäre, hat ein „Recht zum Schweigen" relativ geringe gesellschaftliche Kosten zur Folge. Insofern ist an dieser Stelle Raum, um Inhaber produktiver Informationen unter den bereits dargestellten Voraussetzungen die Möglichkeit zu geben, ihren Informationsvorsprung durch Verschweigen auszunutzen. Auch sollten Marktteilnehmer davon freigestellt werden, ihre persönliche Lage und Präferenzen mitteilen zu müssen (z.B. wirtschaftliche Bedrängnis), um das Risiko opportunistischen Verhaltens zu verringern.

d) *Zusammenfassung und Leitlinien für die Rechtsanwendung*

An dieser Stelle können folgende Erwägungen festgehalten werden:

- Grundvoraussetzung für eine strafrechtliche Sanktionierung ist, dass es sich um ein vorsätzliches Verhalten handelt, das durch zivilrechtliche und andere Sanktionsmöglichkeiten nicht hinreichend gesteuert werden kann. Im Ausgangspunkt sind damit vorsätzliche Täuschungen in aller Regel zu sanktio-

641 Vgl. dazu Teil 2:C.II.

nieren, denn diese sind (unabhängig von der Täuschungsform) weitgehend kostenlos vermeidbar.

- Jedoch besteht in der Praxis das Problem, vorsätzliches Verhalten nachzuweisen. Eine zu weitgehende Sanktionierung läuft in das Risiko, auch fahrlässiges Verhalten zu bestrafen und damit Transaktionskosten zu erhöhen. Diesem Risiko der Überabschreckung kann durch eine Einschränkung der Strafbarkeit auf Ebene des Täuschungsbegriffes begegnet werden. Die hergebrachte Kategorisierung der Täuschungsformen in ausdrückliche und konkludente Täuschungen sowie Täuschungen durch Unterlassen ist geeignet, das Risiko einer Übersanktionierung in den Bereich fahrlässiger Verhaltensweisen zu reduzieren.
- Weiterhin sollte eine strafrechtliche Sanktionierung ausgeschlossen werden, wenn die Möglichkeit der Ausnutzung des Informationsvorsprunges gesellschaftlich erwünscht ist. Dies kann der Fall sein, wenn dem Informationsinhaber eine Vergütung für die Beschaffung produktiver Informationen zugestanden werden soll. Soweit die Informationsasymmetrie die Lage und Präferenzen der anderen Vertragspartei betrifft, kann ihre Erhaltung opportunistisches Verhalten, etwa durch Wucher, verhindern.

Damit folgt für die Handhabung des Täuschungsbegriffs folgendes:

- Bei ausdrücklichen Täuschungen kann die Informationsbasis der Gegenpartei regelmäßig durch bloßes Weglassen des jeweiligen Informationspartikels verbessert werden. Im Falle vorsätzlichen Verhaltens können sie somit kostenlos vermieden werden. Gleichzeitig sind ausdrückliche Täuschungen mit erheblichen Transaktionskostenerhöhungen verbunden. Insbesondere wird die Möglichkeit beeinträchtigt, durch ausdrückliche Erklärungen glaubhafte Versprechungen abzugeben. Aus diesen Gründen sollten ausdrückliche Täuschungen kategorisch unterbunden werden – ein „Recht zur Lüge" ist abzulehnen.
- Bei konkludenten Täuschungen ist die Kosten-Nutzen-Abwägung schwieriger: Auf der Kostenseite muss beachtet werden, dass die Informationsbasis nicht in allen Fällen durch bloßes Weglassen eines Informationspartikels verbessert werden kann. Es muss somit im Einzelfall untersucht werden, welches konkrete informationsverbessernde Alternativverhalten die informationsüberlegene Vertragspartei anstelle der konkludenten Täuschung hätte an den Tag legen müssen und wie kostspielig dieses Verhalten wäre. Desweiteren droht bei einer zu weitgehenden Sanktionierung konkludenter Täuschungen das Risiko einer Überabschreckung in den Bereich fahrlässiger Verhaltensweisen. Die Vorsatzprüfung muss an dieser Stelle sorgfältig erfolgen. Schließlich sind die Vertrauensverluste durch konkludente Täuschungen ge-

ringer: Vertragsparteien steht es immer offen, mögliche Zweifel durch die Einholung einer ausdrückliche Zusicherung zu beseitigen. Die (strafrechtlich abgesicherte) Gewähr der Richtigkeit ausdrücklicher Aussagen bei Vertragsschlüssen wird durch konkludente Täuschungen nicht beeinträchtigt.

- Bei Täuschungen durch Unterlassen kann die Informationsbasis nie durch bloßes Weglassen eines Informationspartikels verbessert werden. Insofern sind zumindest immer Kommunikationskosten aufzuwenden. Auch besteht hier im großen Maße das Risiko einer Überabschreckung fahrlässiger Verhaltensweisen. Gleichzeitig ist der Vertrauensverlust durch unterlassene Aufklärungen eher gering, denn wie bei konkludenten Täuschungen besteht immer die Möglichkeit nachzufragen. Insofern scheint hier die geeignete Stelle, den Schutz von Anreizen zur Informationsgewinnung durch eine Befreiung von Aufklärungspflichten unter den zuvor ausgeführten Voraussetzungen zu realisieren.[642] Auch sollten Parteien zum Schutz vor opportunistischem Verhalten nicht verpflichtet sein, ihre persönlichen Präferenzen und wirtschaftliche Bedrängnis ungefragt preiszugeben.[643]

III. Diskussion ausgesuchter Fälle

In diesem Abschnitt sollen die vorgestellten Erwägungen auf ausgesuchte Einzelfälle angewendet werden. Dabei handelt es sich nicht um Darstellungen im Stil „juristischer Falllösungen“, sondern um eine kritische Würdigung der Entscheidung aus ökonomischer Sicht.

1. Konkludente Täuschung

a) RGSt 20, 144: Manipulation des Kaufgegenstands

aa) Die Entscheidung

Die Entscheidung des *Reichsgerichts* vom 28. September 1889 hatte einen Grundstückstausch zum Gegenstand. Nach den richterlichen Feststellungen tauschte der Angeklagte sein Grundstück mit einem schwammbefallenen Gebäude gegen ein höherwertiges ländliches Grundstück, wobei er die schwammbefallenen Stellen seines Gebäudes zuvor so verschmierte und verdeckte, dass sein Vertragspartner nicht in der Lage war, diese Mängel zu erkennen. Die Instanzgerichte sprachen den Angeklagten vom Vorwurf des Betrugs mit der Begründung frei, dass sein Verhalten nicht dem Täuschungsbegriff des § 263 StGB

---

642 Siehe dazu die Auflistung auf S. 121.

643 Außer in Fällen, in denen der Vertragszweck vereitelt würde, z.B. bei Bestellung trotz Zahlungsunfähigkeit.

unterfallen würde. Es handele sich um keine konkludente Täuschung, da aus den Erklärungen des Angeklagten im Rahmen der Vertragsverhandlungen nicht die Mangelhaftigkeit des Hauses abgeleitet werden könne. Eine Täuschung durch Unterlassen scheide ebenfalls aus, da der Angeklagte keine Rechtspflicht zur Aufklärung über den Schwammbefall gehabt habe. Das *Reichsgericht* gab der Revision der Staatsanwaltschaft statt, hob den Freispruch auf und verwies die Sache an die Vorinstanz zurück. Zwar sei es richtig, dass der Veräußerer grundsätzlich nicht verpflichtet sei, den Erwerber über Mängel des Kaufgegenstandes von sich aus aufzuklären. Jedoch werde dieser Rechtssatz bedeutungslos, sobald der Veräußerer in aktiver Weise, wie durch die Verdeckung schlechter Eigenschaften, den Irrtum des Erwerbers über die Mangelfreiheit verursacht hat. Insoweit sei das Verhalten von seiner Wirkungsweise einer ausdrücklichen betrügerischen Täuschung vergleichbar und folglich müsse die Mangelfreiheit in Bezug auf einen solchen - künstlich verdeckten - Mangel auch als konkludenter Erklärungsinhalt angesehen werden.

bb) Stellungnahme aus ökonomischer Sicht

Der Entscheidung ist zuzustimmen. Der Angeklagte hätte kostenlos die Informationsbasis des Vertragspartners verbessern können. Eine strafrechtliche Sanktionierung ist somit sinnvoll.

Die Kosten-Nutzen-Abwägung ist im Vergleich eines hypothetischen informationsverbessernden Alternativverhaltens vorzunehmen. Dieses besteht vor allem in einer Unterlassung des Verkaufs des Grundstücks bei Verdeckung des Schwammbefalls (ohne Verdeckung hätte der Erwerber diesen durch eine Inspektion unzweifelhaft selbst entdeckt). In der Folge wäre der Erwerber in seiner rationalen Entscheidungsbasis nicht beeinträchtigt und hätte keine unerwünschte Transaktion getätigt. Da es sich um einen „wesentlichen" Umstand handelt, ist der Einfluss auf dessen Wertschätzung relativ groß. Müssten Käufer damit rechnen, dass Mängel sanktionsfrei überdeckt werden können, so müssten sie gerade beim Erwerb von Immobilien eigene Nachforschungen anstellen und, vielfach ohne Anlass, sogar Sachverständigengutachten einholen. Die Verkäufer würden so aus Inspektionsgüter Erfahrungsgüter machen. Diese Aufwendungen würden vermieden, wenn Veräußerer es unterließen, solche Mängel aktiv zu verdecken.

Zudem hätte der Verkäufer durch das Nichtverdecken des Schwammbefalls sogar Kosten erspart, denn er musste dazu neben dem Material zur Mangelverdeckung (z.B. Farbe und Werkzeug) auch Zeit und Mühe aufwenden. Diese Investitionen sind sozial verschwendet, denn sie hatten nur den Zweck, den Erwerber zum irrtumsbehafteten Erwerb des Grundstücks zu bewegen. Das Verhalten spricht deutlich für einen Täuschungsvorsatz und alleine aus diesem Grund schon für eine kostenlose Vermeidbarkeit.

Das Recht sollte somit solche Verhaltensweisen unter Einsatz von Sanktionen unterbinden. Anreize zur Gewinnung produktiver Informationen werden durch eine strafrechtliche Sanktionierung auch nicht vermindert.

b) BGHSt 16, 120: „Spätwette"

aa) Die Entscheidung

Gegenstand der Entscheidung des 5. Strafsenats des *Bundesgerichtshofs* vom 20. Juni 1961 war eine konkludente Täuschung im Rahmen des Abschlusses einer sog. „Spätwette". Bei einer „Spätwette" handelt es sich um eine Wette auf ein Sportereignis, das schon begonnen hat. Die Angeklagten ließen sich nach den instanzgerichtlichen Feststellungen Ergebnisse einzelner Pferderennen auf französischen Rennplätzen fernmündlich mitteilen, platzierten anschließend in Berliner Wettbüros Einsätze und erzielten dadurch beträchtliche Gewinne. Das amtliche Ergebnis der entsprechenden Pferderennen ging den Mitarbeitern der Wettbüros erst einige Minuten später zu. Das *Landgericht Berlin* verurteilte die Angeklagten wegen gemeinschaftlich begangenen Betrugs mit der Erwägung, sie hätten den Mitarbeitern der Wettbüros vorgetäuscht, „echte" Wetter zu sein, denen das Ergebnis der Rennen noch nicht bekannt gewesen sei. Beweggrund und Inhalt der Rennwette sei die Spekulation auf den Zufall; damit sei die beiderseitige Ungewissheit über das Rennergebnis zum stillschweigend anerkannten Vertragsinhalt geworden. Der *Bundesgerichtshof* schloss sich dieser Sichtweise nicht an und sprach die Angeklagten vom Betrugsvorwurf frei. Der Abschluss einer Rennwette beinhalte nicht die (konkludente) Erklärung, ihren Ausgang nicht zu kennen. Da eine Rennwette im Regelfall vor dem Beginn des Rennens geschlossen wird, hätten beide Parteien keinen Anlass, sich den selbstverständlichen Umstand der beiderseitigen Unkenntnis gegenseitig zuzusichern. Allenfalls stünde hier ein Betrug durch Unterlassen im Raum, da die Angeklagten die Buchmacher über ihre Kenntnis über die Rennergebnisse nicht aufgeklärt hatten. Insofern fehle es aber an einer Offenbarungspflicht: Aus dem Wettvertrag ergebe sie sich nicht und auch sonst stehen keine Anhaltspunkte im Raum, die eine solche Pflicht begründen können.

bb) Stellungnahme aus ökonomischer Sicht

Der Entscheidung des *Bundesgerichtshofs* ist zuzustimmen. Das Verhalten der Angeklagten erfüllt nicht den Täuschungsbegriff.

Hier stehen insbesondere zwei informationsverbessernde Alternativverhalten im Raum: Die Angeklagten hätten die Buchmacher darüber aufklären können, dass sie über das Rennergebnis bereits im Bilde waren. Sie hätten aber auch davon absehen können, nach Kenntnis der Rennergebnisses Wettverträge abzuschließen. Beide Verhalten wären für die Angeklagten mit wenig bzw. keinen

Kosten verbunden. Während sie für die Aufklärung der Buchmacher Kommunikationskosten aufwenden müssten, würden sie beim Unterlassen der Wetten sogar die Aufwendungen ersparen, die sie für den Erwerb der Vorabkenntnis der Rennergebnisse getätigt haben. Da es sich bei dem Wissen um das bereits feststehende Rennergebnis um bloßes Vorauswissen und damit um sog. „redistributive Informationen" handelt, würde eine strafrechtliche Sanktionierung auch keine Anreize zum sozial sinnvollen Informationserwerb zerstören: Das Rennergebnis hätte einige Minuten später sowieso die Berliner Wettbüros erreicht. Die Investitionen, die die Angeklagten zum Erwerb ihres Sonderwissens getätigt haben, sind somit sozial verschwendet und sollten aus volkswirtschaftlicher Sicht unterbleiben.

Jedoch rechtfertigt der vorliegende Sachverhalt im Ergebnis trotzdem keine strafrechtliche Sanktionierung. So besteht die Besonderheit, dass das gesamte Geschäftsmodell der Wettbüros auf den Erwerb „redistributiven" Vorwissens beruht. Alleine die Vorstellung, gegenüber anderen Wettteilnehmern eine bessere Einschätzung über die Rennerergebnisse geben zu können, motiviert zum Abschluss eines entsprechenden Wettvertrags und begründet den wirtschaftlichen Erfolg der Wettanbieter. Entsprechend liegt es im Verantwortungsbereich der Wettanbieter, Vorkehrungen zu treffen, um vor den jeweiligen Wettern Kenntnis von den Rennergebnissen zu erlangen. Unterlässt es ein solcher Anbieter, etwa aus wirtschaftlichen Gründen, geeignete Kommunikationsvorrichtungen zu schaffen, so kann dieses organisatorische Defizit nicht durch die Strafverfolgung aufgefangen werden. Es ist nicht Aufgabe des Betrugsstraftatbestands, durch ein Verbot der Ausnutzung legitim erworbenen Vorwissens wirtschaftlich nicht tragfähige Geschäftsmodelle zu sichern. Die Kosten der strafrechtlichen Rechtsdurchsetzung kämen einer staatlichen Subvention gleich und wären - trotz der kostenlosen Vermeidbarkeit des Verhaltens der Angeklagten - sozial verschwendet. Zivilrechtliche Instrumente reichen zur Verhaltenssteuerung aus.

c) *BGH wistra 1984, 223: Offenbarung der wirtschaftlichen Verhältnisse*

aa) Die Entscheidung

Der Beschluss des 4. Strafsenats des *Bundesgerichtshofs* vom 10. April 1984 betrifft die Frage, ob der Einkauf von Waren unter Kenntnis der eigenen drohenden Zahlungsunfähigkeit den Betrugsstraftatbestand erfüllt. Der Angeklagte bestellte als Geschäftsführer eines Schuheinzelhandelsgeschäfts zusammen mit seiner mitangeklagten Ehefrau bei fünf italienischen Schuhfabrikanten Ware im Gesamtwert von mehreren hundert Millionen Lire. Ziel dieser Handlungen war es, die Umsätze des Einzelhandelsgeschäfts auf Großhandelsniveau zu heben. Die Warenlieferungen erfolgten stets gegen Wechselakzepte oder Schecks. Sämtliche Wechsel wurden mangels Zahlung protestiert und die entsprechenden

Schecks nur zum Teil eingelöst. Nachdem die Ehefrau des Angeklagten durch notarielle Urkunde gegenüber drei der fünf Lieferanten anerkannt hatte, bestimmte Beträge zu schulden, erbrachte einer der Lieferanten zwei weitere Lieferungen in der Hoffnung, dadurch dem Angeklagten nach Weiterveräußerung die Bezahlung der ausstehenden Forderungen zu ermöglichen. Für diese Lieferung konnte jedoch nur einer der dafür gegebenen Schecks eingelöst werden. Des Weiteren bestellten die Angeklagten bei einem anderen Schuhhersteller Waren in erheblichem Wert. Mit diesem Lieferanten standen sie in jahrelanger Geschäftsbeziehung, innerhalb derer sie ihre Verbindlichkeiten unter Ausnutzung des branchenüblichen Zahlungsziels immer erfüllt hatten.

In der Vorinstanz verurteilte das *LG Saarbrücken* die Angeklagten wegen fortgesetzt und gemeinschaftlich begangenen Betrugs, insbesondere da die Angeklagten im Zeitpunkt der Bestellungen bereits wussten, bei Fälligkeit die Ware allenfalls aus Erlösen aus ihren Weiterverkauf bezahlen zu können. Der *Bundesgerichtshof* hob das Urteil auf die Revision des Angeklagten hin auf. Auf Grundlage der Feststellungen des Landgerichts könne eine Verurteilung wegen Betrugs nur erfolgen, wenn die Lieferanten ihre Lieferungen von der Zahlungsfähigkeit der Angeklagten zum Zeitpunkt der Bestellung abhängig gemacht hätten. Dies sei jedoch unwahrscheinlich, da die Vereinbarung von Zahlungszielen „branchenüblich" sei und es einer „weitverbreiteten Übung im Geschäftsleben" entspreche, die Waren erst nach Weiterverkauf zu bezahlen. Es spreche somit viel dafür, dass auch die Lieferanten bei Entgegennahme der Bestellung hiervon ausgegangen seien. Zu einer *ungefragten* Offenbarung der eigenen wirtschaftlichen Verhältnisse, insbesondere der Zahlungsfähigkeit, sei beim Abschluss eines Vertrags niemand ohne weiteres verpflichtet, soweit nicht besondere Umstände vorliegen, die den Gläubiger, vom Schuldner erkannt, in Bezug auf das Zahlungsausfallrisiko „in Sicherheit wiegen". Eine Offenbarungspflicht aus einem besonderen Vertrauensverhältnis, wie etwa bei einer langjährigen Geschäftsbeziehung, die dem Geschäftspartner die Überzeugung vermittelt, dass sich eine Bonitätsprüfung erübrige, habe ebenso nicht vorgelegen.

bb) Stellungnahme aus ökonomischer Sicht

Dem *Bundesgerichtshof* ist zuzustimmen. Die Angeklagten sollten nicht wegen Betrugs bestraft werden. Auch hier sind Kosten und Nutzen des informationsverbessernden Alternativverhaltens abzuwägen.

Zum einen hätten die Angeklagten die jeweiligen Lieferanten darüber aufklären können, dass es ihnen ihre wirtschaftliche Lage nicht erlaubt, die gelieferten Waren unabhängig von ihrem Weiterverkauf zu bezahlen. Diese Alternative würde zwar den Informationsstand der Lieferanten verbessern, wäre jedoch mit Kosten für die Angeklagten verbunden. Sie wären dann gezwungen, ihre wirtschaftliche Bedrängnis preiszugeben und, soweit sie auf Lieferung von Waren angewiesen sind, die Lieferanten zu opportunistischem Verhalten, wie Wucher, „einzuladen“. Opportunistisches Verhalten erhöht jedoch Transaktionskosten und ist volkswirtschaftlich unerwünscht.

Zum anderen hätten die Angeklagten vom Vertragsschluss insgesamt absehen können. Anders als in den vorherigen Fällen ist jedoch sehr wahrscheinlich, dass der Vertrag zumindest ex-ante von beiden Parteien gewollt war, denn es hat sich nur ein allgemeines Ausfallrisiko realisiert. In der Branche entspricht es allgemeiner Übung, Waren erst nach ihrem Weiterverkauf bezahlen zu können, so dass eine vorübergehende Illiquidität den Vertragsschluss nicht von vorneherein unattraktiv macht. Eine strafrechtliche Sanktionierung würde so beidseitig ex-ante-nutzenverbessernde Verträge unterbinden. Anders wäre es bei sicherem Wissen der Angeklagten um die Zahlungsunfähigkeit trotz Weiterverkaufes der Waren: In diesem Fall wäre *kein* Lieferant zur Lieferung bereit und es besteht kein Grund, einen solchen Vertrag aufrechtzuhalten, sondern vielmehr, solche Vertragsschlüsse zu unterbinden. Von einem solchen Wissen der Angeklagten war aber nach den instanzgerichtlichen Feststellungen nicht auszugehen.

2. Täuschung durch Unterlassen

a) RGSt 68, 212: Offenbarung von Zweifeln an der Echtheit eines Kunstwerkes

aa) Die Entscheidung

Das *Reichsgericht* beschäftigt sich in seinem Urteil vom 17. Mai 1934 mit der Frage, ob ein Verkäufer ein Gemälde als „alten Meister“ anbieten darf, obwohl er begründete Zweifel an der Echtheit des Kunstwerkes hat.

Der Angeklagte verkaufte mit seinem zum Zeitpunkt des Urteils schon verstorbenen Mitangeklagten zwei Gemälde zum Preis von 11.000,- Reichsmark sowie ein Gemälde zum Preis von 3.000,- Reichsmark. Zuvor hatte Professor H. auf Veranlassung der Angeklagten „Expertisen“ ausgestellt, in denen er diese Bilder den Malern Rubens und Hobbema zuordnete. Dabei wusste der Angeklagte, dass sich Professor H. für geringes Entgelt zur Abgabe jedes gewünschten Gemäldegutachtens bereit erklärte; zuweilen schrieben ihm seine Auftraggeber sogar vor, auf welchen Maler das Gutachten lauten sollte. Der Angeklagte unterhielt, wie viele andere Kunsthändler auch, schon seit längerem Geschäftsbeziehungen zu Professor H. So hatte der Angeklagte auf die Gutachten „nichts gegeben“, kannte aber das unbedingte Vertrauen des Käufers zu den „Expertisen“ von Professor H. Auch hatte der Mitangeklagte erhebliche Zweifel an den beiden Gutachten, zumal ein Gutachten eines anderen Kunstsachverständigen den „Rubens“ nur als Werkstattbild bezeichnete. Nach dem Erwerb erkannte der Käufer, dass es sich nicht um echte Gemälde gehandelt hatte.

Das *LG Berlin* verurteilte den Angeklagten wegen Betrugs. Das *Reichsgericht* hob das Urteil auf. Das Verhalten der Angeklagten sei zwar eine Täuschungshandlung, jedoch habe das *LG Berlin* den Vermögensschaden nicht hinreichend dargelegt.

Das täuschende Verhalten ergebe sich daraus, dass die Angeklagten die Bilder dem Käufer unter einseitiger Bezugnahme auf das Gutachten des Professor H. anboten, ohne gleichzeitig ihre Bedenken an dessen Aussagekraft offenzulegen und dem Käufer einen Hinweis auf das entgegenstehende Gutachten zu geben. Dabei sei nicht entscheidend, ob der Angeklagte die Echtheit aktiv vorgespiegelt oder lediglich schweigend den Verkaufsverhandlungen beigewohnt habe. In jedem Fall hatte er beim Käufer einen Irrtum über die Urheberschaft des Bildes hervorrufen und diesen dadurch zum Kauf bewegen wollen.

Trotzdem war die Verurteilung wegen Betrugs rechtsfehlerhaft, denn nach den Feststellungen des *Landgerichts* sei nicht klar, ob und in welcher Höhe der Käufer einen Vermögensschaden erlitten habe. Dafür müsse festgestellt werden, welchen Wert die veräußerten gefälschten Gemälde, auch unter Berücksichtigung der Wertschätzung des Käufers, gehabt haben. Da der Kaufpreis i.H.v. 14.000,- Reichsmark bei Echtheit der veräußerten Gemälde äußerst günstig gewesen sei, sei nicht auszuschließen, dass selbst die unechten Gemälde diesen Preis wert gewesen waren. Der Verweis des *LG Berlin* auf einen „wucherischen“ Preis genüge nicht. Es müsse der Gebrauchswert des Gemäldes ermittelt werden, den dieses für den Besitzer hat. Dieser könne durchaus höher als der jeweilige Handelswert sein. Lediglich der Liebhaberwert müsse außer Betracht bleiben.

bb) Stellungnahme aus ökonomischer Sicht

Der Entscheidung ist hinsichtlich der Ausführungen zum Täuschungsbegriff zuzustimmen. Im Ergebnis hätte das *Reichsgericht* das Urteil des *LG Berlin* jedoch aufrechterhalten sollen, denn nach dem festgestellten Sachverhalt liegt ein Vermögensschaden vor. An dieser Stelle soll aber nur die Argumentation zum Täuschungsbegriff ökonomisch nachgezeichnet werden.

Das informationsverbessernde Alternativverhalten hätte darin bestanden, den Käufer über die eigenen Zweifel an der Urheberschaft des Gemäldes aufzuklären und auf das entgegenstehende Gutachten hinzuweisen. Der Nutzen einer solchen Aufklärung wäre auch höher als die entsprechenden Kosten gewesen. Insbesondere würden durch die Aufklärungspflicht keine gesellschaftlich erwünschten Anreize zur Informationsgewinnung zerstört werden. Zwar handelt es sich bei Informationen über die Urheberschaft eines Gemäldes grundsätzlich um produktive Informationen. Hier hatte der Verkäufer jedoch nicht wertsteigernde Informationen, etwa die Urheberschaft eines als solchen nicht erkannten „echten" Kunstwerkes, zurückgehalten, sondern vielmehr den Käufer über die *wertsenkende* Informationen der *fehlenden* Urheberschaft nicht aufgeklärt. Diese Informationen sind nicht produktiv, da sie keine werthaltige Ressource offenlegen, sondern lediglich redistributiv: In dem Moment, in dem der Käufer die Fälschung bemerkt hatte, sank seine Wertschätzung für das Bild; im Gegenzug hat der Verkäufer den überhöhten Kaufpreis erlangt. Das Recht sollte keine Anreize setzen, Anstrengungen für den Erwerb solcher Informationen zu unternehmen. Da es sich nach instanzgerichtlicher Feststellung um ein geplantes und damit vorsätzliches Verschweigen über die Zweifel an der Urheberschaft gehandelt hat, das dazu diente, den Erwerber zum Kauf zu bewegen, besteht auch keine Risiko, fahrlässige Verhaltensweisen „überabzuschrecken".

b) BayObLG NJW 1994, 1078: Offenbarung des Ausmaßes eines Unfallschadens

aa) Die Entscheidung

Der Angeklagte war Verkäufer eines silbergrauen PKWs oberer Mittelklasse. Der Geschädigte erwarb diesen PKW für einen Kaufpreis von 46.000,- DM. Auf die Frage des Käufers, ob der Wagen unfallfrei sei, erklärte der Angeklagte, der Wagen habe lediglich vorne rechts einen leichten Blechschaden erlitten. Tatsächlich war das Fahrzeug infolge eines Unfalls stark beschädigt und verkehrsuntüchtig. Im Rahmen der Verkaufsverhandlungen nahm der Geschädigte seinen Freund mit, der einen PKW gleicher Marke fuhr. Beide sahen sich das Fahrzeug an und der Geschädigte bemerkte, dass der Kotflügel vorne rechts ausgetauscht, das Gummi verzogen und die Kühlerhaube verschoben war. Daraufhin sagte der Angeklagte zum Geschädigten: „Das Radhaus ist verzogen. Der Vorbesitzer ist an eine Leitplanke gefahren." Nach einer Probefahrt sagte der Freund zum Geschädigten: „Der Kauf ist uninteressant". Trotzdem kehrte der Geschädigte zum Angeklagten zurück und erwarb das Fahrzeug. Im schriftlichen Kaufvertrag nahmen die Parteien unter der Rubrik „Sonstige Bemerkungen, z.B. Angaben über Unfallschäden" u.a. folgenden, selbst geschriebenen Text auf: „vorne rechts Unfall beschädigt und auf der linken Seite verkratzt von Leitplanke. Das KFZ gekauft repariert." Der Geschädigte zahlte für den PKW, der noch einen Restwert von 37.000,- DM hatte, den vereinbarten Kaufpreis (46.000,- DM). Als ihm kurz danach von einer Fachwerkstatt mitgeteilt wurde, dass „hier ein größerer Schaden vorliege", verklagte er den Angeklagten. Eine Reparatur hätte ca. 44.000,- DM gekostet. Der Angeklagte hatte zuvor das Fahrzeug nach dem Erwerb zum Preis von 26.000,- DM zu Kosten von 13.100,- DM in Griechenland notdürftig reparieren lassen.

Das zuständige *Amtsgericht* verurteilte den Angeklagten wegen Betrugs zu einer Geldstrafe. Auf Berufung des Angeklagten sprach ihn das *Landgericht* unter Aufhebung des Ersturteils frei. Das *Bayrische Oberste Landesgericht* verwarf die Revision der Staatsanwaltschaft mit der Begründung, dass das Verhalten des Angeklagten nicht die Voraussetzungen einer Täuschung i.S.d. § 263 StGB erfülle. Entscheidend sei, ob der Angeklagte ungefragt verpflichtet ist, das Ausmaß der wahren Schädigung des durch ihn veräußerten PKW offenzulegen. Im Grundsatz trage bei gegenseitigen Verträgen der Käufer das Informationsrisiko. Auch beim Kauf von Gebrauchtwagen, der typischerweise mit einem erhöhten Risiko verborgener Mängel verbunden ist, gelte der „Grundsatz der Marktwirtschaft", dass sich „der Preis nach Angebot und Nachfrage richtet". Aus diesem Grund enthalte das Angebot einer Ware zu einem bestimmten Preis nicht die Erklärung, dass dieser Preis angemessen oder üblich sei. Auch habe es der Käufer bei einem „verdächtig niedrigen" Preis in der Hand, einem Informationsdefizit durch gezielte Fragen entgegenzuwirken. Die Grenze sei bei solchen Umständen erreicht, die für die Wertbildung ein erhebliches Gewicht haben. So habe sich im Gebrauchtwagenhandel die Kennzeichnung von Fahrzeugen als „unfallfrei", mit (einfachen) Blechschäden und (schwerwiegenden) Rahmenschäden herausgebildet. Hat der Wagen einen entsprechenden Unfall erlitten, ist der Verkäufer *in diesem Rahmen* über die Art des Schadens aufklärungspflichtig. Im hier zu entscheidenden Fall habe der Angeklagte aber nicht konkludent erklärt, der Wagen habe nur einen (einfachen) Blechschaden. Zudem sei er über seine Angaben hinaus nicht verpflichtet gewesen, den Käufer ungefragt über die Einzelheiten und die Höhe des Schadens, oder gar über die gesamte Vorgeschichte des Wagens, aufzuklären. Aus seinen Erklärungen ergab sich aber auch für einen Kaufinteressenten ohne besondere Kenntnisse auf dem Gebiet der Kfz-Technik, dass es sich nicht nur um einen (einfachen) Blechschaden handelt: So habe der Angeklagte im Verkauf der Verkaufsverhandlungen eingeräumt, dass beim Zusammenstoß mit einer Leitplanke sogar das Radhaus des PKW verzogen war. Zusätzlich habe er im schriftlichen Kaufvertrag sogar einen Schaden vorne rechts angegeben (links erfolgte der Zusammenstoß mit der Leitplanke), der über einen reinen Blechschaden hinausging. Hieraus hätte der Käufer seine Schlüsse ziehen und gegebenenfalls nachfragen müssen. Zu einer Aufklärung über das Verhältnis der Reparaturkosten im Vergleich zum Restwert war der Angeklagte hingegen nicht verpflichtet, denn eine solche Aufklärungspflicht würde den im Geschäftsverkehr üblichen Sorgfaltsmaßstab überspannen.

bb) Stellungnahme aus ökonomischer Sicht

Der Entscheidung des *Bayrischen Oberste Landesgericht* ist zuzustimmen. Die Kosten einer strafrechtlichen Sanktionierung hätten in diesem Fall ihren Nutzen überstiegen. Das informationsverbessernde Alternativverhalten hätte darin bestanden, den Käufer über den Ausmaß des Schadens und das Verhältnis der Reparaturkosten zum Restwert im einzelnen aufzuklären. Zwar hätte eine solche Aufklärung den Informationsstand des Käufers verbessert, denn er hätte den Vertrag nicht oder zumindest nicht zu diesen Konditionen abgeschlossen. Jedoch birgt eine strafrechtliche Sanktionierung ein erhebliches Kostenrisiko: So hatte der Angeklagte den Unfall nicht vollkommen verschwiegen, sondern vielmehr in einer groben Beschreibung angegeben. Zudem hatte er erklärt, dass es sich nach den im Gebrauchtwagenhandel üblichen Kategorien nicht nur um einen leichten Blechschaden, sondern durch eine Kollision mit der Leitplanke bedingten strukturellen Schaden handelt („Das Radhaus ist verzogen."). Da es sich bei diesen Umständen um redistributive Informationen handelt (das Wissen über den Schaden führt zu keiner gesellschaftlichen Wertsteigerung), ist eine Verpflichtung zur Aufklärung – abgesehen von den Kommunikationskosten, *insoweit* sinnvoll. Eine *weitere* Aufklärung über das Verhältnis der Reparaturkosten zum Restwert würde den Angeklagten hingegen verpflichten, sein *produktives* Wissen um den „wahren" Wert des Wagens preiszugeben und so gesellschaftlich sinnvolle Anreize zur Informationsgewinnung vernichten. Im Gegensatz zur bloßen Existenz eines Schadens ist dessen Bewertung mit Wissen über Reparaturmöglichkeiten am Markt verbunden und Grundlage der Preiskalkulation des Verkäufers. Würde man diesen verpflichten, den Käufer über das Verhältnis der Reparaturkosten zum Restwert aufzuklären, so würde ihm seine Handelsmarge genommen werden. Das Geschäftsmodell eines Händlers gründet sich im wesentlichen auf überlegenes Wissen über Einkaufs- und Absatzmöglichkeiten und der damit verbundenen Bewertung der gehandelten Güter. Eine Verpflichtung zur Offenlegung der internen Preiskalkulation würde solche Geschäftsmodelle entwerten. So trägt die Differenzierung des *Bayrischen Oberste Landesgericht* zwischen der Offenlegung des Schadens an sich und dessen Bewertung in zutreffender Weise dem unterschiedlichen Charakter der jeweiligen Informationen Rechnung.

c) *OLG München, NJW 1967, 158: Aufklärung über Erscheinen eines verbesserten Nachfolgemodells*

aa) Die Entscheidung

In dieser zivilrechtlichen Entscheidung war zu klären, ob die unterlassene Aufklärung eines Autohändlers über das bevorstehende Erscheinen eines Nachfolgemodells den Käufer zur Anfechtung des Vertrags wegen arglistiger Täuschnung (§ 123 BGB) berechtigt.

Der Beklagte bestellte bei der Klägerin, einer Vertragshändlerin eines großen Automobilherstellers, einen fabrikneuen PKW. Der Wagen wurde an die

Klägerin ausgeliefert. Als die Klägerin erfuhr, dass mit Wiederaufnahme der Arbeit nach den Werksferien des Herstellers ein geändertes und verbessertes Modell des Wagens erscheinen werde, sperrte sie den zur Bezahlung des Kaufpreises hingegebenen Scheck. Sie meinte, zur Zahlung nicht verpflichtet zu sein, da ihr der Vertragshändler das Erscheinen des neuen Modells verschwiegen habe.

Das *Landgericht* hat die Klage der Verkäuferin auf Zahlung des Kaufpreises stattgegeben, das *OLG München* die Berufung des Beklagten zurückgewiesen. Unabhängig davon, ob die Klägerin gewusst hat, dass bald ein verbessertes Nachfolgemodell erscheinen werde, sei die Beklagte nicht zur Anfechtung des Vertrags wegen arglistiger Täuschung (§ 123 BGB) berechtigt gewesen. Das Verhalten der Klägerin sei nicht als Täuschung zu qualifizieren, da sie das bevorstehende Erscheinen eines verbesserten Modells nicht offenzulegen habe. So könne der Käufer nicht erwarten, durch den Verkäufer über alle ungünstigen Eigenschaften des Kaufgegenstandes oder gar über die für die Preisbildung relevanten Umstände unterrichtet zu werden. Zwar habe der Käufer ein Interesse daran, nicht unmittelbar vor Erscheinen eines neuen Modells einen Wagen der auslaufenden Serie zu erwerben, da der Widerverkaufswert des Auslaufsmodells in aller Regel sinken wird. Jedoch müsse dasselbe gelten, was das *Reichsgericht* zum Erwerb von Aktien ausgeführt hatte:[644] Hier sei eine Bank trotz Kenntnis von einer bevorstehenden Änderung der Marktlage zu einer Aufklärung des Erwerbers nicht verpflichtet, da über allgemeine Marktverhältnisse keine Aufklärungspflichten bestehen. Aufgrund des Interessenwiderstreits zwischen Käufer und Verkäufer könne von einer Partei nicht erwartet werden, ihr überlegenes Marktwissen mit der anderen Partei zu teilen und damit das Risiko der Änderung der Marktverhältnisse einseitig aufgebürdet zu bekommen: Müsste der Händler über das Erscheinen eines neuen Modells aufklären, so würde er die aktuellen Modelle nur noch schwerlich zum Listenpreis absetzen können. Ob eine solche Aufklärung erwartet werden kann, wenn der Käufer explizit danach fragt, kann dahinstehen, da der Käufer keine solche Frage gestellt hatte.

bb) Stellungnahme aus ökonomischer Sicht

Der Entscheidung des *OLG München* ist zuzustimmen. Das Verhalten des Verkäufers ist nicht als Täuschung zu qualifizieren. Das informationsverbessernde Alternativverhalten hätte darin bestanden, den Käufer über das bevorstehende Erscheinen eines neuen Modells aufzuklären.

Da es sich beim Vorauswissen um rein redistributive Informationen handelt (die Information über das Erscheinen des neuen Modells würde sowieso kurzfri-

644 RGZ 111, 233 ff.

stig an den Markt gelangen), würde eine Aufklärungspflicht keine Anreize zur Informationsgewinnung zerstören: Händler sollten keine kostspieligen Aktivitäten unternehmen, um frühzeitiger als ihre Kunden von Produktionsabsichten der Hersteller zu erfahren. Jedoch hat ein Händler die Aufgabe, für den Abnehmer ein hinreichendes Güterangebot zur richtigen Zeit am richtigen Ort sicherzustellen. Dafür ist ihm eine Prämie zu gewähren, die regelmäßig mit der Handelsspanne (Verkaufspreis abzüglich Einkaufspreis) abgegolten wird. Diese Gewinnspanne würde vermindert, würde man dem Händler eine Aufklärungspflicht über das bevorstehende Erscheinen eines neuen Modells auferlegen. Der Händler würde dann beim Hersteller seine Einkaufskonditionen nachverhandeln. Der Hersteller wiederum würde investieren, um das Erscheinen eines neuen Modell gegenüber seinen Vertragshändlern geheim zu halten und einem drohenden Preisverfall entgegenzuwirken. Händler könnten ihre betriebswirtschaftlichen Planungen nicht mehr an der Produktionspolitik des Herstellers ausrichten. Im Ergebnis würden durch eine Aufklärungspflicht über das bevorstehende Erscheinen eines Nachfolgemodells Mehrkosten geschaffen.

Andererseits ist der Nutzen der verbesserten Informationsbasis relativ gering. So hat der Käufer immer die Möglichkeit explizit nachzufragen, ob ein Nachfolgemodell bald erscheinen wird. Verweigert der Händler dann die Auskunft, so steht es ihm frei, eigene Nachforschungen anzustellen. Er müsste aber in keinem Fall befürchten, ein in seiner Brauchbarkeit beeinträchtiges Fahrzeug (anders beim Unfallwagen) geliefert zu bekommen. Das Risiko eines allgemeinen Marktpreisverfalls beim Erscheinen eines Nachfolgemodells trägt hingegen jeder Marktteilnehmer. Schließlich würde eine Aufklärungspflicht dem Erwerber Raum für opportunistisches Verhalten geben: So könnte dieser unter Umständen die Zwangslage eines Händlers, der kurz vor Erscheinungsdatum des Nachfolgemodells noch zahlreiche alte Modelle „auf Lager" hat, ausnutzen

Im Ergebnis rechtfertigen die Argumente in ihrer Gesamtschau trotz des Vorliegens sog. „redistributiver" Informationen keine Aufklärungspflicht. Das *OLG München* hat zutreffend entschieden.

d) BGH NJW 2011, 1649: Beratungspflicht bei Abschluss eines „Zinssatz-Swap"-Vertrages

aa) Die Entscheidung

In dieser zivilrechtlichen Entscheidung des *Bundesgerichtshofs* ging es um die Frage, inwieweit Banken über Einzelheiten der von ihnen vertriebenen Finanzprodukte ihren Kunden gegenüber aufklärungspflichtig sind.

Die Beklagte, ein großes deutsches Bankhaus, empfahl der Klägerin, einem mittelständischen Unternehmen, in zwei Beratungsgesprächen im Jahr 2005 den Abschluss eines Vertrages über einen sogenannten „CMS Spread Ladder Swap".

Gegenstand dieses Vertrags war eine „Wette“ über die Entwicklung der Differenz („Spread“) zwischen den kurzfristigen und den langfristigen Zinsen.

Im Rahmen dieser Vereinbarung verpflichtete sich die Beklagte, aus einem Bezugsbetrag von 2.000.000,- € der Klägerin halbjährlich einen festen Zins in Höhe von 3 % p.a. zu bezahlen. Im Gegenzug sollte die Klägerin im ersten Jahr einen festen Zinssatz in Höhe von 1,5 % p.a. und danach einen variablen Zinssatz erbringen, der mit den Zahlungsverpflichtung der Beklagten verrechnet werden sollte. Dabei errechnete sich der variable Zinssatz aus der Entwicklung des Zinsabstands zwischen dem Zehn- und Zwei-Jahres-Swap-Mittelsatz auf EURIBOR-Basis („CMS 10 – CMS 2“) und war theoretisch nach oben hin unbegrenzt. Der Vertrag hatte eine Laufzeit von fünf Jahren, wobei er von beiden Parteien unter Auszahlung des aktuellen Marktwertes vorzeitig gekündigt werden konnte. Das Anlageprodukt hatte bereits bei Vertragsabschluss einen negativen Marktwert in Höhe von 4 % des Bezugswertes, den die Beklagte bewusst einstrukturiert hatte.

In ihren Präsentationsunterlagen wies die Beklagte ausdrücklich darauf hin, dass die Klägerin gegebenenfalls mehr Zinsen zahlen müsse als sie erhält, wenn die Zinsdifferenz stark absinkt. Auch bezeichnete sie das Verlustrisiko der Klägerin als „theoretisch unbegrenzt“. Hingegen klärte sie die Klägerin nicht darüber auf, dass sie in ihr Finanzprodukt einen negativen Anfangswert in Höhe von 4 % bewusst mit einstrukturiert hatte.

Kurz nach Vertragsschluss nahm die Zinsdifferenz entgegen der Voraussagen der Beklagten ab, so dass sich die Vereinbarung bereits zum Ende des ersten Geschäftsjahres für die Klägerin als Verlustgeschäft erwies. Im Januar 2007 kündigte die Klägerin den Vertrag und zahlte der Beklagten den aktuellen negativen Marktwert in Höhe von 566.850,- € aus.

Mit ihrer Zahlungsklage begehrte die Klägerin Schadenersatz in Höhe von 541.074,- € zzgl. Zinsen. Dieser Betrag entsprach den durch sie geleisteten Zahlungen abzüglich der erhaltenen Zinsen. Das *Landgericht* und das *Oberlandesgericht* wiesen die Klage ab. Die Revision zum *Bundesgerichtshof* hatte Erfolg.

Dabei könne dahinstehen, inwieweit die Beklagte ihrer Verpflichtung zu ordnungsgemäßen Anlageberatung im Einzelnen nachgekommen sei. Jedenfall sei die Beklagte verpflichtet gewesen, die Klägerin über den negativen Anfangswert des Vertrages in Höhe von 4 % der Bezugssumme von 2.000.000,- €, also 80.000,- €, aufzuklären. Da sie dies nicht getan hat, liegt alleine darin eine Aufklärunspflichtverletzung, die die Klägerin zum Schadenersatz berechtigt. Die Aufklärungspflicht ergebe sich aus dem Interessenkonflikt der Beklagten als Beraterin der Klägerin und zugleich als ihre Vertragsparterin des „Zinssatz-Swap“-Geschäftes. Da es sich bei dem Geschäft um ein Nullsummenspiel zwischen den Parteien handelt, also der Gewinn des einen dem Verlust des anderen entspricht, hatte die Beklagte - entgegen ihrer Rolle als Beraterin - ein besonderes Interesse daran, dass sich der „Zins-Spread“ zu ihren Gunsten entwickelt und die Klägerin einen Verlust erleidet. Um ihren Vertragsgewinn zu erhöhen, hat sie das Anlageprodukt sogar bewusst mit einem negativen Anfangswert ausgestattet, den sie durch die komplexe Gestaltung versucht hat, der Klägerin gegenüber zu verbergen. Zwar müsse sie ihre Kunden nicht darüber aufklären, dass sie mit den von ihr vertriebenen Produkten Gewinn erzielt, denn dies sei offenkundig. Etwas anderes gelte jedoch, wenn über die „normale“ Gewinnerzielungsabsicht hinaus besondere Umstände hinzutreten. Dies war der Fall, denn der Vertrag hat sich aufgrund des negativen Vertragswertes für die Klägerin von Anfang an als Verlustgeschäft gestaltet. Eine solcher Interessenkonflikt sei auch nicht deswegen ausgeschlossen, da die Beklagte ihre Rechte und Pflichten aus dem „Zins-Swap“-Vertrag sogleich weiterveräußert hat. In dem Preis für dieses Geschäft war der anfängliche negative Vertragswert bereits einberechnet, so dass die Beklagte aus dem besonderen Risiko der Klägerin trotzdem einen Gewinn erzielt hat.

Schließlich entfalle eine Aufklärungspflicht nicht deswegen, da die Prokuristin der Klägerin als „Diplom-Volkswirtin“ an den Vertragsverhandlungen teilgenommen hatte. Aus dieser Qualifikation lasse sich weder der Schluss ziehen, dass die Beklagte keine Aufklärung über Einzelheiten eines „CMS Spread Ladder Swap“ benötige, noch dass die Beklagte eine besonders hohe Risikobereitschaft habe.

bb) Stellungnahme aus ökonomischer Sicht

Der Entscheidung des *Bundesgerichtshofs* ist zuzustimmen. Die Beklagte war zum Schadenersatz zu verurteilen, da sie ihre Beratungspflicht gegenüber der Klägerin verletzt hat.

Aus informationsökonomischer Sicht sind Kosten und Nutzen des informationsverbessernden Alternativverhaltens gegenüberzustellen. Hier hätten die Beklagte die Klägerin über den in ihrem „Zinsswap-Vertrag“ einstrukturierten negativen Anfangswert in Höhe von 4 % der Bezugssumme (80.000,- €) aufklären können.

Eine solche Aufklärung wäre der Beklagten zu geringen Kosten möglich gewesen, denn es handelte sich aller Voraussicht nach um vorsätzliches Verhalten. So war der Beklagten, insbesondere in ihrer Eigenschaft als Beraterin, klar, dass die Klägerin ihre Entscheidung zum Abschluss des „Zinsswap-Vertrages“ von der Renditeerwartung bei den gegebenen Risikostrukturvorstellungen abhängig gemacht hat. Der ihr unbekannte negative Anfangswert in Höhe von 80.000,- € bei einer Anlagesumme von 2.000.000,- € hatte auf die Renditeerwartung einen erheblichen Einfluss. Die komplexe Gestaltung des Anlageproduktes spricht sogar dafür, dass die Beklagte diesen negativen Anfangswert bewusst verschleiert und so die Klägerin zielgerichtet in eine ungewollte Finanzanlage „hineingetrieben" hat. Die Anstrengungen zur Gestaltung solcher intransparenter Finanzprodukte sind sozial verschwendet, da sie vornehmlich der Verschlechterung des Informationsstandes der anderen Vertragspartei dienen. Das Recht sollte nicht gestatten, einen damit verbundenen Informationsvorsprung auszunutzen.

Auch ist der Nutzen einer Aufklärung im vorliegenden Fall hoch. So hätte die Klägerin bei Kenntnis über den negativen Anfangswert aller Voraussicht nach vom Abschluss des „Zinssatz-Swap"-Vertrages abgesehen. Das Wissen, dass gerade Berater über wesentliche Umstände des Vertragsgegenstandes aufklärungspflichtig sind, erspart Kunden eigene kostspielige Nachforschungen. Bliebe der Vertrieb komplexer Finanzprodukte durch Berater ohne entsprechende Aufklärung hingegen sanktionslos, so würden die entsprechenden Kunden, oftmals ohne Fachkenntnisse, gezwungen, sich die entscheidungserheblichen Informationen selbst zu beschaffen. Müssten sie damit rechnen, dass Berater Anlageprodukte bewusst zu ihrem Nachteil ausgestalten, so würden sie vom Erwerb komplexerer Finanzprodukte sogar ganz absehen. Anbieter „guter" Anlageprodukte könnten ihre überlegenen Qualitäten nicht mehr glaubwürdig signalisieren.

Insgesamt ist festzuhalten, dass im entschiedenen Fall eine Aufklärung durch die Beklagte den Informationsstand der Klägerin unter vernachlässigbaren Kosten erheblich verbessert hätte. Insofern war eine Aufklärungspflicht zu Recht anzunehmen.

B. Die Erregung eines Irrtums

Steht fest, dass das Verhalten des Täters als Täuschungshandlung zu qualifizieren ist, so muss diese auch einen Irrtum „erregt“ bzw. „unterhalten“ haben, damit eine Betrugsstrafbarkeit in Betracht kommt. Unter diesem Tatbestandsmerkmal werden insbesondere Fälle problematisiert, in denen die informationsunterlegene Partei zwar keiner aktuellen Fehlvorstellung unterlag, jedoch entweder Zweifel an dem Wahrheitsgehalt der durch den Täter vermittelten Information („Irrtum unter Zweifeln“) oder sogar gar keine Vorstellung von der Information hatte.[645] Im folgenden soll die juristische Diskussion um dieses Tatbestandsmerkmals kurz dargestellt und ökonomisch gewürdigt werden. Auch dieser Abschnitt schließt mit der Würdigung ausgesuchter Einzelfälle aus der Rechtsprechung.

I. Die juristische Diskussion um den Irrtumsbegriff

Irrtum wird definiert als jeder Widerspruch zwischen Vorstellung und Wirklichkeit.[646] Dabei ist umstritten, wie sich der Irrtum als „psychologischer Sachverhalt“[647] rechtlich eingrenzen lässt. Fraglich ist dabei insbesondere, ob eine „fehlende Vorstellung“ („ignorantia facti“) im Gegensatz zur (positiven) „Fehlvorstellung“ einen Irrtum entfallen lässt.[648] Ferner ist umstritten, welchen „Intensitätsgrad“ der Irrtum haben muss, um vor dem Hintergrund des § 263 StGB als relevanter Irrtum eingestuft zu werden.

Im Ausgangspunkt ist weitgehend anerkannt, dass ein „Mitverschulden“ des Opfers einen Irrtum im Grundsatz nicht entfallen lässt – selbst Leichtgläubigkeit oder Naivität sollen den Schutz des § 263 StGB nicht beseitigen.[649] Entgegengesetzte Ansichten, die den Betrugsstraftatbestand aus „viktimologisch-teleologischer“ Sicht einschränken wollen,[650] haben sich bis jetzt nicht durchsetzen können.[651] Andererseits ist damit noch nicht entschieden, ob bewusste Risi-

645 Vgl. für einen Überblick etwa die Kommentierung in *Fischer*, § 263 Rn. 53 ff.

646 Vgl. für viele Sch/Sch-*Cramer/Perron*, § 263 Rn. 33 m.w.Nws.

647 Formulierung nach Sch/Sch-*Cramer/Perron*, Rn. 646, § 263 Rn. 36.

648 Vgl. dazu Sch/Sch-*Cramer/Perron*, Rn. 646, § 263 Rn. 36; und aus der Rechtsprechung z.B. RGSt 42, 40; BGHSt 2, 235.

649 Vgl. z.B. BGHSt 34, 201; BGH NJW 2003, 1199.

650 Hier ist insbesondere die häufig zitierte Dissertation von *Ellmer* zu nennen: Betrug und Opfermitverantwortung, Diss., Berlin 1986; vgl. auch *Giehring*, GA 1973, 1; *Amelung*, GA 1977, 1.

651 Kritik z.B. in MüKo-StGB-*Hefendehl*, § 263 Rn. 217 ff., insbesondere Rn. 219 und aus der Rechtsprechung BGH, NStZ 2003, 313 ff.

koentscheidungen aus dem Irrtumsbegriff und damit aus einer strafrechtlichen Sanktionierung ausgenommen werden sollen („Verkauf von Hoffnungen").[652]

1. Irrtum bei fehlender Vorstellung?

Der Großteil der Literatur und der Rechtsprechung definiert Irrtum als eine Abweichung einer *positiven* Vorstellung über eine Tatsache von der Realität und scheidet so das *Fehlen* einer Vorstellung aus dem Betrugsstraftatbestand aus.[653] Dieser formaljuristische Ansatz, der über einen „Zuschnitt" der Irrtumsdefinition die Fallgruppe der sog. „ignorantia facti" zu lösen versucht, wird kritisiert.[654] So ließe sich sprachlich Irrtum auch ganz allgemein als Fehlvorstellung verstehen, die sowohl eine Ausprägung als positive Fehlvorstellung (Kenntnis einer unwahren Tatsache) als auch als negative Fehlvorstellung (Nichtkenntnis der Wahrheit) haben kann. Geht es nur um eine Differenz zwischen Vorstellungsbild und Wirklichkeit, so ist es irrelevant, ob eine richtige Vorstellung gar nicht vorhanden oder eine falsche Vorstellung gebildet wurde – in beiden Fällen stimmt das „Gesamtbild" des Opfers nicht mit der Realität überein. „Lehrbuchfall" einer fehlenden Vorstellung ist der „blinde Passagier", etwa auf einem Schiff oder in der Bahn. Hier fehlt es zwar regelmäßig schon an einer Täuschungshandlung, doch soweit sich die jeweilige Kontrollperson (Kapitän, Schaffner) überhaupt keine Gedanken über die Existenz eines solchen Passagiers macht, liegt nach der vorherrschenden Dogmatik zudem auch kein Irrtum vor.[655] Im Bereich des Kapitalmarktes soll ein Irrtum ausscheiden, wenn ein Anleger ohne Lektüre des Prospektes eine Beteiligung eingeht, da er insoweit keiner Fehlvorstellung unterliegt.[656]

Eng an die Fallgruppe der „ignorantia facti" angrenzend ist die allgemeine Annahme des Irrenden, alles sei „so in Ordnung".[657] Hier stellt sich die Frage, ob ein „unreflektiertes Mitbewusstsein" bzw. ein „ständiges Begleitwissen" von einem Umstand, der nach Auffassung des Irrenden eine Vermögensverfügung rechtfertigt, für einen betrugsrelevanten Irrtum ausreicht.[658] Hier zieht die überwiegende Ansicht die Trennlinie wie folgt: Während ein allgemeines Gefühl der

---

652 Vgl. dazu insbesondere vor dem Hintergrund sog. „Illusionsmärkte", *Arzt* FS Hirsch, S. 431 ff.

653 Vgl. z.B. die Rechtsprechung in RGSt 42, 40; BGHSt 2, 325; für viele LK-*Tiedemann*, § 263, Rn. 78, 80; L/K, § 263 Rn. 18.

654 So OLG Celle, MDR 1957, 436.

655 Vgl. Sch/Sch-*Cramer/Perron*, § 263 Rn. 37 m.w.Nws.

656 Vgl. Park-*Zieschang*, § 263 Rn. 49.

657 Vgl. Sch/Sch-*Cramer/Perron*, § 263 Rn. 38.

658 Vgl. Sch/Sch-*Cramer/Perron*, § 263 Rn. 39.

Sicherheit im Sinne eines „diffus-undifferenzierten Allgemeinvertrauens“[659] für einen Irrtum nicht ausreicht, da es nicht auf konkrete Tatsachen bezogen ist,[660] soll die Vorstellung, mit dem konkreten Geschäft sei alles in Ordnung, einen Irrtum begründen.[661] Diese Begrifflichkeiten zeigen schon, dass die Abgrenzung zwischen einem betrugsirrelevanten abstrakten Grundvertrauen und einer strafbarkeitsbegründenden konkreten Fehlvorstellung fließend und wenig trennscharf ist.[662] In Anwendung dieser Leitlinien soll ein Empfänger von Falschgeld irren, auch wenn er sich keine Vorstellung darüber macht, echtes Geld zu erhalten.[663] Gleiches gilt für den gutgläubigen Erwerber einer gestohlenen Sache sowie dem Kellner, der die Zahlungsfähigkeit seines Gastes nicht kennt. Ein Sachbearbeiter irrt, wenn er das Gefühl hat, eine Gesamtabrechnung sei „in Ordnung“, ohne dass er über ihre Richtigkeit eine positive Vorstellung haben müsste.

2. Irrtum unter Zweifeln?

Der für gegenseitige Verträge wichtigere Problemkreis betrifft die Frage, ob ein Irrtum auch dann in Betracht kommt, wenn der Getäuschte an der Richtigkeit seines Vorstellungsbildes zweifelt. Insoweit versuchen die sog. viktimologischen Ansätze,[664] ein „Mitverschulden“ des Opfers an seiner eigenen fehlerhaften Vorstellung bei der Prüfung eines Irrtums mit zu berücksichtigen. Das Opfer könne schließlich seinen Zweifeln nachgehen und sich so selbst schützen.[665] Die Rechtsprechung und ein Großteil der Literatur lehnt jedoch solche Einschränkungen der Strafbarkeit ab und nimmt einen Irrtum auch dann an, wenn der Getäuschte zwar Zweifel an der Wahrheit hat, dabei aber die Wahrscheinlichkeit der Unwahrheit für geringer hält.[666] Diese (subjektiv wahrgenommene) Wahrscheinlichkeit der Unwahrheit wird auch als „Intensitätsgrad der Fehlvorstellung“[667] bezeichnet und kann anhand einer Skala visualisiert werden: Der „intensivste“ Grad des Irrtums entspricht die Vorstellung, der durch die Täuschung repräsentierte Umstand sei mit an Sicherheit grenzender Wahrscheinlichkeit zutreffend; hingegen soll die Vorstellung, der durch Täuschung vermittelte Um-

---

659 Formulierung nach *Pawlik*, Das unerlaubte Verhalten beim Betrug, Köln u.a. 1999, S. 222.

660 Vgl. z.B. aus dem Zivilrecht LG München I, NJW-RR 2001, 1701.

661 BGHSt 24, 386, 389.

662 So auch *Zieschang*, Fn. 656.

663 Vgl. für dieses und die folgenden Beispiele *Fischer*, § 263 Rn. 62 m.w.Nws.

664 Vgl. insbesondere die Arbeit von *Ellmer*, Fn. 650.

665 LK-*Tiedemann*, § 263 Rn. 84 m.w.Nws.

666 Vgl. für viele BGHSt 24, 257, 260 und *Fischer*, § 263 Rn. 33a.

667 So Sch/Sch-*Cramer/Perron*, § 263 Rn. 40.

stand sei „nahezu unmöglich“, auf einen relativ „schwachen“ Irrtum hindeuten. Nach vorherrschender Auffassung wird die gesamte „Breite“ der Skala durch den Irrtumsbegriff erfasst. Lediglich in Fällen, in denen dem Opfer die Wahrheit gleichgültig ist und es seine Entscheidung ohne Rücksicht auf die Richtigkeit seiner Vorstellung trifft, soll ein Irrtum entfallen. Ein Beispiel ist der Käufer, der durch Vereinbarung einer Vorleistung jedes Ausfallrisiko ausschließt, weswegen ihn unzutreffende Angaben des Verkäufers über seine Bonität nicht interessieren.[668]

Umstritten sind weiterhin Fälle, in denen das Opfer eine *bewusste Risikoentscheidung* trifft. Insoweit wollen die „viktimologischen“ Ansätze eine Betrugsstrafbarkeit verneinen, wenn der getäuschte Vertragspartner etwa denkt wie folgt: „Entweder die Behauptung trifft zu, dann habe ich ein gutes Geschäft gemacht; oder sie stimmt nicht, dann hat sich mein Risiko nicht ausgezahlt.“[669] In diesem Zusammenhang ist der sog. „Verkauf von Illusionen“[670] zu erwähnen, etwa im vom *BGH* entschiedenen „Wunderhaarmittelfall“[671] oder bei der Geldanlage im Rahmen eines „Schneeball-Systems“[672]. Als weitere „risikobehaftete“ Entscheidungen[673] wurden etwa der Teppichverkauf an der Haustür, die Gabe von Almosen an einen Bettler oder allgemein Risiko- und Spekulationsgeschäfte mit hoher Gewinnaussicht (z.B. Verkauf von Lehmann-Zertifikaten als „sichere Geldanlage“[674]) angesehen.

Wendet man die am Anfang dieses Abschnitts dargestellte Definition des Irrtums als ein Auseinanderfallen von (subjektiver) Vorstellung und (objektiver) Wahrheit auf die Fallgruppe des „Irrtums unter Zweifeln“ an, so ist zunächst festzuhalten, dass auch der Zweifelnde irrt, denn auch er unterliegt einer Fehlvorstellung über die vermittelten Tatsachen.[675] Methodisch handelt es sich somit um einen *Ausschluss* bestimmter Fälle aus einer eigentlich einschlägigen Definition. Erkennt man aber schon einem leichtgläubigen Opfer den Schutz des Be-

---

668 Beispiel nach *Schröder*, JZ 1967, S. 577: In diesem Fall mangelt es aber auch außerdem an der Kauslität des Irrtums für die Vermögensverfügung (dazu später), so dass eine Einschränkung auf Ebene des Irrtumsbegriffs eigentlich nicht notwendig ist.

669 Beispiel nach MüKo-StGB-*Hefendehl*, § 263 Rn. 224-

670 Vgl. *Arzt*, Fn. 652.

671 BGHSt 34, 199.

672 Vgl. z.B. die Diskussion um die sog. „Schenkkreise“, dazu zivilrechtlich (Nichtanwendbarkeit der Kondiktionssperre des § 817 S. 2 BGB) BGH, WM 2006, 335 ff.; im strafrechtlichen Zusammenhang vgl. *Fischer*, § 263 Rn. 65.

673 Beispiele nach LK-*Tiedemann*, § 263 Rn. 85.

674 Zum Schadenersatzanspruch eines Anlegers wegen fehlerhafter Beratung, insbesondere aber vor dem Hintergrund einer Aufklärungspflicht, vgl. LG Hamburg, NZG 2009, 1112.

675 Vgl. LK-*Tiedemann*, § 263 Rn. 86 m.w.Nws.

trugsstraftatbestands zu, so wäre es widersprüchlich, diesen dem (zu Recht) Zweifelnden zu versagen.[676] Schließlich hat der Täter in beiden Fällen gleichermaßen Erfolg, auch wenn das Opfer seinen Angaben nicht traut, sondern diese bezweifelt.

II. Stellungnahme aus ökonomischer Sicht

Anders als der Täuschungsbegriff, der ein Verhalten des *Täters* auf eine (nahezu) kostenlose Möglichkeit der Verbesserung der Informationsbasis hin überprüft, zeigt ein auf die Täuschungshandlung kausal zurückzuführender Irrtum an, dass die Täuschung letztendlich auch beim *Opfer* zu einem Informationsdefizit geführt bzw. eine solches nicht beseitigt hat. Fraglich ist, ob es aus ökonomischer Sicht einen Anlass gibt, eine strafrechtliche Sanktion für vorsätzliches täuschenden Verhaltens im Rahmen von Vertragsschlüssen auszuschließen, wenn die informationsunterlegene Partei entweder keine positive Vorstellung von der Wahrheit hat oder an ihr zweifelt.

Da der Irrtum nur dann zu prüfen ist, wenn eine „Täuschung" bereits vorliegt, steht an dieser Stelle aus ökonomischer Sicht schon fest, dass es sich um sozial unerwünschtes Verhalten handelt, da der Nutzen der Verbesserung der Informationsbasis die damit verbundenen Kosten deutlich überwiegt.[677] Ein „Mitverschulden" des Opfers führt zu keiner anderen Betrachtung, denn das Vertrauen in die Richtigkeit von Informationen wird durch Täuschungen auch in Fällen von Zweifeln ausgehöhlt. Vielmehr kann sogar argumentiert werden, dass gerade bei Zweifeln eine Sanktion nötig ist, um das schon beeinträchtigte Vertrauen in die Richtigkeit einer Erklärung wieder zu stärken. Ehrliche Vertragspartner sollten die Möglichkeit haben, eine Erklärung auch über unwahrscheinliche und damit anzweifelbare Umstände glaubwürdig zu vermitteln. Gleichzeitig ist ein informationsverbesserndes Alternativverhalten für den Täter unter vernachlässigbaren Kosten zu realisieren. Das Recht kann Transaktionskosten senken, indem es für unehrliche Vertragspartner in solchen Situationen Sanktionen vorhält und ihnen damit einen Wettbewerbsnachteil verschafft. Bei einer *fehlenden Vorstellung* hingegen stellt sich die Frage, ob das Opfer seine Entscheidung zur Vermögensverfügung und insbesondere zum Vertragsschluss von der Wahrheit abhängig machen konnte, das heißt, ob er die Handlung nicht vorgenommen hätte, wenn er eine zutreffende Vorstellung gehabt hätte. Viele Umstände, die zu Vertragsschlüssen motivieren (gerade Selbstverständlichkeiten) sind einem nicht durchgängig bewusst. Für diesen Befund ist die Formulierung, der durch die Er-

676 LK-*Tiedemann*, § 263 Rn. 86.

677 Siehe dazu Teil 3:A.II.

klärung des Täters vermittelte Umstand müsse sich zumindest im „Mitbewusstsein“ des Opfers befinden, eine treffende Umschreibung. In solchen Fällen sind strafrechtliche Sanktionen sinnvoll, da, anders als beim Irrtum unter Zweifeln, das Opfer sogar *in vollem Umfang* auf die Wahrheit vertraut. Eine Enttäuschung dieses Vertrauens würde Anreize zu (unnötigen) eigenen Nachforschungen schaffen und sollte deswegen unterbunden werden.

Die Grenze sollte, in Übereinstimmung mit der juristischen vorherrschenden Meinung, in Fällen der Gleichgültigkeit liegen. Hier wird Vertrauen in die Richtigkeit von Informationen nur minimal beeinträchtigt, denn das Gegenüber trifft seine wirtschaftliche Entscheidung bewusst aus anderen Motiven. Jedoch kann hier eine abschreckungserhöhende Versuchssanktion erfolgen.[678]

III. Diskussion ausgesuchter Fälle

1. BGHSt 34, 199: „Wunderhaarmittel“

a) Die Entscheidung

Der Angeklagte organisierte die Werbung und den Vertrieb für Verjüngungs- und Abmagerungsmittel sowie für „Haarverdicker“ und „Nichtraucherpillen“. Diese Produkte waren, wie er wusste, sowohl harmlos als auch wirkungslos. Er verkaufte sie „risikolos“ zu Preisen zwischen 46,50 und 76,- DM per Nachnahme zuzüglich Versandspesen mit einem „Rückgaberecht innerhalb von 14 Tagen mit voller Geldzurückgarantie“. Durch gezielte Auswahl der Werbeträger wurden vor allem Hausfrauen und Arbeitnehmer mit einem Haushaltseinkommen von 2.000,- DM angesprochen. In der Werbung wurden den Produkten Eigenschaften zugeschrieben, die sie nicht hatten: So solle das „Hollywood-Lifting-Bad“ aus „taufrischem Frischzellenextrakt“ die Figur in nur zwölf Bädern schlank, straff und jung formen, und dies mit „100%iger Figurgarantie“. Das von einem „Schweizer Schönheitschirurgen“ erfundene Mittel „Frischzellen-Formel Zellaplius 100“ würde den Kunden nach nur einer Behandlung bereits „fünf Jahre jünger“ machen, nach vollständiger Behandlung solle dieser sogar „so jung wie vor 25 Jahren“ sein. Zur Einnahme der „Schlank-Pille M-E-D 300“ wurde sogar empfohlen, reichlich zu essen, damit „die ungeheure Fettabschmelzkraft mit genügend Nahrung ausgeglichen werde“. Schließlich solle das Produkt „Haarverdicker-Doppelhaar“ das Haar binnen zehn Monaten verdoppeln und dabei auch Schuppen, Flechten, fettiges oder trockenes Haar mit „100%iger Garantie“ beseitigen. In den Beipackzetteln wurden die Produkte

678 Zur ökonomischen Begründung der Strafbarkeit des Versuchs im Strafrecht vgl. *Adams/Shavell*, GA 1990, S. 347 ff.

wahrheitsgemäß als Badezusatz, Hautbadeöl oder Haarwasser beschrieben. Vor dem Verkauf hatte der Angeklagte diese allerdings in neutrale Verpackungen umgepackt und gemäß seiner Werbeanzeigen beschriftet. Der Angeklagte war bei seinem Geschäft von einem Reklamationsanteil von unter 10 % ausgegangen, der für einzelne Produkte sogar noch untertroffen wurde. Alle der 255 Besteller hatten bei Ausübung des Rücktrittsrechts anstandslos ihr Geld zurück erhalten. Nach Abzug der Kosten hatte der Angeklagte einen Bruttogewinn von 1,5 Millionen DM erzielt.

Das *LG Düsseldorf* hat den Angeklagten nicht wegen Betrugs, sondern wegen irreführender Werbung gem. § 4 UWG und anderer Nebenstraftatbestände verurteilt. Auf Revision der Staatsanwaltschaft stellte der *BGH* fest, dass eine Strafbarkeit wegen Betrugs in Betracht kommt. Insbesondere habe die (ausdrückliche) Täuschung des Angeklagten einen Irrtum bei den Bestellern erregt, da diese glaubten, die Produkte hätten zumindest im Kern die ihnen in den Werbeanzeigen zugesprochene Wirkung. Dafür spreche, dass die Werbeanzeigen einen wissenschaftlichen oder fachmännischen Hintergrund sowie eine „100%ige Garantie" vorgespiegelt haben. Die jeweiligen Käufer wollten ein funktionierendes Produkt und nicht etwa eine Illusion erwerben. Dieser Glaube und damit der Irrtum wurden durch das Rückgaberecht mit „Geldzurückgarantie" noch verstärkt, da der Angeklagte dadurch seine Versprechen mit wirtschaftlichen Konsequenzen glaubhaft gemacht hat. Ein gewöhnlicher Käufer habe hierdurch die Vorstellung, dass das Geschäft des Angeklagten aufgrund zahlreicher Rückgaben gar nicht funktionieren könnte, wenn das Mittel nicht im Normalfall wirken würde. Der Umstand, dass der Käufer die Täuschung bei sorgfältiger Prüfung hätte aufdecken können, sei für den Irrtumsbegriff unerheblich: Leichtgläubigkeit schließe einen Irrtum nicht aus. Ebenso wenig spiele der vereinbarte Rücktritt eine Rolle, da der gewöhnliche Käufer nicht ein Rücktrittsrecht, sondern ein wirksames Präparat erwerben wolle.

Auch liege - trotz des zugesicherten Rücktrittsrechts - ein Vermögensschaden vor.[679] Zum einen haben die Käufer mit den wirkungslosen Präparaten weniger erhalten, als ihre Ansprüche wert waren. Zwar konnten sie sich jederzeit durch Rückgabe den Kaufpreis zurückerstatten lassen (was der Angeklagte bei sämtlichen Rückgabebegehren auch anstandslos getan hat), nur habe dieses Rückgaberecht den gezahlten Kaufpreis nicht vollständig kompensiert. Gerade bei geschäftlich unerfahrenen Käufern war die Rückabwicklung mit erheblichen Kosten und Unsicherheiten verbunden, die das Rückgaberecht zumindest insoweit abwerteten. Das Geschäft des Angeklagten basierte letztendlich darauf,

679 Hierzu in aller Ausführlichkeit der folgende Abschnitt. Bei der Stellungnahme wird diese Problematik ausgeklammert.

dass nur ein sehr geringer Anteil der Käufer die Präparate zurückgeben – zu einer Erstattung des Kaufpreises an sämtliche Besteller wäre er gar nicht in der Lage gewesen.

b) Stellungnahme aus ökonomischer Sicht

Der *Bundesgerichtshof* hat zutreffend entschieden. Der Angeklagte war entgegen der Auffassung des *LG Düsseldorf* wegen Betrugs zu bestrafen. Da es sich bei den expliziten Angaben um die Wirksamkeit der Präparate um ausdrückliche Täuschungen handelt, ist der Täuschungsbegriff unstreitig erfüllt.[680] Durch Weglassen der Angaben in den Werbeanzeigen würde der Informationsstand der Käufer erheblich verbessert, ohne dass dem Angeklagten zusätzliche Kosten entstehen würden. Vielmehr würde er sogar die Aufwendungen ersparen, die er zur (sozial unerwünschten) Produktion der Fehlinformationen getätigt hat.

Auch ergibt sich aufgrund der Leichtgläubigkeit der Käufer keine andere Bewertung. So spricht die Fallkonstellation zwar dafür, dass der Irrtum relativ leicht und kostengünstig vermeidbar gewesen wäre, wenn die Käufer über die beworbenen Präparate eigene Nachforschungen angestellt hätten (z.B. Befragung des Hausarztes oder eines Apothekers). Jedoch sind selbst diese Anstrengungen sozial unnötig und damit verschwendet: In jedem Fall hätte der Angeklagte durch Unterlassung der Täuschung diesen Wissensstand mit weniger Kosten herbeiführen können; er hätte sogar noch Aufwendungen erspart. Es besteht keine Notwendigkeit, Vertragsparteien die Verbreitung auch leicht erkennbarer Fehlinformationen zu gestatten. Ohne eine strafrechtliche Sanktion würde sich das Geschäft mit den Vertrieb solcher Präparate und damit der Fehlinformierung leichtgläubiger Marktteilnehmer aber lohnen, denn, wie sich im vorliegenden Fall gezeigt hat, werden zivilrechtliche Ansprüche, insbesondere bei den durch den Angeklagten angesprochenen Käufergruppen, nur unzureichend durchgesetzt.[681] Es ist auch nicht ersichtlich, dass die Käufer den Angaben des Angeklagten gegenüber gleichgültig waren und damit ihre Wertschätzung von den Produkten durch die Fehlinformation nicht beeinträchtigt wurde: Wie der *BGH* zutreffend ausgeführt hat, wollten die Käufer ein zumindest im Kern wirksames Präparat und nicht etwa eine Illusion erwerben. Zwar ist zuzugestehen, dass gerade im medizinischen Bereich ein bedeutender Anteil des Nutzens von Heilmittel und Medikamenten nicht durch eine naturwissenschaftlich nachgewiesene Wirkungsweise, sondern durch einen Placebo-Effekt hervorgerufen wird.[682] In

---

680 Vgl. dazu zuvor Teil 3:A.II.

681 Dies ist auch ein ökonomischer Begründungsstrang zum Einsatz des Strafrechts, der an diesem Fall besonders plastisch wird. Vgl. dazu Teil 2:C.II.

682 So zeigen aktuelle Studien sogar, dass Placebos, bei weniger Nebenwirkungen, „echten" Medikamente vergleichbare Wirkungen hätten und gleichzeitig kostengünstiger seien.

diesem Zusammenhang wird durch *Arzt* vertreten, dass, solange die jeweiligen Abnehmer an den Nutzen eines Produktes glauben und dieser Glaube nicht enttäuscht wird, der Vertrag insoweit „ordnungsgemäß erfüllt" wurde und ein Betrug ausscheidet. Verträge zu unterbinden, die von beiden Seiten gewollt sind, sei ein „falsch verstandener Opferschutz".[683] Obwohl diese Argumentation eine gewisse Plausibilität hat, kann sie im Ergebnis nicht überzeugen. So kommt, wie *Arzt* zugesteht, ein Strafbarkeitsausschluss aufgrund der Besonderheit sog. „Illusionsmärkte" nur dann in Betracht, wenn die Illusion durch den Vertragspartner nicht aufgedeckt wird und dieser durch den „Kauf der Illusion" nicht vom Erwerb eines Alternativproduktes mit naturwissenschaftlich abgesicherten Wirkungsnachweis absieht.[684] Im Moment der Aufdeckung verliert die „gelieferte" Illusion nämlich enorm an Wert und es tritt, gerade wenn es ein wirksames Alternativprodukt gibt, ein „Regret-Effekt" ein.[685]

Ein Vermögensschaden ist auch gegeben, denn die Käufer haben nicht das bekommen, was ihnen vertraglich versprochen wurde.[686] Da es sich bei den versprochenen Heilmitteln um Unikate und damit um Güter mit einer vergleichsweise geringen Nachfrageelastizität handelt, ist die verlorene Konsumentenrente der Käufer aus der Vertragserfüllung vergleichsweise hoch. Das Rücktrittsrecht kann dies nicht ausgleichen.

2. OLG Karlsruhe wistra 2004, 276: Versprechen einer unrealisierbaren Rendite

c) *Die Entscheidung (vereinfacht)*

Das *OLG Karlsruhe* befasste sich in seinem Beschluss vom 1.9.2003 (u.a.) mit der Frage, ob ein dringender Tatverdacht (§ 112 StPO) des Betrugs als Voraussetzung zum Erlass eines Haftbefehls vorlag.

Die Beschuldigten waren, ebenso wie die Geschädigten, im Finanzdienstleistungssektor tätig. Im Rahmen ihrer Tätigkeit verleiteten sie die Geschädigten zur Zahlung von 650.000,- DM, in dem sie versprachen, dass über die Firma X in der Schweiz „kleinere Kapitalanlangen zu Anlagesummen von 1, 10 und 100 Millionen US-Dollar zusammengefügt und sodann Anlagen gefahren würden,

---

Vgl. hierzu http://www.guardian.co.uk/science/2011/mar/06/half-german-doctors-prescribe-placebos, abgerufen am 29. August 2011.

683 So *Arzt*, Fn. 652.

684 *Arzt*, Fn. 652, S. 436 ff.

685 Vgl. zu diesem Begriff aus der Entscheidungstheorie („Savage-Niehans-Regel" oder „Minimax-Regret-Regel") *Saliger*, Betriebswirtschaftliche Entscheidungstheorie, 5. Auflage, München 2003, S. 84.

686 Zur Erläuterung des Vermögensschadens vgl. den folgenden Abschnitt.

bei welchen eine Verzinsung von 100% und mehr bei einer Rückzahlung des Kapitals binnen vier Wochen möglich sei." Alle Geschädigten haben weder die versprochenen Renditen noch ihr eingesetztes Kapital zurückerhalten; die Firma X ist am 15.1.2001 aus dem Handelsregister gelöscht worden und der Verbleib der weitergeleiteten Gelder ist unbekannt.

Das zuständige *Amtsgericht* erließ gegen einen der Beschuldigten einen Haftbefehl, der vom *Landgericht* aufgehoben wurden. Gegen diese Aufhebung legte die Staatsanwaltschaft Rechtsmittel ein, mit dem sie Neuerlass des aufgehobenen Haftbefehls begehrt. Das *OLG Karlsruhe* wies die Beschwerde aufgrund Verletzung des Beschleunigungsverbots ab, da es aufgrund unterlassener Nachforschungen seitens der Strafverfolgungsbehörden unwahrscheinlich sei, dass der Beschuldigte innerhalb einer Hauptverhandlung verurteilt werden könne. Jedoch bestünden erhebliche Verdachtsmomente für Betrugsstraftaten. Zum einen könne aus dem Renditeversprechen der Beschuldigten auf eine vorsätzliche Täuschung geschlossen werden. Wer seine Vertragspartner eine „vollkommen irreale" und auf dem Kapitalmarkt nicht erzielbare Rendite verspricht, rechne im Regelfall damit, soweit er sich nicht des Gegenteils versichert, dass die Anleger mit einem solch unseriösen Anlagegeschäft ihr Geld verlieren bzw. ihre Rückzahlungsansprüche erheblich gefährdet werden. Zum anderen schließe es einen Irrtum nicht aus, dass die Getäuschten an den Versprechungen zweifelten. Entscheidend sei, dass sie trotz dieser Zweifel aufgrund der Angaben der Beschuldigten ihre Anlageentscheidung getroffen haben, da sie die Wahrscheinlichkeit der Unwahrheit insofern für geringer erachteten. Dafür, dass den Anlegern die Verlustwahrscheinlichkeit gleichgültig war oder sie die hohe Verlustwahrscheinlichkeit wie „Spieler" in Kauf genommen haben, bestünden keine Anhaltspunkte. Auch wenn die Anleger an der Realisierbarkeit des durch den Beschuldigten vertriebenen Geschäfts zweifelten, lasse dies einen Irrtum und eine Betrugsstrafbarkeit nicht entfallen. Es gehöre nämlich gerade zu der Eigenart des Betruges, dass der Täter aufkeimende Zweifel des Geschädigten durch Überreden zu zerstreuen versucht. Entscheidend sei, dass die Geschädigten trotz ihrer Zweifel auf das Gelingen des Geschäfts vertraut haben. Schließlich käme, auch wenn ein Irrtum nicht nachgewiesen werden kann, eine Versuchsstrafbarkeit in Frage.

d) Stellungnahme aus ökonomischer Sicht

Das *OLG Karlsruhe* hat zutreffend entschieden. Zum einen liegt in dem Versprechen einer irrealen und am Kapitalmarkt nicht erzielbaren Rendite eine vorsätzliche ausdrückliche Täuschung, die kostenlos vermeidbar ist. Der Beschuldigte hat durch sein Vertriebsmodell sogar in die Erzeugung von Fehlinformationen investiert. Da diese Investitionen sozial verschwendet sind, sollte das Recht solche Verhaltensweisen unterbinden.

Eine andere Betrachtung ergibt sich auch nicht aus dem Umstand, dass die getäuschten Vertragspartner selbst Finanzdienstleister waren und so erhebliche Zweifel an der Realisierbarkeit der durch den Beschuldigten versprochenen Renditen bei den gegebenen Risikostrukturvorstellungen („Rückzahlung des Kapitals binnen 4 Wochen") haben mussten. Eine Verzinsung von 100 % innerhalb eines so kurzen Zeitraums ist nur mit erheblichen Risiken zu erzielen, etwa durch sog. „gehebelte" Finanzprodukte. Zwar war die Enttäuschung der Anleger gemildert, da sie das Risiko einer Fehlinformation bereits „einkalkuliert" hatten. Jedoch sind selbst dann die Anstrengungen, die der Beschuldigte in die sozialschädliche Produktion von Fehlinformationen investiert hat, unnötig. Nur wenn, wofür keine Anhaltspunkte bestehen, den Anlegern das Verlustrisiko *vollkommen gleichgültig* gewesen wäre, hätte sich die Fehlinformation im konkreten Fall nicht nachteilig ausgewirkt. Jedoch kann auch dann, wie das *OLG Karlsruhe* zutreffend ausgeführt hat, eine abschreckungserhöhende Versuchsstrafbarkeit erfolgen.[687]

687 Vgl. dazu Nachweis in Fn. 678.

C. Vermögensverfügung und Vermögensschaden

Während die zuvor dargestellten Merkmale „Täuschung über Tatsachen" die tatbestandsmäßige Handlung beim Betrug beschreiben, so wird die Erfolgsseite des Betrugs, entsprechend des Wortlauts des § 263 StGB, als „Vermögensschädigung in Bereicherungsabsicht" gedeutet.[688] Zwar wird auch in der juristischen Literatur diskutiert, inwieweit der Betrugsstraftatbestand auch andere Rechtsgüter, wie etwa das „Recht auf Wahrheit" oder die „Dispositionsfreiheit" schützt, jedoch ist unstreitig, dass das (Haupt-)Rechtsgut und -Angriffsobjekt beim Betrug das „Vermögen" ist.[689] Entsprechend muss die Tathandlung des Betrugs, nämlich die Täuschung über Tatsachen, über den Weg des Irrtums dieses Schutzgut „Vermögen" verletzt haben. Da der Vermögensschaden als Saldo eine bloße Rechengröße ist, bedarf es einer Konkretisierung, *wie* der Irrtum die Vermögensminderung verursacht hat. Dieses „notwendige" Bindeglied zwischen Irrtum und Vermögensschaden wird durch den Begriff der „Vermögensverfügung" beschrieben.[690]

Der Vermögensbegriff ist, wie die Diskussion um das Rechtsgut des Betrugsstraftatbestands, hoch umstritten. In der wissenschaftlichen Diskussion lassen sich jedoch einige gesicherte Ausgangspunkte festmachen. So ist anerkannt, dass die richtige Bestimmung des geschützten Rechtsguts und damit auch des Vermögensbegriffs das Ergebnis einer Auslegung des Tatbestands des § 263 StGB ist.[691] In diesem Zusammenhang ist festzuhalten, dass der Gesetzgeber durch die Formulierung in § 263 StGB „Vermögen (..) beschädigt" zum Ausdruck gebracht hat, dass für eine Betrugsstrafbarkeit primär das Vermögen durch die Tathandlung verletzt werden muss. Allerdings ist damit noch nicht ausgeschlossen, dass neben dem Vermögen auch andere Rechtsgüter durch die Täuschung beeinträchtigt werden können.[692] Es stimmen aufgrund der gesetzgeberischen Wertung jedoch alle Auffassungen dahingehend überein, dass Angriffsobjekte des Betrugs nicht Persönlichkeitsentfaltung oder Freiheitsausübung als solche sein können, sondern diese zumindest auf das Gebiet der Wirtschaft oder des Wirtschaftens mit Wirtschaftsgütern bezogen sein müssen.[693] Weiterhin

688 Vgl. LK-*Tiedemann*, Vor. § 263 Rn. 21.

689 Vgl zum Rechtsgut des Betrugs aus juristischer Sicht Teil 2:C.I.

690 Vgl. für viele LK-*Tiedemann*, § 263 Rn. 2, 96; SK-*Hoyer*, § 263 Rn. 87 m.w.Nws.

691 Vgl. LK-*Tiedemann*,§ 263 Rn. 19 m.w.Nws.

692 Insofern sei auf die Diskussion verwiesen, inswieweit der Betrugsstraftatbestand neben dem Vermögen auch andere Rechtsgüter schützt (Teil 2:C.I.). Der Wortlaut des § 263 StGB erfordert deutet zwar nicht unmittelbar darauf hin, schließt dies aber auch nicht aus.

693 LK-*Tiedemann*, § 263 Rn. 20.

besteht im Ausgangspunkt Einigkeit darüber, dass entgegen dem früher vertretenen juristischen Vermögensbegriff, der im Anschluss der Lehre vom „subjektiven Recht" aus dem 19. Jahrhundert formal das Vermögen als Summe aller *Rechts*positionen definierte, auch rein wirtschaftlich wertvolle Positionen, unabhängig von ihrer juristischen Qualität, strafrechtlich geschützt werden.[694] Der Betrugsstraftatbestand ist an *wirtschaftlichen* Gegebenheiten und Maßstäben auszurichten.[695]

Die gegenwärtig diskutierten Streitfragen betreffen zum einen das Problem, inwieweit das Vermögen, in Anlehnung an den nicht mehr vertretenen (rein) juristischen Vermögensbegriff, eher normativ („juristisch-ökonomischer Vermögensbegriff") oder eher faktisch („(rein) wirtschaftlicher Vermögensbegriff") zu bestimmen ist.[696] Zum anderen wird diskutiert, ob die wirtschaftliche Bewertung des Vermögens eher objektiv, subjektiv oder (vermittelnd) objektiv-individuell vorzunehmen ist.[697]

Alle diese Streitfragen haben Einfluss sowohl auf die Auslegung des Merkmals des Vermögensschadens als auch der Vermögensverfügung und umgrenzen den Schutzbereich des Betrugsstraftatbestands in gegenständlicher Sicht.

I. Vermögensverfügung und Vermögensschaden aus juristischer Sicht

Voraussetzung für die Ermittlung eines Vermögensschadens ist zunächst, den Begriff des Vermögens zu definieren.[698] In dem folgenden Abschnitt sollen - in

---

694 LK-*Tiedemann*, § 263 Rn. 20.

695 Ob dabei auf den Geldwert, Tauschwert oder Gebrauchswert des jeweiligen Gutes rekurriert werden sollte, ist eine nachrangige Frage und wird im Rahmen der im folgenden Teils dargestellten Vermögensbegriffe erläutert.

696 Dazu im folgenden Teil 3:C.I.

697 Dazu im folgenden Teil 3:C.I.

698 Diese Definition setzt die Grenzen des strafrechtlichen Vermögensschutzes durch den Betrugsstraftatbestands fest und erfüllt im wesentlichen drei Funktionen (Aufgliederung in Anlehnung an LPK-StGB-*Kindhäuser*, § 263 Rn. 108 ff.): Der Betrugsstraftatbestand muss sich als Vermögensdelikt in das im Strafgesetzbucht verankerten System der Eigentums- und Vermögensdelikte ohne Wertungswidersprüche einordnen lassen; die zutreffende Bestimmung des Vermögensbegriffs erfüllt insoweit eine Koheränzfunktion. Weiterhin konturiert der Vermögensbegriff den Charakter des Betrugs als Vermögensschädigungsdelikt, in dem durch ihn Inhalt und Umfang der geschützten Rechtsposition bestimmt werden, die durch die Vermögensverfügung des Getäuschten gemindert werden; er erfüllt insofern eine Schadensfunktion. Schließlich ist der Betrug ein Vermögensverschiebungsdelikt. Der Vermögensbegriff muss den Vorteil bestimmen lassen,

groben Linien[699] - die verschiedenen Definitionsansätze zum Begriff „Vermögen“ vorgestellt werden.

1. Die juristische Diskussion um die Vermögensbegriffe

Die etymologischen Wurzeln des Wortes „Vermögen“ (= Können) weisen darauf hin, dass Vermögen regelmäßig einen personalen Bezug aufweist, also einem *Träger* zugeordnet ist.[700] Gleichzeitig wird deutlich, dass Vermögen dem jeweiligen Inhaber einen Raum zur Freiheitsentfaltung bietet.[701] Insofern ist es einleuchtend, Vermögen als „geronnene Freiheit“ zu umschreiben[702], wobei einige Autoren sogar den gesamten Betrugsstraftatbestand als „Freiheitsdelikt“ interpretieren möchten.[703] Übereinstimmung besteht aber dahingehend, dass die Entscheidungsfreiheit als solche nicht durch den Betrugsstraftatbestand umfassend gegen Täuschungen geschützt wird, sondern lediglich die *auf das Vermögen* bezogene Freiheit.[704]

---

der dem Täter nach seiner Absicht ihm oder einem Dritten unmittelbar zufließen soll. Damit können nur solche Gegenstände dem Vermögensbegriff unterfallen, die sich vom Opfer auf den Täter nachteilig verschieben lassen. Insofern erfüllt der Vermögensbegriff eine Bereicherungsfunktion.

699 Aufgrund des großen Umfangs der juristischen Diskussion ist es weder angebracht noch durchführbar, die strafrechtliche Diskussion in allen ihren Facetten nachzuzeichnen. Es werden aber die konkurrierenden Grundansätze und die gegenwärtige Praxis der Rechtsprechung dargestellt, um eine Grundlage für die hier im Vordergrund stehende ökonomische Analyse dieses Tatbestandsmerkmals zu schaffen.

700 So zutreffend LK-*Tiedemann*, § 263 Rn. 27, der aber im gleichen Teils mit Verweis auf die Existenz herrenlosen Vermögens eine Gleichsetzung von Vermögensschutz mit Personen- oder Persönlichkeitsschutz ablehnt (so z.B. *Schmidhäuser* BT, 11/1).

701 Hierauf deutet auch der allgemeine Sprachgebrauch hin. So lässt sich etwa die Aussage „Er vermochte, das zu tun“ als „Freiheit zu etwas“ interpretieren. Synonyme wären z.B. „Er hatte die Möglichkeit, das zu tun“ oder „Er hatte die Wahlfreiheit zu der Handlung“.

702 So z.B. *Arzt/Weber* BT, Rn. 1.

703 So *Kindhäuser*, ZStW 1991, S. 398 ff.; *Pawlik*, Das unerlaubte Verhalten beim Betrug, Köln u.a., 1999, S. 82 ff.

704 Vgl. LK-*Tiedemann*, § 263 Rn. 28. Ansonsten würde der Betrugsstraftatbestand ein umfassendes „Recht auf Wahrheit“ garantieren und die Lüge als solche strafrechtlich sanktionieren (Stichwort „falsum“ im römischen Recht). Dies ist jedoch mit einem freiheitlichen Rechtsstaat unvereinbar und wird selbst von Befürwortern des Schutzes der „Dispositionsfreiheit“ nicht gefordert.

a) Grundlinien

aa) Grad der Normativierung: Juristische vs. wirtschaftliche Vermögensbegriffe

Eine erste Unterscheidung der vertretenen Vermögensbegriffe lässt sich anhand des Begriffspaares der *juristischen* und der *wirtschaftlichen* Vermögensbegriffe treffen. Zwar werden ihre Extremformen, nämlich die rein juristischen und die rein wirtschaftlichen Vermögensbegriffe, nicht mehr vertreten,[705] jedoch lassen sich anhand dieser beiden Ansätze die Grundströmungen verdeutlichen.

Der *(rein) juristische Vermögensbegriff* beschränkt den strafrechtlichen Schutz auf alle subjektiven Vermögens*rechte*.[706] Keinen Vermögensschaden erleidet danach, wer einen wirtschaftlich wertvollen, aber juristisch nicht anerkannten Vermögensbestandteil verliert. So wird z.B. der „Lohn" eines Auftragsmörders nicht gegen die Täuschung seines „Vertragpartners" geschützt.[707] Umgekehrt schützt der Betrugsstraftatbestand nach dieser Auffassung auch diejenigen (rechtlich anerkannten) Positionen, die keinen wirtschaftlichen Wert haben. Ein täuschungsbedingter Entzug der „Locke des Geliebten" könnte somit eine Betrugsstrafbarkeit nach sich ziehen. Mit der Anknüpfung an rechtlich vorgegebene Wertungen ist dieser Vermögensbegriff relativ einfach zu handhaben, jedoch führt diese Formalisierung zu unbefriedigenden Ergebnissen: Während wirtschaftlich wertlose Rechte geschützt werden, bleiben wirtschaftlich wertvolle, aber rechtlich nicht erfasste Positionen, wie etwa Arbeitskraft, Kundenstamm und Exspektanzen, außen vor.[708]

Im Gegensatz dazu schützt der *(rein) wirtschaftliche Vermögensbegriff* losgelöst von rechtlichen Wertungen alle wirtschaftlich wertvollen Positionen[709] und bezieht damit nichtige Ansprüche aus verbotenen und sittenwidrigen Rechtsgeschäften ebenso mit ein wie der unredlich erlangte Besitz. Dieser Ansatz führt zu Wertungswidersprüchen mit anderen Teilen der Rechtsordnung: Warum soll das Strafrecht etwa den Lohn eines „Killers" gegen Täuschung schützen, während der entsprechende Anspruch zivilrechtlich von vorneherein nicht durchsetzbar ist?

---

705 So z.B. *Fehling/Faust/Rönnau*, JuS 2006, S. 18, 24.

706 So etwa von *Gerland*, *Hirschberg* und *Binding* vertreten, vgl. dazu Sch/Sch-*Cramer/Perron*, § 263 Rn. 79 m.w.Nws. Eine Neuformulierung findet sich in *Pawlik*, Das unerlaubte Verhalten beim Betrug, S. 259 ff.

707 Ein solcher Vertrag wäre gem. § 138 BGB nichtig und so die Forderung zivilrechtlich nicht durchsetzbar.

708 Vgl. für viele LK-*Tiedemann*, § 263 Rn. 127 m.w.Nws.

709 Vertreten etwa von *Krey/Hellmann*, Strafrecht, besonderer Teil, Bd. 2, § 1 Rn. 433 ff.; weitere Nachweise bei *Pawlik*, Fn. 706.

Insofern hat sich in der vorherrschenden strafrechtlichen Literatur als Mittelweg zwischen diesen beiden Extrempositionen die „wirtschaftlich-juristische" Vermögenslehre herausgebildet.[710] Diese berücksichtigt im Ausgangspunkt nur wirtschaftlich wertvolle Positionen – rein subjektiv wertvolle Liebhaberstücke finden hingegen keinen Schutz. Darüber hinaus werden weitere normative Einschränkungen vorgeschlagen, um diese in die gesamte Rechtsordnung widerspruchsfrei einzubetten.[711] In diesem Zusammenhang ist schließlich der „integrierte Vermögensbegriff" zu erwähnen, dessen Vertreter zwischen Recht und Wirtschaft keinen Gegensatz sehen, sondern das Recht als Fundament der Vermögenszuordnung betonen.[712]

bb) Grad der Individualisierung: Objektive vs. subjektive Vermögensbegriffe

Eine andere Zielrichtung liegt der Unterscheidung zwischen subjektiven und objektiven Vermögensbegriffen zugrunde. „Subjektive" Vermögensbegriffe machen die Einordnung als Vermögensbestandteil von der Bedeutung des Vermögens für die Person des Vermögensinhabers abhängig, während „objektive" Vermögensbegriffe die Zuordnung zum Vermögen nach vom Vermögensinhaber losgelösten Kriterien, zumeist einem „objektiven" Marktwert, vornehmen.[713] Auch dieses Begriffspaar lässt sich nicht trennscharf unterscheiden, denn die meisten der heute vertretenen Auffassungen verwenden sowohl subjektive als auch objektive Elemente.[714] Vielmehr ist umstritten, wie viel Individualisierung bei der Identifikation von Vermögensbestandteilen zulässig ist, um einen angemessenen Vermögensschutz zu gewährleisten.[715] Anstoß der Debatte ist das Unbehagen, das rein objektive Vermögensbegriffe bei der Lösung bestimmter Fälle hervorrufen: So begeht – wie bereits in der Einleitung dieser Arbeit ausgeführt - keinen Betrug, wer einem anderen durch Täuschung zu einem (ungewollten) Vertragsschluss verleitet, jedoch eine Ware liefert, die den gleichen „Markt-

---

710 Dazu näher LK-*Tiedemann*, § 263 Rn. 132; *Samson*, JA 1989, S. 510, 513 f. m.w.Nws.

711 Als ein solches einschränkendes Merkmal wird zum Teil verlangt, dass die wirtschaftlich wertvollen Positionen „zu subjektiven Rechten verdichtet seien" oder „unter dem Schutz", „mit Billigung" oder zumindest nicht „ohne Missbilligung" der Rechtsordnung bestehen (SK-*Hoyer*, § 263 Rn. 92). Praktische Unterschiede machen diese Lösungsansätze in Fällen von nichtigen Ansprüchen, des unredlichen Besitzes sowie des Vermögenseinsatzes zu rechtlich missbilligten Zwecken.

712 Vgl. dazu *Hefendehl*, Vermögensgefährdung und Exspektanzen, 1994, S. 110 f; *Kargl*, JA 2001, S. 714, 715 m.w.Nws.

713 Vgl. LK-*Tiedemann*, Vor. § 263 Rn. 26.

714 So lässt etwa der heute überwiegend vertretene „juristisch-ökonomische" Vermögensbegriff an vielen Stellen Subjektivierungen zu (z.B. „individueller Schadeneinschlag" bzw. „Zweckverfehlungslehre"), dazu im Einzelnen später.

715 So zutreffend *Fehling/Faust/Rönnau*, Fn. 705, S. 24.

wert“ wie die Gegenleistung des Opfers hat (z.B. Lieferung einer Zellbaumwollhose anstatt einer echten Wollhose[716]). Zwar halten subjektive Vermögensbegriffe für solche Fälle ein einheitliches und in sich geschlossenes Schutzkonzept vor, gehen jedoch aufgrund der Subjektivierung mit einer höheren Rechtsunsicherheit für den Normadressaten und einer Ausdehnung der Strafbarkeit einher.[717] Die Bemühungen zur Subjektivierung objektiver Ansätze werden nicht zuletzt an der Anerkennung der Zweckverfehlungslehre durch den *BGH* im sog. „Melkmaschinenfall“ deutlich.[718]

b) Ausgewählte subjektiv geprägte Vermögenslehren

Im folgenden werden einige ausgewählte Vermögensbegriffe vorgestellt, die auf einen stärker subjektiv orientierten Vermögensschutz abzielen. Schon lange zuvor hatte etwa der Reichsanwalt *Stenglein* in seiner Besprechung einer der grundlegenden Entscheidungen des *Reichsgerichts* zum Saldierungsgrundsatz beim Vermögensschaden[719] darauf hingewiesen, dass der Wert einer Sache nicht aufgrund eines scheinbar „objektiven“, aber kaum zu ermittelbaren Marktwertes bestimmt werden sollte, sondern es vielmehr auf den sogenannten „conventionellen Wert“ ankäme, der von beiden Vertragsparteien im Rahmen ihres Vertragsabschlusses akzeptiert wurde und dessen Höhe nach dem „übereinstimmenden Willen der beiden Contrahenten“ zu ermitteln sei.[720] In Konsequenz seien alle zur Erfüllung des Vertrags erbrachten Leistungen, die nicht beiderseitige Zustimmung erfahren haben, für die getäuschte Vertragspartei wertlos; die Hingabe einer Leistung für einen solchen Gegenwert stelle mangels adäquater Kompensation *immer* einen Vermögensschaden dar. Die subjektiven Vermögenslehren versuchen, ähnlich diesem Ansatz, die Zwecksetzungen des Vermögensinhabers stärker zu betonen. Dabei unterscheiden sie sich weniger im Ergebnis als in der Begründung.

---

716 BGHSt 16, 220.

717 *Fehling/Faust/Rönnau*, Fn. 705, S. 24; zur Kritik vgl. SK-*Hoyer*, § 263 Rn. 112 f. m.w.Nws.

718 In diesem Fall hat der BGH einen Vermögensschaden trotz gleichwertiger Gegenleistung anerkannt, soweit der Vermögensinhaber den von ihm angestrebten Zweck nicht erreicht (BGHSt 16, 321).

719 RGSt 16, 1.

720 *Stenglein*, Der Gerichtssaal 40, S. 81, 111 f. Auch zu Zeiten des Reichsgerichts war die Ermittlung des Vermögensschadens beim Betrug hoch umstritten; viele Probleme wurden damals schon auf hohem Niveau erörtert. Seinen Beitrag aus dem Jahr 1879 leitete *Stenglein* mit folgender Feststellung ein: „Es wäre eine interessante Aufgabe, die Schwankungen zu verfolgen, welche sich in den Rechtsanschauungen der Gerichte in längeren oder kürzeren Perioden ergeben.“

aa) Dynamischer Vermögensbegriff

Als „Spielart der wirtschaftlichen Vermögenslehre“[721] hat *Eser* den sog. dynamischen Vermögensbegriff vorgelegt.[722] Ziel seines Konzeptes ist es, nicht nur statisch den vorhandenen Vermögensbestand, sondern auch dynamisch den Vermögenszuwachs in den Vermögensschutz mit einzubeziehen.[723] Damit erfasst der Vermögensbegriff neben gegenwärtigen Vermögenswerten auch vermögensbildende Faktoren[724] und die „wirtschaftliche Bewegungsfreiheit“, d.h. die Fähigkeit, die eigenen finanziellen Mittel am wirtschaftlich sinnvollsten und zweckmäßigsten einzusetzen. Einen Vermögensschaden erleidet derjenige, der in seiner Dispositionsfreiheit beschränkt wird und eine wirtschaftlich zweckverfehlende Maßnahme trifft.[725] *Eser* begründet seinen Ansatz mit einer kriminalpolitischen Notwendigkeit für einen ausgedehnten Vermögensschutz aufgrund „Veränderungen in der wirtschaftlichen Realität“.[726]

bb) Personale Vermögensbegriffe

Im juristischen Schrifttum hat sich ein sog. *personaler Vermögensbegriff* herausgebildet.[727] Danach kommt es für die Anerkennung als Vermögensbestandteil nicht auf einen objektiv bestimmbaren Geldwert an, sondern Vermögen zeichnet sich vielmehr als Grundlage der Persönlichkeitsentfaltung im Rahmen subjektiver wirtschaftlicher Zwecksetzungen aus. Damit sei – im Gegensatz zu den objektivierten Sichtweisen – nicht mehr die Minderung des Vermögensgesamtwertes (so der wirtschaftliche Vermögensbegriff) oder der Entzug einer Rechtsposition (so der juristische Vermögensbegriff) für die Bestimmung eines Vermögensschadens entscheidend, sondern alleine die Verfehlung des mit dem Vermögenseinsatz verfolgten Zwecks. Als Vermögen ist so das „gegenständliche Potenzial“ zu verstehen, das einer Person zur Verwirklichung ihrer subjektiven wirtschaftlichen Zwecksetzungen rechtlich zugeordnet ist.[728] Im Unterschied zum dynamischen Vermögensbegriff erweitern die personalen Vermögensbegriffe nicht die wirtschaftlichen Vermögenslehren um Vermögenszugewinne,

721 So Sch/Sch-*Cramer/Perron*, § 263 Rn. 81.

722 *Eser*, GA 1962, S. 289 ff.

723 *Eser*, Fn. 722, S. 295.

724 *Eser*, Fn. 722, S. 296.

725 *Eser*, Fn. 722, S. 297.

726 *Eser*, Fn. 722, S. 303.

727 Vgl. z.B. *Alwart*, JZ 1986, S. 563; *Bockelmann*, JZ 1952, S. 461; *Hardwig*, GA 1956, S. 6; *Heinitz*, JR 1968, S. 387; *Otto*, BT, § 38 Rn. 3 ff; *Geerds*, Jura 1994, S. 309, 311; *Weidemann*, Das Kompensationsprobem beim Betrug, Diss., Bonn 1972, S. 199 ff., SK-*Hoyer*, § 263 Rn. 101 m.w.Nws

728 Vgl. Nws. in Fn. 727.

sondern definieren bereits den Begriff des Vermögens personal.. Auch wirtschaftlich unsinnige Vermögenseinsätze werden so durch den Betrugsstraftatbestand geschützt.

Die verschiedenen Ansätze der personalen Vermögenslehren ähneln sich. So geht *Hardwig* von der These aus, dass alleine der jeweilige Vermögensinhaber berechtigt sei, über die Zusammensetzung seines Vermögens zu entscheiden. Damit sei jeder anderer als der im jeweiligen Vertrag vereinbarter Vermögenswert untauglich, die Vermögenshingabe des Opfers zu kompensieren.[729] *Bockelmann* geht mit seinem Ansatz weiter und löst sich völlig von den vorherrschenden Vermögenslehren. Der „Umfang des Vermögens sowie Dasein und Ausmaß des Schadens“ sollen „vielmehr nach dem berechtigten wirtschaftlichen Bedürfnis, dem anerkennenswerten persönlichen Interesse des Vermögensträgers“ bestimmt werden. Seiner Ansicht nach ist die Zuordnung zum Vermögen alleinig ein Ergebnis von Wertungen. Dass ein solcher Vermögensbegriff äußerst unscharf ist und wenig Rechtssicherheit bietet, sei zugunsten einer adäquaten Lösung von Einzelfällen hinzunehmen.[730] *Otto* wiederum sieht das Vermögen nicht als Wertsumme, sondern als „personal strukturierte Einheit, die die Entfaltung der Person im gegenständlichen Bereich gewährleistet“.[731] Der Vermögensbestand und damit auch der Vermögensschaden hingen somit von dem individuellen wirtschaftlichen Potenzial des Vermögensinhabers ab, das durch dessen wirtschaftliche Zwecksetzung definiert werde. Somit könne lediglich die wirtschaftliche Zweckerreichung eine Vermögensminderung ausgleichen. Ähnlich formuliert *Schmidhäuser*, der einen Vermögensschaden davon abhängig macht, ob die „Verfügung den Verletzten in seinem wirtschaftlichen Handlungsspielraum seinen Zwecksetzungen zuwider einschränkt“.[732] Schließlich knüpft *Weidemann* mit seinem funktionalen Vermögensbegriff an die Funktion des Vermögens an, „genutzt“, d.h. zu den „von dem Vermögensinhaber gesetzten Zwecken eingesetzt“ zu werden.[733] Vermögen ist danach der „Bestand an Gegenständen von wirtschaftlichem Wert, der dazu bestimmt ist, den vom Vermögensträger verfolgten Zwecken zu dienen“.[734] Während die übrigen personalen Vermögenslehren nur wirtschaftlich nachvollziehbare individuelle Zwecksetzungen für vermögensrelevant erachten, ist es nach dem funktionalen Vermögensbegriff *Bockelmanns* ausreichend, dass der an den individuellen Zweckset-

---

729 *Hardwig*, GA 1956, S- 6, 8, 18 f.

730 *Bockelmann*, JZ 1952, S. 461, 464.

731 *Otto*, BT, § 38 Rn. 3ff

732 *Schmidhäuser*, BT, 11/21.

733 *Weidemann*, Fn. 727, S. 213.

734 *Weidemann*, Fn. 727, S. 279.

zungen des Vermögensträgers ausgerichtete Nutzwerk des Vermögens vermindert ist.

cc) Intersubjektiver Vermögensbegriff

Jüngstens hat *Hoyer* einen alternativen Vermögensbegriff vorgelegt, der die Kritikpunkte an den subjektiven Vermögensbegriffen vermeiden und trotzdem eine Individualisierung bei der Bestimmung des Vermögens ermöglichen soll.[735] Vermögen zeichne sich demnach, in Übereinstimmung mit den wirtschaftlichen Vermögensbegriffen, durch seinen Tauschwert aus. Ein Vermögensbestandteil liegt nach *Hoyer* vor, sobald neben dem Vermögensinhaber zumindest irgendjemand dem Gegenstand einen Geldwert beimisst und auch die Rechtsordnung den daraus erwachsenen Tauschwert anerkennt.[736] Dafür sei – im Gegensatz zu den wirtschaftlichen Vermögensbegriffen – nicht die Feststellung eines Marktwertes erforderlich. Vielmehr soll es ausreichen, wenn sich der Tauschwert gegenüber irgendeinem Dritten manifestiert hat, also dieser potentiell bereit wäre, für das Gut eine Gegenleistung zu erbringen. Es sei nicht erforderlich, dass sich diese Position bereits zu einem subjektiven Recht verdichtet hat. Damit entfalle einerseits die Notwendigkeit der Anknüpfung an teilweise schwer oder gar nicht zu ermittelnde Markpreise, andererseits werde den Kritikpunkten an den rein subjektiven Vermögensbegriffen dahingehend begegnet, dass zumindest irgendein Maß an Drittanerkennung erforderlich ist.

Ein solcher Dritte könne auch der Täter selbst sein. Trifft der Täter mit dem Opfer eine Vereinbarung, nach der ein bestimmter Erfolg die Gegenleistung zu der vom Opfer vorzunehmenden Vermögensverfügung bilden solle, so sei dieser intersubjektiv vereinbarte Wert grundsätzlich maßgeblich. Ist das Opfer allerdings in der Lage, eine von dieser Vereinbarung abweichende Gegenleistung sofort wieder zu veräußern, so komme es auf den dadurch erzielbaren Geldwert an. Kann das Opfer die eigentlich geschuldete Gegenleistung durch ein Tauschgeschäft problemlos erlangen, so repräsentiere diese den gleichen Geldwert.[737]

Entgegen dem juristisch-ökonomischen Vermögensbegriff bezieht sich die Voraussetzung der „rechtlichen Billigung“ nicht auf den Vermögensbestandteil selbst, sondern auf das Tauschgeschäft, durch das ihr Wert realisiert wird. Durch den Schutz des Tauschwertes soll dem Vermögensinhaber die Chance erhalten bleiben, den Vermögensgegenstand mit einem weiteren Interessenten entsprechend dem beiderseitig zuerkannten Geldwert zu tauschen. Dies geschieht dadurch, dass der Täter durch die Strafdrohung des § 263 StGB davon abgehalten

735 SK-*Hoyer*, § 263 Rn. 115 ff.; als Grundlage *Schmoller*, ZStW 1991, S. 92, 98 ff.; dazu auch *Rönnau*, JuS 2002, S. 545, 547 ff.; LK-*Tiedemann*, Vor. § 263 Rn. 32.

736 SK-*Hoyer*, § 263 Rn. 118.

737 SK-*Hoyer*, § 263 Rn. 224.

wird, die entsprechende Position durch das illegitime Mittel der Täuschung zu einem niedrigeren Preis zu erwerben.[738] Dieser Schutz eines hypothetischen besseren (täuschungsfreien) Tauschgeschäftes soll allerdings nur soweit gehen, als dass dieses Tauschgeschäft (nicht der Vermögenswert an sich) rechtlich anerkannt ist.

c) Position der Rechtssprechung

Die Rechtsprechung hat sich nicht explizit einem bestimmten in der Literatur entwickelten Vermögensbegriff angeschlossen, sondern ist im Laufe ihrer Entwicklung immer wieder zwischen juristischen, wirtschaftlichen und juristisch-ökonomischen Ansätzen geschwankt.[739] So hat das *Reichsgericht* anfänglich einen rein juristischen[740], dann einen juristisch-ökonomischen[741] und schließlich einen rein wirtschaftlichen[742] Vermögensbegriff vertreten. Der *Bundesgerichtshof* führte diesen wirtschaftlichen Ansatz zunächst konsequent fort und hält im Grundsatz bis heute an ihm fest.[743] Jedoch ist in einigen Entscheidungen zu beobachten, dass er sich, ohne expliziten Rückgriff auf einen durch die Literatur vertretenen Vermögensbegriff, sowohl juristisch-ökonomischen[744] als auch rein juristischen[745] Vermögenslehren bedient. So hat er etwa in Fällen des sog. „Dirnenbetrugs" den Anspruch einer Prostituierten nicht dem durch den Betrugsstraftatbestand geschützten Vermögen zugeordnet.[746] Seit dem 1.1.2002 wird jedoch gem. § 1 des *Gesetzes zur Regelung der Rechtsverhältnisse der Prostituierten (ProstG)* bei sexuellen Handlungen, die gegen Entgelt vorgenommen werden, eine rechtswirksame Forderung begründet, so dass sowohl nach dem juristischen als auch dem juristisch-ökonomischen Vermögensbegriff ein Betrug gegen die Prostituierte in Betracht kommt.[747] Auch bei der Rückabwicklung von

---

738 Insoweit ähnelt sich dieser Argumentationsstrang *Hoyer*s mit der von *Posner* zur ökonomischen Begründung des Strafrechts (vgl. dazu Teil 2:C.II.)

739 SK-*Hoyer*, § 263 Rn. 93.

740 RGSt 3, 332 f.

741 RGSt 19, 190 f.; 21, 161 f.

742 RGSt 44, 231 ff.; 248 ff.

743 BGHSt 2, 365 ff.; 3, 102; vgl. SK-*Hoyer*, § 263 Rn. 93 m.w.Nws.

744 BGHSt 4, 373; 31, 180.

745 BGHSt 26, 346 ff.

746 BGHSt 4, 373; Verträge über die Erbringung sexueller Dienstleistung waren nach früherer Rechtsprechung wegen Verstoßes gegen die guten Sitten gem. § 138 Abs. 1 BGB nichtig.

747 *Ziethen*, NStZ 2003, S. 184, 187. Da das Gesetz ausschließlich die Rechtsstellung der Prostituierten, nicht aber diejenige der Freier verbessern soll (BT-Drs. 14/5958, S. 3), ist der Anspruch des Freiers auf Vornahme der sexuellen Handlung weiterhin gem. § 138 Abs. 1 BGB unwirksam und gerichtlich nicht durchsetzbar.

sitten- oder gesetzeswidrigen Forderungen rückt der *BGH* von seiner Prämisse des wirtschaftlichen Vermögensbegriffs ab, etwa im Falle des vorleistenden Erwerbers von Betäubungsmitteln: Hatte der Vertragspartner von Anfang an vor, der vorleistenden Partei die vereinbarte Gegenleistung nicht zu erbringen, so liege darin ein Betrug um die erbrachte Vorleistung.[748]

Schließlich zeigt sich eine zunehmende Distanz des *BGH* zu objektiv-wirtschaftlichen Ansätzen in der Anerkennung der Zweckverfehlungslehre im Melkmaschinenfall,[749] auf die im Rahmen der Schadensberechnung noch näher eingegangen werden wird.

2. Vom Irrtum zum Vermögensschaden: Das Merkmal der Vermögensverfügung

Nachdem die Vermögensbegriffe dargestellt wurden, ist im nächsten Schritt zu untersuchen, wie das Tatbestandsmerkmal des Vermögensschadens beim Betrug bestimmt wird. Obwohl im Wortlaut des Gesetzes nicht vorgesehen, ist nach einhelliger Ansicht zusätzlich eine sogenannte Vermögensverfügung erforderlich, die als „notwendige Bindeglied“ zwischen dem Irrtum beim Opfer und dem Vermögensschaden[750] die trennscharfe Abgrenzung des Betrugs als Selbstschädigungsdelikt von Fremdschädigungsdelikten ermöglicht.[751] Der Gesetzeswortlaut des § 263 StGB erfordert eigentlich nur eine Kausalität zwischen Irrtum und Vermögensschaden.[752] Jedoch dehnt eine solches Verständnis die Reichweite des Betrugsstraftatbestands zu weit in das Feld des Diebstahls (§ 242 StGB) aus und führt zu ungewollten Überschneidungen dieser beiden Strafvorschriften.[753] Als Beispielsfall einer solchen Überschneidung wird der Trickdiebstahl angeführt, durch den der Täter das Opfer durch eine Täuschung zu einer Gewahrsamslockerung bewegt, um den Besitz an dem Gut zu erlangen.[754] Ohne das Er-

748 BGH, NStZ 2002, 33. In konsequenter Anwendung müsste diese Rechtsprechung auch für andere gesetzes- oder sittenwidrige Ansprüche, deren Rückabwicklung (wohl noch) § 817 BGB entgegensteht, gelten, etwa für den vorleistenden Freier oder den Glücksspieler, der um seine Einsätze „geprellt“ wurde (zur Problematik der Rückabwicklung nichtiger Forderungen aus unerlaubtem Online-Glücksspiel vgl. *Rock/Seifert*, ZBB 2008, S. 259).

749 BGHSt 16, 331.

750 Vgl. z.B. RGSt 47, 152 f.; 62, 228; BGHSt 14, 170, 171 f.; LK-*Tiedemann*, § 263 Rn. 2; SK-*Hoyer*, § 263 Rn. 85.

751 Vgl. z.B. BGHSt 14, 170, 171; 17, 205, 209.

752 So lautet der Wortlaut des § 263 StGB: „das Vermögen eines anderen dadurch beschädigt, dass er (...) einen Irrtum erregt oder unterhält“).

753 Vgl. z.B. BGH, GA 1966, 212, 213; 1987, 308.

754 Fn. 753.

fordernis einer Vermögensverfügung könnte der Täter sowohl wegen Diebstahls (Wegnahme) als auch wegen Betrugs (durch Irrtum kausal hervorgerufener Vermögensschaden) verurteilt werden, was die herrschende juristische Meinung dazu veranlasst, den letztgenannten Vorwurf im Wege einer Tatbestandseinschränkung auszuscheiden.[755]

Der Begriff der Verfügung ist nicht zivilrechtlich,[756] sondern rein faktisch zu verstehen. Eine Vermögensverfügung ist definiert als jedes Tun oder Unterlassen (=Verhalten), das sich unmittelbar vermögensmindernd auswirkt.[757] Von dem Begriff des Vermögensschadens unterscheidet sich die Vermögensverfügung nur dadurch, als sie lediglich eine Vermögensminderung voraussetzt - mögliche Kompensationen werden hingegen nicht mit einbezogen.[758] Beim Betrug in Dreiecksverhältnissen müssen zudem getäuschte, irrende und verfügende Person identisch sein, während der Vermögensschaden auch bei einer anderen Person eintreten kann.[759] In Fällen des Sachbetrugs muss, in Folge der Notwendigkeit der Abgrenzung zum Diebstahl[760], die vermögensverfügende Person zusätzlich mit Verfügungsbewusstsein handeln, sich also dem vermögensmindernden Charakter ihrer Handlung bewusst sein.[761]

3. Die Ermittlung des Vermögensschadens

Ein Vermögensschaden liegt vor, wenn die durch die Vermögensverfügung verursachte Vermögensminderung nicht durch den Erhalt eines Äquivalents in vollem Umfang ausgeglichen wird.[762] Diese negative Formulierung führt dazu, dass im Falle einer täuschungsbedingten Vermögensverfügung ein Vermögensschaden vermutet wird – es ist also nur die fehlende Kompensation der bereits eingetretenen Vermögenseinbuße nachzuweisen.[763] Ein Vermögensschaden ist der negative Saldo zwischen dem Wert des Vermögens vor und nach der Vermö-

755 SK-*Hoyer*, § 263 Rn. 85.

756 Vgl. insbesondere den Verfügungsbegriff in § 817 BGB.

757 Ganz gängige Definition, vgl. z.B. BGHSt 14, 170, 171; *Fischer*, § 263 Rn. 70; LK-*Tiedemann*, § 263 Rn. 97.

758 BGHSt 31, 178 f.

759 Vgl. für viele *Fischer*, § 263 Rn. 79 m.w.Nws.

760 Anders in Fällen des Forderungsbetrugs, bei dem eine solche Abgrenzungsschwierigkeit (ein „Diebstahl" von Forderungen ist nicht möglich) nicht besteht. Ein Beispiel ist die irrtums- und täuschungsbedingte Unterschrift unter einem Bestellformular.

761 Vgl. BGHSt 18, 221, 223; 41, 198, 203; vgl. *Fischer*, § 263 Rn. 44 m.w.Nws

762 Ganz gängige Definition, vgl. für viele RGSt 16, 3; 74, 129; BGHSt 3, 99; 16, 321, 325; 22, 88, 89; aus der Literatur z.B. SK-*Hoyer*, § 263 Rn. 183; LPK-StGB-*Kindhäuser*, § 263 Rn. 158.

763 So z.B. *Kindhäuser*, JuS 2006, S. 293, 295.

gensverfügung.[764] Dabei ist das Prinzip der Gesamtsaldierung anzuwenden; es sind also alle aus der Vermögensverfügung erwachsenen Vor- und Nachteile gegenüberzustellen und zu vergleichen.[765] Ob die Voraussetzungen der Kompensation der Vermögensminderung erfüllt sind, also ob und in welcher Höhe diese Vor- und Nachteile zu berücksichtigen und zu bewerten sind, hängt von den Besonderheiten der jeweiligen Vermögensbegriffe ab.

Im folgenden wird die Ermittlung des Vermögensschadens aus Sicht der verschiedenen Vermögenslehren in Literatur und Rechtsprechung vorgestellt. Im Anschluss werden die im Zusammenhang mit Verträgen oftmals auftretenden problematischen Fallgruppen erörtert. Der Abschnitt schließt mit einer kritischen Würdigung der Lösungsansätze und bereitet den Weg zu einer Erörterung des Problems aus ökonomischer Sicht.

a) Bestimmung des Vermögensschadens nach den einzelnen Vermögenslehren

Zwischen den verschiedenen Vermögenslehren herrscht hinsichtlich die Berücksichtigung und Bewertung der durch die täuschungsbedingte Vermögensverfügung verursachten Zu- und Abflüsse Uneinigkeit. Entsprechend der Prämissen der verschiedenen Konzeptionen ergeben sich so deutliche Unterschiede in der Schadensberechnung und damit der Reichweite des Betrugsstraftatbestands.

aa) Wirtschaftlicher Schadensbegriff

Nach dem rein wirtschaftlichen Schadensbegriff begründet der Verlust einer Vermögensposition einen Vermögensschaden, wenn er nicht durch den Zugang einer wirtschaftlich gleichwertigen Position kompensiert wird.[766] Damit beschränkt der wirtschaftliche Schadensbegriff die Kompensationsmöglichkeiten auf wirtschaftlich wertvolle Positionen und gibt als Vergleichsgrundlage mit der weggegebenen Vermögensposition einen wirtschaftlichen Maßstab vor. Durch diese Festlegung schützt der Betrugsstraftatbestand nicht vor einem irrtumsbedingten Verlust eines Vermögensbestandteils schlechthin, sondern nur vor der Vermindung des wirtschaftlichen Wertes des Gesamtvermögens.[767] Anders als bei den Eigentumsdelikten (wie z.B. Diebstahl) wird nicht die konkrete Zusammensetzung des Vermögens geschützt; ebenso wenig das Recht des Vermögensinhabers, mit seinen Vermögensbestandteilen nach Belieben zu verfahren.[768]

---

764 Vgl. z.B. BVerfG, NStZ 1998, 506; BGHSt 16, 220, 221; 30, 388.

765 Vgl. BGHSt 3, 99, 102; 16, 220 221; 16, 321; 34, 199, 201; *Fischer*, § 263 Rn. 110 m.w.Nws.

766 Vgl. z.B. RGSt 16, 3; 74, 129; BGHSt 3, 99; 16, 321, 325; 22, 88, 89; aus der Literatur z.B. SK-*Hoyer*, § 263 Rn. 183; LPK-StGB-*Kindhäuser*, § 263 Rn. 158.

767 SK-*Hoyer*, § 263 Rn. 183.

768 SK-*Hoyer*, § 263 Rn. 183 m.w.Nws.

bb) Juristischer Schadensbegriff

Der rein juristische Vermögensbegriff knüpft die Bestimmung von Vermögenswerten an subjektive Rechte ohne Berücksichtigung ihres wirtschaftlichen Wertes. In Konsequenz erleidet ein Vermögensschaden derjenige, der eine Vermögensposition hergibt, ohne dafür das zu erhalten, was er als Gegenleistung zu beanspruchen hätte.[769] So erfüllt die Lieferung eines wirtschaftlich gleichwertigen *aliud* den juristischen Schadensbegriff, ohne dass der wirtschaftliche Wert des gelieferten Gegenstandes angerechnet wird. Da sich Rechte und Pflichten nicht verrechnen lassen, ergibt sich, dass der juristische Schadensbegriff keine Kompensation zulässt.[770] Um Situationen ohne formale Rechtspositionen, etwa bei der Anbahnung von Austauschverhältnissen oder gänzlich außerhalb von Verträgen, lösen zu können, postuliert die juristische Schadenslehre einen vorvertraglichen Anspruch auf die Einhaltung getroffener Absprachen und dehnt damit die durch die Strafdrohung des § 263 StGB geschützten Rechte über das Zivilrecht hinaus aus.[771] *Pawlik* überführt diesen Ansatz in eine „moderne Konzeption des juristischen Schadensbegriffs"[772], nach der der Vermögensschaden beim Betrug der Differenz zwischen tatsächlich erbrachter Gegenleistung und hypothetischer Gegenleistung im Falle absprachegemäßen Verhalten entspricht.[773] Seinem Ansatz liegt die Erwägung zugrunde, dass nur diejenige Gegenleistung einen Vermögensschaden entfallen lassen könne, die der Täter bei Beachtung des „Rechts auf Wahrheit" des Opfers hätte erbringen müssen.[774] Eine „aliud"-Lieferung sei nur dann als absprachegemäße Gegenleistung zu qualifizieren, wenn das Opfer diese ohne weiteren Aufwand in die vereinbarte Gegenleistung überführen (z.B. tauschen) könne. Eine Bewertung von Leistung und Gegenleistung ist nach dem juristischen Schadensbegriff also nicht nach wirtschaftlichen Gegebenheiten, sondern nach ihrer Absprachegemäßheit vorzunehmen.[775]

cc) Individuell-objektiver Schadensbegriff (Position der Rechtsprechung)

Der (rein) wirtschaftliche und (rein) juristische Vermögens- und Schadensbegriff wurde in vielerlei Hinsicht kritisiert; keine dieser beiden Extremformen wird heute noch vertreten. Dem rein wirtschaftlichen Schadensbegriff wird vor-

---

769 SK-*Hoyer*, § 263 Rn. 184 m.w.Nws.

770 LPK-StGB-*Kindhäuser*, § 263 Rn. 159.

771 Vgl. z.B. *Jakobs*, JuS 1977, S. 228; SK-*Hoyer*, § 263 Rn. 184 m.w.Nws.

772 So SK-*Hoyer*, § 263 Rn. 185.

773 SK-*Hoyer*, § 263 Rn. 185 mit Verweis auf *Pawlik*, Das unerlaubte Verhalten beim Betrug, S. 285.

774 *Pawlik*, Das unerlaubte Verhalten beim Betrug, Köln u.a., S. 287.

775 So auch *Schmoller*, ZStW 1991, S. 92, 98.

geworfen, individuelle Opferinteressen und damit dem Ziel des Rechtsgüterschutzes[776] zu verfehlen, da er einen Schaden ausschließt, wenn das Opfer eine ihrem Geldwert nach gleichwertige Gegenleistung erhält. Regelmäßig sei aber das Opfer auch an der Verwendbarkeit der Gegenleistung für seine individuellen Zielsetzungen interessiert.[777] Die Abstraktion von individuellen Bedürfnissen führe dazu, dass die Kunstfigur des „homo oeconomicus“ anstelle eines „realen Rechtssubjekts mit eigenem Selbstverwirklichungsinteresse“ geschützt werde.[778]

Hingegen laufe der juristische Schadensbegriff durch eine Anknüpfung an die zivilrechtliche Sollbeschaffenheit in die Gefahr, jede durch Täuschung bedingte Vertragsverfehlung und damit auch vereitelte Vermögensmehrungen als Vermögensschäden einzuordnen. Dies widerspreche jedoch dem Ziel des Rechtsgüterschutzes, da eine Enttäuschung von Gewinnerwartungen keine Beeinträchtigung von Opfer(bestands)interessen mit sich bringe.[779]

Insofern vertritt die heute herrschende Meinung und die Rechtsprechung in Anlehnung an den juristisch-ökonomischen Vermögensbegriff eine sogenannte individuell-objektive Schadenslehre.[780] Nach diesem Konzept ist der Gesamtwert des Vermögens vor und nach der Verfügung in einem zweistufigen Verfahren zu vergleichen:[781] Zunächst ist zu fragen, welche Vermögensgegenstände der Vermögensinhaber durch die Verfügung gewonnen und verloren hat. In einem nächsten Schritt sind diese Vermögensgegenstände zu bewerten.

Innerhalb des ersten Schritts (Identifikation der Vermögensgegenstände) bei gegenseitigen Verträgen ist wie folgt zu differenzieren: Liegt ein „Handgeschäft“ (Vertragsschluss und Vertragserfüllung fallen zusammen) vor, so bewirkt die Vermögensverfügung den Verlust der geschuldeten Leistung und den Erwerb der Gegenleistung – beide Positionen sind in der Schadensberechnung zu berücksichtigen.[782] Erfolgt die Täuschung bei der (zeitversetzten) Abwicklung eines Vertrags, so ist nicht nur der Wert der jeweils weggegebenen Leistung einzustellen, sondern auch zu berücksichtigen, dass der Vertragspartner im gleichen Zug von seiner Verbindlichkeit frei wird. So sind etwa bei der Abwick-

---

776 Zur Rechtsgutsdiskussion beim Betrug vgl. Teil 2:C.I.

777 Vgl. z.B. *Samson*, JA 1978, S. 625; SK-*Hoyer*, § 263 Rn. 188 m.w.Nws.

778 So z.B. *Jakobs*, JuS 1977, S. 228, 229; *Samson*, JA 1978, S. 625; SK-*Hoyer*, § 263 Rn. 188 m.w.Nws.

779 Vgl. BGHSt 16, 220; BayObLG, NJW 1999, 663; SK-*Hoyer*, § 263 Rn. 187 m.w.Nws. Eine Ausnahme ist die Anerkennung sog. „vermögenswerter Exspektanzen“, dazu im Einzelnen später.

780 Vgl. für viele BGHSt 16, 225, 231; 22, 88; 23, 300; LK-*Tiedemann*, § 263 Rn. 150 ff. m.w.Nws.

781 Darstellung nach SK-*Hoyer*, § 263 Rn. 193 ff.

782 SK-*Hoyer*, § 263 Rn. 194.

lung eines Kaufvertrags mindestens vier Vermögensbewegungen zu berücksichtigen:[783] 1. Der Käufer erhält die gekaufte Sache, 2. verliert damit seinen Anspruch auf Übergabe und Übereignung der gekauften Sache (§ 362 BGB i.V.m. § 433 Abs. 1 S. 1 BGB), 3. er bezahlt den Kaufpreis und wird 4. dadurch von seiner Verbindlichkeit zur Bezahlung des Kaufpreises befreit (§ 362 BGB i.V.m. § 433 Abs. 1 S. 2 BGB). Dabei sind aber keine Ansprüche mit einzustellen, die erst aufgrund der Täuschung entstehen und den *daraus entstandenen* Schaden ausgleichen sollen (z.B. § 823 Abs. 2 BGB i.V.m. § 263 StGB; §§ 119, 123 BGB; § 280 BGB sowie alle anderen Bereicherungs- und Gewährleistungsansprüche).[784] Ebenso ist es für den Schadenseintritt irrelevant, ob die Sache später zurückgenommen wird; allerdings sind bereits beim Vertragsschluss vorhandene Rücktrittsrechte oder andere faktische Möglichkeiten des Schadensausgleichs (z.B. Kaution) schadensmindernd zu berücksichtigen.[785]

In einem zweiten Schritt sind dann die im ersten Schritt identifizierten Vermögensgegenstände zu bewerten. Dabei ist von einer wirtschaftlichen Betrachtungsweise auszugehen, die aber nicht nur am reinen Geldwert auszurichten ist, sondern auch die wirtschaftlichen Bedürfnisse des Einzelnen berücksichtigt.[786] Zunächst sind Leistung und Gegenleistung nach ihrem Verkehrswert zu vergleichen, wobei aber die Besonderheiten des individuellen Geschäfts zu berücksichtigen sind.[787] Entscheidend ist der Marktwert, der üblicherweise bei Geschäfte dieser Art zu dieser Zeit, an diesem Ort und auf dieser Umsatzstufe bezahlt wird.[788] Lässt sich nach diesem Maßstab ein Wertgefälle zu Lasten des Vermögensinhabers feststellen, so ist ein Schaden zu bejahen.[789] Ergibt ein solcher Vergleich aber, dass der Marktwert der vom Vermögensinhaber erhaltenen Gegenleistung nicht niedriger ist der der von ihm erbrachten Leistung, so ist zusätzlich zu prüfen, ob individuelle (in seiner Person begründete) Umstände die Gegenleistung für ihn abwerten und so einen Schaden begründen.[790] Ein solcher Umstand liegt vor, wenn der Vermögensinhaber - nach der Auffassung eines sachlichen Beobachters - die Gegenleistung nicht oder nicht in vollem Umfang für den von ihm vertraglich vorausgesetzten Zweck oder in anderer zumutbarer Weise verwenden oder ohne Schwierigkeiten wieder veräußern kann (sog. „in-

783 SK-*Hoyer*, § 263 Rn. 195.
784 SK-*Hoyer*, § 263 Rn. 196 m.w.Nws.
785 Vgl. den bereits im Irrtumsbegriff diskutierten Fall BGHSt 34, 199; auch OLG Stuttgart, NJW 1980, 1177.
786 Sch/Sch-*Cramer/Perron*, § 263 Rn. 108.
787 SK-*Hoyer*, § 263 Rn. 201.
788 BGH, NStZ 1991, 489; SK-*Hoyer*, § 263 Rn. 201; LK-*Tiedemann* § 263 Rn. 163;
789 Sch/Sch-*Cramer/Perron*, § 263 Rn. 109.
790 SK-*Hoyer*, § 263 Rn. 200 m.w.Nws.

dividueller Schadenseinschlag").[791] Zudem nimmt die Rechtsprechung einen individuell schadensbegründenden Umstand an, wenn die Verfügung den Vermögensinhaber in erhebliche finanzielle Bedrängnis bringt[792] und so seine „wirtschaftliche Bewegungsfreiheit"[793] übermäßig einschränkt: Ein Schaden liegt demnach vor, „wenn der Erwerber durch die eingegangene Verpflichtung zu vermögensschädigenden Maßnahmen genötigt wird".[794] Dem steht es gleich, wenn dem Vermögensinhaber infolge der Verpflichtung „Mittel entzogen werden, die für die Aufrechterhaltung einer seinen Verhältnissen angemessenen Wirtschafts- und Lebensführung unerlässlich sind".[795] Beispiele sind etwa der Kauf eines für einen Bauern überdimensionierten Melkmaschine[796], der Abschluss ungünstiger Kreditverträge, den unvorteilhaften Verkauf von Wertpapieren oder den Verzicht auf anderweitige sinnvolle Investitionen.[797] In der Literatur wird diese Rechtsprechung mit der Erwägung kritisiert, dass die Einschränkung der „wirtschaftlichen Bewegungsfreiheit" des Opfers kein Vermögensschaden sein kann, der dem Täter unmittelbar als Vorteil zufließt (sogenannte „Stoffgleichheit" der angestrebten Bereicherung).[798]

Die Grenze der individuellen Betrachtungsweise ist bei *rein subjektiven Wertschätzungen* erreicht; so ist die Verfehlung von Affektionsinteressen oder rein persönlicher Wertschätzungen für den Betrugsstraftatbestand regelmäßig ohne Bedeutung.[799] Es spielt keine Rolle, ob das Opfer sich „geschädigt fühlt".[800]

Korrigiert wird die so durchgeführte objektiv-individuelle Schadensberechnung durch normative Einschränkungen.[801] So erleidet keinen Schaden, wer ei-

---

791 So der BGH im „Melkmaschinenfall", BGHSt 16, 321, 325 f.; vgl. für viele NK-*Kindhäuser*, § 263 Rn. 259; Sch/Sch-*Cramer/Perron*, § 263 Rn. 121, 123; SK-*Hoyer*, § 263 Rn. 203.

792 So NK-*Kindhäuser*, § 263 Rn. 260.

793 So SK-*Hoyer*, § 263 Rn. 205.

794 BGHSt 16, 321.

795 BGHSt 16, 321, 328; auch schon RGSt 76, 49, 51; vgl. NK-*Kindhäuser*, § 263 Rn. 260 m.w.Nws.

796 BGHSt 16, 321.

797 Übrigen Beispiele nach NK-*Kindhäuser*, § 263 Rn. 260.

798 Vgl. z.B. NK-*Kindhäuser*, § 263 Rn. 260 m.w.Nws.

799 Ständige Rspr., so RGSt 16, 10; 23, 434; BGHSt 16, 321, 325; BGH, NStZ-RR 2001, 41; aus der Literatur für viele Sch/Sch-*Cramer/Perron*, § 263 Rn. 124; SK-*Hoyer*, § 263 Rn. 206.

800 So z.B. Sch/Sch-*Cramer/Perron*, § 263 Rn. 124.

801 SK-*Hoyer*, § 263 Rn. 207 ff. Dies ist eine Folge daraus, dass der objektiv-individuelle Schadensbegriff auch auf dem juristisch-ökonomischen Vermögensbegriff aufbaut.

nen fälligen und einredefreien Anspruch erfüllt.[802] Eine weitere Ausnahme wird in Fällen des Bettel-, Spenden- und Subventionsbetrugs durch die Lehre der „unbewussten Selbstschädigung“ gemacht, die aber durch die „Theorie der sozialen Zweckverfehlung“ wieder korrigiert wird.[803] Die erstgenannte Lehre vertritt die These, dass dem Opfer des Betrugs der vermögensmindernde Charakter seiner Vermögensverfügung verborgen bleiben müsse und so eine *bewusste* Preisgabe vermögenswerter Positionen ohne wirtschaftlich gleichwertige Gegenleistung keinen Vermögensschaden begründen könne. Während das *Reichsgericht* dieses Erfordernis der „bewussten Selbstschädigung“ ablehnte[804] und demnach einen Betrug angenommen hatte, wenn das Opfer an einen nur vermeintlich armen Bettler spendet oder ihm vorgetäuscht wurde, sein Nachbar habe ebenfalls gespendet[805], hielt die ältere Lehre der juristischen Literatur Fälle des Bettel-, Spenden- und Subventionsbetrug generell für straflos.[806] Die gegenwärtig vorherrschende Meinung[807] sowie im Ergebnis auch die Rechtsprechung[808] kombiniert das Erfordernis der „unbewussten Selbstschädigung“ durch die sogenannte „Zweckverfehlungslehre“. Bei einer *wissentlichen* Hingabe einer vermögenswerten Position sei sich das Opfer zwar der Vermögensminderung bewusst, jedoch könne dieser Vermögensminderung nach der Vorstellung des Opfers auch durch die Erreichung eines außerwirtschaftlichen (sozialen) Zwecks kompensiert werden (z.B. Spende an einen armen Bettler). Täuscht der Täter die Erreichung eines solchen Zwecks jedoch nur vor, so entfällt diese (außerwirtschaftliche) Kompensation und das Opfer erleidet einen Vermögensschaden (z.B. Spende an einen *vermeintlich* armen Bettler). Da eine Anerkennung der Zweckverfehlungslehre für alle Fälle des Betrugs einem Paradigmenwechsel vom wirtschaftlichen Schadensbegriff hin zu einem Schutz der Dispositionsfreiheit gleichkommen würde, erfährt das Konzept zweierlei Einschränkungen: Zum einen gilt die Zweckverfehlungslehre nur dann, wenn ein rein wirtschaftlicher Austausch nicht stattfindet (= einseitige oder gemischte Verträge); innerhalb wirtschaftlich ausgeglichener Geschäfte ist die bloße Zweckverfehlung zur Schadensbegründung nicht ausreichend.[809] So gibt die Rechtsprechung etwa das Saldierungsprinzip nicht auf, wenn das Opfer bei einem wirtschaftlich ausgegli-

---

802 BGHSt 20, 138; BGH NJW 1952, 1345; vgl. SK-*Hoyer*, § 263 Rn. 208 m.w.Nws.

803 Vgl. SK-*Hoyer*, § 263 Rn. 209 ff.

804 Vgl. RGSt 44, 244; 52, 136; 70, 256.

805 Vgl. BayObLG, NJW 1952, 798.

806 Vgl. SK-*Hoyer*, § 263 Rn. 212 m.w.Nws.

807 Vgl. z.B. *Schröder*, NJW 1962, S. 721, *Weidemann*, GA 1967, S. 238; *Lenckner*, NJW 1971, S. 599, 600; SK-*Hoyer*, § 263 Rn. 213 m.w.Nws.

808 Vgl. BGH, NJW 1992, 2167; BGH, NJW 1995, 539.

809 Z.B. OLG Köln, NJW 1979, 1419, 1420.

chenem Geschäft den Vertrag in der irrigen Annahme abschließt, er würde ein Sonderangebot annehmen.[810] Zum anderen wird auch bei wirtschaftlich unausgeglichenen Geschäften nicht jede Zweckverfehlung anerkannt, sondern lediglich die Verfehlung „sozial gebilligter Zwecke".[811] So kann die Spende an eine nicht bedürftige Person einen Vermögensschaden begründen, nicht aber die Spende in der irrigen Annahme, der Nachbar habe ebenso gespendet.[812]

Obwohl zur Zeit sowohl die Rechtsprechung als auch die vorherrschende Literatur die Schadensberechnung nach der individuell-objektiven Schadenslehre vornimmt, erfährt dieser Ansatz vielfache Kritik.[813] Kernvorwurf ist die Inkonsequenz bei der Durchführung des wirtschaftlichen Bewertungsgrundsatzes im Rahmen der Saldierung der Vermögenszuflüsse und -abflüsse: So sei es nur schwer einsichtig, warum der Landwirt beim täuschungsbedingten Kauf einer Melkmaschine gerade dann durch den Betrugsstraftatbestand geschützt werden soll, wenn er durch den Erwerb in finanzielle Bedrängnis gerät.[814] Die „mittlere Linie zwischen totaler Objektivierung und reiner Subjektivierung"[815] sei aber auch im Übrigen nicht überzeugend durchgeführt. So ist es von einem wirtschaftlichen Standpunkt ungeklärt, warum etwa die Zweckverfehlungslehre ausschließlich bei wirtschaftlich unausgewogenen Geschäften zur Anwendung kommen soll und warum diese dann auf „sozial gebilligte" Zwecke beschränkt wird. Im Ergebnis wird der wirtschaftliche Vermögensbegriff durch eine breite Kasuistik „durchlöchert", ohne dass die objektiv-individuelle Schadenslehre für diese Ausnahmen ein schlüssiges Gesamtkonzept bereitzuhalten vermag.

dd) Personaler Schadensbegriff

Der personale Schadensbegriff definiert den Begriff des Vermögensschadens als jede Verfehlung des mit der Vermögensverfügung verfolgten wirtschaftlichen Zwecks.[816] Dabei sollen aber nicht sämtliche Zwecke maßgeblich sein, die der Vermögensinhaber mit seiner Verfügung verfolgt, sondern nur solche ökonomi-

---

810 BGHSt 16, 321; BGH, NJW 1983, 1917; OLG Düsseldorf, NJW 1991, 1841; OLG Hamm, NStZ 1992, 593.

811 Vgl. SK-*Hoyer*, § 263 Rn. 214 m.w.Nws.

812 Ebenso soll ein Vermögensschaden nicht vorliegen, wenn ein gewerblicher Spendensammler für ehrenamtlich gehalten wird (BGH, NJW 1995, 539).

813 Vgl. z.B. NK-*Kindhäuser*, § 263 Rn. 265; SK-*Hoyer*, § 263 Rn. 215 ff., jeweils m.w.Nws.

814 So zutreffend NK-*Kindhäuser*, § 263 Rn. 265.

815 So SK-*Hoyer*, § 263 Rn. 215.

816 Vgl. *Bockelmann*, Festschrift Kohlrausch, S. 248 ff.; *Hardwig*, GA 1956, S. 6, 17 ff.; *Heinitz*, JR 1968, , S. 387, 388; *Maiwald*, NJW 1981, S. 2777, 2780 f.; *Alwart*, JZ 1986, S. 563, 564 f.; vgl. SK-*Hoyer*, § 263 Rn. 190 oder NK-*Kindhäuser*, § 263 Rn. 272 m.w.Nws.

sche Zwecke, die die Parteien zum Gegenstand einer Parteivereinbarung gemacht haben.[817] Mit der Beschränkung auf „ökonomische Zwecke“ knüpft der personale Schadensbegriff an den wirtschaftlichen Schadensbegriff an, wogegen der Verweis auf die „Parteivereinbarung“ auf die juristischen Schadenslehren hindeutet.[818] Von der individuell-objektiven Schadenslehre unterscheidet sich der personale Schadensbegriff dahingehend, dass er die dort nur als Ausnahme zum Saldierungsprinzip anerkannte Zweckverfehlungslehre[819] zum *alleinigen Maßstab* der Schadensberechnung macht und damit die im Regel-Ausnahme-Verhältnis angelegten Inkonsistenzen vermeidet.[820] Durch die Beschränkung auf „ökonomische Zwecke“ soll vermieden werden, dass der Betrugsstraftatbestand zu einem Delikt gegen die Dispositionsfreiheit „degeneriert“.[821] Gerade dieses Kriterium ist jedoch Stein des Anstoßes an dem personalen Schadensbegriff: So sei es schwer, wenn gar nicht unmöglich, wirtschaftliche von sonstigen Zwecken einer Verfügung abzugrenzen.[822] Die Behauptung, die irrtumsbedingte Buchung einer Reise nach Norwegen anstatt in die Schweiz sei eine (betrugsrelevante) wirtschaftliche Zweckverfehlung, hingegen die überhöhte Spende zur „Imagepflege“ im eigenen Wohngebiet eine (unbeachtliche) rein ideelle Zwecksetzung,[823] erscheint nur schwer begründbar.[824] Aber schon einfache Fälle im Wirtschaftsleben, wie der Wunsch nach einer bestimmten Farbe beim Erwerb eines PKW, sind nicht ohne weiteres als wirtschaftliche oder sonstige Zwecksetzung einzuordnen. Besonders schwierig sind soziale Zwecksetzungen, wie etwa die durch Sorge um heimische Arbeitsplätze motivierte Bestellung in Deutschland gefertigter Ware.[825] Ist ein Kunde, der aufgrund einer solchen Bestellung (gleichwertige) Importware geliefert bekommt, geschädigt?

Lässt man solche Fälle als „wirtschaftliche Zwecksetzungen“ ausreichen, so bleibt, zumindest im Rahmen von Austauschverhältnissen, wenig Raum für „sonstige Zwecksetzungen“ – im Ergebnis würde dann durch den personalen

---

817 Vgl. SK-*Hoyer*, § 263 Rn. 190 m.w.Nws.

818 Vgl. SK-*Hoyer*, § 263 Rn. 190.

819 Siehe dazu der Abschnitt zuvor.

820 NK-*Kindhäuser*, § 263 Rn. 272.

821 Formulierung nach SK-*Hoyer*, § 263 Rn. 190; vgl. *Bockelmann*, JZ 1952, S. 461, 464; *Hardwig*, GA 1956, S. 6, 18 ff.; NK-*Kindhäuser*, § 263 Rn. 273 m.w.Nws.

822 SK-*Hoyer*, § 263 Rn. 191; NK-*Kindhäuser*, § 263 Rn. 273; *Rönnau*, JuS 2002, S. 545, 548.

823 *Geerds*, Wirtschaftsrecht und Vermögensschnutz, Lübeck 1990, S. 182 f.

824 So zutreffend NK-*Kindhäuser*, § 263 Rn. 273.

825 Beispiele nach SK-*Hoyer*, § 263 Rn. 191.

Schadensbegriff doch wieder die Dispositionsfreiheit durch den Betrugsstraftatbestand geschützt.[826]

ee) Intersubjektiver Schadensbegriff

In Konsequenz seines Vermögensbegriffes will *Hoyer* den Vermögensschaden intersubjektiv bestimmen.[827] Danach soll weder eine objektive noch eine subjektive Sichtweise entscheiden, sondern vielmehr käme es auf eine „intersubjektive Vereinbarung" zwischen Täter und Opfer an, nach der ein bestimmtes Verhalten des Täters oder ein vom Täter herzustellender Erfolg die Gegenleistung für die Vermögensverfügung des Opfers darstellen soll.[828] Durch eine solche Vereinbarung belegt das Opfer, seine Leistung für diejenige Gegenleistung eintauschen zu wollen, an der ihm im Angesicht alternativer Verwendungsmöglichkeiten am meisten liegt.[829] Diese Gegenleistung repräsentiere dann für das Opfer einen (bzw. sogar den höchsten) Geldwert. Erbringt der Täter trotz Zusage keine Gegenleistung, so verliert das Opfer den Tauschwert des von ihm eingesetzten Vermögenswertes und damit die Möglichkeit, diesen für ihn nützlich erscheinende Tauschgeschäfte einzusetzen.[830] Erbringt der Täter eine andere Gegenleistung, so kommt es auf ihren Tauschwert an.[831] Kann diese ohne nennenswerten Aufwand in die gemäß der intersubjektiven Vereinbarung zu erbringende Gegenleistung eingetauscht werden, so repräsentiert sie für den Vermögensinhaber denselben Geldwert. Sieht der Vermögensinhaber die erbrachte Leistung zumindest als gleichwertig zu seiner eigenen Leistung an, so ist ihm zwar ein gewinnbringendes Tauschgeschäft entgangen, aber er hat trotzdem keinen Schaden erlitten. Damit begründet bei einem als ausgeglichen bewerteten Leistungsaustausch das Verfehlen eines *zusätzlich* mit einer Verfügung verfolgten sozialen Zwecks keinen Vermögensschaden, sondern ist lediglich als das (betrugsirrelevante) Ausbleiben einer Vermögensmehrung.[832] Ist ein solcher Zweck noch nicht einmal vorgetäuscht, so fehlt es bereits an einer intersubjektiven Vereinbarung (z.B. Spende zur „Imagepflege" bei (vermeintlich) spendefreundlichen

826 Insoweit weist *Kindhäuser* (NK, § 263 Rn. 273) aber zutreffend darauf hin, dass ein umfassender Schutz der Dispositionsfreiheit nicht notwendigerweise im Widerspruch zu den Prämissen des personalen Schadensbegriffs stehen müsse.

827 SK-*Hoyer*, § 263 Rn. 223 ff.

828 SK-*Hoyer*, § 263 Rn. 223 mit Verweis auf *Kempermann*, ZStW 1938, S. 126, 150; *Mohrbotter*, GA 1969, S. 225, 231.

829 BGH, NJW 1992, 2167.

830 SK-*Hoyer*, § 263 Rn. 223.

831 SK-*Hoyer*, § 263 Rn. 224.

832 So auch OLG Köln, NJW 1979, 1419 f.; vgl. SK-*Hoyer*, § 263 Rn. 224 m.w.Nws.

Nachbarn).[833] Wird das Tauschgeschäft beiderseitig erfüllt, so fehlt es an einem Vermögensschaden. Anders ist dies, wenn der intersubjektiv vereinbarte Tauschwert von der Rechtsordnung nicht anerkannt wird, z.B. bei einem wucherischen Rechtsgeschäft (§ 138 Abs. 2 BGB) oder bei der Zahlung eines „Lösegeldes“ für eine zuvor weggenommene Sache: In solchen Fällen kann es trotz Einhaltung der Vereinbarung zu einem Vermögensschaden kommen.[834] Tauscht der Vermögensinhaber seine Gegenleistung für eine Leistung, die gem. §§ 134, 138 Abs. 1 BGB gar nicht erbracht werden darf (z.B. Auftragsmord), so soll es bereits an einer Vermögensverfügung fehlen.[835]

b) Anwendung der individuell-objektiven Schadenslehre auf gegenseitige Verträge

Der in der Literatur und Rechtsprechung vorherrschende individuell-objektive Schadensbegriff wirft in der Praxis eine Vielzahl von Problemen auf. Einige typische Fragestellungen des Schadennachweises im Rahmen gegenseitiger Vertragsverhältnisse sollen im folgenden dargestellt werden. Dafür kann eine erste Differenzierung danach vorgenommen werden, ob der Vermögensinhaber für seine Vermögensverfügung eine Kompensation erhält oder nicht.[836] Während es im letztgenannten Fall für den Nachweis eines Vermögensschadens ausreicht, die durch den Vermögensinhaber weggegebene Leistung zum geschützten Vermögen zuzuordnen, ist im erstgenannten Fall nach der vorherrschenden individuell-objektiven Schadenslehre eine Saldierung von Leistung und Gegenleistung durchzuführen, die oftmals mit Bewertungsproblemen verbunden sind.

aa) Verlust eines Vermögenswertes ohne Erhalt einer geldwerten Gegenleistung

Handelt es sich um eine durch Täuschung bedingte einseitige Hingabe von Vermögensgegenständen, so liegt regelmäßig im Verlust des Vermögenswertes als solcher ein Vermögensschaden.[837] Leistet etwa der Vermögensinhaber an einen bereits bei Vertragsschluss erfüllungsunwilligen Vertragspartner, so erleidet er unzweifelhaft einen Vermögensschaden.[838]

---

833 SK-*Hoyer*, § 263 Rn. 225.

834 SK-*Hoyer*, § 263 Rn. 226.

835 So auch *Samson*, JA 1989, S. 510, 513; *Geerds*, Jura 1994, S. 309, 310 f.; vgl. SK-*Hoyer*, § 263 Rn. 224 m.w.Nws.

836 So auch LK-*Tiedemann*, § 263 Rn. 188 ff.; Sch/Sch-*Cramer/Perron*, § 263 Rn. 100.

837 Sch/Sch-*Cramer/Perron*, § 263 Rn. 100.

838 Vgl. zur Täuschung über die (innere) Tatsache der Erfüllungsbereitschaft die Ausführungen im Teil 3:A.I.

Neben den bereits dargestellten Fällen des Spenden-, Bettel- und Subventionsbetrugs sind hier die sog. *gemischten Verträge* problematisch, bei denen ein wirtschaftlicher Austausch mit dem Erreichen eines außerwirtschaftlichen (etwa sozialen oder wohltätigen) Zwecks verknüpft wird.[839] Zwar erhält der Vermögensinhaber bei solchen Verträgen eine geldwerte Gegenleistung, jedoch ist diese wirtschaftlich minderwertig. Da sich der Vermögensinhaber aber dieser Minderwertigkeit bewusst ist, scheidet ein Vermögensschaden nach dem Grundsatz der *bewussten Selbstschädigung* aus. Über den (wirtschaftlichen) Gegenwert hinaus verspricht sich der Vermögensinhaber für die Hingabe seiner Leistung jedoch regelmäßig die Realisierung eines von der einzelnen Transaktion losgelösten Zwecks. Wird der Vertrag entscheidend durch diese Zwecksetzung geprägt, so kann in dieser Zweckverfehlung ein Vermögensschaden liegen. Beispiele sind etwa der Kauf von Ware aus einem angeblichen Notstandsgebiet[840], oder das Erschleichen eines zinsvergünstigten Kredits[841]. Sobald das Geschäft aber wirtschaftlich ausgeglichen ist, scheidet ein Betrug aus.[842]

bb) Verlust eines Vermögenswertes bei Erhalt einer geldwerten Gegenleistung

In aller Regel erhält der Vermögensinhaber bei Betrugsfällen im Rahmen von Vertragsverhältnissen zumeist irgendeine Gegenleistung.[843] Insofern stellt sich nach dem vorherrschenden individuell-objektiven Schadensbegriff das Problem der Bewertung und Saldierung von Leistung und Gegenleistung. In gegenständlicher Hinsicht ist zum einen zu klären, *welche Positionen mit welchem Wert* in diese Bewertung und Saldierung einzubeziehen sind. Zudem stellt sich bei zeitlich versetzten Austauschprozessen die Frage, *zu welchem Zeitpunkt* eine solche Bewertung einen negativen Saldo zu Lasten des Vermögensinhabers und damit einen Vermögensschaden ergibt. Die letztgenannte Fragestellung wird unter den

839 Vgl. dazu z.B. Sch/Sch-*Cramer/Perron*, § 263 Rn. 105 m.w.Nws.

840 RGSt 73, 384.

841 KG Berlin, JR 1962, 26.

842 Z.B. der Verkauf eines Zeitschriftenabonnements durch einen angeblichen ehemaligen Gefängnisinsassen, OLG Köln, NJW 1979, 1420.

843 Vgl. z.B. LK-*Tiedemann*, § 263 Rn. 188; aus der amerikanischen Literatur *Ulen*, The Economics of Corporate Criminal Liability, Managerial and Decision Economics, Special Issue: Corporate Crime, Vol. 17 (1996), S. 351 ff. Für diesen Befund sprechen auch die ökonomischen Anreize: So ist nach *Becker* ein entscheidender Einflussfaktor auf die Entscheidung zur Begehung einer Straftat die Entdeckungswahrscheinlichkeit. Diese wiederum hängt bei Betrugsfällen (c.p.) von den Überprüfungskosten ab, die bei Erfahrens- und Glaubensgütern am höchsten sind. Demgegenüber wird eine komplett fehlende oder wertlose Gegenleistung in aller Regel schnell bemerkt.

Begriffen „Eingehungs- und Erfüllungsbetrug“ diskutiert und entscheidet über die Vollendungszeitpunkt des Betrugs.[844]

Beide Problemkreise überschneiden sich, insbesondere in Fällen des sog. „unechten Erfüllungsbetrugs“.

(1) Bewertung und Saldierung in gegenständlicher Hinsicht

Ein Vermögensschaden kann sich zum einen aus einem *qualitativen Minderwert* ergeben. Ein solcher liegt etwa bei einem Kaufvertrag vor, wenn die tatsächliche Beschaffenheit der Ware wertmäßig dem gezahlten Kaufpreis nicht entspricht.[845] Dabei geht es zumeist um die Lieferung nicht vertragsgemäßer Ware, etwa beim Gattungskauf eine schlechtere Güteklasse oder beim Stückkauf ein minderwertiges *aliud*. Ein qualitativer Minderwert ist beispielsweise[846] gegeben, wenn anstatt von Markenware Raubkopien geliefert[847] oder bei einem Maklervertrag nichtige Verträge vermittelt werden[848]. Weitere Fälle sind etwa die Lieferung von Kunstwein anstatt Naturwein[849]; einer nicht tragenden anstatt einer trächtigen Kuh[850]; die Lieferung von Kirschwasserverschnitt als „Schwarzwälder Kirschwasser“[851] oder von verfälschter Butter als „Deutsche Landbutter“[852].

Auch ein *quantitativer Minderwert* kann einen Vermögensschaden begründen, soweit der Verkehrswert der gelieferten Ware hinter dem Kaufpreis zurückbleibt. Täuscht der Täter etwa darüber, dass der Preis für ein Heißwassergerät die Montagekosten mit einschließt, so liegt ein Vermögensschaden in Höhe der Montagekosten vor, wenn diese üblicherweise in den Listenpreis mit einberechnet werden.[853]

Keinen Vermögensschaden begründet die Vereitelung rein subjektiver Wertschätzungen und Affektionsinteressen.[854] Ebenso wenig wird durch den Betrugsstraftatbestand die wirtschaftliche Dispositionsfreiheit oder die Wahrheit im Geschäftsverkehr als solche geschützt.[855] Es reicht somit nicht aus, dass sich der Vermögensinhaber „geschädigt fühlt“ und die Vermögensverfügung ohne die

844 Vgl. z.B. Sch/Sch-*Cramer/Perron*, § 263 Rn. 127.
845 LK-*Tiedemann*, § 263 Rn. 198.
846 Fallauswahl in Anlehnung an LK-*Tiedemann*, § 263 Rn. 198.
847 *Sternberg-Lieben*, NJW 1985, S. 2121, 2123.
848 BGH, NStZ 1999, 353, 354.
849 RGSt 5, 137, 140.
850 RGSt 24, 171, 171f.
851 BGH, MDR 1969, 497.
852 BGH, NJW 1995, 2933, 2934.
853 LK-*Tiedemann*, § 263 Rn. 199; auch OLG Köln, BB 1965, 768 f., allerdings mit Verweis auf den „persönlichen Schadenseinschlag“.
854 Vgl. für viele LK-*Tiedemann*, § 263 Rn. 200; Sch/Sch-*Cramer/Perron*, § 263 Rn. 124.
855 BGH, NStZ-RR 2001, 41 f.

Täuschung nicht vorgenommen hätte.[856] Durch die Anknüpfung an einen objektiven Marktwert sollen solche Fälle aus dem Betrugsstraftatbestand ausgeschieden werden.[857] Hat sich allerdings ein subjektives Interesse oder sogar ein Affektionsinteresse im Marktpreis niedergeschlagen, so liegt auch nach der wirtschaftlichen Schadenslehre unproblematisch ein Vermögensschaden vor.[858] So hat Auslandsbutter, die trotz identischer Zusammensetzung im Inland zu geringeren Händlerpreisen verkauft wird, nicht den gleichen Marktwert wie Inlandsbutter.[859] Sind die Preise für Auslands- und Inlandsbutter aber identisch, so liegt beim täuschungsbedingten Bezug von Auslandsbutter kein Vermögensschaden vor, auch wenn der Verbraucher „nur deutsche Butter essen mag".[860] Hat Hopfen aus einem bestimmten Anbaugebiet („Spalter Hopfen"), „sei es aus irrationalen Gründen"[861], einen höheren Marktpreis als qualitativ gleichwertiger Hopfen aus einem weniger renommierten Anbaugebiet („Hallertauer Hopfen"), so erleidet dessen Erwerber bei Vorspiegelung des besseren Anbaugebiets einen Vermögensschaden.[862] Entsprechendes gilt bei Badesalz aus einer bestimmten Sole.[863]

Schwieriger ist die Abgrenzung von (betrugsrelevanten) geldwerten Beeinträchtigungen und (betrugsirrelevanten) rein subjektiven Wertschätzungen bei Gütern, die keinen oder nur einen schwer bestimmbaren Marktpreis haben. Beispiele sind Gegenstände aus dem Kunst- und Antiquitätenhandel oder im Handel unter Sammlern.[864] Ist ein nachhaltig erzielbarer Marktpreis oder sonstiger Wert nicht hinreichend sicher feststellbar und liegt auch kein anerkannter Fall des „persönlichen Schadenseinschlags"[865] vor, so scheidet nach dem Grundsatz „in dubio pro reo" eine Betrugsstrafbarkeit aus.[866]

Wie ausgeführt, kann trotz vertragsgemäßer Gegenleistung nach den individuellen Verhältnissen des Vermögensinhabers ein Vermögensschaden vorliegen („.persönlicher Schadenseinschlag"). Neben der Leitentscheidung des *BGH* zum Verkauf einer für den Viehbestand des Bauern unterdimensionierten Melkmaschine unter Vorspiegelung eines hohen Preisnachlasses („Melkmaschinen-

856 BGHSt 3, 99; 16, 220, 222; 16, 321; 22, 88.
857 LK-*Tiedemann*, § 263 Rn. 200.
858 LK-*Tiedemann*, § 263 Rn. 200.
859 BGHSt 12, 347, 347 ff.
860 LK-*Tiedemann*, § 263 Rn. 200 m.w.Nws.
861 So LK-*Tiedemann*, § 263 Rn. 200.
862 BGHSt 8, 46, 49.
863 BGH, NJW 1980, 1760 f.
864 LK-*Tiedemann*, § 263 Rn. 200.
865 Wie im „Melkmaschinenfall" entwickelt (BGHSt 16, 321).
866 Vgl. für viele LK-*Tiedemann*, § 263 Rn. 200.

fall")[867] wurde u.a. in folgenden Fällen[868] ein Vermögensschaden anerkannt: Abonnement einer speziellen Fachzeitschrift unter der Angabe, es handele sich um eine allgemeine Publikumszeitschrift[869]; Kauf unverwendbarer Möbel aufgrund eines vorgespiegelten Heiratsversprechens[870]; Bestellung von Schulbüchern, die an der entsprechenden Schule nicht zugelassen sind[871]; Kauf eines Warenautomaten, der nicht kostendeckend eingesetzt werden kann,[872] oder der Kauf eines vielbändigen Lexikons durch einen ungebildeten Käufer[873].

Hingegen hat die Rechtsprechung in folgenden Fällen einen Vermögensschaden aufgrund eines persönlichen Schadenseinschlags *abgelehnt*: Verkauf einer dem Kaufpreis gleichwertigen Zellwollhose unter der Zusicherung, es handele sich um reine Wolle[874]; Lieferung einer für den Käufer sinnvoll einsetzbarer Waschmaschine aufgrund eines erschlichenen Vertragsabschlusses[875]; ordnungsgemäße Abfallentsorgung durch eine Drittfirma anstatt des Vertragspartners[876]; Verkauf eines gesetzlich vorgeschriebenen, aber vom Käufer für überflüssig gehaltenen Feuerlöschers[877]; Ausführung von Wartungsarbeiten unter Vortäuschung einer gesetzlichen Pflicht[878]; Verkauf von „Kinder-Nährzucker" unter der (unzutreffenden) Angabe, dieser sei zur Ernährung des Kindes „unbedingt notwendig"[879]; Werbung für Buchclubs unter der Vorspiegelung, der Erlös diene karikativen oder sozialen Zwecken[880]; Vertrieb risikoreicher Wertpapiere ohne absehbare Wiederverkaufsmöglichkeit[881]; die Abgabe von Teppichen zur Ansicht in der Hoffnung auf einen Geschäftsabschluss[882] oder der Verkauf einer Grundstücksparzelle, die aufgrund ihrer Lage für den vom Vertragspartner angestrebten Zweck ungeeignet ist[883].

867 BGHSt 16, 321.
868 Fallauswahl aus dem reichhaltigen Material in LK-*Tiedemann*, § 263 Rn. 205 ff.
869 BGHSt 23, 300.
870 BGH, GA 1966, 51.
871 OLG Köln, JR 1957, 351.
872 KG Berlin, JR 1966, 391.
873 OLG Köln, NJW 1976, 1222.
874 BGHSt 16, 220.
875 BGHSt 22, 88.
876 BGH, NJW 1994, 1745.
877 BayObLGSt 55, 8.
878 OLG Stuttgart, NJW 1971, 633.
879 OLG Köln, NJW 1968, 1892.
880 OLG Düsseldorf, NJW 1990, 2397.
881 BGH, NStZ 1986, 168.
882 OLG Celle, StV 1996, 154.
883 BGH, NStZ 2001, 41.

Herauszuheben bei der Schadenbestimmung sind Täuschungsfälle auf dem Markt für Gebrauchtwagen: Wird unter Berücksichtigung von Baujahr, Kilometerleistung, bisherige Verwendung sowie anderer wertbildender Faktoren ein solcher Wagen zum Marktpreis (z.B. Preis nach der „Schwacke"-Liste) verkauft, aber der Käufer beim Abschluss des Kaufvertrags über wesentliche Eigenschaften des KFZ getäuscht (z.B. Unfallfreiheit), auf die er besonderen Wert liegt, so ist umstritten, ob ein (betrugsrelevanter) Vermögensschaden vorliegt oder lediglich (unbeachtliche) Affektionsinteressen berührt sind. Eine Möglichkeit, in solchen Fällen einen Vermögensschaden zu begründen, ist der Weg über die Rechtsfigur des „unechten Erfüllungsbetrugs" (dazu folgender Abschnitt). Das Problem stellt sich abstrakt bei allen Vertragsschlüssen, bei denen unter Vorspiegelung werterhöhender Eigenschaften ein dem Kaufpreis „gleichwertiger" Gegenstand verkauft wird.

(2) Bewertung und Saldierung in zeitlicher Hinsicht

Im Rahmen vertraglicher Austauschprozesse sind in zeitlicher Hinsicht mehrere Stadien eines Vermögensschadens zu unterscheiden.[884] In aller Regel durchlaufen Vertragsschlüsse verschiedene „Phasen des kommunikativen Kontaktes", in denen jeweils ein Betrug in Betracht kommen kann.[885] Während die Parteien in einer *Vereinbarungsphase* die jeweiligen gegenseitigen Verpflichtungen aushandeln und rechtswirksam begründen, findet der reale (Güter-)Austauschprozess in einer (zeitlich nachgelagerten) *Realisationsphase* statt. Zivilrechtlich unterscheidet man insofern das sog. Verpflichtungs- vom Verfügungsgeschäft, während sich als Pendant im Strafrecht die Differenzierung zwischen *Eingehungs*- und *Erfüllungsbetrug* herausgebildet hat.[886]

Soweit täuschungsbedingt ein für den Vermögensinhaber wirtschaftlich nachteiliger Vertrag geschlossen und exakt gemäß der Vereinbarung umgesetzt wird, bedarf es der Unterscheidung zwischen Eingehungs- und Erfüllungsbetrug nicht.[887] Wird allerdings ein täuschungsbedingt geschlossener wirtschaftlich nachteiliger Vertrag nach Vertragsschluss nicht erfüllt, so kommt es für den Nachweis eines Vermögensschadens auf die wirtschaftliche Bewertung der Ansprüche der Vertragsparteien zum Zeitpunkt des Vertragsschlusses an. Diese Konstellation wird unter dem Begriff „Eingehungsbetrug" diskutiert.[888] Ist hin-

884 Vgl. dazu MüKo-StGB-*Hefendehl*, § 263 Rn. 478 ff.

885 MüKo-StGB-*Hefendehl*, § 263 Rn. 478.

886 Ganz gängige Unterscheidung, vgl. hierzu für viele Sch/Sch-*Cramer/Perron*, § 263 Rn. 125 ff. oder MüKo-StGB-*Hefendehl*, § 263 Rn. 478 ff.

887 MüKo-StGB-*Hefendehl*, § 263 Rn. 479.

888 Vgl. MüKo-StGB-*Hefendehl*, § 263 Rn. 480 m.w.Nws., insbesondere aus der Rechtsprechung.

gegen der Vertrag täuschungsfrei geschlossen, aber der Vermögensinhaber *nach* Vertragsschluss durch Täuschung veranlasst wurden, eine im Vergleich zu seinem zivilrechtlichen Anspruch minderwertige Leistung anzunehmen oder einen im Vergleich zu seiner vertraglichen Verpflichtung zu wertvollen Vermögenswert wegzugeben, so kommt ein sog. „Erfüllungsbetrug" in Betracht.[889]

Im (umstrittenen) Fall des sog. „unechten Erfüllungsbetrugs" wird der Vermögensinhaber zunächst durch Täuschung zum Abschluss eines für ihn vorteilhaften Vertrag bewegt, jedoch sodann ein Gegenstand geliefert, der den vertraglichen Anforderungen nicht entspricht, seinen Kaufpreis aber trotzdem „wert" ist. Hier lässt sich juristisch ein Erfüllungsschaden dahingehend begründen, dass der Vermögensinhaber mit Annahme des nicht vertragsgemäßen (aber wirtschaftlich gleichwertigen) Gegenstands seine zivilrechtlichen Gewährleistungsansprüche wirtschaftlich entwertet.[890] Da durch diese Rechtsfigur ein Vermögensschaden durch (bloße) Vertragsverletzungen und der damit verbundenen Vereitelung erwarteter Vertragsgewinne begründet werden kann, lehnt die vorherrschende Meinung die Strafbarkeit des „unechten Erfüllungsbetrugs" ab.[891]

(a) Eingehungsbetrug

Wird der Vermögensinhaber durch einen *durch Täuschung veranlassten Vertragsschluss* wirtschaftlich schlechter gestellt („Eingehungsbetrug"), etwa weil die versprochene Leistung im Verhältnis zu seiner eigenen Leistung wirtschaftlich minderwertig ist, oder weil der Versprechende von Anfang an leistungsunfähig oder leistungsunwillig ist, so tendiert die Rechtsprechung dazu, bereits zu diesem Zeitpunkt einen Vermögensschaden und damit einen vollendeten Betrug anzunehmen.[892]

Kritik erfährt diese Linie aufgrund der Erwägung, der getäuschte Vertragspartner habe zum Zeitpunkt des Vertragsschlusses noch vielfache Möglichkeiten, den Vollzug des Vertrags und damit den Eintritt eines „endgültigen" Vermögensschadens zu verhindern. Will man bereits im Vertragsschluss den Betrug als vollendet ansehen, so muss eine nach wirtschaftlicher Bewertung aller Rechte und Pflichten bereits zu diesem Zeitpunkt der Vermögenssaldo des getäuschten Vertragspartner akut gemindert sein.[893] Dies erscheint aber zweifelhaft, soweit der getäuschte Vertragspartner über rechtlich anerkannte Möglichkeiten

889 Vgl. z.B. SK-*Hoyer*, § 263 Rn. 239.

890 Vgl. aus der Rspr. BayObLG, NJW 1999, 663; MüKo-StGB-*Hefendehl*, § 263 Rn. 481 m.w.Nws.

891 So der BGH im später noch näher beleuchteten „Gabardinehosenfall", BGHSt 16, 220; vgl. MüKo-StGB-*Hefendehl*, § 263 Rn. 500 m.w.Nws.

892 Vgl. z.B. RGSt 16, 10; BGHSt 16, 220, 221; 21, 384; 22, 88; 23, 300.

893 Vgl. Sch/Sch-*Cramer/Perron*, § 263 Rn. 129/130.

verfügt, die Bedrohung für sein Vermögen abzuwehren, wie z.B. sofort realisierbare Anfechtungs-, Widerrufs- oder Rücktrittsrechte.[894] Ist die Ausübung solcher Rechte aber gefährdet, beispielsweise aufgrund einer für den Getäuschten ungünstiger Beweislastverteilung, einer schlechten Beweislage oder aufgrund mangelnder geschäftlicher Gewandtheit des Getäuschten, so liegt eine sog. „schadensgleiche Vermögensgefährdung“ vor.[895] Gleiches gilt, wenn der Mangel erst so spät entdeckt wird, dass das Prozessrisiko unzumutbar groß wird[896], oder der Getäuschte seine Leistung erbringt und die Ausübung seines Rücktrittsrechts gefährdet ist[897]. Ist der Vertrag an sich wirtschaftlich ausgeglichen, kann der Minderwert der Gegenleistung nur auf die mangelnde Leistungsfähigkeit oder Leistungsbereitschaft des täuschenden Vertragspartners gestützt werden.[898] Auch hier liegt eine schadensgleiche Vermögensgefährdung noch nicht vor,[899] wenn der Täter vorleistungspflichtig ist, der Vermögensinhaber den Vertrag ohne Beweisschwierigkeiten anfechten oder auf eine Leistung Zug-um-Zug (§ 320 BGB) bestehen kann[900], oder ihm ansonsten Sicherheiten eingeräumt sind, die einen einseitigen Vollzug des Vertrags zu seinen Lasten verhindern[901].

Die Rechtsfigur des Eingehungsbetrugs spielt darüber hinaus eine Rolle beim Betrug auf dem Kapitalmarkt. Der täuschungsbedingte Erwerb von Kapitalanlagen wird von der Rechtsprechung regelmäßig als Eingehungsbetrug eingeordnet, so dass die Vermögenslage des Anlegers vor und nach dem Vertragsschluss zu vergleichen ist.[902] Grundsätzlich ist auch hier ein objektiv-individueller Maßstab entscheidend. Ein Vermögensschaden liegt vor, wenn der Getäuschte gemessen am Kaufpreis eine minderwertige Kapitalanlage erwirbt.[903] Oftmals bereitet die nachträgliche Bestimmung des Wertes einer Kapitalanlage erhebliche Schwierigkeiten, gerade wenn der Vertragsschluss schon eine längere Zeit zurückliegt.[904] Erleichtert wird ein Schadensnachweis in Fällen, in denen nach den Grundsätzen des „persönlichen Schadenseinschlags“ die individuellen Verhältnisse des Geschädigten berücksichtigt werden können.[905]

---

894 Vgl. Sch/Sch-*Cramer/Perron*, § 263 Rn. 131.
895 Vgl. z.B. BGHSt 23, 300 oder BGH, GA 1962, 213.
896 Vgl. BGH, wistra 2003, 457, 459.
897 Vgl. BGHSt 34, 199.
898 Sch/Sch-*Cramer/Perron*, § 263 Rn. 132.
899 Vgl. Sch/Sch-*Cramer/Perron*, § 263 Rn. 132 für weitere Beispiele und Nachweise.
900 Vgl. z.B. BGH, NStZ 1998, 85; BGH, NStZ-RR 2001, 328.
901 Vgl. z.B. BGH, NJW 2005, 3653.
902 *Zieschang*, Fn. 656, § 263 Rn. 65.
903 *Zieschang*, Fn. 656, § 263 Rn. 59.
904 Vgl. z.B. die Entscheidung des LG München I, NJW 2003, 2328, 2330.
905 Vgl. dazu die Ausführungen zum „Melkmaschinenfall“ (BGHSt 16, 321) zuvor.

Im Rahmen des betrügerischen Abschlusses von Kapitalanlagegeschäften nimmt der *Bundesgerichtshof* unabhängig vom „objektiven" Wert der Kapitalanlage einen Vermögensschaden an, wenn der Anleger etwas völlig anderes erwirbt, als er erwerben wollte und die Gegenleistung für ihn in vollem Umfang unbrauchbar ist.[906]

Bereits mit Vertragsabschluss liegt ein Gefährdungsschaden und damit ein vollendeter Betrug vor, wenn aufgrund der besonderen Unsicherheit der Rechtsdurchsetzung der Anspruch des getäuschten Vertragspartners minderwertig ist. Bei Warentermingeschäften und Anlagegeschäften ist dies etwa der Fall, wenn der Täter von vorneherein beabsichtigt, Gelder nicht zurückzuzahlen oder zugesicherte Deckungsgeschäfte nicht durchzuführen.[907] Gleiches gilt beim Einsammeln von Anlagegeldern in einem Schneeballsystem, selbst wenn der Täter nach Vertragsschluss zur Absicherung des Anlagekapitals abgezinste Papiere erwirbt und so Anlagebeträge letztendlich doch vollständig zurückzahlt.[908] Auch eine nachträgliche Schadensbeseitigung lässt einen Vermögensschaden nicht entfallen, etwa wenn aufgrund eines glücklichen Umstandes der Wert der Anlage nach dem täuschungsbedingten Erwerb doch wieder steigt.[909]

(b) Erfüllungsbetrug

Täuscht der Täter *nach Vertragsabschluss*, in dem er etwa den Kilometerstand eines verkauften Gebrauchtwagens zwischen Einigung und Übergabe zurückdreht, und bewegt den Vermögensinhaber dadurch zur Annahme einer nicht vertragsgemäßen Leistung („echter Erfüllungsbetrug"), so liegt ein Vermögensschadens *unabhängig* vom Marktwert des geleisteten Gegenstandes vor.[910] Nach dem Vertragsschluss hat der Vermögensinhaber einen zivilrechtlichen Anspruch mit einem bestimmten Inhalt, der sodann durch die täuschungsbedingte Annahme der vom Täter erbrachten (minderwertigen) Leistung als Erfüllung wirtschaftlich entwertet wird.[911]

---

906 BGH, NJW 2006, 1679, 1681.

907 Vgl. BGHSt 30, 177, 178.

908 BGH, NStZ 2000, 376.

909 *Zieschang*, Fn. 656, § 263 Rn. 62 m.w.Nws.

910 Vgl. z.B. MüKo-StGB-*Hefendehl*, § 263 Rn. 497 m.w.Nws.

911 Zwar wandelt sich mit Gefahrübergang (i.d.R. Übergabe der Kaufsache) der (primäre) Erfüllungsanspruch in einen Nacherfüllungsanspruch (Nachlieferung oder Nachbesserung) oder in andere Sekundärrechte, wie etwa Minderung oder Schadenersatz; jedoch sind diese durch die Täuschungshandlung des Täters wirtschaftlich weitgehend entwertet, da sie regelmäßig vom Vermögensinhaber nicht durchgesetzt werden.

(c) „Unechter Erfüllungsbetrug“

Während beim „echten“ Erfüllungsbetrug überwiegend Einigkeit über das „Ob“ der Strafbarkeit besteht ist, lehnen die Obergerichte und ein Teil der juristischen Literatur in Fällen des „unechten Erfüllungsbetrugs“ eine Strafbarkeit ab.[912]

Im Ausgangsfall des *Bundesgerichtshofs*, dem sog. „Garbardinehosenfall“,[913] veräußerte ein Händler eine Zellwollhose unter der Vorspiegelung, eine Hose aus echter Wolle zu liefern. Die Zellwollhose hatte aber den gleichen Listenpreis wie der vom Händler berechnete Kaufpreis. In seiner Entscheidung lehnte der *Bundesgerichtshof* einen Vermögensschaden mit der Begründung ab, der Käufer habe durch die Täuschung keine Vermögensminderung erlitten, sondern sei lediglich um einen erwarteten Vorteil gebracht worden. Der Käufer habe nie eine (vermögenswerte) Anwartschaft auf die Lieferung einer (höherwertigen) echten Wollhose gehabt. Während in Fällen des „echten Erfüllungsbetrugs“ der Verkäufer zum Zeitpunkt des Vertragsschlusses beabsichtigt, seine Leistung vertragsgemäß zu erbringen und der Erwerber insofern zumindest zeitweise eine wirtschaftlich wertvolle Rechtsposition innehat, sei der Händler im „Garbardinehosenfall“ *zu keinem Zeitpunkt* bereit gewesen, echte Wollhosen zum vereinbarten Kaufpreis zu liefern. Betrachte man Verpflichtungs- und Erfüllungsgeschäft als eine Einheit, sei der Getäuschte nicht ärmer geworden: Was ihm „mit einer Hand gegeben“ werde (= zivilrechtlicher Anspruch auf Lieferung einer echten Wollhose), werde ihm „mit der anderen Hand wieder genommen, ehe er zupacken könne“ (= bereits anfängliche Vereitelung des Gewährleistungsanspruchs).[914] Aufbauend auf dieser Argumentation löst die Rechtsprechung auch die (häufigen) Gebrauchtwagenfälle, in denen der Verkäufer bei Vertragsschluss über bestimmte werterhöhende Eigenschaften täuscht (z.B. in dem er vorher den Kilometerstand „zurückgedreht“ hat), der gelieferte Wagen aber trotzdem, etwa nach der „Schwacke-Liste“, den vereinbarten Kaufpreis „wert“ ist.

Kritisiert wird diese Spruchpraxis aufgrund eines Wertungswiderspruchs zum (echten) Erfüllungsbetrug[915]: So bleibt straffrei, wer seinen Vertragspartner durch Vortäuschung eines besonders guten Geschäftes zum Vertragsschluss bewegt (unechter Erfüllungsbetrug), während derjenige, der einen Vertrag zunächst in ehrlicher Absicht abschließt und sich erst danach dazu entschließt,

---

912 So die Rechtsprechung seit dem „Gabardinehosenfall“ (BGHSt 16, 220), vgl. z.B. OLG Hamm, StV 1993, 76, 77; OLG Düsseldorf, NJW 1991, 1841, 1842; vgl. aus der Literatur MüKo-StGB-*Hefendehl*, § 263 Rn. 499 ff.; Sch/Sch-*Cramer/Perron*, § 263 Rn. 137 f.; LK-*Tiedemann*, § 263 Rn. 202, alle m.w.Nws.

913 BGHSt 16, 220.

914 So die Formulierung von *Hefendehl* (MüKo-StGB, § 263 Rn. 501).

915 Vgl. MüKo-StGB-*Hefendehl*, § 263 Rn. 502.

minderwertige Ware zu liefern, wegen Betrugs bestraft wird (echter Erfüllungsbetrug). *Otto* will deswegen den Schaden *unabhängig* vom Zeitpunkt der Täuschung durch einen Vergleich zwischen Verpflichtungs- und Erfüllungsgeschäft bestimmen: Wird das Opfer um seinen vertraglichen Anspruch gebracht, dann sei er geschädigt: „Ob die Täuschungshandlung zugleich mit dem Vertragsschluss erfolgt oder später vorgenommen wird, ist irrelevant.“[916] Nach *Puppe* solle die Reichweite der wirtschaftlichen Betrachtungsweise dort ihre Grenze finden, in der jemand aus seinen eigenen rechtwidrigen Absichten von Rechts wegen eine Vorteil ziehe. Für die Bewertung des Anspruchs des Gläubigers sei nicht entscheidend, was der Schuldner leisten wolle, sondern wozu er verpflichtet sei.[917] *Hefendehl* hingegen sieht die Straffreiheit des unechten Erfüllungsbetrugs als eine notwendige Konsequenz des wirtschaftlichen Vermögensbegriffs, an dem sich der Unterschied zwischen Wettbewerbsrecht und Strafrecht zeige. Um solche Fälle zu erfassen, müsse man dem Betrugsstraftatbestand eine weitergehende Funktion als dem Vermögensschutz zuweisen, was die herrschende Auffassung aber zu Recht ablehne.[918] Nach *Hoyer* nütze dem getäuschten Vertragspartner ein Verbot der Täuschung bei Vertragsschluss nicht, da die Einhaltung dieses Verbots das Vermögen des Getäuschten nicht verbessere.[919] Hingegen sind die personalen Vermögens- und Schadenslehren in der Lage, Fälle des „unechten Erfüllungsbetrugs“ konsistent zu lösen.

Probleme beim Nachweis eines Vermögensschadens im Rahmen von Vertragsverhältnissen haben auch Fälle des sog. „Submissionsbetrugs“ aufgeworfen.[920] Diese Fallkonstellationen sind dadurch gekennzeichnet, dass mehrere Bewerber einer Ausschreibung die Wettbewerbssituation ausschließen, in dem sie vereinbaren, dass einer von ihnen das günstigste Angebot abgibt („herausgestellt wird“), während die anderen Bewerber mit ihren Preisen darüber liegen.[921] Da die Täuschung über die Tatsache, dass ein echter Wettbewerb stattgefunden habe, vor dem Zuschlag und damit dem Vertragsschluss liegt, ist nach den beim Eingehungsbetrug dargestellten Grundsätzen der Wert der Ansprüche der Vertragsparteien miteinander zu vergleichen. Während der *Bundesgerichtshof* einen

---

916 *Otto*, Die strafrechtliche Bekämpfung unseriöser Geschäftstätigkeit, Lübeck 1990, S. 14.

917 *Puppe*, JZ 1984, S. 531, 532.

918 MüKo-*Hefendehl*, § 263 Rn. 508.

919 SK-*Hoyer*, § 263 Rn. 246.

920 Insoweit hat der Gesetzgeber mit der Einführung des (Gefährdungs-)Straftatbestands des § 298 StGB durch das KorrBG, der auf den Nachweis eines Vermögensschadens verzichtet, die Hauptbrisanz der Problematik entschärft.

921 BGHSt 38, 186; BGHSt 47, 83; BGH, wistra 2001, 103; vgl. aus der Literatur *Rönnau*, JuS 2002, S. 545 oder *Satzger*, JR 2002, S. 391 m.w.Nws.

Vermögensschaden aus einem Vergleich der vereinbarten Vergütung mit dem Preis, der bei ungestörtem Wettbewerb hätte erzielt werden können, herleitet („hypothetischer Wettbewerbspreis“),[922] lehnt ein großer Teil der juristischen Literatur eine Betrugsstrafbarkeit nach den Grundsätzen des Eingehungsbetrugs ab.[923] So sei eine Ausschreibung von Bauleistungen immer ein kombinierter Leistungs-, Qualitäts- und Preiswettbewerb, der eine Verengung auf den Preis als einzigen Parameter verbiete.[924] Eine Schadensfeststellung aufgrund Indiztatsachen, wie etwa Ausgleichszahlungen an unterlegene Mitbewerber oder Schmiergeldzahlungen an externe Berater,[925] käme einem Schutz einer hypothetisch günstigeren Kontrahierungsmöglichkeit gleich, die sich aber noch nicht zu einer vermögenswerten Exspektanz verdichtet habe und aus der mithin kein Eingehungsschaden hergeleitet werden könne.[926] Andere Ansätze versuchen, einen Vermögensschaden über den Weg des Erfüllungsbetrugs zu begründen. So lasse die BaupreisVO im Falle von Wettbewerbsbeschränkungen auf der Anbieterseite anstelle des vereinbarten Preises den (regelmäßig niedrigeren) Selbstkostenpreis treten.[927] Zudem könne in der Abrechnung der erbrachten Leistungen eine weitere Täuschung über zivilrechtliche Schadenersatzansprüche liegen.[928] Während die BaupreisVO mittlerweile aufgehoben wurde,[929] wird der Argumentation über die Vereitelung von Schadenersatzansprüchen entgegengehalten, dass solche Ansprüche nur eine „mittelbare Folge“ der Submissionsabsprache seien[930] oder erst mit der Täuschung entstehen und vorher keinen Vermögenswert haben können.[931]

---

922 BGHSt 38, 186; BGHSt 47, 83; BGH, wistra 2001, 103.

923 Vgl. z.B. *Cramer*, Zur Strafbarkeit von Preisabsprachen in der Bauwirtscahft: der Submissionsbetrug, Heidelberg 1995, S. 11 ff.; *Hefendehl*, JuS 1993, S. 805; *Joecks*, wistra 1992, S. 247; *Rönnau*, JuS 2002, S. 545, 549f. und aus der Rechtsprechung LG Frankfurt, NStZ 1991, 86.

924 Sch/Sch-*Cramer/Perron*, § 263 Rn. 137a.

925 So der BGH, Fn. 922; vgl. auch BGH, NJW 1995, 737.

926 Vgl. die Literaturhinweise in Fn. 923 und Sch/Sch-*Cramer/Perron*, § 263 Rn. 137a oder LK-*Tiedemann*, § 263 Rn. 202 m.w.Nws.

927 BGH, NJW 1992, 921, 923; LK-*Tiedemann*, § 263 Rn. 165.

928 LK-*Tiedemann*, § 263 Rn. 165; *Satzger*, ZStW 1997, S. 357, 375.

929 MüKo-StGB-*Hefendehl*, § 263 Rn. 510 m.w.Nws.

930 So der BGH, NStZ 2000, 260, 261; *Hefendehl* (MüKo-StGB, § 263 Rn. 510) bezeichet diese Argumentation zu Recht als „dunkel“.

931 MüKo-StGB-*Hefendehl*, § 263 Rn. 510; ders., JuS 1993, S. 805, 809 f.

4. Stellungnahme aus ökonomischer Sicht

a) *Zur individuell-objektiven Schadenslehre*

Das Grundproblem des von der vorherrschenden Literatur und im Ergebnis auch von der Rechtsprechung vertretenen juristisch-ökonomischen Vermögensbegriffs und der darauf aufbauenden individuell-objektiven Schadenslehre liegt in ihren unzutreffenden Prämissen, die letztendlich eine Folge der fehlgeleiteten Rechtsgutsbestimmung des Betrugsstraftatbestands sind.[932] So knüpfen diese Ansätze an dem im Wortlaut des § 263 StGB genannten Begriff des „Vermögens" als *Bestandsgröße* an und leiten, auch aus der Systematik der Vermögens- und Eigentumsdelikte, daraus eine Schutzrichtung des Betrugsstraftatbestands ab, die eine strafrechtliche Sanktionierung von vorsätzlichen Täuschungen bei Vertragsschlüssen nicht zu erklären vermag.[933]

Aus der Definition von Vermögen nach dem juristisch-ökonomischen Vermögensbegriff als „Summe aller wirtschaftlich wertvoller Positionen"[934] wird für den Eintritt eines Vermögensschadens zum einen eine Verringerung des „Gesamtgeldwerts" gefordert, der durch einen Vergleich des Wertes des Gesamtvermögens vor und nach der irrtumsbedingten Vermögensverfügung zu ermitteln sei. Daraus folge, dass eine Mehrung des Vermögens nicht bloß ausbleiben darf;[935] der Betrugsstraftatbestand schütze nicht das „Reicherwerden", sondern nur vor dem „Ärmerwerden".[936] Aus diesem Grund würde in der Fallgruppe des „unechten Erfüllungsbetrugs", in der das Opfer durch Täuschung über besondere Eigenschaften zu einem (ungewollten) Vertragschluss bewegt wurde, aber ihm letztendlich ein dem Kaufpreis „gleichwertiges" Aliud geliefert werde, kein Vermögensschaden eintreten.[937] Zum Teil wird der Ausschluss von Gewinnerwartungen aus dem Begriff des „Vermögensschadens" nicht nur als Ergebnis einer Auslegung des Begriffs „Vermögens", sondern sogar als vor dem Hintergrund des Art. 103 Abs. 2 GG *absolute Wortlautgrenze* verfassungsrechtlich zementiert angesehen.[938]

---

932 Zur Rechtsgutsdiskussion und der ökonomischen Alternative vgl. Teil 2:C.

933 Zu den Gründen des Einsatzes des Strafrechts aus ökonomischer Sicht vgl. Teil 2:C.II.

934 Zu den Einschränkungen aus normativer Sicht („unter dem Schutz", „mit Billigung" oder „ohne Mißbilligung" der Rechtsordnung) vgl. Fn. 711.

935 Ständige Rspr., vgl. z.B. BGH, NJW 1985, 2428; NJW 1991, 2573; NJW 2004, 2603.

936 Vgl. LK-*Tiedemann*, § 263 Rn. 159 m.w.Nws.

937 Vgl. dazu der „Gabardinehosenfall" (BGHSt 16, 220).

938 So im Ergebnis zweifelhaft *Rönnau/Soyka* (NStZ 2009, S. 12) die die durch den Bundesgerichtshof geschaffene Rechtsfigur des „Quotenschadens" im Fall „Hoyzer" (NStZ 2007, 151) für verfassungswidrig halten.

In den Wirtschaftswissenschaften ist es aber anerkannt, dass auch künftige Vermögenszuwächse einen gegenwärtigen Vermögenswert haben. So wird etwa bei Unternehmenskäufen der Wert eines Unternehmens regelmäßig nach der sogenannten Ertragswertmethode („discounted cash-flow“, DCF) bestimmt, nach der zukünftige Erträge mit einem Diskontzins abgezinst und sodann aufsummiert werden.[939] Der Begriff „Vermögen“ schließt somit nicht schon nach seinem Wortlaut Gewinnerwartungen aus.[940] Zudem übersieht die Prämisse des bloßen Bestandsschutzes, dass *alle* Vertragsschlüsse durch einen ex-ante Kooperationsgewinn motiviert sind – ohne einen solchen erwarteten Vertragsgewinn würden gesellschaftlich sinnvolle Austauschprozesse, die die Voraussetzung eines arbeitsteiligen marktwirtschaftlichen Wirtschaftssystem sind, nicht stattfinden.[941] Sieht man den Betrug, wie hier vertreten, als *ein* Instrument zum Schutz solcher Austauschprozesse an, so muss aber *gerade* eine solche Gewinnerwartung vor vorsätzlichen Täuschungen (strafrechtlich) gesichert werden.

Aus diesem Gedanken ergibt sich der nächste Kritikpunkt an der individuell-objektiven Schadenslehre. Wie ausgeführt, liegt nach dieser Lehre ein Vermögensschaden vor, wenn sich aufgrund einer Bewertung und Saldierung aller durch die Vermögensverfügung bedingten Zu- und Abflüsse ein negatives Gesamtergebnis für den Vermögensinhaber ergibt, wobei die Bewertung nach *objektiven* (Markt-)Geldwerten vorzunehmen ist. Die „Antriebsfeder“ für die Parteien, sich auf eine Kooperation einzulassen, ist aber die Aussicht auf eine Besserstellung, also einen zukünftigen Vertragsgewinn.[942] Dabei ist *immer* eine *subjektiv unterschiedliche Bewertung* von Leistung und Gegenleistung durch die Vertragspartner erforderlich: So misst etwa der Käufer eines Gebrauchswagens diesem einen höheren Wert als der von ihm zu zahlende Kaufpreis zu (ansonsten würde er den Vertrag nicht abschließen), während – vice versa - dieser für den Verkäufer einen geringeren Wert hat als der erhaltene Kaufpreis. *Nur* bei einer unterschiedlichen Wertschätzung führt ein Leistungsaustausch zu einem Kooperationsgewinn und wird, soweit dieser die Summe der von *beiden* Parteien aufzuwendenden Transaktionskosten übersteigt, durchgeführt. Dabei wird die Diskrepanz der Wertschätzungen der beiden Parteien gegebenenfalls auch durch

---

939 Vgl. dazu *Brealey/Myers*, Principles of Corporate Finance, 10. Auflage, New York 2011, S. 37 ff.

940 So im Ergebnis auch LK-*Tiedemann*, Vor. § 263 Rn. 30, der personale Vermögenslehren vor dem Hintergrund des Art 103 Abs. 2 GG für verfassungsgemäß erachtet.

941 Vgl. dazu Teil 2:A mit weiteren Erläuterungen.

942 Insofern sind Verträge in aller Regel „*pareto*-optimale“ Umverteilungen, d.h. sie stellen mindestens einen Beteiligten besser, ohne die Position irgendeines anderen Beteiligten zu verschlechtern. Vgl. dazu und zu den gesamtwirtschaftlichen Wirkungen (volkswirtschaftliche Funktion von Märkten) Teil 2:A m.w.Nws.

den sog. Besitztumseffekt („endowment effect“) verstärkt.[943] Dieser besagt, dass *eine* Person unterschiedliche Wertschätzungen für denselben Gegenstand haben kann, je nachdem ob sie sich in der Position des Erwerbers oder des Veräußerers befindet. So ist der Preis, ab dem eine Person bereit ist, einen Gegenstand zu veräußern („willingness-to-accept“, WTA), typischerweise höher als derjenige, zu dem sie diesen erwerben würde („willingness-to-pay“, WTP). Ein Weinliebhaber, der vor zehn Jahren einige Flaschen guten „Bordeaux“-Wein zum Preis von 10,- € pro Flasche gekauft hat, mag diesen zwar gelegentlich trinken, aber weder bereit sein, ihn zum gegenwärtigen Marktpreis (bei einer guten Wertentwicklung) von 200,- € pro Flasche zu veräußern noch zu erwerben.[944] Diese ökonomische „Verhaltensanomalie“ gilt als empirisch belegt und wird mit einer Überbewertung der Gegenwart („status quo bias“), einer Verlustaversion („loss aversion“) oder Fairnesserwägungen begründet.[945] Ein Vertragsschluss ist nach alledem ein Indikator, dass *beide* Parteien eine deutlich vom Marktpreis *abweichende* Wertschätzung für den Vertragsgegenstand haben. Der Marktpreis bzw. „Geldwert“ der ausgetauschten Leistung spiegelt in diesem Zusammenhang nur die Wertschätzung des sog. „Grenznachfragers“ wider.[946] Hingegen erzielt der übliche Nachfrager durch seine subjektive höhere als am Markt verlangte Zahlungsbereitschaft aus der Transaktion eine *Konsumentenrente*,[947] die einen gegenwärtigen Vermögenswert darstellt und mithin vor vorsätzlichen Täuschungen strafrechtlich geschützt werden sollte.

Knüpft man hingegen bei täuschungsbedingten Vertragsschlüssen den strafrechtlichen Schutz des Opfers an eine Diskrepanz des Wertes seiner Leistung mit einem Marktpreis, so würde ein in solchen Fällen *mit Sicherheit* vorliegender realer Verlust (außer beim Grenznachfrager) nicht als „Vermögensschaden“ anerkannt werden.

Im Ergebnis trägt die individuell-objektive Schadenslehre diesen Bedenken teilweise Rechnung, indem sie in den Grenzen des „persönlichen Schadenseinschlags“ subjektive Wertschätzungen als schadensrelevant akzeptiert. Durch den Ausnahmecharakter dieser Rechtsfigur bleibt es jedoch im Grundsatz bei einer „objektiven“ Schadensfeststellung; fällt ein Sachverhalt nicht unter den „persönlichen Schadenseinschlag“ und lässt sich ein Marktwert oder sonstiger Wert nicht hinreichend sicher feststellen, so gilt ein Vermögensschaden nach dem

943 Nach *Thaler*, Toward a Positive Theory of Consumer Choice, Journal of Economic Behavior and Organization, Vol. 1 (1980), S. 39 ff.

944 Beispiel nach *Thaler*, The Winner's Curse, Princeton 1994, S. 63.

945 Vgl. *Thaler*, Fn. 944, S. 63 ff.

946 Vgl. dazu *Pindyck/Rubinfeld*, Mikroökonomie, S. 177 ff.

947 Vgl. zu diesem Begriff *Pindyck/Rubinfeld*, Mikroökonomie, S. 185 ff., dazu näher im folgenden Teil 3:C.II.

Grundsatz „in dubio pro reo“ als nicht erwiesen.[948] Dieses Regel-Ausnahme-Verhältnis ist verfehlt, denn, wie noch zu zeigen sein wird, sollte im Grundsatz ein Vermögensschaden angenommen werden.[949] *Gerade* bei Gütern mit schwer bestimmbaren Marktwerten (insbesondere Unikaten) sind subjektive Wertschätzungen der Beweggrund für einen Vertragsschluss und zivilrechtliche Ansprüche regelmäßig zur Kompensation unzureichend. Ohne eine strafrechtliche Sanktion würde bei solchen Transaktionen ein besonders großer Betrugsanreiz bestehen.[950]

Letztendlich geht es bei der Auslegung des Tatbestandsmerkmals des „Vermögensschadens“ nicht darum, den damit verbundenen Umverteilungsprozess abzubilden, sondern einen Gleichlauf mit dem durch Betrug verursachten gesellschaftlichen Ressourcenschaden zu gewährleisten. Dieser resultiert, wie gezeigt, aus den Vorsorgeaufwendungen, die Marktteilnehmer im Wissen um Betrugsfälle tätigen, und der dadurch bedingten Verteuerung wohlfahrtsfördernder Transaktionen.[951] Ein solcher Ansatz führt – im Widerspruch zur vorherrschenden Meinung[952] - im Ergebnis dazu, dem Betrugsstraftatbestand weitergehende Aufgaben als den Schutz des aktuellen Vermögensstandes des Opfers zuzuweisen. Solche Bestrebungen sind aber auch schon in der juristischen Rechtsgutsdiskussion angelegt und insbesondere auf dem Gebiet des Wirtschaftsstrafrechts zu erkennen.[953] Die „rechtsdogmatische Notwendigkeit, als Rechtsgüter Funktionseinheiten auf mittlerer Abstraktionsstufe auszuweisen“[954], darf nicht dazu führen, mit einer „Letztbegründung“ des Betrugsstraftatbestands als Instrument zum Vermögensschutz den institutionellen Zweck des Täuschungsverbots im Wirtschaftsverkehr aus dem Auge zu verlieren.

b) Zu den alternativen Vermögens- und Schadenslehren

Demgegenüber versuchen die alternativen Vermögens- und Schadenslehren, wie insbesondere der personale Vermögensbegriff, den Kritikpunkten an der individuell-objektiven Schadenslehre ein geschlossenes Schutzkonzept entgegenzu-

---

948 Vgl. LK-*Tiedemann*, § 263 Rn. 200.

949 Dazu und zu den Ausnahmen vgl. den folgenden Teil 3:C.II.

950 Vgl. dazu Teil 2:C.II.

951 Vgl. dazu Teil 2:B.II.

952 Vgl. MüKo-StGB-*Hefendehl*, § 263 Rn. 508 m.w.Nws.

953 So z.B. *Geerds*, Wirtschaftsstrafrecht und Vermögensschutz, Lübeck 1990, S. 75 ff. oder *Ellmer*, Betrug und Opfermitverantwortung, Diss., Berlin 1986, S. 273 ff., der den Betrugsstraftatbestand als Instrument zum Vertrauensschutz einordnet.

954 So *Tiedemann*, Tatbestandsfunktionen im Nebenstrafrecht: Untersuchungen zu einem rechtsstaatlichen Tatbestandsbegriff, entwickelt am Problem des Wirtscahftsrechts, Tübingen 1969, S. 116f. m.w.Nws.

setzen.[955] Aus ökonomischer Sicht ist die Subjektivierung des Bewertungsmaßstabs im Grundsatz zu begrüßen (siehe Abschnitt zuvor) – die Anerkennung wirtschaftlicher Zwecksetzungen kommt dem hier vertretenen Verständnis über die Funktion des Betrugsstraftatbestands und der damit verbundenen Auslegung des Begriffes des Vermögensschadens[956] im Ergebnis deutlich näher als die wirtschaftliche Schadenslehre. Trotzdem sind diesen alternativen Schutzkonzepten zwei Kritikpunkte entgegenzuhalten:

Zum einen sehen auch sie den Betrugsstraftatbestand ausschließlich als Instrument zum Schutz privater Interessen der getäuschten Vertragspartei, wie etwa die personale Vermögenslehre der „Schutz subjektiver wirtschaftlicher Zwecksetzungen"[957], ohne die institutionelle Funktion dieses Straftatbestandes herauszustellen. So sieht auch die personale Vermögenslehre die Letztbegründung der Strafbarkeit vorsätzlicher Täuschungen in der Beeinträchtigung des (subjektiv verstandenen) wirtschaftlichen Potentials des einzelnen Vermögensträgers[958] und nicht in der Förderung nutzenverbessernder Austauschprozesse.

Zum anderen führt diese Ausblendung „institutioneller" Zielsetzungen, im Gegensatz zum individuell-objektiven Schadensbegriff, im Einzelfall zu einer unerwünschten Strafbarkeitsausdehnung: Zwar können nur subjektive Zielsetzungen, wie noch zu zeigen sein wird, aus ökonomischer Sicht für die Schadensbestimmung maßgeblich sein,[959] jedoch birgt eine *vorbehaltslose* Anerkennung lediglich behaupteter individueller Ziele das Risiko einer Strafbarkeitsüberdehnung. So ist die Konsumentenrente bei Transaktionen nur schwer beobachtbar; zugleich haben Geschädigte bei der Existenz zivilrechtlicher Ansprüche aus vorsätzlichen Täuschungen[960] einen Anreiz zur Schadensübertreibung. Die vollkommene Subjektivierung des Schadensmaßstabs wäre somit in einer Welt vollständiger Informationen auf Seiten der Gerichte die optimale Lösung, würde jedoch in der Realität „geschädigten" Vertragsparteien einen Anreiz zum opportunistischen Verhalten bieten. Gleichwohl sollten subjektive Wertschätzungen als Vermögensschaden anerkannt werden, sobald brauchbare Informationen vorliegen, die eine Schadenfeststellung ermöglichen.[961] Bei vertretbaren bzw. beliebig vermehrbaren Gütern ist etwa der Marktpreis (der versprochenen (!)) Leistung ein guter Indikator, denn dieser Geldwert versetzt den Geschädigten in die

955 Vgl. *Rönnau*, JuS 2006, S. 18, 25.

956 Vgl. dazu den folgenden Abschnitt.

957 Vgl. SK-*Hoyer*, § 263 Rn. 101 m.w.Nws.

958 So LK *Tiedemann*, § 263 Rn. 30.

959 Vgl. dazu aus der ökonomischen Analyse des Zivilrechts zur Nichtersatzfähigkeit immaterieller Schäden als Folge eines Informationsproblems *Schäfer/Ott*, S. 309 ff.

960 Vgl. dazu Teil 2:B.III.

961 So auch für das Zivilrecht *Schäfer/Ott*, S. 310.

Lage, sich das Gut selbst zu beschaffen und damit in den Genuss der vollen Konsumentenrente (Zahlungsbereitschaft abzüglich Kaufpreis) zu kommen.

5. Der Vermögensschaden im amerikanischen Recht

Sieht man die Zielsetzung des Betrugsstraftatbestands in der Abschreckung vorsätzlicher Täuschungen, so wird diese Funktion im amerikanischen Recht vom Deliktsrecht mit übernommen. Hingegen ist das Strafrecht sehr zerklüftet und in spielt in der Rechtspraxis vor allem bei gewerbsmäßigen Betrugsfällen eine Rolle.[962] Wie zuvor bereits ausgeführt, soll der Vermögensschaden im Deliktsrecht (*Law of Torts)* als Vergleichsmaßstab herangezogen werden.[963] Dabei ist für den kompensatorischen Schadenersatzanspruch, wie im Vertragsrecht, zwischen dem Erfüllungs- und dem Vertrauensinteresse zu unterscheiden.[964] Zusätzlich besteht im amerikanischen Deliktsrecht ggf. ein Anspruch auf *Punitive Damages.*[965]

Die kompensatorischen Ansprüche werden auch sehr plastisch als „out-of-the-pocket"-losses und dem „benefit-of-the-bargain" bezeichnet.[966] Der „Out-of-the-pocket"-Schaden entspricht dabei der Wertdifferenz zwischen dem vom Geschädigten weggegebenen und erhaltenen Vermögensgegenstands. Dagegen wird der „benefit-of-the-bargain" anhand des Vergleich des Werts des vom Geschädigten weggegebenen Vermögensgegenstand mit demjenigen Gegenstand ermittelt, den er aufgrund der Täuschung erwarten durfte – er entspricht bei Verträgen somit dem erwarteten Gewinn des Geschädigten und damit den zuvor erläuterten *expectational damages*. Beide Berechnungsmethoden werden von amerikanischen Gerichten in Fällen von *fraud* angewandt, wobei der Großteil der Rechtsprechung dem Geschädigten den benefit-of-the-bargain zuspricht.[967] Etwa ein Fünftel der Staaten beschränkt den Schadenersatzanspruch in Betrugsfällen auf den out-of-the-pocket-loss, da ein Ersatz des benefit-of-the-bargain dem

962 So die Einschätzung der amerikanischen Strafrechtlers *David A. Sklansky* von der University of Berkeley, Boalt Hall School of Law im Gespräch vom 19.3.2009.

963 Dies ist auch der Bereich, in denen die Diskussionen am ehesten denen im deutschen Betrugsstraftatbestand ähneln. Viele Fälle, insbesondere bei der Berechnung von Betrugsschäden, finden sich fast identisch in deutschen Gerichtsentscheidungen zu § 263 StGB wieder. Vgl. zum amerikanischen Recht umfassend *Dunn*, Fn. 456 mit vielen Nachweisen.

964 Vgl. hierzu die Definitionen in Restatement of Torts (2nd) (1977), § 549.

965 Restatement of Torts (2nd) (1977), § 908.

966 Vgl. für viele *Kionka*, Fn. 421, S. 494.

967 *Kionka*, Fn. 421, S. 495. Für eine detaillierte Gegenüberstellung der „Out-of-the-pocket"-Staaten mit den „Benefit-of-the-bargain"-Staaten vgl. *Dunn*, Recovery of Damages for Fraud, 3. Auflage, Westport 2004, S. 30 ff.

Charakter des Deliktsrechts widerspreche und nur durch eine Klage unter dem *law of contracts* realisiert werden könne.[968] Die überwiegende Meinung hält dagegen, dass eine Beschränkung auf den „out-of-the-pocket"-Verlust eine ungerechtfertigte Bevorteilung des Betrügers darstellen würde: Er müsse einfach nur die Transaktion zurückabwickeln und wäre dann von allen weiteren Ansprüchen freigestellt, während ein „einfacher" (unvorsätzlicher) Vertragsbruch bereits zu expectational damages und damit zum Ersatz des benefit-of-the-bargain führen würde. Dieser Wertungswiderspruch müsse dadurch vermieden werden, dass auch bei deliktsrechtlichen Klagen in Täuschungsfällen bei Verträgen der benefit-of-the-bargain gewährt wird. Das American Law Institute schreibt im Restatement of Torts (2nd) in § 549 einen Mittelweg fest: Grundsätzlich ist nur der out-of-the-pocket-loss ersatzfähig (§ 549 Abs. 1), aber kann in einer geschäftlichen Transaktion („business transaction") der benefit-of-the-bargain mit hinreichender Sicherheit festgestellt werden, so kann der Geschädigte auch diesen ersetzt verlangen (§ 549 Abs. 2). Da Betrugsfälle bei Verträgen in aller Regel in einer „businesss transaction" stattfinden, entspricht diese Ausnahme in der Praxis dem Regelfall.

In jedem Fall kann der Geschädigte auch Folgeschäden ersetzt verlangen, die ihm aufgrund der Täuschung entstehen („consequential damages").[969] Macht er beispielsweise Aufwendungen im Vertrauen auf den Erhalt der Leistung, so kann er diesen Schaden als Folgeschaden der Täuschung geltend machen. Im Ergebnis folgt durch diese Konstruktion auch deliktsrechtlich ein Ersatz der vertraglichen *reliance damages*.

Über die vertragsrechtlichen Ansprüche hinaus gewährt das amerikanische Deliktsrecht punitive damages, soweit das Verhalten des Schädigers als besonders verwerflich anzusehen ist („outrageous").[970] Dies ist in den meisten Betrugsfällen gegeben, da vorsätzliche Täuschungen mit Schädigungsabsicht in aller Regel als besonders verwerflich angesehen werden. Im Detail ergeben sich jedoch Unterschiede zwischen den einzelnen Bundesstaaten:[971] Einige Gerichte verlangen einen höheren Standard als den bloßen Nachweis des *fraud*,[972] während andere sogar einen großzügigeren Standard anlegen.[973] In der Regel[974] hat

968 *Kionka*, Fn. 421, S. 495.

969 Für viele *Kionka*, Fn. 421, S. 496.

970 Restatement of Torts (2nd) (1977), § 908.

971 Dazu *Dunn*, Fn. 456, S. 235 ff.

972 Z.B. Coffel v. Stryker Corp., 284 D.3d 625 (5th Cir. 2002).

973 Z.B. Hoche Productions, S.A. v. Jayark Films Corp., 256 F.Supp. 291 (S.D.N.Y. 1966).

jedoch der Geschädigte bei nicht ganz unbedeutenden Betrugsfällen die Möglichkeit, *punitive damages* zu verlangen.[975] Über die Höhe der punitive damages entscheidet die Jury, die dazu neben der Höhe des kompensatorischen Schadenersatzanspruchs (wie eben dargestellt) die Schwere des schädigenden Verhaltens und das Vermögen des Schädigers berücksichtigen soll.[976] Es besteht jedoch weitgehende Einigkeit, dass ohne den Nachweis eines *tatsächlichen* Schadens auch keine punitive damages gewährt werden können.[977]

Dadurch, dass der Vermögensschaden im Tatbestand des „Fraud" im *Law of Torts*, der zum Ersatz weitergehender punitive damages berechtigt, in den meisten Staaten nach der „benefit-of-the-bargain" rule berechnet wird, ist dieser deutlich weitgehender als der deutsche Betrugsstraftatbestand. Wie gezeigt, klammert der im deutschen Recht vorherrschende „juristisch-ökonomische" Vermögensbegriff vor allem Vertragsgewinne aus der Schadensberechnung aus und lässt so eine Abschreckungslücke offen, die im amerikanischen Recht nicht existiert.

Andererseits sind punitive damages auch in vielerlei Hinsicht problematisch.[978] Hier sei insbesondere auf das Risiko des opportunistischen Verhaltens „geschädigter" Vertragspartner hingewiesen, die in Fällen vermeintlich „vorsätzlicher" Täuschungen den Anreiz haben, eine auf „Fraud" gestützte Klage gegen ihren Vertragspartner zu erheben. In der Konsequenz besteht die Gefahr, dass einfache Vertragsverletzungen mit überkompensatorischen Schadenersatzansprüchen „geahndet" werden. Im Ergebnis würden dadurch die Transaktionskosten nicht gesenkt, sondern erhöht: Die eingesparten Kosten der Informationsübertragung würden durch die erwarteten Kosten aus einer rechtsfehlerhaften Schadenersatzpflicht wieder aufgewogen, da ehrliche Vertragspartner aus „Angst" vor Klagen von Vertragsschlüssen abgehalten werden.[979]

---

974 Die meisten Staaten legen den gleichen Standard wie beim Nachweis des Betrugs an, so dass in jedem Fall des frauds im Sinne des law of torts punitve damages möglich sind. Vgl für eine Auflistung dieser Rechtsprechung *Dunn*, Fn. 456 S. 235-238.

975 Auch *Kionka*, Fn. 421, S. 497.

976 Restatement of Torts (2nd) (1977), § 908 (2).

977 So sind „nominal damages" alleine keine hinreichende Grundlage für die Gewährung von puntive damages, vgl. dazu *Dunn*, Fn. 456 S. 256 ff. m.w.Nws. und für Ausnahmen vom dieser Doktrin die Nachweise auf S. 258 ff.

978 Zur Kritik von punitive damages in Fällen der „intentional torts" vgl. *Posner*, Economic Analysis of Law, 8. Auflage, New York 2011, S. 206 ff.

979 Eine ähnliche Argumentation findet sich später bei der Einschränkung des Merkmals des Vermögensschadens zur Vermeidung opportunistischen Verhaltens (vgl. Teil 3:C.II).

Im Ergebnis erscheint es somit vorzugswürdig, zivilrechtliche Ansprüche auf eine (möglichst vollständige) *Kompensation* zu beschränken, und, wie im deutschen Rechtsraum, dem Strafrecht die Aufgabe der Abschreckung zuzuordnen. Eine mögliche Geldstrafe würde dem Staat zufließen; der Vertragspartner hätte so keinen übermäßigen Anreiz, eine Täuschung wahrheitswidrig zu behaupten. Allerdings sollte, wie später noch aus ökonomischer Sicht näher begründet werden wird, auch der Verlust von Vertragsgewinnen zu einem betrugsrelevanten Vermögensschaden führen. Nicht der „out-of-the-pocket-loss", sondern der „benefit-of-the-bargain" sollte Grundlage der Schadensberechnung beim Betrug im Rahmen von Vertragsverhältnissen sein.

II. Vermögensverfügung und Vermögensschaden aus ökonomischer Sicht

Während, wie gezeigt, die Rechtsprechung und das rechtswissenschaftliche Schrifttum den Betrugsstraftatbestand in weit überwiegender Mehrheit als Instrument zum Schutz privater Vermögensinteressen sehen, verfolgen die Wirtschaftswissenschaften einen weitergehenden Ansatz. Solange es „nur" um die Umverteilung von Gütern geht, halten sich Ökonomen bei der Bewertung rechtlicher Regelungen zurück – Effizienzargumente sind hier nur hinsichtlich der Kosten der Umverteilung berührt.[980] Wie schon im vorherigen Teil der Arbeit ausgeführt, lässt sich der Betrugsstraftatbestand nicht überzeugend ausschließlich mit dem Vermögensschutz legitimieren, denn mit dem Vermögensschaden beim Opfer geht ein entsprechender Vermögensvorteil beim Täter einher.[981]

Trotzdem sind strafrechtliche Sanktionen bei täuschungsbedingten Vermögensverschiebungen nicht überflüssig, sondern vielmehr notwendig, um den wohlfahrtsschädigenden Auswirkungen von Informationsasymmetrien entgegenzutreten. Zu Einzelheiten wird auf Teil 2, Abschnitt B, II dieser Arbeit verwiesen. Um eine ökonomische Empfehlung für die Auslegung der Begriffe der „Vermögensverfügung" und des „Vermögensschadens" im Betrugsstraftatbestand geben zu können, ist es nötig, sich vor dem Hintergrund der Zielsetzung einer strafrechtlichen Sanktion vorsätzlicher Täuschungen zu fragen, wie diese

980 Vgl. zum Effizienzgedanken bei der ökonomischen Analyse des Rechts im Vergleich zur Redistribution für viele *Cooter/Ulen*, S. 7-9.

981 So auch die juristische Literatur sehr plastisch, wenn sie den Betrug als „Vermögensverschiebungsdelikt" bezeichnet. Natürlich sind ungewollte Güterumverteilungen auch aus ökonomischer Sicht nicht wünschenswert, nur liegt der tiefere Grund dafür nur teilweise in der Umverteilung an sich, sondern hauptsächlich in den daraus resultierenden Folgen.

Tatbestandsmerkmale dazu beitragen können, sanktionsunwürdige Täuschungsfälle aus der Betrugsstrafbarkeit auszuscheiden, ohne zugleich sanktionswürdige Täuschungsfälle straffrei zu lassen. Dazu soll in einem ersten Schritt der Nutzen von Verträgen und die Rolle des „Marktpreises" aufgezeigt werden. Im Anschluss wird geprüft, inwieweit dieser Nutzen durch vorsätzliche Täuschungen beeinträchtigt wird, um dann im einzelnen die Begriffe der Vermögensverfügung und Vermögensschaden beleuchten zu können.

1. Ausgangspunkt: Gegenseitige Verträge als pareto-verbessernde Austauschgeschäfte

„Faire"[982] Verträge zeichnen sich dadurch aus, dass sie bei rationalem Verhalten[983] den Nutzen beider Vertragsparteien erhöhen. Sie sind mithin keine „unproduktiven Nullsummenspiele", bei denen der Nachteil des einen der Vorteil des anderen entspricht, sondern „produktive Spiele", die einen aufaddierte Nutzen von größer als Null aufweisen.[984] Jedoch führen Verträge, die Vorteile für beide Vertragsparteien bringen, nicht zwangsläufig zu einer Wohlfahrtssteigerung: Dies gilt nur dann, wenn diese keine negativen Auswirkungen auf Dritte haben (sog. „Externalitäten") oder die negativen die positiven Externalitäten übersteigen.[985] Zu unterscheiden ist somit der private Nutzen gegenseitiger Verträge von ihren gesellschaftlichen Nutzen bzw. Wohlfahrtseffekt.

a) Der private und der soziale Nutzen gegenseitiger Verträge

Menschen schließen Verträge ab, weil sie durch sie besser gestellt werden. Dabei messen sie Gütern unterschiedliche Werte bei und entscheiden sich für die aufgrund ihrer Budgetrestriktion (insbesondere ihres verfügbaren Einkommens) mögliche Kombination von Gütern, die sie insgesamt am besten stellt. Durch die unterschiedliche Bewertung von Gütern sind die Zusammenstellungen von Gü-

982 Begriff nach *Schäfer/Ott*, S. 393, d.h. in Abwesenheit von Täuschung, Drohung, Preisdiktat und Monopolmacht.

983 Zu den „Verhaltensanomalien" vgl. z.B. *Schäfer/Ott*, S. 66 ff. In diesen Zusammenhang wurde bereits der „endownment effect" angesprochen.

984 *Schäfer/Ott*, S. 393.

985 In diesem Zusammenhang sind allerding nur sog. „technische externe Effekte" als Korrektiv des privaten Vertragsgewinns zu berücksichtigen. Die sog. „pekuniäre Effekte" (z.B. entganener Gewinn aufgrund Vertragsschlüsse eines erfolgreichen Konkurrenten) führen zwar auch zu Nachteilen bei dritten Personen, sind aber Folge der Funktionsweise von Märkten und mithin kein Hemmnis, sondern Voraussetzung effizienter Ressourcennutzung. Zu pekuniären Externalitäten vgl. *Viner*, Cost curves and supply curves, Journal of Economics / Zeitschrift für Nationalökonomie 1931, S. 23-46.

tern, denen jedes Individuum den gleichen Wert beimisst, verschieden. Einer erfährt durch die Kombination eines Apfels und zwei Birnen dasselbe Nutzenniveau wird ein anderer durch die Kombination von zwei Äpfeln und zwei Birnen.[986] . Entscheidet sich nun ein Individuum zum Abschluss etwa eines Kaufvertrags, so erhofft es sich, nach Durchführung des Geschäfts eine Kombination von Gütern zu besitzen, die ihm insgesamt ein höheres Nutzenniveau stiftet.[987] Ein Vertrag kann zustande kommen, wenn mindestens ein Vertragspartner sein Nutzenniveau verbessert, ohne dass der andere sich zugleich verschlechtert.

Die Feststellung, *dass* eine Person durch einen Güteraustausch besser gestellt wird, ist zu unterscheiden von der Frage, um *wie viel* eine Person ihre Position verbessert. Dazu wird in der Mikroökonomie die Maßzahl der *Konsumentenrente* verwandt. Die auf der individuellen Wertsteigerung beruhende Konsumentenrente ist definiert als die Differenz zwischen dem maximalen Betrag, den ein Konsument für ein Gut zu zahlen bereit ist, und dem Betrag, den der Konsument tatsächlich zahlt.[988] Ist etwa eine Studentin bereit, 20,- € für eine Karte für ein Rockkonzert auszugeben, die aber nur 14,- € kostet (Marktwert), so wäre der Differenzbetrag in Höhe von 6,- € ihre Konsumentenrente. Die Summe der Konsumentenrenten aller Konsumenten, die ein Gut erwerben, ergibt die *aggregierte Konsumentenrente*. Diese misst den Gesamtvorteil, den die Konsumenten aus dem Erwerb von Gütern im jeweiligen Markt erzielen.[989] Addiert man zu dieser aggregierten Konsumentenrente die aggregierte Produzentenrente der Vertragsgegenseite[990], so lässt sich der gesamte Tauschvorteil und damit der so-

---

986 Die Kombinationsmöglichkeiten von Gütern, die ein Individuum für sich als gleichwertig ansieht, werden in der Mikroökonomie durch sog. Indifferenzkurven dargestellt. Alle Kombinationsmöglichkeiten auf einer Kurve stiften dem Individuum definitionsgemäß den gleichen Nutzen. Vgl. dazu *Pindyck/Rubinfeld*, Mikroökonomie, S. 108 ff.

987 Mikroökonomisch betrachtet erwartet der jeweilige Vertragspartner einen Wechsel auf eine für ihn höherwertige Indifferenzkurve. Grafisch lässt sich ein solches Austauschgeschäft mithilfe der sogenannten „Edgeworth-Box“ darstellen (benannt nach dem Philosophen und Volkswirt Francis *Ysidro Edgeworth*, vgl. dazu *Pindyck/Rubinfeld*, Mikroökonomie, S. 767 ff.). Diese „Box“ bildet in einem Kasten für beide Vertragspartner ihre jeweiligen Indifferenzkurven für die ausgetauschten Güter ab. Die Menge möglicher gewinnbringender Austauschgeschäfte lässt sich durch die „Edgeworth-Linse“ darstellen, die durch die Indifferenzkurven beider Vertragsparteien eingeschlossen wird.

988 So *Pindyck/Rubinfeld*, Mikroökonomie, S. 185.

989 *Pindyck/Rubinfeld*, Mikroökonomie, S. 187.

990 Analog zur Konsumentenrente bezeichnet die Produzentenrente die Differenz zwischen dem minimalen Betrag,für den der Produzent sein Gut zu veräußern bereit ist, und denjenigen Betrag, für den er sein Gut tatsächlich veräußert.

ziale Nutzen des Marktes bestimmen. Mit dieser Maßzahl lassen sich dann etwa Kosten und Nutzen alternativer Marktstrukturen oder Markteingriffe bewerten.

Ermitteln läst sich die Konsumentenrente, wenn man die Nachfragekurve auf dem jeweiligen Markt kennt. Typischerweise vermindert sich die Zahlungsbereitschaft der Konsumenten mit steigender Menge.[991] So mag die Studentin zwar für die *erste* Eintrittskarte willens sein, 20,- € auszugeben. Beim Erwerb einer weiteren Karte wird ihre Zahlungsbereitschaft in aller Regel sinken, etwa für die zweite Karte auf 19,- €, für die dritte Karte auf 18,- € usw. Beträgt der Marktpreis, wie in unserem Beispiel, 14,- €, so wird sie beim Erwerb der sechsten Karte indifferent zwischen dem Kauf und dem Verzicht und wird angesichts positiver Transaktionskosten davon absehen, weitere Karten zu erwerben. Ihr Gesamtvorteil aus den jeweiligen Transaktionen lässt sich aus der Differenz ihrer jeweiligen Zahlungsbereitschaft und dem Marktpreis (der von von den Entscheidungen anderer abhängt)[992] aggregiert über die Menge der erworbenen Karten darstellen.[993]

b) Die Rolle des Marktpreises

Auf *Wettbewerbsmärkten*[994] tendieren Produkte zu einem Preis – dieser Preis wird als Marktpreis bezeichnet.[995] Beispiele für Wettbewerbsmärkte sind etwa der Rohstoffhandel, wie Mais, Weizen, Gold oder der Aktienmarkt. Die entsprechenden Marktpreise sind für jedermann zu ermitteln, etwa durch eine Internetrecherche oder einem Blick in die Zeitung. Da es auf Wettbewerbsmärkten nur einen Preis gibt, entspricht die individuelle Konsumentenrente und damit der Vertragsgewinn immer der Differenz zwischen der Zahlungsbereitschaft und dem Markpreis, während die verallgemeinerte Konsumentenrente durch die Fläche zwischen der Marktnachfragekurve und der (Markt-)Preisgeraden abgebildet wird.

Anders stellt sich die Lage auf *unvollkommenen Wettbewerbsmärkten* dar. Hier können Anbieter unterschiedliche Preise verlangen, etwa weil Kunden sich besonders markentreu verhalten oder Unternehmen ihre Preise im Rahmen einer Marketingstrategie senken. Der Begriff „Marktpreis“ kann dann einen über ver-

---

991 Beispiel in Anlehnung an *Pindyck/Rubinfeld*, Mikroökonomie, S. 185 f.

992 So ist ein Postulat eines vollkommenen Marktes die Abwesenheit von Marktmacht, die es einzelnen Akteuren ermöglicht, nicht nur eine Entscheidung über ihre Angebots- und Nachfragemenge zu treffen, sondern den jeweiligen Preis zu beeinflussen (so etwa im Falle von Monopolen). Vgl. für nähere Erläuterungen Teil 2:A.II.

993 In einem Marktdiagramm entspricht die Konsumentenrente der Fläche zwischen der Nachfragekurve und der Preisgeraden.

994 Zur Erläuterung vgl. Teil 2:A.

995 *Pindyck/Rubinfeld*, Mikroökonomie, S. 33.

schiedene Marken oder Anbieter gemittelten Preis bezeichnen. In unvollständigen Wettbewerbsmärkten erzielt der Nachfrager abhängig von der Kaufsituation unterschiedliche transaktionsspezifische Konsumentenrenten.

Bei *Gütern ohne Märkte*, insbesondere Unikaten (z.B. ein Verkauf der „Mona Lisa"), ist die Konsumentenrente aus der Differenz zwischen dem Kaufpreis in der individuellen Transaktion und der subjektiven Zahlungsbereitschaft zu ermitteln.

Für die exakte Berechnung der individuellen Konsumentenrente und damit des Vertragsgewinns ist aber in jedem Fall die Zahlungsbereitschaft des einzelnen Abnehmers heranzuziehen; der Schluss von einem „Marktpreis" auf die subjektive Wertschätzung eines einzelnen Käufers ist unzulässig.

2. Folgerungen für den Betrugsstraftatbestand

a) Der Vermögensschaden als Gradmesser der sozialen Kosten

Ausgehend von dem von der hier vertretenen Zielsetzung des Betrugsstraftatbestands, nämlich der Förderung werterhöhender Austauschprozesse durch die Reduzierung täuschungsbedingter Transaktionskosten, sollte eine strafrechtliche Sanktion erfolgen, wenn das Opfer täuschungsbedingt einem Vertrag schließt und seine aufgrund der Täuschung gebildeten Erwartungen enttäuscht werden. Dann wird die in dieser Arbeit identifizierte Abschreckungslücke geschlossen und es bestünden - bei optimaler Strafhöhe und –vollstreckung - keine Anreize, Vertragsschlüsse durch unhaltbare Versprechen zu veranlassen.

Der Vermögensschaden kann so als Indikator für einen gesellschaftlichen Schaden gesehen werden – nämlich den sozialen Kosten aus dem jeweiligen Betrug. Das Ziel bei der Auslegung dieses Tatbestandsmerkmals muss aus es aus ökonomischer Sicht somit sein, alle Schadenspositionen des individuellen Opfers zu erfassen, die zu einem sozialen Verlust führen. Stimmt der individuelle Vermögensschaden mit diesem gesellschaftlichen Schaden überein, so kann die Intensität der strafrechtlichen Sanktion an dieser Größe ausgerichtet werden. Eine Funktion des Merkmals des Vermögensschadens ist somit die Bestimmung des *Strafmaßes*. Hierauf soll in dieser Arbeit aber nicht eingegangen werden.

Daneben gibt es Fälle, in denen eine Täuschungshandlung für den Täter nahezu kostenlos vermeidbar ist und diese auch einen Irrtum hervorruft, jedoch keine sozialen Kosten verursacht. Dies kann daran liegen, dass das Opfer einer vorsätzlichen Täuschung sich zwar irrt, aber seine Entscheidung im Ergebnis *nicht von der Fehlinformation abhängig macht* oder seinen Irrtum sogar dazu benutzt, sich von einem *aus anderen Gründen ungewollten Vertrag zu lösen.* Der Betrugsstraftatbestand dient im letztgenannten Fall als Vehikel opportunistischen Verhaltens – eine strafrechtliche Sanktion würde in solchen Fällen Transaktionskosten erhöhen anstatt senken. In beiden Fällen ist das Zivilrecht das kostengünstigere Instrument, um ein optimales Täuschungsniveau durchzusetzen, insbesondere da die Gefahr der Überabschreckung geringer ist. Der Betrugsstraftatbestand sollte deswegen nicht zur Anwendung kommen. Die Tatbestandsmerkmale der Vermögensverfügung und des Vermögensschadens können solche Fälle aus der Strafbarkeit ausscheiden.

Schließlich kann der Vermögensschaden Fälle ausscheiden, die sich im *außerrechtlichen (privaten) Bereich* abspielen. Es gibt kein allgemeines „Recht zur Wahrheit" – die Lüge als solche zu bestrafen wäre rechtsstaatlich bedenklich und würde zudem zu erheblichen Freiheitseinschränkungen und Wohlfahrtsschäden führen. Da sich diese Arbeit aber ausschließlich auf Betrugsfälle im Rahmen gegenseitiger Verträge bezieht, ist eine solche Überabschreckung nicht zu befürchten.

Aus darstellungstechnischer Sicht wird der eigentlich logisch vorrangige Abschnitt über die sozialen Kosten an die Ausführungen zum individuellen Schaden angestellt, da das Verständnis der ökonomischen Zusammenhänge bei einer einzelnen täuschungsbedingten Transaktion notwendige Voraussetzung für den Verständnis der Auswirkungen einer solchen Transaktion auf den Gesamtmarkt ist.[996]

b) Der individuelle Schaden beim Betrug[997]

aa) Grundsatz

Da die strafrechtliche Sanktion des Betrugs im Rahmen von Vertragsverhältnissen einen „Annexcharakter" zum Zivilrecht besitzt, sollte der strafbarkeitsbegründende Vermögensschaden in Anlehnung an das positive Interesse im Zivilrecht, also das vertragliche Erfüllungsinteresse, bestimmt werden.[998] Im Unter-

---

996 Deswegen leiten Lehrbücher der Mikroökonomie Ausführungen zum Gesamtmarktgleichgewicht auch mit Erläuterungen zur individuellen Transaktion ein: Der Gesamtmarkt ist lediglich eine Aggregation aller einzelnen Transaktionen – eine Analyse dieses Markts ist ohne Verständnis der einzelnen Transaktionen unmöglich. Vgl. dazu beispielhaft die Gliederung im Standardlehrbuch von *Pindyck/Rubinfeld*, Mikroökonomie.

997 Als einziger Autor hat sich – soweit ersichtlich – der amerikanische Wirtschaftswissenschaftler Thomas *Ulen* explizit mit der Analyse des individuellen und sozialen Schadens des „Criminal Fraud" beschäftigt. Das hier vorgestellten Konzepts lehnt sich an diesem Konzpt an, wandelt es aber in einigen Punkten ab und passt es auf den deutschen Betrugsstraftatbestand an: *Ulen*, The Economics of Corporate Criminal Liability, Managerial and Decision Economics, Special Issue: Corporate Crime, Vol. 17 (1996), S. 351 ff.

998 So ist das Opfer so zu stellen, wie wenn der Vertrag ordnungsgemäß erfüllt worden wäre (positives Interesse oder expectation damages). Danach sind gem. § 252 BGB auch entgangene Gewinne als Schadenersatzposten ersatzfähig, soweit sie nach dem

schied zu den strafrechtlichen Ansätzen, die Vermögenslagen vor und nach der Vermögensverfügung vergleichen,[999] sollte der Vergleich zweier Vermögenslagen *nach* der Transaktion entscheiden – nämlich der tatsächlichen Vermögenslage des Opfers mit derjenigen hypothetischen Vermögenslage, die bestehen würde, wenn die durch die Täuschung hervorgerufenen Erwartungen eingetreten wären.

Aus den Ausführungen zuvor hat sich ergeben, dass die Vermögenslagen im Ausgangspunkt immer subjektiv aus der Sicht des Opfers zu bestimmen sind.[1000] Das Opfer schließt den Vertrag, weil es sich einen Kooperationsgewinn erhofft. Der ökonomische Zweck von Transaktionen ist es, eine pareto-verbessernde Umverteilung von Ressourcen zu ermöglichen und Güter denjenigen zuzuordnen, der für diese die höchste Wertschätzung hat. Diese Wertschätzung speist sich nur aus subjektiven Motiven, die die Wirtschaftswissenschaften und die Rechtsordnung im Regelfall anerkennen sollten.[1001]

Für die folgende Analyse über die Auswirkungen von Betrug auf die Vermögenslage des Opfers sei zunächst unterstellt, dass – wie es sehr häufig der Fall sein wird – das Opfer täuschungsbedingt einen Kaufvertrag schließt.[1002] Aus ökonomischer Sicht sind zwei Situationen zu unterscheiden:

1. Das Opfer erhält eine komplett wertlose Gegenleistung.
2. Das Opfer erhält eine zumindest teilweise brauchbare Gegenleistung.

---

gewöhnlichen Lauf der Dinge oder nach den besonderen Umständen, insbesondere nach den getroffenen Anstalten und Vorkehrungen, mit Wahrscheinlichkeit erwartet werden konnten. Die strafrechtliche Schadenbestimmung erfolgt aber „in Anlehnung" an das positive Interesse, da Vertragserwartungen, die nicht einen Erfüllungsanspruch begründen (z.B. Motivirrtümer), trotzdem strafrechtlich gegen Täuschungen geschützt werden sollen.

999 Vgl. dazu Teil 3:C.I.

1000 Zu praktischen Grenzen dieser ökonomischen „First-Best-Lösung" vgl. die Ausführungen im folgenden Abschnitt.

1001 In Ausnahmefällen werden Verträge trotz Konsens der Parteien nicht durchgesetzt. So können Vertragsparteien z.B. in ihren kognitiven Fähigkeiten so eingeschränkt sein, dass sie ihren Nutzen aus dem Vertragsschluss nicht mehr zutreffend einschätzen können (z.B. Geschäftsunfähige wie Geisteskranke, oder beschränkt Geschäftsfähige wie Kinder). Eine anderere Fallgruppe wären Verträge, die mit Schäden für dritte Personen einhergehen und damit – obwohl sie für die Parteien nutzenerhöhend sind - wohlfahrtstheoretisch trotzdem nicht erwünscht sind. So sind Verträge, die gegen Strafgesetze verstoßen gem. § 134 BGB nichtig.

1002 Natürlich ist diese Konstellation nur ein Ausschnitt der vielfältigen Kasuistik beim Betrugsstraftatbestand. Dieser Standardfall dient jedoch zur Illustration des hier vorgestellten Konzepts, das im Anschluss auf andere Fallgruppen angewendet wird.

In beiden Fällt lässt sich der Schaden beim Betrug in zwei Komponenten aufspalten:[1003] einem objektiven und einem subjektiven Schadensteil. Der objektive Schadensposten entspricht in beiden Situationen dem Verlust des Kaufpreises und damit - in juristischer Terminologie - dem Vermögensabfluss aufgrund der Vermögensverfügung.[1004] Erbringt der Getäuschte als Gegenleistung, wie es bei gegenseitigen Verträgen zumeist der Fall sein wird, eine Geldleistung, so ergeben sich für diese Leistung aus ökonomischer Sicht keine Bewertungsprobleme. Zwar ist der Verlust des Vermögensbestandteils immer subjektiv zu bestimmen, jedoch gibt es an Geld in aller Regel keine besondere subjektive Wertschätzung oder gar ein Affektionsinteresse.[1005] Insoweit entspricht, abgesehen von der Theorie des „abnehmenden Grenznutzens“,[1006] der nominelle Geldbetrag dem subjektiven Wert.

Problematisch ist jedoch die Bestimmung des subjektiven Schadensbestandteils: Zum einen verliert der Getäuschte den erwarteten Vertragsgewinn. Zum anderen erhält er für die Weggabe seiner Leistung ggf. eine für ihn zumindest teilweise brauchbare Gegenleistung, deren Wert ebenso subjektiv zu bestimmen ist.

Diese Schadenbestandteile sollen nun näher aufgegliedert werden.

bb) Bestimmung der Schadenshöhe im Einzelnen

(1) Opfer erhält keine bzw. komplett wertlose Gegenleistung

Begonnen werden soll die Analyse mit dem praktisch selteneren Fall, in dem der Täter das Opfer durch Täuschung zu einem Vertragsschluss bewegt und anschließend entweder überhaupt keine oder eine vollkommen unbrauchbare Gegenleistung erbringt.

Eine ökonomische Analyse dieser Fallkonstellation auf Seiten des Opfers muss nach dem soeben Gesagten folgende Schadensbestandteile berücksichtigen:[1007] Zum einen verliert das Opfer seine erbrachte Leistung, also in aller Regel den Kaufpreis. Dieser „objektive“ Schadenbestandteil ergibt sich aus der Multiplikation von bezogener Menge des Gutes und gezahltem Kaufpreis und

---

1003 So *Ulen*, Fn. 997, S. 353 ff.

1004 Es sei angenommen, dass der Vertrag soweit schon vollständig abgewickelt ist.

1005 Insofern wären lediglich Fälle vorstellbar, in denen es um „Sammlerstücke“, wie etwa Geldmünzen aus einer besonderen Prägung handelt. Hingegen ist ein „Dagobert Duck“, der an Geld an sich eine besondere Freude hat und es für seine „Geldbäder“ nutzt, nicht verallgemeinerungsfähig.

1006 Vgl. dazu *Pindyck/Rubinfeld*, Mikroökonomie, S. 139 ff. Die Theorie des „abnehmenden Grenznutzens“ wird hier außer Acht gelassen, da sie nicht nur für Geld, sondern auch für die meisten anderen Produkte gilt.

1007 Modellierung in Anlehnung an *Ulen*, Fn. 997, S. 353 ff.

lässt sich in einem individuellen Nachfragediagramm als Fläche zwischen der Preis- und der Mengengeraden abtragen.[1008] Weiterhin verliert das Opfer einen erwarteten Gewinn, durch den es zum Vertragsschluss motiviert wurde. Diese Konsumentenrente entspricht dem „subjektiven" Schadensbestandteil und kann im Nachfragediagramm als Fläche zwischen der individuellen Nachfragekurve und der Preisgeraden gekennzeichnet werden.

Aus dieser Analyse wird zweierlei deutlich: Zum einen hängt die Höhe des objektiven Schadens von dem gezahlten Kaufpreis und der erworbenen Menge des gehandelten Gutes ab. Die Höhe des subjektiven Schadens hingegen ist von der Zahlungsbereitschaft des Opfers, also der sog. *Preiselastizität der Nachfrage*, abhängig. Die Elastizität misst in den Wirtschaftswissenschaften die prozentuale Veränderung einer Variablen als Reaktion auf eine Veränderung einer anderen Variablen um einen Prozent.[1009] Auf Seiten der Nachfrager gibt sie an, wie sich die Nachfrage nach einem Gut prozentual bei einer Preiserhöhung um einen Prozent verändert. Sind die Abnehmer relativ preisunsensibel, wären sie bereit, für das versprochene Gut auch einen deutlich höheren Preis zu zahlen. Damit vergrößert sich im Nachfragediagramm die Fläche zwischen der Nachfragekurve und der Preisgeraden und so der individuelle Schadensteil. Die Elastizität der Nachfrage wiederum ist eng mit der *Substituierbarkeit* des Gutes verbunden.[1010] So weisen Güter, die leicht austauschbar sind, in aller Regel eine höhere Elastizität auf als nur schwer oder gar nicht ersetzbare Güter – subjektive Wertschätzungen sowie subjektive Schadensteile sind typischerweise klein. Leicht austauschbar sind insbesondere standardisierte Massenartikel, wie etwa Rohstoffe oder Haushaltsprodukte einer bestimmten Qualitätsstufe; schwer bzw. gar nicht ersetzbar sind insbesondere Unikate, wie etwa Oldtimer, oder wertvolle Kunstwerke. In diesen Fällen haben Preisänderungen wenig Einfluss auf das Nachfrageverhalten; die Elastizität der Nachfrage ist gering. Gleichzeitig ist die Konsumentenrente bei einem Austausch solcher Güter vergleichsweise hoch – der Abnehmer hat typischerweise eine hohe Zahlungsbereitschaft und damit verbundene subjektive Wertschätzung (er möchte *gerade* das Unikat erwerben). Neben Unikaten weisen medizinische Güter und Dienstleistungen, wie etwa lebensrettende Medikamente, typischerweise hohe Konsumentenrenten auf und sind mit inelastischen Nachfrageverläufen verbunden. Wer beispielsweise einem hoffnungslos Erkrankten eine wirkungslose Krebskur verkauft, begegnet aller Wahrscheinlichkeit einer nur durch dessen Zahlungsfähigkeit begrenzten Zahlungsbe-

---

1008 Zur Analyse und gra*fischer* Aufbereitung des individuellen Nachfrageverhaltens vgl. *Pindyck/Rubinfeld*, Mikroökonomie, S. 161 ff.

1009 Vgl. *Pindyck/Rubinfeld*, Mikroökonomie, S. 65.

1010 Vgl. *Ulen*, Fn. 997, S. 354.

reitschaft; hingegen misst ein Gesunder einer solchen Kur einen fast vernachlässigbaren Wert bei. Die individuellen Elastizitäten bestimmen die jeweilige Konsumentenrente und damit den möglichen Verlust bei einer Enttäuschung der durch den Vertrag begründeten Erwartungen. Gleichzeitig sind gerade hohe subjektive Wertschätzungen mit hohen Betrugsanreizen verbunden, da Versprechen zur vermeintlichen Erfüllung solcher individueller Bedürfnisse auf besonders fruchtbaren Boden fallen. Eine Anerkennung subjektiver Wertschätzungen für den betrugsrelevanten Vermögensschaden passt somit den strafrechtlichen Schutz an die individuelle Schutzbedürftigkeit an.

(2) Opfer erhält zumindest teilweise werthaltige Gegenleistung

Komplizierter stellen sich Fälle dar, in denen die getäuschte Vertragspartei nicht gar keine oder eine für sie komplett wertlose Gegenleistung erhält, sondern die gelieferte Leistung für sie zumindest *irgendeinen* Wert hat. Die Mehrheit der Betrugsfälle betrifft solche Fallkonstellationen.[1011] Dies mag damit zusammenhängen, dass eine nur mit zeitlicher Verzögerung als nicht vertragsgemäß erkennbare (= Erfahrungsgüter) oder ggf. überhaupt nicht als nicht vertragsgemäß erkennbare (= Glaubensgüter) Leistung seltener reklamiert wird und damit der erwartete Gewinn auf Seiten des Täters besonders groß ist.

Der Vermögensschaden darf hier nicht nur den Wert des versprochenen Gutes berücksichtigen, sondern vielmehr ist dieser Wert mit demjenigen des vom Täter gelieferten Gutes zu vergleichen. Entsprechend der Ausführungen zuvor setzt sich der Wert eines Gutes aus dem objektiven Wert (Marktpreis) sowie der Konsumentenrente zusammen, die das Gut für die jeweilige Vertragspartei erbringt. Zur Ermittlung des Vermögensschadens sind somit die Summen aus objektiven und subjektiven Werten, jeweils für das gelieferte und bestellte Gut, miteinander zu vergleichen. Da das Opfer durch den Vertragsschluss regelmäßig glaubwürdig gemacht hat, dass es sich von dem bestellten Gut eine Konsumentenrente verspricht und gerade diese Vermutung für das gelieferte Gut fehlt, wird bei ungewollten Vertragsschlüssen ein subjektiver Schaden in aller Regel vorliegen. Entsprechend gilt die Analyse im Abschnitt zuvor, nach der sich der Schaden mit einer Erhöhung der Preiselastizität der Nachfrage für das bestellte Gutes verkleinert und, vice versa, mit einer Verringerung der Preiselastizität der Nachfrage sinkt.

Ein Vermögensschaden entfällt nur dann, wenn die durch den Täter erbrachte Leistung für das Opfer mindestens denselben Wert hat wie die eigentlich versprochene Leistung. Dies wäre nur dann der Fall, wenn das gelieferte Gut für die getäuschte Vertragspartei einem den bestellten Gut vergleichbaren oder gar hö-

1011 Vgl. *Ulen*, Fn. 997, S. 355.

heren Nutzen aufweist, die individuelle Zahlungsbereitschaft für das gelieferte Gut also *gleich oder höher* ist als für das bestellte. Ein Beispiel ist die Lieferung eines für das Opfer vollkommen gleichwertigen (oder sogar höherwertigen) Substituts, wie etwa die Bestellung einer Packung Taschentücher einer bestimmten Marke und Lieferung einer Packung einer anderen, qualitativ gleichwertigen oder besseren Marke. Sobald aber der getäuschte Vertragspartner dem bestellten Gut eine besondere Wertschätzung entgegenbringt, etwa weil er Taschentücher der von ihm bevorzugten Marke als angenehmer für seine Haut empfindet, so weicht seine individuelle Zahlungsbereitschaft von derjenigen anderer Marktteilnehmer ab und er erleidet einen Verlust seiner (erwarteten) Konsumentenrente. Kaum denkbar ist der Fall, in dem der getäuschte Vertragspartner ein Gut geliefert bekommt, das zwar einen niedrigere Marktpreis hat, jedoch ihm eine so hohe Konsumentenrente beschert, dass er in Summe besser dasteht als bei ordnungsgemäßer Lieferung.

Sind die subjektiven Wertschätzungen sowohl für das bestellte wie auch das gelieferte Produkt unbekannt, so kann ein Vergleich der Marktpreise eine gute Annäherung an den Gesamtschaden sein. Diese Vermutung setzt aber vergleichbare Nachfrageelastizitäten und individuelle Konsumentenrenten voraus, die typischerweise nur bei substituierbaren Gütern vorliegen. Je höher die individuelle Zahlungsbereitschaft für das bestellte Gut im Vergleich zu derjenigen des gelieferten Gutes ist (z.B. Bestellung eines Oldtimers und Lieferung eines Serienwagens), desto mehr *untertreibt* ein objektiver Vergleich der Marktpreise den wirklichen Schaden.

Im Ergebnis ist damit folgendes festzuhalten: Liegt schon der Marktpreis des gelieferten Gutes unter demjenigen des bestellten Gutes, so ist ein Vermögensschaden in aller Regel gegeben, denn ein Ausgleich dieses objektiven Verlustes durch eine höhere Konsumentenrente dürfte selten sein. Ist der Marktpreis gleich, so kommt es darauf an, ob der Erwerber dem bestellten Gut eine besondere Wertschätzung entgegengebracht hat. Dies ist bei Unikaten in aller Regel der Fall, bei standardisierten Gütern ist die besondere Wertschätzung des Opfers hingegen im Einzelfall zu prüfen. Ist ein Marktpreis für das bestellte Gut nicht ermittelbar, so wurde in aller Regel trotzdem ein Kooperationsgewinn enttäuscht und ein Vermögensschaden ist gegeben. So ist es fast nicht denkbar, dass im Falle der Bestellung eines Unikates (dies dürfte bei Güter ohne Marktpreise der Regelfall sein) der getäuschte Vertragspartner einem gelieferten Aliud mindestens die gleiche Wertschätzung entgegenbringt wie dem bestellten Gut. Die Wahrscheinlichkeit, dass der getäuschte Vertragspartner zufällig ein für ihn höherwertiges Unikat erhält, ist sehr gering. Durch die Entscheidung zum Vertragsschluss hat der getäuschte Vertragspartner dem *bestellten* Gut glaubwürdig eine subjektive Wertschätzung beigemessen, die *mindestens* dem dafür gezahlten Kaufpreis entspricht. Eine solche Vermutung gilt bei anderen Güter nicht.

c) Der Zusammenhang zwischen individuellem Schaden und sozialen Kosten

Wie mehrfach in dieser Arbeit herausgearbeitet, liegen die negativen Folgen von Betrug hauptsächlich im Rückgang werterhöhender Austauschprozesse, der durch höhere Transaktionskosten der Informationsübertragung bewirkt wird. Vertragsparteien müssen sozial unnötige Vorsorgeaufwendungen tätigen, um sich gegen Betrugsfälle abzusichern: Erwerber von Gütern werden eigene Nachforschungen, etwa über zugesagte Eigenschaften, anstellen und Veräußerer andererseits kostspielige Anstrengungen, wie etwa die Einräumung umfassendere Garantien oder extensivere Werbung, unternehmen, um überlegene Produktqualitäten glaubwürdig zu signalisieren. Diese Anstrengungen wiederum korrelieren mit dem erwarteten privaten Verlust aus Betrugsfällen: Je mehr Vertragsparteien fürchten müssen, dass ihre berechtigten Erwartungen an Vertragsschlüsse enttäuscht werden, desto vorsichtiger werden sie an Märkten agieren und desto mehr werden sie selbst vorsorgen oder, soweit diese Vorsorge zu teuer ist, von Vertragsschlüssen absehen.

Im Ergebnis ist somit festzuhalten, dass die gleichen Faktoren, die den individuellen Vermögensverlust bestimmen, auch auf einen entsprechenden sozialen Verlust hindeuten. So ergeben die aggregierten individuellen Zahlunsgbereitschaften die Nachfrage- und Angebotskurven und damit die Höhe der (durch Betrug entgangenen) Kooperationsgewinne. Insofern ist es sinnvoll, für den Grad des sozialen Verlustes den individuellen Vermögensschaden, wie er hier ermittelt wurde, heranzuziehen.

Vor dem Hintergrund des hier vorgestellten Konzeptes sollen nun die Tatbestandsmerkmale der Vermögensverfügung und des Vermögensschadens beleuchtet werden.

3. Das Tatbestandsmerkmal der Vermögensverfügung aus ökonomischer Sicht

a) Zur Ausgrenzung fremdschädigender Verhaltensweisen

Wie zuvor ausgeführt, soll das Merkmal der Vermögensverfügung als jedes bewusste Verhalten des Opfers, das sich unmittelbar vermögensmindernd auswirkt, den Charakter des Betrugs als Selbstschädigungsdelikt wahren und insbesondere eine trennscharfe Abgrenzung zu Fällen des Trickdiebstahls gewährleisten. Diese Zielsetzung ist mit dem ökonomischen Zweck des Betrugsstraftatbestands im Einklang und soll hier nicht weiter problematisiert werden. Während der Betrugsstraftatbestand aus ökonomischer Sicht werterhöhende *Austausch-*

prozesse schützen soll, sind Fälle des Diebstahls von vorneherein nicht auf einen Kooperationsgewinn angelegt, der enttäuscht werden könnte. Vielmehr wird dem Opfer ohne Zustimmung zu einer „Transaktion" ein Vermögenswert entzogen. Solche Verhaltensweisen sind zwar auch wohlfahrtsschädigend, jedoch aus anderem Grund als beim Betrug und sollten mithin durch einen anderen Straftatbestand sanktioniert werden.[1012] Zwar werden analog zum Betrug Eigentümer, die um die Existenz von Diebstählen wissen, sozial verschwendete Vorsorgeaufwendungen (wie z.B. die Anschaffung von Alarmanlagen oder Schlössern) tätigen. Diese erhöhen jedoch nicht die Kosten der Informationsübertragung bei Vertragsschlüssen: Parteien werden aufgrund des Wissens um die Existenz von Diebstählen nicht vorsichtiger im Wirtschaftsverkehr auftreten und weniger Verträge abschließen. Während durch den Einsatz des Strafrecht beim Diebstahl erzwungene Transaktionen *in den* dafür vorgesehenen Markt kanalisiert werden sollen (der Dieb soll sich den Gegenstand kaufen anstatt ihn zu stehlen),[1013] bewegt sich der Betrüger bereits *im* Markt und greift diesen „von innen heraus" an. Der im vorherigen Abschnitt dargestellte spezifische Wohlfahrtsverlust durch Verschiebung der Angebots- und Nachfragekurve tritt beim Diebstahl gerade nicht ein;[1014] das Vertrauen in die Richtigkeit von Informationen des Vertragspartners wird gerade nicht erschüttert. Insofern ist es auch konsequent, den Diebstahlstatbestand (§ 242 StGB) auf die Verletzung einer (formalen) Eigentumsposition zu beschränken und durch den Betrugsstraftatbestand nicht die bloße „Wegnahme" von Vermögenswerten zu sanktionieren.

b) Zur Beschränkung des Betrugsstraftatbestands auf vermögensrelevante Täuschungen

Eine weitere Funktion des Vermögensbegriffs wurde bereits angedeutet, ist aber im Bereich gegenseitiger Verträge von geringer Bedeutung. Die „Lüge als solche" sollte nicht bestraft werden; das Merkmal der Vermögensverfügung sollte nicht-vermögensrelevante Täuschungen aus der Betrugsstrafbarkeit ausscheiden. Ansonsten drohen gerade im privaten Bereich Freiheitseinschränkungen, die nicht durch den Nutzen eines absoluten Täuschungsverbots aufgewogen werden würden. Dies wird bei gegenseitigen Verträgen aber nie der Fall sein, da hier Erwartungen in einen rechtlichen Rahmen gebracht wurden. In anderen Fällen außerhalb des Untersuchungsgegenstandes dieser Arbeit kann diese Einschränkung aber Bedeutung erlangen.

1012 Zur ökonomischen Analyse verschiedener Straftatbestände und auch des Diebstahls vgl. *Posner*, Economic Analysis of Law, 8. Auflage, New York 2011, S. 215 ff.

1013 Vgl. dazu auch Teil 2:C.II.

1014 Denkbar ist nur eine mittelbare Auswirkung auf den Markt dergestalt, dass häufig gestohlene Güter seltener gekauft werden.

c) *Zur Kausalität des Irrtums für die Vermögensverfügung*

Die aus ökonomischer Sicht wichtigste Funktion der Vermögensverfügung liegt nicht in den Anforderungen an eine Vermögensverfügung selbst, sondern in dem erforderlichen Nachweis, dass das Opfer die Vermögensverfügung kausal bedingt durch den durch Täuschung verursachten Irrtum vorgenommen hat. Damit werden Fälle aus der Betrugsstrafbarkeit ausgeschieden, in denen ein Vertragspartner im Rahmen eines Vertragsschlusses zwar getäuscht wurde, jedoch seine Entscheidung im Ergebnis nicht von den durch die Täuschung vermittelten Umstand abhängig gemacht hat. Auch im Falle zutreffender Informationen wäre seine Entscheidung nicht anders ausgefallen, auch dann hätte er seine Vermögensverfügung vorgenommen. Der getäuschte Vertragspartner wird durch die Täuschung nicht schlechter gestellt, da er unabhängig von der Täuschung in den Genuss einer für ihn vorteilhaften Transaktion gekommen ist. Mithin führen solche Fälle auch nicht zu einer Erhöhung der informationsspezifischen Transaktionskosten, denn Nachforschungen nach Umständen, die für die eigene Entscheidung irrelevant sind, sind für Vertragsparteien sinnlos und werden nicht durchgeführt. Der Einsatz des Strafrechts würde in solchen Fällen mehr kosten, als er nützen würde, gerade da das Risiko opportunistischen Verhaltens (angeblich) „geschädigter" Vertragspartner besonders groß wäre.

4. Das Tatbestandsmerkmal des Vermögensschadens aus ökonomischer Sicht

a) *Grundsatz: Vermutung eines Schadens bei irrtums- und täuschungsbedingter Vermögensverfügung*

Entsprechend der Ausführungen zum individuellen Schaden liegt ein Vermögensschaden immer dann vor, wenn zwischen den Wertschätzungen des Opfers für die nach dem Vertrag erwarteten Leistung und die tatsächlich erbrachten Leistung ein negativer Saldo besteht.

Hat das Opfer eine Vermögensverfügung getroffen, die kausal auf die Täuschung und den darauf beruhenden Irrtum zurückzuführen ist, so liegt *immer* auch ein Vermögensschaden vor. Aus der Feststellung, dass die getäuschte Vertragspartei ohne die Täuschung die Vermögensverfügung nicht vorgenommen hätte (den Vertrag nicht geschlossen hätte), folgt zwingend, dass sie der versprochenen Leistung eine höhere Wertschätzung beimisst als der erbrachten Leistung.[1015] Der Vermögenssaldo ist negativ, da das Opfer ein höherwertiges Güterbündel erwartet hatte als es durch die ungewollte Transaktion bekommen hat.

1015 Bzw. eine so kleine Konsumentenrente, die die Transaktionskosten zur Erzielung des Kooperationsgewinns nicht übersteigt.

Insofern ist an dieser Stelle festzuhalten, dass es bei einem sicheren Nachweis einer durch die Täuschung und den Irrtum kausal bedingten Vermögensverfügung eines expliziten Schadensnachweises nicht bedarf.

b) Praktische Grenzen: Das Informationsproblem der Gerichte

Vor allem aber setzt die Schadensvermutung aufgrund der Vermögensverfügung voraus, dass das Gericht in der Lage ist, sicher festzustellen, dass die getäuschte Vertragspartei ihre Entscheidung von der durch die Täuschung vermittelte Fehlinformation abhängig gemacht hat. Individuelle Nachfrageverläufe und Konsumentenrenten sind aber nur schwer beobachtbar. Wie schon angedeutet, können „geschädigte" Vertragsparteien ein Interesse daran haben, einen Schaden einfach zu behaupten oder diesen zu übertreiben. Dieses Risiko opportunistischen Verhaltens ist eine zwangsläufige Folge unvollkommener Informationen der Gerichte über subjektive Wertschätzungen und Nachfrageverläufe und kann mit einer Objektivierung der im Grundsatz subjektiven Betrachtungsweise begegnet werden.

Während Nachfragekurven auf Märkten mithilfe empirischer Schätzungen annähernd ermittelt werden können,[1016] ist die individuelle Zahlungsbereitschaft dem jeweiligen Individuum oftmals selbst nicht bekannt. Verzichtet man auf eine genaue Bezifferung des subjektiven Schadenteils und lässt, im Einklang mit der gegenwärtigen Rechtsprechung, für die Feststellung der Schadenshöhe Schätzungen ausreichen,[1017] so lässt sich der Nachweis eines Schadens überhaupt („Ob" des Schadens) alleine durch die sichere Feststellung einer auf der Täuschung und dem Irrtum kausal beruhenden Vermögensverfügung führen (s.o.).

Aber auch der Nachweis dieser Kausalität ist mit erheblichen Unsicherheiten behaftet. Durch die mit dem Betrugsvorwurf oftmals verbundenen Möglichkeiten der Anfechtung gegebenenfalls aus anderen Gründen unerwünschter Verträge (§ 123 BGB) und der Geltendmachung zivilrechtlicher Schadensersatzansprüche, wie etwa aus § 280 BGB i.V.m. § 311 Abs. 2 BGB (culpa in contrahendo) sowie aus §§ 823 Abs. 2 BGB i.V.m. § 263 StGB und § 826 BGB, haben Betrugs"opfer" ein Interesse daran, eine durch die Täuschung kausal bedingte Vermögensverfügung lediglich zu behaupten (gerade da dies alleine für eine Anfechtung nach § 123 BGB schon ausreicht).

Denkbar wäre es, im Gerichtsprozess das geschädigte Opfer als Zeugen zu vernehmen und sich die Kausalität der Täuschung und seines Irrtums für die Vermögensverfügung unter *Eid* bekräftigen zu lassen. Ein Meineid würde gem.

1016 Vgl. dazu *Pindyck/Rubinfeld*, Mikroökonomie, S. 194 ff.

1017 Z.B. bei der Schadens"berechnung" bei Submissionsabsprachen, vgl. dazu z.B. BGHSt 38, 186; 47, 83; zur Kritik an dieser Praxis vgl. *Rönnau*, JuS 2002, S. 548 ff.

§ 154 StGB eine Mindestfreiheitsstrafe von einem Jahr nach sich ziehen und den Anreiz zur wahrheitsgemäßen Aussage gegenüber einer uneidlichen Vernehmung (§ 153 StGB sieht eine Mindestfreiheitsstrafe von drei Monaten vor) erheblich erhöhen. Jedoch scheitert auch dieser Ansatz an dem gleichen Informationsproblem: Wenn subjektive Wertschätzungen durch den Richter nicht beobachtbar sind, dann wird auch eine Strafnorm, die die wahrheitswidrige Behauptungen über eine subjektive Wertschätzung sanktioniert, praktisch selten zur Anwendung kommen. Der Beweis, das Opfer habe als Zeuge unter Eid vorsätzlich eine nicht-existente subjektive Wertschätzung behauptet, wird in aller Regel nicht zu führen sein.

In der rechtsökonomischen Literatur werden zur Ermittlung subjektiver Wertschätzungen die sog. *„self-assessed valuations“* diskutiert.[1018] Diese Instrumente zielen darauf ab, durch die Vermittlung geeigneter Anreize das jeweilige Individuum dazu zu bringen, die eigene subjektive Wertschätzung zu offenbaren. Dafür ist es notwendig, den jeweiligen Bewertenden, in Anlehnung an *John Rawls*,[1019] hinter einen „Schleier des Nichtwissens“ (veil of ignorance) zu versetzen, der ihm verbirgt, ob eine Über- oder Unterbewertung für ihn vorteilhaft ist. Der Bewertende kann etwa in Unsicherheit versetzt werden, ob er als Käufer oder Verkäufer des zu bewertenden Gegenstands auftritt. Ein erwähnenswertes Beispiel eines solchen Instruments sind die sogenannten „revealing options“, im Rahmen derer sich der Bewertende verpflichtet, im Falle des Risikos einer Überbewertung eine Kaufoption und im Falle des Risikos einer Unterbewertung eine Verkaufsoption für den zu bewertenden Gegenstand auszugeben.[1020] Dann würde der Ausübungspreis einer solchen Option seiner subjektiven Bewertung des jeweiligen Gegenstandes entsprechen. Ein praktisches Anwendungsfeld wird insbesondere im Steuerrecht bei der Bewertung des eigenen Vermögens (z.B. Grundstücke) diskutiert: Knüpft die Steuerlast an den Grundstückswert an, hat der Steuerpflichtige regelmäßig einen Anreiz zur Unterbewertung. Wird er aber gezwungen, mit der Bewertung zugleich der Finanz-

1018 Vgl. dazu etwa *Levmore*, Self-Assessed Valuation Systems for Tort and Ohter Law, Virginia Law Review, Vol. 68 (1982), S. 771-861 oder neuerdings in Anwendung als sog. „revealing option“ *Fennell*, Revealing Options, Harvard Law Review, Vol. 118 (2005), S. 1399-1488.

1019 Vgl. dazu *Rawls*, A Theory of Justice, Cambridge 2005.

1020 *Fennell*, Revealing Options, Harvard Law Review, Vol. 118 (2005), S. 1399-1488. In ihrem Artikel begründet sie die Terminologie der sog. "entitlements subject to self-made options," or "ESSMOs“, mit Hilfe derer sich verborgene subjektive Bewertungen, etwa in Fällen der Ästhetikbeeinträchtigungen im Nachbarschutzrecht oder sogar in „intemporal choice“-Problemen (z.B. Raucher, der seine Sucht aufgeben möchte), aufdecken lassen.

behörde eine Kaufoption mit einem identischen Ausübungspreis einzuräumen (sog. „mexikanische offer"), so sieht er sich der Gefahr ausgesetzt, sein Grundstück zu diesem Preis zu verlieren. In Folge wird er bei der Bewertung nur einen solchen Preis ansetzen, zu dem er auch bereit wäre, sein Grundstück zu veräußern - das Informationsproblem wäre gelöst. Obwohl dieser Ansatz durch seine Eleganz beeindruckt, erscheint er im Betrugskontext zur Ermittlung des Vermögensschadens schwer praktikabel bzw. für viele Fälle sogar vollkommen ungeeignet. Da der Vermögensinhaber in der Regel einen Anreiz zur Übertreibung des Vermögensschadens hat, müssten entsprechende „revealing options" dem Problem der Überbewertung der vom Täter versprochenen und der Unterbewertung der tatsächlich erhaltenen Leistung entgegenwirken. Denkbar wäre eine Verpflichtung des Betrugsopfers, die versprochene Leistung zu dem vertraglich festgelegten Kaufpreis auch tatsächlich zu erwerben, soweit der Täter bereit ist, diese ihm zu diesen Konditionen anzubieten. Steht andersherum ein begründeter Verdacht im Raum, dass die tatsächlich erbrachte Leistung für den getäuschten Vertragspartner einen höheren Wert hat als von ihm angegeben, so müsste er sich mit der Bewertung gleichzeitig verpflichten, dieses Gut zu dem von ihm zugrunde gelegten Wert dem Vertragspartner zurückzuverkaufen. Daraus ergibt sich die Voraussetzung und zugleich die Grenze der revealing options: Es muss eine Rückkaufsmöglichkeit des gelieferten (bei Verdacht der Unterbewertung) oder eine Kaufmöglichkeit des versprochenen Gutes (bei Verdacht der Überbewertung) geben. Ausgeschlossen ist dies bei Leistungen, die überhaupt nicht erbracht werden können (z.B. nicht-existente Krebskur), also im zivilrechtlichen Kontext in Fällen der (objektiven) Unmöglichkeit. Zum anderen muss auch jemand bereit sein, mit dem Vermögensinhaber ein entsprechendes Geschäft zu den jeweiligen Konditionen abzuschließen. Schwer vorstellbar ist in diesem Zusammenhang, dass ein solches Geschäft im Rahmen der Beweiserhebung im Strafprozess von Amts wegen (Amtsermittlungsgrundsatz) durchgeführt wird – im Falle eines dann wahrscheinlichen Freispruches (kein Vermögensschaden) drohen der Staatskasse erhebliche Kosten und auch im Falle einer Verurteilung (versuchter Betrug?) wird der Angeklagte oftmals wirtschaftlich nicht in der Lage sein, solche Auslagen im Rahmen seiner Kostentragungspflicht gem. § 465 Abs. 1 StPO zu übernehmen. Denkbar ist deswegen nur, es dem Angeklagten freizustellen, dem Vermögensinhaber ein entsprechendes Rückkaufangebot zu machen oder ihm die versprochene Leistung zu den vertraglich vereinbarten Konditionen anzubieten. Schlägt der Vermögensinhaber ein solches Geschäft aus und kann er dafür auch keine nachvollziehbaren Gründe anführen, etwa weil er seinen Bedarf zwischenzeitlich durch ein Ersatzgeschäft gedeckt hat, so kann darin *ein* Indiz erblickt werden, dass in diesem Fall das Geschäft für ihn doch vorteilhaft war und ihm so kein Vermögensschaden entstanden ist. Andersherum spricht es für eine subjektive Wertschätzung, wenn der getäuschte Vertragspartner nach dem fehlgeschlagenen Geschäft den versprochenen Gegenstand anderweitig zu mindestens dem gleichen Preis wie mit dem Täter vereinbart erwirbt. Es ist also das gesamte Verhalten des Vermögensinhabers daraufhin zu beleuchten, ob für die von ihm angeführte subjektive Wertschätzung nachvollziehbare Gründe bestehen. Im Rahmen dessen sollten ausgeschlagene oder angenommene Rückkaufangebote bzw. Verkaufsangebote auch im Rahmen der (freien) Beweiswürdigung im Prozess mit berücksichtigt werden.

Auch können mögliche *Vertragsstrafenabreden* in diese Beweiswürdigung mit einbezogen werden: Diese deuten auf ein gesteigertes Interesse des Vertragspartners hin, die ihm zustehende (Primär-)Leistung auch tatsächlich zu erhalten und sich nicht auf Sekundärrechte verweisen lassen zu müssen.[1021] Entsprechend sind solche Verträge mit hohen Konsumentenrenten für den Versprechensempfänger verbunden.

Empirische Studien über Nachfrageverläufe werden etwa in der Marktforschungspraxis von Unternehmen vielfach erstellt, erscheinen jedoch gerade für „kleinere" Strafprozesse als zu aufwändig. Zudem ließe sich durch eine solche Studie nur auf die (aggregierte) Marktnachfragekurve und damit auf eine durchschnittliche Konsumentenrente schließen. Die für den Eintritt und die Höhe des Vermögensschadens relevante individuelle Zahlungsbereitschaft wäre hingegen im Einzelfall maßgeblich.

Letztendlich geht es in Anbetracht unvollkommener Informationen auf Seiten der Gerichte darum, eine vor dem Hintergrund administrativer Kosten der Rechtsdurchsetzung vertretbare „Second-best"-Lösung für die Auslegung des Tatbestandsmerkmals des Vermögensschadens zu finden. Dabei sollte die transaktionskostensenkende Wirkung des Betrugsstraftatbestands (gerade) für subjektive Wertschätzungen gewahrt bleiben, aber trotzdem das Risiko opportunistischen Verhaltens „geschädigter" Vertragspartner weitestgehend minimiert werden. Wie bereits zuvor in dieser Arbeit im Rahmen des Täuschungsbegriffs[1022] sollen auch hier praktisch brauchbare Leitlinien für den Rechtsanwender aufgezeigt werden, die diesem informationsökonomisch fundierte Heuristiken für seine Entscheidungsfindung an die Hand geben.

c) Leitlinien für die Rechtsanwendung

Nach alledem folgt für die Auslegung der Tatbestandsmerkmale der Vermögensverfügung und des Vermögensschadens im Rahmen gegenseitiger Verträge Folgendes:

1021 Vgl. *Cooter/Ulen*, S. 321 ff.

1022 Vgl. Teil 3:A.II.

Ist *sicher feststellbar*, dass der vorsätzlich getäuschte Vertragspartner seine Entscheidung zum Vertragsschluss von der unzutreffenden Information abhängig gemacht hat (es liegt also eine täuschungs- und irrtumskausale Vermögensverfügung vor) und seine daraus gebildeten Erwartungen in Folge enttäuscht wurden, so ist *unabhängig* vom „objektiven“ Marktwert der ggf. erbrachten Gegenleistung ein Vermögensschaden gegeben: Für den Getäuschten stellt sich das ungewollte Geschäft als Verlust dar; seine Konsumentenrente aus der Transaktion wurde vermindert. Damit hat die (kostenlos vermeidbare) Täuschungshandlung zu einer nicht pareto-verbessernden Umverteilung geführt, die sich auf Marktebene letztendlich in (sozial verschwendete) transaktionskostenerhöhende Vorsorgeaufwendungen niederschlägt.

Oftmals bestehen jedoch *Zweifel*, ob die getäuschte Partei ihre Entscheidung von der unzutreffenden Information abhängig gemacht hat. Es besteht dann die Gefahr, dass eine strafrechtliche Sanktion vermeintlich geschädigten Parteien ein „Erpressungspotential“ an die Hand gibt, um aus anderen Gründen als der Täuschung ex-post unvorteilhafte Verträge rückabzuwickeln (§ 123 BGB) oder für vorteilhafte Verträge nachträglich noch einen Preisnachlass oder einen Schadenersatzanspruch zu realisieren und damit die eigene (trotz der Täuschung bestehende) Konsumentenrente zu erhöhen. In solchen Grenzfällen wäre eine strafrechtliche Sanktion zu kostspielig; zivilrechtliche Rechtsfolgen sind zur Verhaltenssteuerung ausreichend. Aufgrund begrenzter Informationen der Gerichte über individuelle Nachfrageverläufe und Konsumentenrenten kann die Gefahr solcher „behaupteter Schäden“ zwar nie vollständig ausgeschlossen, jedoch durch eine Objektivierung des im Grundsatz subjektiven Bewertungsmaßstabs verringert werden.

Dabei sollte der Richter einen Vermögensschaden ablehnen, wenn Anhaltspunkte dafür bestehen, dass die erbrachte Leistung für den Vermögensinhaber den gleichen Wert wie die von ihm erwartete hat. Nahe liegt dies bei der Lieferung eines gleichwertigen Substituts für standardisierte Massengüter (juristisch: „vertretbare Sachen“). Subjektive Wertschätzungen sind hier unwahrscheinlich, wenn auch nicht ausgeschlossen. Sobald der getäuschte Vertragspartner nachvollziehbare Gründe dafür vorweisen kann, dass er an dem bestellten Gegenstand ein besonderes Interesse hat, welches durch das gelieferte Substitut nicht befriedigt wird, sollte ein Vermögensschaden angenommen werden. Hingegen sind beim Erwerb nicht standardisierter Güter, insbesondere von Unikaten, individuelle Wertschätzungen wahrscheinlich. Hier ist es selten, dass ein geliefertes Aliud für den getäuschten Vertragspartner mindestens den gleichen Wert hat wie das bestellte Gut. In aller Regel sollte ein Vermögensschaden angenommen werden. Im Zweifelsfall kann der Richter im Rahmen der freien Beweiswürdigung die Gesamtschau des Verhaltens des getäuschten Vertragspartners in seine

Entscheidungsfindung mit einbeziehen. Dabei sprechen die Vereinbarung von Vertragsstrafen sowie Ersatzbeschaffungsgeschäfte des getäuschten Vertragspartners nach der täuschungsbedingten Transaktion für eine hohe subjektive Wertschätzung; hingegen deuten abgelehnte Rückkaufangebote für das bestellte Gut bzw. abgelehnte Verkaufsangebote für das versprochene Gut auf eine lediglich vorgeschobene subjektive Wertschätzung hin. Soweit im Einzelfall praktikabel, kann der Richter dem Angeklagten empfehlen, im Prozess dem getäuschten Vertragspartner noch ein entsprechendes Rückkauf- bzw. Verkaufsangebot zu machen. Schlägt der getäuschte Vertragspartner ein solches Angebot ohne nachvollziehbare Gründe aus, so spricht dies gegen einen Vermögensschaden.

Im Unterschied zum derzeitig vorherrschenden individuell-objektiven Schadensbegriff geht die hier vertretene Lösung von einem umgekehrten Regel-Ausnahme-Verhältnis aus. Der Schaden muss zumeist nicht positiv nachgewiesen werden, sondern ergibt sich aus dem Erfordernis einer irrtums- und täuschungsbedingten Vermögensverfügung. Da insoweit aber Nachweisprobleme auftreten können, stellt das Tatbestandsmerkmal des Vermögensschadens ein zusätzliches Korrektiv dar, durch das Fälle „behaupteter" Schäden von der Strafbarkeit ausgenommen werden können. Bestehen aber keine Zweifel an einer enttäuschten subjektiven Wertschätzung, so ist der gesonderte Nachweis eines Vermögenssschadens nicht notwendig. Damit lassen sich Fälle mit schwer bestimmbaren oder fehlenden Marktwerten, wie etwa der Submissions- oder Kapitalanlagebetrug, ohne größeren Begründungsaufwand unter den Begriff des Vermögensschadens subsumieren. Gleiches gilt für Fälle des „unechten Erfüllungsbetrugs", denn die durch Vortäuschung von Gewinnerwartungen bedingte Verleitung zu ungewollten Vertragsschlüssen führt auch bei Lieferung einer dem Kaufpreis „gleichwertigen" Gegenleistung zu einem Verlust der Konsumentenrente und damit zu einem Vermögensschaden.

Die *Höhe* des Vermögensschadens ist für die Strafzumessung relevant und kann, im Einklang mit der derzeitig vorherrschenden Meinung, geschätzt werden. Handelt es sich um standardisierte Güter, so ist der Marktpreis hierfür ein guter Anhaltspunkt, denn die Preiselastizität der Nachfrage und die Konsumentenrente sind vergleichsweise gering. Handelt es sich hingegen um seltene oder einmalige Güter (Unikate), so dokumentiert ihr Erwerb typischerweise eine hohe subjektive Wertschätzung. Der vereinbarte Kaufpreis belegt, dass der Erwerber diesem Gut mindestens eine Wertschätzung in entsprechender Höhe beimisst. Letztendlich ist die Strafzumessung eine gesonderte Thematik, die im Rahmen dieser Arbeit nicht behandelt werden kann und soll.

III. Diskussion ausgesuchter Fälle

1. BGHSt 16, 220: „Zellwollhose“

a) Die Entscheidung

Der Angeklagte betrieb einen Textilhandel und bot in der Zeitung den Verkauf rein wollender Garbadinehosen zum Preis von 26,- DM pro Paar an. Mündlich sicherte er wiederholt zu, die Hosen seien aus reiner Wolle gefertigt, obwohl es sich – wie er wusste - tatsächlich um Zellwollhosen handelt. Vergleichbare Zellwollhosen wurden ebenso zum Preis von 26,- DM pro Paar gehandelt. Ein verärgerter Mitbewerber, selbst Textilfachmann, erwarb eine solche Hose in der Absicht, den Angeklagten des unlauteren Wettbewerbs zu überführen.

Das *Amts*- und *Landgericht* verurteilen den Angeklagten aufgrund dieses Sachverhalts wegen versuchten Betrugs. Zwar habe die (ausdrückliche) Täuschung des Angeklagten zu keinem Irrtum des Erwerbers geführt (dieser erkannte als Textilfachmann die wahre Qualität der Hosen), jedoch liege ein Versuch vor, denn der Angeklagte ging davon aus, dass sein Kunde aufgrund der Täuschung die Hose erwerben würde. Das *OLG Stuttgart* als Revisionsinstanz beabsichtigte einen Betrug abzulehnen, da dem Erwerber (nach Vorstellung des Angeklagten) kein Vermögensschaden entstanden sei, denn auch die gelieferte Zellwollhose war den vereinbarten Kaufpreis von 26,- DM wert. Aufgrund eines entgegenstehenden Urteils des *OLG Köln,*[1023] nach welchem ein Erwerber schon geschädigt sei, wenn dem Kaufgegenstand eine zugesicherte Eigenschaft fehlt, sah es sich jedoch gezwungen, die Sache dem *Bundesgerichtshof* zur Entscheidung vorzulegen.

Der *Bundesgerichtshof* bestätigte die Rechtsauffassung des *OLG Stuttgart* entgegen der Ansicht des *Generalbundesanwalts* und lehnte einen Vermögensschaden ab. Der Betrug sei kein Delikt gegen die Wahrheit und das Vertrauen im Geschäftsverkehr, sondern gegen das Vermögen. Somit müsse für einen Vermögensschaden ein Vergleich der Vermögenslagen des Vermögensinhabers vor und nach der Vermögensverfügung einen negativen Saldo ergeben; nur eine Vermögensminderung, nicht aber eine unterbliebene Vermögensmehrung, könne einen Vermögensschaden begründen. Dabei bestimme sich der Vermögenswert nicht nach den persönlichen Einschätzungen des Vermögensinhabers oder nach dem zwischen den Parteien vereinbarten Kaufpreis, sondern nach dem nachhaltig erzielbaren Preis. Da aber nicht jede Sache für jedermann den gleichen Wert habe, müssen für die Wertermittlung die persönlichen Umstände des Vermögensinhabers einbezogen werden. Zwar liegt im Falle des Fehlens zugesicherter Eigenschaften in aller Regel eine Beeinträchtigung der individuellen Brauchbar-

---

1023 OLG Köln, NJW 1959, 1980.

keit vor. Dies könne selbst dann so sein, wenn der gelieferte Gegenstand den gezahlten Kaufpreis wert ist. Jedoch müssen in einem solchen Fall zusätzliche besondere Umstände vorliegen, die eine besondere Berücksichtigung des individuellen Wertmaßstabs rechtfertigen. Hingegen sei es abzulehnen, in jedem Fall der nicht vertragsgemäßen Leistung einen Vermögensschaden anzunehmen. Ein besonderes Strafbedürfnis bestehe in solchen Fällen nicht, da der Erwerber durch das allgemeine Zivilrecht (§ 459 Abs. 2 BGB a.F., § 123 BGB) hinreichend geschützt sei. Genau um eine solche Konstellation handele es sich aber im vorliegenden Fall: Dem Erwerber sei es nur darum gegangen, den Angeklagten des unlauteren Wettbewerbs zu überführen, nicht aber, eine Hose aus reiner Wolle zu erwerben.

Hingegen laufe die Rechtsansicht des *OLG Köln* auf eine Änderung des Straftatbestands des Betrugs hinaus, da nicht mehr eine Vermögensschädigung, sondern lediglich eine vereitelte Vermögensmehrung Strafbarkeitsvoraussetzung sei. Vor dem Vertragsabschluss habe aber der Vermögensinhaber nie eine Anwartschaft auf den erwarteten Vertragsgewinn gehabt, auch nicht durch vorvertragliche Zusicherung des Textilverkäufers, er würde eine echte Wollhose verkaufen: Da bereits diese Zusicherung in betrügerischer Absicht vorgenommen wurde, war der Verkäufer zu keinem Zeitpunkt erfüllungsbereit und der Erwerber hatte zu keinem Zeitpunkt eine vermögenswerte Exspektanz auf die Lieferung einer echten Wollhose.

Die Ansicht des *Generalbundesanwalts*, die Parteien können kraft Vereinbarung den Wertmaßstab selbst festsetzen, sei ebenso abzulehnen: Die Parteien können nur den im konkreten Geschäft geltenden Kaufpreis rechtswirksam vereinbaren, aber nicht den abstrakten Wert des jeweiligen Kaufgegenstands. Dieser aber sei wiederum für die Ermittlung des Vermögensschadens entscheidend.

b) Stellungnahme aus ökonomischer Sicht

Der Entscheidung ist nicht zuzustimmen. Der *Bundesgerichtshof* hätte einen Vermögensschaden annehmen sollen.

Da es sich um eine ausdrückliche Täuschung handelt, ist die Unterlassung der Werbeaussage und der Zusicherung der Eigenschaft als reine Wollhose für den Angeklagten kostenlos möglich. Durch dieses Verhalten würde der Informationsstand am jeweiligen Markt verbessert, ohne dass der Angeklagte zusätzliche Anstrengungen unternehmen muss. Vielmehr erspart er diejenigen Aufwendungen, die er in die Produktion von Fehlinformationen durch Vorspiegelung der besseren Produktqualität getätigt hat. Da der Erwerber als Textilkaufmann hinsichtlich der Qualität der Hose den gleichen Informationsstand hatte wie der Veräußerer, scheidet mangels Irrtum eine Strafbarkeit wegen vollendeten Betrugs aus. In Betracht kommt aber eine abschreckungserhöhende Versuchsstrafbarkeit.[1024]

Voraussetzung hierfür ist, dass dem Erwerber (nach der Vorstellung des Angeklagten) auch ein Vermögensschaden entstanden ist. Dabei ist von dem Grundsatz auszugehen, dass im Falle einer täuschungs- und irrtumsbedingten Vermögensverfügung ein Vermögensschaden in aller Regel vorliegt, denn die Konsumentenrente als „Treiber" der Transaktion wird vermindert. Ausgeschlossen aus der Strafbarkeit sollten Fälle opportunistischen Verhaltens, in denen eine Partei ihren privaten Gewinn aus einem – unabhängig von der Täuschung - ex-ante vorteilhaften Geschäft auf Kosten der anderen Partei erhöhen will. Der Betrugsstraftatbestand wird hier als Instrument für andere Zwecke als der Unterbindung vorsätzlicher Täuschungen missbraucht. Ein Indikator für einen solchen Fall ist die Lieferung eines gleichwertigen Substituts für ein standardisiertes Massengut, soweit der Erwerber keine nachvollziehbaren Gründe vorweisen kann, dass er gerade an der vertraglich zugesicherten Leistung ein besonderes Interesse hat.

Im vorliegenden Fall ist zu differenzieren: Zwar hatte der konkrete Erwerber (Textilhändler) kein besonderes Interesse an dem Erwerb einer echten Wollhose. Seine Zielsetzung war es vielmehr, den Angeklagten des unlauteren Wettbewerbs zu überführen. Jedoch kommt es im Rahmen der Versuchsstrafbarkeit auf die *Vorstellung des Angeklagten* an. Dieser glaubte, an einen Kunden zu liefern, den es entscheidend auf die Echtheit der Wollhose ankam. Gerade die vorvertragliche mündliche Zusicherung belegt dies. Auch wenn der Marktpreis einer Zellwollhose dem Kaufpreis entspricht, war in der Vorstellung des Angeklagten das transaktionsauslösende Moment die Erwartung seiner Kunden, eine echte Wollhose geliefert zu bekommen. Eine solche Wertschätzung ist auch nachvollziehbar, denn eine Hose aus echter Wolle unterscheidet sich hinsichtlich ihrer Qualität und der Brauchbarkeit deutlich von einer Zellwollhose. Diese Erwartung wurde enttäuscht – in Folge erlitt der Erwerber nach der Vorstellung des Angeklagten einen Vermögensschaden in Höhe der Differenz zwischen dem subjektiven Wert einer echten Wollhose und demjenigen einer Zellwollhose.

Die vom *Bundesgerichtshof* angeführte Befürchtung, dass der Vermögensschaden im Betrugsstraftatbestand durch eine solche Auslegung in eine vereitelte Vermögensmehrung umgedeutet werden würde, ist unbegründet. Der Umstand, dass der getäuschte Vertragspartner in von ihm ungewollte Transaktion „hineingedrängt" wurde, reicht für sich genommen für den Nachweis eines Vermögensschadens aus.

1024 Vgl. zur ökonomischen Begründung der Versuchsstrafbarkeit *Adams/Shavell*, GA 1990, S. 347 ff.

Der Einwand des *Bundesgerichtshofs*, das Zivilrecht biete über die Regelungen des § 459 Abs. 2 a.F. BGB und des § 123 BGB einen hinreichenden Schutz des Erwerbers, greift nicht durch. Soweit zivilrechtliche Regelungen unvollständig durchgesetzt werden oder nur unterkompensatorisch entschädigen, „lohnen" sich Täuschungen und es gibt einen zu hohen Betrugsanreiz auf dem jeweiligen Markt. Deutlich wird dies an folgender Kontrollüberlegung: Auch wenn der Textilhändler davon ausgehen muss, dass die Hälfte der Kunden die Hosen reklamieren und er demzufolge das Geschäft rückabwickeln bzw. echte Wollhosen liefern muss, hätte er aufgrund des Zusatzgewinns aus den Geschäften der restlichen Kunden einen Anreiz, sein Geschäft durch falsche Anpreisungen „anzukurbeln". Es bedarf mithin einer Sanktion, die solche Verhaltensweisen unterbindet. Damit war, im Einklang mit der Rechtsansicht des *OLG Köln* und des *Generalbundesanwalts*, ein Vermögensschaden anzunehmen.

2. OLG Stuttgart, NJW 1971, 633: Inspektionspflicht beim Heizöltank

c) Die Entscheidung

Der Angeklagte war Prüftechniker eines chemisch-technischen Ölschutzunternehmens. Seine Tätigkeit beinhaltete den Vertrieb eines von seinem Arbeitgeber hergestellten Rostschutzmittels für Heizöltanks sowie die Inspektion der Öltanks der Kunden auf Verunreinigungen und – soweit erforderlich – die anschließende Wartung. Während die Inspektionen kostenlos durchzuführen waren, durfte der Angeklagte für die Wartung der Tanks ein Entgelt berechnen. Für den Verkauf des Rostschutzmittels erhielt er eine Provision. Im Rahmen seiner Tätigkeit stellte er sich unter Vorlage eines Ausweises seines Arbeitgebers als Ölschutztechniker vor und klärte seine Kunden über die Gefahren von Grundwasserverseuchungen und damit verbundenen Kosten auf. Zur Vermeidung solcher Risiken empfahl er, die Heizöltanks auf Rost, Lochfraßverdacht, Kondenswasser und Ölschlamm überprüfen zu lassen. Seinem Ratschlag verlieh er mit dem Hinweis auf eine angeblich bestehende gesetzliche Inspektionspflicht Nachdruck und gab – soweit nötig - vor, zur zwangsweise Durchsetzung dieser Pflicht hoheitlich beauftragt zu sein. Im Rahmen der Inspektionen mahnte er die Verletzung entsprochener Vorschriften an, wie z.B. das Fehlen einer Ölwanne oder eines Blechbeschlages. Durch dieses Vorgehen erreichte er, dass er nach entsprechender Inspektion und Mängelrüge in acht Fällen einen Auftrag zur kostenpflichtige Wartung der Öltanks erhielt, wofür er jeweils das übliche Entgelt, zwischen 35,- und 102,- DM, berechnete.

Das zuständige *Amtsgericht* und *Landgericht* verurteilte den Angeklagten wegen Betrugs. Den jeweiligen Kunden sei insbesondere ein Vermögensschaden entstanden, denn sie hätten aufgrund der Täuschungen des Angeklagten über die gesetzlichen Pflichten Wartungen durchgeführt, die sie ansonsten unterlassen hätten. Da der Schadensbegriff einen subjektiven Einschlag habe, käme es auf die Beweggründe der Kunden zum Vertragsschluss an: Diese wollten mit der Wartung der Tanks gesetzliche Verpflichtungen erfüllen. Da solche Pflichten in Wirklichkeit aber nicht bestanden, konnten sie diese Zwecksetzungen aber nicht erreichen.

Auf Revision des Angeklagten hob das *OLG Stuttgart* die Verurteilung auf und wies die Sache an das *Landgericht* zurück. Zwar erfülle das Verhalten des Angeklagten den Täuschungsbegriff, nur habe das *Landgericht* den Vermögensschaden unzureichend nachgewiesen. Der Betrug sei kein Delikt gegen die wirtschaftliche Bewegungsfreiheit. Für einen Vermögensschaden sei es nicht ausreichend, dass der getäuschte Vertragspartner die Vermögensverfügung bei Kenntnis der Wahrheit nicht vorgenommen hätte, sondern es müsse vielmehr aufgrund der Vermögensverfügung eine Minderung des Gesamtwertes seines Vermögens eingetreten sein. Der Umstand, dass die Kunden des Angeklagten bei Kenntnis der Rechtslage die Wartung nicht vorgenommen hätten, begründet für sich genommen keinen Vermögensschaden. Entscheidend sei vielmehr, ob die Wartung des Heizöltanks weniger wert ist als das dafür entrichtete Entgelt. Dies sei aber nach den Feststellungen des *Landgerichts* nicht nachgewiesen gewesen, denn der Angeklagte habe für seine Tätigkeit die üblichen Vergütungssätze berechnet. Ein subjektiver Schadeneinschlag bei gleichwertiger Gegenleistung komme nur in Betracht, wenn die Leistung für die Vertragspartner vollständig unbrauchbar ist. Da die Wartung der Tanks in den vorliegenden Fällen aber objektiv notwendig gewesen war, sei ein solcher Fall nicht gegeben.

d) Stellungnahme aus ökonomischer Sicht

Die Entscheidung ist abzulehnen. Das *OLG Stuttgart* hätte die Verurteilung des *Landgerichts* aufrechterhalten sollen, denn ein Vermögensschaden lag vor.

Da die Kunden den Vertrag aufgrund der Vorstellung abgeschlossen hatten, mit der Wartung eine vermeintliche gesetzliche Verpflichtung zu erfüllen (die ggf. sogar durch den Angeklagten persönlich durchgesetzt werden würde), lag eine täuschungs- und irrtumsbedingte Vermögensverfügung vor. Der Großteil des Kooperationsgewinns, nämlich die Vermeidung möglicher Sanktionen in Folge der Rechtsverstöße, war von Anfang an unrealisierbar. Dadurch entfiel auch der Beweggrund zum Abschluss der Geschäfte und diese stellten sich aus der Sicht der Kunden von Anfang an als Verlust dar. Das gelieferte *aliud*, nämlich die Wartung *ohne* Bestehen einer gesetzlichen Verpflichtung, hatte für die

Kunden des Angeklagten einen geringeren Wert als das dafür von ihnen bezahlte übliche Entgelt. Da sich die Wartungen nicht mehr rückgängig machen ließen, bestand auch keine Möglichkeit der teilweisen Verlustverminderung durch Weiterveräußerung.

Die Feststellung des *OLG Stuttgart*, die Wartung sei „objektiv notwendig" gewesen, ist für die Annahme eines Vermögensschadens hingegen ohne Relevanz. Bei Lieferung eines für den getäuschten Vertragspartner gleichermaßen verwendbaren Substituts liegt die Vermutung nahe, dass dieser in Wahrheit die Transaktion gar nicht aufgrund der Fehlinformation vorgenommen hatte, es sei denn, er kann für seine besondere Wertschätzung nachvollziehbare Gründe vorweisen. Im vorliegenden Fall hatte der Angeklagte aber kein solches Substitut geliefert, sondern eine Leistung erbracht, die ein erst durch die Täuschung hervorgerufenes Bedürfnis befriedigen soll. Die Konsumentenrente speist sich nämlich aus der Vorstellung, mit der Wartung eine Rechtspflicht zu erfüllen. Existiert eine solche Rechtspflicht überhaupt nicht, so entfällt auch die Konsumentenrente. Hingegen hatte die Wartung als solche keinen bedeutenden Wert für die jeweiligen Kunden und war auch nicht weiterveräußerbar.

3. BGH NJW 1991, 2573: Sonderrabatt im Reifenhandel

a) Die Entscheidung

Der Angeklagte ist Prokurist der „Autohaus P-Reifen P-GmbH". Im Zusammenwirken mit seiner Ehefrau als Alleingesellschafterin der P-GmbH bezog er über mehrere Jahre Reifen der C-AG mit besonders hohen Rabatten. Diese wurden der P-GmbH deswegen gewährt, da der Angeklagte unter Vorlage gefälschter Urkunden vortäuschte, die Reifen über einen Mittelsmann nach Brasilien zu exportieren. Die C-AG verfolgte mit der Einräumung der Rabatte das Ziel, den durch Importverbote und Sonderzölle geschützten brasilianischen Markt zu erschließen. In Wahrheit veräußerte der Angeklagte entsprechend seines vorher gefassten Plans die Reifen im Inland und erzielte dadurch einen Gewinn in Höhe von 265.282,- DM.

Das *Landgericht Aurich* verurteilte den Angeklagten wegen Betrugs zu Lasten der C-AG. Diese sei in Höhe der Differenz des Händlereinstandspreises für den Inlandsvertrieb i.H.v. 6.959.298,07 DM und dem mit der P-GmbH vereinbarten Kaufpreis i.H.v. 4.905.030,47 DM geschädigt. Daraus ergebe sich ein Vermögensschaden i.H.v. 2.054.267,60 DM.

Der *Bundesgerichtshof* hob die Verurteilung auf, da der Vermögensschaden unzutreffend ermittelt worden sei. Gewährt ein Verkäufer täuschungsbedingt einen Sonderrabatt, so sei dieser nicht ohne weiteres in Höhe des Rabattes geschädigt, denn ein Vermögensschaden setze eine Vermögensminderung und nicht die bloße Vereitelung einer Vermögensmehrung voraus. Der Vermögensschaden ergebe sich im vorliegenden Fall weder aus dem Umstand, dass die C-AG den Rabatt ohne die Absicht des Angeklagten, die Reifen in Brasilien zu vertreiben, nicht gewährt hätte, noch aus der fehlgeschlagenen Hoffnung, den brasilianischen Markt erschließen zu können. Vielmehr müsse der Wert der Reifen mit der Höhe des von der P-GmbH gezahlten Kaufpreises verglichen werden. Zur Bewertung der Reifen sei der Preis entscheidend, der auf der entsprechenden Umsatzstufe normalerweise gezahlt wird. Gewinnaussichten aufgrund anderweitiger Verkaufsmöglichkeiten dürfen nur dann als Vermögenswert anerkannt werden, wenn sie wahrscheinlich realisierbar gewesen wären.

Das *Landgericht* habe insoweit nicht festgestellt, dass die C-AG, wenn sie von dem Geschäft mit der P-GmbH abgesehen hätte, die Reifen ansonsten zum „Händlereinstandspreis" hätte veräußern können. Dagegen spreche insbesondere, dass der Reifenmarkt im Inland und im angrenzenden europäischen Ausland im fraglichen Zeitraum als übersättigt galt. Es herrschte ein harter Verdrängungswettbewerb zwischen den Reifenherstellern, der auch die C-AG dazu zwang, Überschussproduktionen im Inland zu Sonderrabatten abzusetzen. Ein Vermögensschaden würde nur dann vorliegen, wenn die C-AG konkret die Möglichkeit gehabt hätte, die an die P-GmbH gelieferten Reifen zu Konditionen zu veräußern, die über diejenigen lagen, die sie der P-GmbH gewährt hatte. Keineswegs aber sei unabhängig von einer solchen Wiederverkaufsmöglichkeit ein Schaden gegeben.

b) Stellungnahme aus ökonomischer Sicht

Die Entscheidung ist abzulehnen. Der *Bundesgerichtshof* hätte im vorliegenden Fall, wie das *Landgericht*, einen Vermögensschaden und damit eine Betrugsstrafbarkeit annehmen sollen.

Der Vermögensschaden ergibt sich aus dem Umstand, dass die C-AG die Lieferung der Reifen nicht bzw. nicht zu den vereinbarten Konditionen vorgenommen hätte, wenn sie gewusst hätte, dass der Angeklagte die Reifen entgegen seiner Ankündigung im Inland vertreiben würde. Dagegen spricht zwar, dass die C-AG nach den gerichtlichen Feststellungen auch beim Vertrieb der Reifen mit dem Sonderrabatt noch einen Gewinn erzielt hat und ggf. sogar gezwungen gewesen wäre, die Reifen aufgrund der Marktsättigung auch im Inland zu ähnlichen Konditionen abzusetzen. Trotzdem ist es nachvollziehbar, dass die C-AG ein über einen Gewinn aus dem konkreten Geschäft hinausgehendes Interesse hatte, die Reifen nur beim Vertrieb in Brasilien mit einem Sonderrabatt zu verkaufen. Es entspricht gängiger Praxis, dass Unternehmen Kunden unterschiedliche Preise, je nach Verwendungszweck, berechnen. Der ökonomische Hintergrund ist die Strategie der sog. Preisdifferenzierung[1025]: Anbieter erzielen regelmäßig einen höheren Gewinn, wenn sie versuchen, für jeden Nachfrager Preise entsprechend ihrer maximalen Zahlungsbereitschaft zu berechnen und so einen möglichst großen Teil der Konsumentenrente für sich abzuschöpfen. Insofern führt die Existenz von Importverboten und Schutzzöllen oftmals dazu, dass dasselbe Produkt in verschiedenen Ländern zur unterschiedlichen Preisen angeboten wird. Solche Preisdifferenzierungsstrategien sind aber nur dann erfolgreich, wenn sie am Markt durchgesetzt werden. Sobald es für Marktteilnehmer möglich ist, die Preisdifferenzierung der Anbieter zu umgehen, scheitert eine solche Strategie. Vor diesem Hintergrund ist es aus betriebswirtschaftlicher Sicht verständlich, dass die C-AG ein gewinnbringendes Geschäft mit der P-GmbH nicht abgeschlossen hätte, wenn sie gewusst hätte, dass die Voraussetzungen des Sonderrabatts, nämlich der Vertrieb in Brasilien, nicht vorlag. Das Risiko, dass solche Geschäfte zu Reimporten führen und so langfristig die Reifenpreise im höherpreisigen inländischen Markt verfallen, wiegt schwerer als der entgangene Gewinn aus den einzelnen Geschäften mit der P-GmbH. Somit ist die subjektive Wertschätzung der C-AG im vorliegenden Fall nachvollziehbar und wäre vom *Bundesgerichtshof* zu akzeptieren gewesen.

4. RGSt 28, 310: Versicherungsvertrag mit ausländischem Versicherer

a) Die Entscheidung

Der Angeklagte trat als Beamter der Hypotheken- und Wechselbank auf und gab vor, Versicherungen dieser Bank, der „Bayrischen Mobiliarfeuerversicherungsgesellschaft", zu vermitteln. Im Rahmen seiner Tätigkeit brachte er einen Bauer und ein Ehepaar dazu, eine solche Versicherung zu erwerben. In Wahrheit schloss er die Versicherungsverträge aber nicht für die „Bayrische Mobiliarfeuerversicherungsgesellschaft", sondern für die englische Feuerversicherungsgesellschaft „North British and Mercantile" ab. Abgesehen davon, dass sie ihren Sitz in England hatte, bot die „North British and Mercantile" die gleichen Bedingungen und Vorteile wie die inländische „Bayrische Mobiliarfeuerversicherungsgesellschaft". Die Versicherungsnehmer schrieben jedoch der inländischen Gesellschaft eine höhere Vertrauenswürdigkeit zu und hätten den Versicherungsvertrag mit der „North British and Mercantile" bei Kenntnis der Wahrheit nicht abgeschlossen.

Das *Landgericht Augsburg* verurteilte den Angeklagten wegen Betrugs. Das *Reichsgericht* hob das Urteil auf, da den Versicherungsnehmern kein Vermö-

---

1025 Vgl. dazu *Pindyck/Rubinfeld*, Mikroökonomie, S. 506 ff.

gensschaden entstanden sei. Die Lieferung einer anderen als die zugesicherte Leistung sei keine Vermögensschädigung, wenn sie für den Empfänger keinen geringeren Vermögenswert hat als die von ihm gewollte. Zwar mag dieser zivilrechtliche Gewährleistungsansprüche gegen den Täuschenden haben - ein Betrugsvorwurf könne dem Angeklagten aber nicht gemacht werden. Wie das *Landgericht* zutreffend festgestellt habe, scheide nämlich ein Vermögensschaden aus, wenn die von dem Angeklagten tatsächlich vermittelte Versicherung die gleichen Vorteile und Garantien bietet wie die versprochene. Dies sei bei der „North British and Mercantile“ der Fall gewesen: So erfülle sie alle Bedingungen, die in der Verordnung vom 11. September 1872 über Mobiliarfeuerversicherungen festgeschrieben waren; insbesondere biete sie gem. § 4 dieser Verordnung einen Gerichtsstand in Bayern. Dass ihr Vermögen im Inland nicht ausreicht, alle möglichen Ansprüche der inländisch Versicherten zu erfüllen, ist nach den Feststellungen des *Landgerichts* nicht ersichtlich. Auch gebe es keine Anhaltspunkte dafür, dass die „North British and Mercantile“ versuchen würde, sich mit ihrem Sitz in England Ansprüchen deutscher Versicherungsnehmer zu entziehen. Schließlich wären auch in einem solchen Fall zivilrechtliche Ansprüche vor englischen Gerichten durchsetzbar; das *Landgericht* unterschätze in seiner Entscheidung die Reichweite des deutschen Privatrechts.

Somit sei es lediglich die Ausländereigenschaft gewesen, die im konkreten Fall zur geringeren Wertschätzung der Versicherungsnehmer geführt habe. Insofern handele es sich aber um eine - objektiv nicht nachvollziehbare - rein subjektive Wertschätzung, die bei der Ermittlung des Vermögensschadens außer Betracht bleiben müsse. Das fehlende Vertrauen in die englische „North British and Mercantile“ speise sich aus Motiven, die keine vernünftige Grundlage haben. Nach alledem habe das *Reichsgericht* das Urteil aufheben müssen.

b) Stellungnahme aus ökonomischer Sicht

Das *Reichsgericht* hat zutreffend entschieden. Der Angeklagte war nicht wegen Betrugs zu verurteilen, denn ein Vermögensschaden lag nicht vor.

Zwar lag sogar eine ausdrückliche Täuschungshandlung vor, die für den Angeklagten kostenlos vermeidbar gewesen wäre. Er hätte den Informationsstand der Erwerber verbessern können, indem er wahrheitsgemäß angegeben hätte, Versicherungen der „North British and Mercantile“ zu vertreiben.

Hier ist jedoch zweifelhaft, ob die Erwerber geschädigt wurden, d.h. dass sie eine Leistung erhielten, die für sie weniger wert war als die versprochene. Zwar führen die Erwerber aus, dass sie den Versicherungsvertrag nicht abgeschlossen hätten, wenn sie gewusst hätten, dass der Versicherer im Ausland ansässig ist. Der Wert einer Versicherung hängt jedoch nicht vornehmlich davon ab, wo die Versicherungsgesellschaft ihren Sitz hat, sondern insbesondere vom Umfang des

Versicherungsschutzes sowie der Zahlungsfähigkeit des Versicherungsgebers. Insofern haben die gerichtlichen Feststellungen ergeben, dass zwischen der bestellten Versicherung, der „Bayrischen Mobiliarfeuerversicherungsgesellschaft", und der erbrachten Versicherung, der „North British and Mercantile", im Hinblick auf objektive Kriterien keine Unterschiede bestanden: Die Versicherungsbedingungen waren identisch, es gab bei Nichtleistung gegen beide Versicherungsgesellschaften Klagemöglichkeiten in Bayern und es war nicht ersichtlich, dass die englische „North British and Mercantile" weniger solvent ist als die „Bayrische Mobiliarfeuerversicherungsgesellschaft", geschweige denn, dass sie versuchen würde, sich durch eine Vermögensverlagerung ins Ausland berechtigten Ansprüchen deutscher Versicherungsnehmer zu entziehen. Ein darüber hinausgehendes besonderes subjektives Interesse, eine Versicherung mit Sitz in Inland abzuschließen, haben die Erwerber nicht nachvollziehbar darlegen können. Dazu reicht der Verweis auf das höhere Vertrauen in eine inländische Gesellschaft aber nicht aus, denn dieses entbehrt, wie das *Reichsgericht* zutreffend ausgeführt hat, einer objektiven Grundlage. Hier hätten die Versicherungsnehmer konkrete nachvollziehbare Beweggründe anführen müssen, wie etwa eine (möglicherweise) bessere Versicherungsaufsicht im deutschen Rechtsraum.

Die Anerkennung eines lediglich behaupteten subjektiven Wertes würde Erwerbern Gelegenheit zu opportunistischem Verhalten geben und sollte deswegen vermieden werden. Zwar ist es nicht ausgeschlossen, dass hier die Versicherungsnehmer sich durch den Erhalt eines objektiv gleichwertigen Substituts geschädigt und betrogen fühlten. Da sie aber den versprochenen Kooperationsgewinn, nämlich den in Aussicht gestellten Versicherungsschutz, erhalten haben, reicht die bloße *Möglichkeit* einer Enttäuschung persönlicher Wertschätzungen zur Begründung einer strafrechtlichen Sanktion nicht aus. Hier wiegen die Kosten des Einsatzes des Strafrechts schwerer. In solchen Grenzfällen reichen zivilrechtliche Instrumente zur Verhaltenssteuerung aus.

5. OLG Köln, NJW 1968, 1892: Vertrieb von Kindernährzucker

a) Die Entscheidung

Der Angeklagte vertrieb als Handelsvertreter Nährzucker für Säuglinge. Im Rahmen seiner Tätigkeit besuchte er in drei Fällen Mütter von Säuglingen, wobei er vorgab, vom Gesundheitsamtes beauftragt zu sein. Er verwickelte die Mütter in ein Gespräch über Kinderernährung und überzeugte diese durch seine vermeintliche Sachkunde davon, dass der von ihm vertriebe Nährzucker für die Ernährung ihrer Kinder „unbedingt notwendig" sei. Am Ende dieser Gespräche gaben die Mütter eine größere Bestellung auf.

Die Strafkammer des *Landgerichts* verurteilte den Angeklagten wegen fortgesetzten versuchten Betrugs zu einer Geldstrafe. Das *OLG Köln* hob die Verurteilung auf und verwies die Sache zur erneuten Verhandlung zurück. Den Müttern sei sowohl objektiv als auch aus Sicht des Angeklagten kein Vermögensschaden entstanden, so dass weder ein vollendeter noch ein versuchter Betrug in Betracht komme.

Zwar hätten sie den Nährzucker nur aufgrund der Vorstellung erworben, dass dieser ein unbedingter Bestandteil der Kinderernährung sei. Jedoch sei der Nährzucker ebenso zur Ernährung von Säuglingen geeignet wie andere vergleichbare Ware auch. Damit können die Mütter das Produkt „in anderer zumutbarer Weise" verwenden. Auch wurden die Mütter durch den Vertragsschluss nicht zu vermögensschädigenden Maßnahmen genötigt und es wurden ihnen auch keine Mittel entzogen, die zur ordnungsgemäßen Erfüllung ihrer Verbindlichkeiten oder für eine angemessene Wirtschafts- und Lebensführung unerlässlich sind. Die Voraussetzungen des „persönlichen Schadenseinschlags" hätten somit nicht vorgelegen.

Ein versuchter Betrug scheide ebenso aus, da der Kindernährzucker für die Mütter nach der Vorstellung des Angeklagten zumutbar verwendbar gewesen wäre und den Müttern so kein Vermögensschaden entstanden sei.

b) Stellungnahme aus ökonomischer Sicht

Die Entscheidung des *OLG Köln* ist abzulehnen. Den Müttern ist durch den Erwerb des Kindernährzuckers ein Vermögensschaden entstanden und damit war der Angeklagte, entgegen der Ausgangsentscheidung des *Landgerichts*, wegen vollendeten Betrugs zu bestrafen.

Zunächst liegt eine ausdrückliche Täuschung vor, denn der Angeklagte hat als vermeintlicher Beauftragter des Gesundheitsamtes den Müttern vorgespiegelt, dass sie für die Ernährung ihrer Kinder den von ihm vertriebenen Kindernährzucker „unbedingt" benötigen. Der Informationsstand der Mütter wäre durch die bloße Unterlassung dieses Verhaltens kostenlos zu verbessern gewesen.

Zusätzlich spricht hier alles dafür, dass die Mütter sich nur aufgrund der Angaben des Angeklagten zum Kauf des Kindernährzuckers entschieden haben. Der von ihnen erhoffte Kooperationsgewinn speiste sich ausschließlich aus der Vorstellung, durch den Erwerb des Kindernährzuckers eine für ihr Kind unbedingt notwendige Anschaffung zu tätigen. Der gelieferte Kindernährzucker erfüllte diese Bedingung aber gerade nicht, denn er war für die Ernährung der Kinder objektiv nicht notwendig. Der subjektive Wert des gelieferten Nährzuckers für die Mütter war somit geringer als der Marktpreis. Auch konnte er nur unter erheblichen Verlusten weiterveräußert werden.

6. Betrug durch den Vertrieb von „Light"-Zigaretten?

a) *Der Sachverhalt und die rechtliche Würdigung*

Zigaretten gehören zu den einzigen legal vertriebenen Produkten, bei denen der bestimmungsgemäße Gebrauch in einem Großteil der Fälle zu erheblichen Gesundheitsgefahren bis hin zum vorzeitigen Tod führt.[1026] So hat die Zigarettenindustrie seit Bestehen der Bundesreupunlik mehr als 6 Millionen Tote zu verantworten.[1027] Die *Weltgesundheitsorganisation (WHO)* schätzt, dass weltweit im vergangenen Jahrzehnt ca. 100 Millionen Menschen durch den Zigarettenkonsum getötet wurden. Für das kommende Jahrhundert werden sogar eine Milliarde Tote erwartet.[1028] Dabei gehört die Erkrankung mit Lungenkrebs zu den Hauptgefahren - so sollen 90 % aller Lungenkrebsfälle auf das Rauchen zurückzuführen sein.[1029]

Im Rahmen ihres Geschäftes haben die großen Tabakhersteller über einen langen Zeitraum sogenannte „Light"-Zigaretten angeboten.[1030] Diese Zigaretten, die auch unter der Bezeichnung „leicht", „ultraleicht", „mild", „ultra-light", „mild", „low-tar" oder „slim" vertrieben wurden, sollten durch ein spezielles Filtersystem Teerbelastungen vermindern und dadurch dem Verbraucher vermitteln, dass ihr Konsum weniger gesundheitsschädlich sei als derjenige regulärer „full flavor"-Zigaretten. Um eine ausreichenden Nikotindosis aufzunehmen, änderten die Raucher jedoch beim Konsum von „Light"-Zigaretten ihr Rauchverhalten, indem sie etwa tiefer inhalierten, den Rauch in ihren Lungen länger anhielten und den Zigarettenfilter stärker mit Fingern oder Lippen abdichten („kompensatorisches Rauchverhalten"). Diesen Umstand berücksichtigten die Zigarettenhersteller bei ihren Messungen der Teer- und Nikotinwerte (sog. „ISO/FTC-Testmethode") nicht und wiesen so auf ihren Packungen deutlich geringere Werte aus, als wirklich durch die Raucher aufgenommen. So wird ange-

1026 *Merten*, VersR 2005, S. 465.

1027 *Adams/Bornhäuser/Pötschke-Langer/Grunewald*, NJW 2004, S. 3657.

1028 Vgl. *Adams* Jugendschutz durch Lenkungsabgaben, German Working Papers in Law and Economics, Vol. 2008: Artikel 15, m.w.Nws.

1029 Vgl. *Merten*, VersR 2005, S. 465.

1030 Der Sachverhalt erfolgt in Anlehnung an die umfangreiche Darstellung des Gerichtsverfahrens gegen die amerikanische Zigarettenindustrie USA / Philip Morris in *Adams*, Das Geschäft mit dem Tod – Der Anfang vom Ende der Zigarettenindustrie?, Frankfurt a.M. 2007. Im Rahmen dieses Verfahrens verklagten die Vereinigten Staaten von Amerika die führenden US-amerikanischen Zigarettenhersteller auf der Grundlage eines Gesetzes gegen die organisierte Kriminalität (RICO) auf Zahlung von 280 Mrd. US$ (United States District Court for the District of Columbia, Civil Action No. 99-CV-02496 (GK)).

nommen, dass die wirklich aufgenommene Schadstoffmenge um 50 bis 150% über den nach der ISO/FTC-Methode ermittelten Werten lag.[1031]

Es gilt als erwiesen, dass die verantwortlichen Vertreter der Zigarettenunternehmen durch dieses Vorgehen beabsichtigten, zum einen den Rauchern eine (vermeintlich) weniger gesundheitsschädliche Produktalternative zu bieten, aber zum anderen trotzdem eine ausreichende Nikotinzufuhr sicherzustellen, um die Attraktivität von „Light"-Zigaretten im Vergleich zu normalen „full flavor"-Zigaretten nicht zu gefährden.[1032] Von vielen Rauchern wurde der Wechsel zur „Light"-Zigarette sogar als Alternative zur Beendigung des Tabakkonsums angesehen. Anerkannt ist jedoch, dass der Konsum von „Light"-Zigaretten durch die Veränderung des Rauchverhaltens mindestens ebenso gesundheitsschädlich ist wie derjenige normaler „full flavor"-Zigaretten.[1033]

Während in den *USA* ein zivilrechtliches Haftungsverfahren gegen die Zigarettenhersteller nach dem *Racketeer Influenced and Corrupt Organizations Act (RICO)* erfolgreich betrieben wurde,[1034] wurde die dargestellte Vertriebspraxis durch deutsche Gerichte, soweit ersichtlich, weder zivilrechtlich noch strafrechtlich aufgearbeitet.[1035] Aus strafrechtlicher Sicht steht neben dem Vorwurf der gemeingefährlichen Vergiftung (§ 314 StGB)[1036] insbesondere der Verdacht des gewerbs- und bandenmäßigen Betrugs (§ 263 Abs. 1, 5 StGB) im Raum. Bejaht man zumindest eine konkludente Täuschung über die Tatsache, mit dem Erwerb von „Light- Zigaretten" ein im Vergleich zu „normalen" Zigaretten ein weniger gesundheitsschädliches Produkt zu erwerben, so stellt sich die Frage, ob die jeweiligen Käufer einen Vermögensschaden erlitten haben. Da es nur einen „objektiven" Marktpreis für Light-Zigaretten und „normale" Zigaretten gibt, muss der Begründungsstrang zum Nachweis eines Vermögensschadens über den Weg des „individuellen Schadeneinschlags" führen. Nach dieser durch den *Bundesgerichtshof* im „Melkmaschinenfall" entwickelten Rechtsprechung liegt ein Vermögensschaden im Falle einer gleichwertigen Gegenleistung auch dann vor,

---

1031 Vgl. dazu etwa die Nachweise in Deutsches Krebsforschungszentrum (Hrsg.), Die Tabakindustriedokumente I: Chemische Veränderungen an Zigaretten und Tabakabhängigkeit, Heidelberg 2005, S. 46 f.

1032 Vgl. die Feststellungen im Verfahren USA / Philip Morris u.a. sowie dessen Aufarbeitung durch *Adams*, Fn. 1030.

1033 Vgl. insbesondere *Samet* in der Klageschrift („Final Proposed Findings of Fact") im Verfahren USA / Philip Morris u.a., Fn. 1030, S. 153 ff.

1034 Vgl. USA / Philip Morris u.a., Fn. 1030.

1035 Vgl. aber als Beispiel einer produkthaftungsrechtlichen Klage wegen der allgemeinen Risiken des Zigarettenkonsums den Beschluss des OLG Hamm vom 14. Juli 2004 sowie die Anmerkungen von *Adams/Merten*, EWIR 2004, S. 935 f.

1036 Vgl. zu diesem Vorwurf *Merten*, VersR 2005, S. 465, 476 ff.

wenn das Opfer die Leistung nicht oder nicht im vollen Umfang zu dem vertraglich vorausgesetzten Zweck verwenden kann.[1037] Sieht man im Falle des Erwerbes von „Light"-Zigaretten die vertragliche vorausgesetzte Zwecksetzung in der Reduzierung der Gesundheitsgefährdung im Vergleich zu „full flavor"-Zigaretten, so wird dieser Zweck dann verfehlt, wenn die Käufer ein ebenso oder sogar noch gefährlicheres Produkt erwerben.

Die *Staatsanwaltschaft Hamburg* hat sich dieser Argumentation nach einer entsprechenden Strafanzeige zweier Hamburger Wissenschaftler nicht angeschlossen und das Verfahren gem. § 170 Abs. 2 StPO eingestellt.[1038] Die Beschwerde gegen diese Einstellung wurde durch die *Generalsstaatsanwältin* zurückgewiesen. Zum einen sei der Umstand, der Konsum von „Light"-Zigaretten würde die Gesundheitsgefahren im Vergleich zu „full flavor"-Zigaretten im nennenswerten Maße reduzieren, weder behauptet noch vertraglich zugesichert. Insbesondere aber könne eine solche Täuschung über das Ausmaß der Gesundheitsgefährdung keinen Vermögensschaden begründen, denn „Light"-Zigaretten hätten den gleichen Marktpreis und wirtschaftlichen Wert wie „full flavor"-Zigaretten.

b) Stellungnahme aus ökonomischer Sicht

Der Entscheidung der *Staatsanwaltschaft Hamburg*, das Verfahren gem. § 170 Abs. 2 StPO einzustellen, ist nicht zuzustimmen. Hinreichender Tatverdacht einer Betrugsstrafbarkeit liegt vor.

Da die Vertreter der Zigarettenindustrie vorsätzlich handelten, war die Täuschung der Käufer von „Light"-Zigaretten über die Tatsache, dass diese weniger gesundheitsschädliche Produkte als vergleichbare „full flavor"-Zigaretten erwerben würden, kostenlos vermeidbar. Der Informationsstandard der Abnehmer ließe sich durch bloße Unterlassung der Bezeichnung der Zigaretten als „light" verbessern. Die Zigarettenunternehmen würden sogar die Aufwendungen ersparen, die sie für die Entwicklung, Produktion und Vermarktung solcher Zigaretten tätigen mussten.

Den Abnehmern von „Light"-Zigaretten ist auch ein Vermögensschaden entstanden. Es ist anzunehmen, dass sie bei Kenntnis des wahren Ausmaßes der Gefährlichkeit von „Light"-Zigaretten nicht bereit gewesen wären, den entsprechenden Kaufpreis zu zahlen. Da in aller Regel der Kaufpreis von „Light"-Zigaretten demjenigen normaler „full flavor"-Zigaretten entspricht, hätten sie entweder „full flavor"-Zigaretten erworben oder den Tabakkonsum aufgegeben. In jedem Fall hätten sie den erwarteten Kooperationsgewinn aus dem Vertrag

---

1037 BGHSt 16, 321, 326 ff.

1038 Vgl. dazu *Adams*, Fn. 1030, S. 521 ff.

nicht erhalten, denn die gelieferten „Light"-Zigaretten waren für den vertraglich vorausgesetzten Zweck, weniger gesundheitsschädliche Zigaretten zu konsumieren, nicht brauchbar.

Die Höhe des Vermögensschadens entspricht der Differenz zwischen dem (hypothetischen) subjektiven Wert tatsächlich weniger gesundheitsschädlicher „Light"-Zigaretten und dem subjektiven Wert der tatsächlich gelieferten Zigaretten. Ist die Zahlungsbereitschaft für die gewünschten weniger gesundheitsschädlichen „Light"-Zigaretten im Vergleich zum gezahlten Kaufpreis hoch,[1039] ergibt sich ein hoher Vermögensschaden. Der subjektive Wert der gelieferten Zigaretten, der auf diesen Verlust anzurechnen wäre, hängt im wesentlichen davon ab, ob die jeweiligen Raucher ansonsten das Rauchen aufgegeben hätten. Im ersten Fall ist ihr Wert nahe Null, da ein Konsum nicht mehr beabsichtigt ist und eine lohnende Wiederverkaufsmöglichkeit im Allgemeinen nicht besteht. In letztgegannten Fall würden die Raucher auch aus dem Konsum der gelieferten Zigaretten einen Nutzen ziehen, der schadensmindernd zu berücksichtigen wäre.

1039 So zeichnen sich Zigarettenmärkte im Allgemeinen durch eine relativ geringe Nachfrageelastizität aus. Raucher sind zumeist trotz Preiserhöhungen (z.B. Tabaksteuer) nicht bereit, ihren Konsum fühlbar zu reduzieren. Da die Gesundheitsgefahren aus dem Zigarettenkonsum erheblich sind, ist darüber hinaus zu erwarten, dass sie für eine Reduzierung dieser Gefahren bei gleichbleibendem Genuss noch eine deutlich höhere Zahlungsbereitschaft an den Tag legen, als sie es für „normale" Zigaretten sowieso schön täten.

Teil 4: Zusammenfassung der Ergebnisse

1. „Betrug“ wird in den Wirtschafts- und Rechtswissenschaften unterschiedlich definiert und wissenschaftlich aufgearbeitet. Während wirtschaftswissenschaftliche Ansätze auf einem hohen Abstraktionsniveau die Wirkung von Betrug auf die Funktionsfähigkeit von Märkten analysieren und hieraus Empfehlungen zur Steigerung der gesamtgesellschaftlichen Wohlfahrt ableiten, rankt sich die juristische Diskussion um die nach den gängigen Auslegungsmethoden „zutreffende“ Anwendung des vom Gesetzgeber geschaffenen Betrugsstraftatbestands auf Einzelfälle.

2. „Betrug“ im strafrechtlichen Sinne setzt aus wirtschaftswissenschaftlicher Sicht immer eine Informationsasymmetrie zwischen dem Täter und dem Opfer voraus. Vollständige Informationen über die wesentlichen Umstände sind Voraussetzung funktionierender Transaktionen, Märkte und Verträge. Da ein vollkommenes Informationsniveau nur in der Theorie existiert, geht es in der Realität darum, unter der Berücksichtigung von Informationsbeschaffungskosten ein optimales (unvollständiges) Informationsniveau herzustellen. Die Auswirkungen asymmetrischer Informationen können in zeitlicher Hinsicht als Probleme der „adverse selection“ (ex-ante) und des „moral hazard“ (ex-post) beschrieben werden; in gegenständlicher Hinsicht kann nach der Höhe der Überprüfungskosten zwischen Inspektions-, Erfahrungs- und Glaubensgütern unterschieden werden. Betrug im Rahmen von Vertragsverhältnissen ist regelmäßig ein Fall von ex-ante Informationsasymmetrien und damit ein Problem der „adverse selection“; in gegenständlicher Hinsicht tritt Betrug zumeist bei Erfahrungs- und Glaubensgütern auf, da die Überprüfungsmöglichkeiten der Nachfrager dort mit höheren Kosten verbunden sind. Durch asymmetrische Informationen und Betrug erhöhen sich Transaktionskosten auf Märkten, denn sowohl Anbieter als auch Nachfrager werden Aufwendungen tätigen, um sich gegen vorsätzliche Täuschungen abzusichern. In Abwesenheit geeigneter Gegenstrategien droht, entsprechend dem „Zitronenmarkt“ nach *Akerlof*, sogar der vollständige Zusammenbruch einzelner Marktsegmente. Auf Ebene der einzelnen Transaktion besteht bei vorsätzlichen Täuschungen keine Garantie mehr, dass der Austauschprozess beidseitig nutzenerhöhend („pareto-verbessernd“) wirkt.

3. Sowohl staatliche als auch marktinterne Instrumente können dazu beitragen, die negativen Auswirkungen asymmetrischer Informationen abzumildern. Als marktinterne Instrumente sind insbesondere Screening, Signaling, Selbstselektion oder die Disziplinierung durch Wiederholungskäufer zu nennen. Als staatliche Instrument knüpft das allgemeine Zivilrecht an arglistige Täuschungen verschiedene Rechtsfolgen. Während Garantien und Gewährleistungsrechte den

vertraglichen Erfüllungsanspruch absichern, kann der Getäuschte einen ungewollten Vertrag durch Anfechtung beseitigen. Schadenersatzansprüche können sowohl aus vertraglichen wie auch aus deliktischen Rechtsgrundlagen folgen und das positive (Erfüllungs-) Interesse wie auch das negative (Vertrauens-)Interesse abdecken. Darüber hinaus gibt das *Gesetz gegen den unlauteren Wettbewerb (UWG)* Wettbewerbern in bestimmten Fällen Unterlassungsrechte sowie Ansprüche auf Schadenersatz und Herausgabe des Verletzergewinns. Für Fälle betrügerischer Werbung hält § 16 UWG einen besonderen Straftatbestand vor. Schließlich sanktioniert das Strafrecht vorsätzliche Täuschungen durch den Betrugsstraftatbestand (§ 263 StGB) und die betrugsähnlichen Delikte (§§ 263a ff. StGB).

4. Fraglich ist, warum bei vorsätzlichen Täuschungen neben marktimmanenten Kräften und zivilrechtlichen Ansprüchen strafrechtliche Sanktionen greifen sollen. Es ist also die Legitimation des Betrugsstraftatbestands zu klären. Im strafrechtlichen Schrifttum wird der Einsatz des Strafrechts mit dem Rechtsgüterschutz begründet. Dabei dient der Betrugsstraftatbestand nach vorherrschender Meinung ausschließlich dem Schutz des Vermögens. Andere Zwecke, wie etwa ein „Recht auf Wahrheit“ oder der „Schutz von Vertrauen“, werden lediglich von einigen Autoren als zusätzliche Rechtsgüter angeführt. Da (reine) Vermögensschäden für sich genommen, im Gegensatz zu Sachschäden, vornehmlich Umverteilungen sind (die Vermögenssubstanz ist noch im „gesellschaftlichen Gesamtvermögen“ vorhanden und nur der Vermögensträger hat gewechselt), ist aus wirtschaftswissenschaftlicher Sicht der pauschale Verweis der Juristen auf den „Vermögensschutz“ zur Letztbegründung einer strafrechtlichen Sanktion vorsätzlicher Täuschungen unzureichend.

5. Aus ökonomischer Sicht soll Strafrecht vor allem der Verhaltssteuerung durch Abschreckung dienen. Nach dem Modell zur ökonomischen Begründung der Kriminalität von *Gary Becker* wird ein Individuum eine Straftat dann begehen, wenn der erwartete Erlös aus der Straftat größer ist als die erwarteten Kosten. Durch die Schaffung und Durchsetzung einer Strafnorm kann der Gesetzgeber die „Stellschraube“ der erwarteten Kosten beeinflussen und so potentielle Täter von der Begehung von Straftaten abhalten. Straftatbestände sollen aber wegen des Risikos der Überabschreckung nur dann zum Einsatz kommen, wenn der erwünschte Verhaltensstandard klar feststeht und zivilrechtliche Instrumentarien zur Verhaltenssteuerung unzureichend sind. Indizien hierfür sind vorsätzliches Verhalten (denn dies ist immer kostenlos vermeidbar), Defizite in der Durchsetzung und Kompensation zivilrechtlicher Ansprüche sowie nicht einzelnen Personen oder Personengruppen zuordnungsbare Kosten der Straftat.

Diese Voraussetzungen sind beim Betrugsstraftatbestand gegeben. Vorsätzliche Täuschungen können kostenlos unterlassen werden. Da gerade bei Erfahrungs-

und Glaubensgütern ein Teil der Betrugsfälle unentdeckt bleibt und selbst bei Entdeckung zivilrechtliche Ansprüche nicht immer durchgesetzt werden oder zur Kompensation unzureichend sind, weil insbesondere subjektive Wertschätzungen nur unzureichend berücksichtigt werden, ist ein strafrechtliche Sanktion für Betrugsfälle besonders notwendig. Ansonsten würden sich vorsätzliche Täuschungen in vielen Fällen lohnen und es gäbe auf Märkten ein zu hohes Betrugsniveau. Dies wiederum hätte eine beachtliche Erhöhung der Transaktionskosten zur Folge: Nachfrager könnten sich auf Angaben der Anbieter nicht mehr verlassen und müssten eigene kostspielige Nachforschungen anstellen; Anbieter wiederum müssten investieren, um beispielsweise eigene höhere Produktqualitäten den Nachfragern glaubhaft zu signalisieren. Diese Kosten könnten durch eine strafrechtliche Sanktion vorsätzlicher Täuschungen deutlich reduziert werden, was wiederum Transaktionen günstiger macht und werterhöhende Austauschprozesse auf Märkten fördert. Rechtsgut und Zielsetzung des Betrugsstraftatbestands kann somit aus ökonomischer Sicht als die „Förderung werterhöhender Austauschprozesse durch Reduzierung der Informationsübertragungskosten" beschrieben werden. Ein Blick ins amerikanische Recht zeigt, dass eine ähnliche Abschreckungswirkung auch mit den sog. „Punitive Damages" erreicht werden kann. Diese sind dem deutschen Rechtssystem jedoch fremd und haben spezifische Nachteile (Gefahr des opportunistischen Verhaltens angeblich „Geschädigter"), so dass die Aufgabe der Abschreckung auf das Strafrecht beschränkt bleiben sollte.

6. Ausgehend von diesem Ansatz kann der ökonomische Zugriff auf einzelne Auslegungsprobleme des Betrugsstraftatbestands erfolgen. Dabei stellt sich zunächst die Frage, welche Verhaltensweisen als „Täuschung" im Sinne des § 263 StGB einzuordnen sind.

a) In der juristischen Diskussion wird zwischen ausdrücklichen und konkludenten Täuschungen sowie Täuschungen durch Unterlassen differenziert. Während die ersten beiden Kategorien als „Täuschung durch aktives Tun" ohne weitere Voraussetzungen den Täuschungsbegriff erfüllen, muss der Täter bei einer Täuschung durch Unterlassen eine ihm obliegende Aufklärungspflicht verletzen. „Ausdrückliche Täuschungen" sind einfach zu identifizieren, sie entsprechen der umgangssprachlichen „Lüge". Bei konkludenten Täuschungen („durch schlüssiges Verhalten") ist mangels ausdrücklicher Angaben ein Rekurs auf die Verkehrsauffassung nötig. Entscheidend ist, wie das Gegenüber die Erklärung des Täters verstehen durfte, wobei die vertragstypische Risikoverteilung zu berücksichtigen ist. Bei Täuschungen durch Unterlassen („durch Schweigen") ist für die Einordnung als Täuschung i.S.d. § 263 StGB das Bestehen einer Aufklärungspflicht zu prüfen. Im Rahmen von Verträgen kann sich diese unmittelbar aus dem Vertrag oder dem Gesetz ergeben. In der Vielzahl von Fällen liegt jedoch keine explizite Aufklärungspflicht vor und es stellt sich die Frage, ob ausnahmsweise ein besonderes Vertrauensverhältnis (z.B. langjährige Geschäftsbeziehungen) oder der Grundsatz von „Treu und Glauben“ (§ 242 BGB) eine Aufklärung gebietet.

b) Aus ökonomischer Sicht soll der Betrugsstraftatbestand die Kosten der Informationsübertragung senken. Der Täuschungsbegriff sollte mithin klar informationskostenerhöhendes Verhalten erfassen und Fälle, in denen das Kosten-Nutzen-Verhältnis zumindest unklar ist, aus der Betrugsstrafbarkeit ausscheiden. Insbesondere droht das Risiko der Überabschreckung „fahrlässiger Täuschungen“ und eine damit verbundene Verteuerung von Transaktionen aufgrund der Furcht vor einem möglichen Betrugsvorwurf. Zur Ermittlung des Kosten-Nutzenverhältnisses ist das Verhalten des Täters mit einem hypothetischen informationsverbessernden Alternativverhalten zu vergleichen. Nur wenn das informationsverbessernde Verhalten mit vernachlässigbaren Kosten umzusetzen ist, ist dieses eindeutig vorzugswürdig. Die Kosten der Herstellung des informationsverbessernden Alternativverhaltens umfassen die Kosten der Unterlassung der Täuschung bzw. einer Aufklärung, die Folgekosten aus einer möglichen Zerstörung von Anreizen zur Informationsgewinnung sowie die Kosten der strafrechtlichen Rechtsdurchsetzung, wobei insbesondere eine mögliche Überabschreckung in den Bereich „fahrlässiger Täuschungen“ transaktionskostenerhöhend wirken kann. Im Zusammenhang mit zivilrechtlichen Aufklärungspflichten werden in der rechtsökonomischen Literatur verschiedene Heuristiken zur Typisierung dieser Kosten-Nutzen-Abwägungen vorgeschlagen. Im Rahmen des Betrugsstraftatbestands ist zwischen den verschiedenen Täuschungsformen zu unterscheiden:

aa) Ausdrückliche Täuschungen sind in aller Regel kostenlos vermeidbar, denn der Täter muss nur die „Lüge“ unterlassen. Zumeist erspart er dadurch sogar Aufwendungen. Auch ist das Risiko der Überabschreckung gering, denn der Vorsatz ist zumeist gut nachweisbar. Schließlich ist das Ausmaß der „Marktschädigung“ in Folge ausdrücklicher Täuschungen groß, denn Anbieter werden der Möglichkeit beraubt, überlegene Produktqualitäten durch ausdrückliche Aussagen glaubhaft zu machen. Ein „Recht zur Lüge“ im Sinne einer „optimal dishonesty rule“ zur Förderung des Anreizes zur Gewinnung produktiver Informationen ist angesichts der damit verbundenen Rechtsunsicherheit abzulehnen.

bb) Bei konkludenten Täuschungen hängt die Einordnung als Täuschung vom Kosten-Nutzen-Verhältnis des informationsverbessernden Alternativverhaltens im Vergleich zum Täterverhalten ab. Es ist zu prüfen, was der Täter anstelle des Erklärungsverhaltens hätte tun sollen, um den Informationsstand der Gegenseite zu verbessern. Kann er ein solches informationsverbesserndes Verhalten kostenlos umsetzen, so spricht dies für die Annahme einer konkludenten Täuschung.

Im Rahmen dieser Prüfung ist insbesondere das Risiko der Überabschreckung in den Bereich „fahrlässiger Täuschungen“ zu berücksichtigen, denn nur bei vorsätzlichem Verhalten kann der Täter das informationsverbessernde Alternativverhalten ohne erhebliche kognitive Anstrengungen erkennen. Es ist also bei konkludenten Täuschungen der Vorsatznachweis genau zu führen. Zudem ist die Transaktionskostenerhöhung durch konkludente Täuschungen geringer als durch ausdrückliche Täuschungen: Im Falle der Täuschung durch schlüssiges Verhaltens hat die andere Vertragspartei immer die Möglichkeit, sich durch Fragen der Umstände zu vergewissern, die für ihre Entscheidung von Bedeutung sind. Dies unterstreicht einmal mehr die Notwendigkeit, ausdrücklichen Täuschungen konsequent entgegenzutreten, da ihr kategorisches Verbot auch die negativen Auswirkungen konkludenter Täuschungen und Täuschungen durch Unterlassen abmildert.

cc) In Fällen von Täuschungen durch Unterlassen muss der Täter immer aktiv werden, um einen informationsverbessernden Zustand herbeizuführen. Gleichzeitig ist die Transaktionskostenerhöhung vergleichsweise gering, da im Gegensatz zur konkludenten Täuschung nicht einmal ein irreführendes Verhalten vorliegt und die unwissende Vertragspartei umso mehr einen Anlass hätte, sich für sie wichtiger Umstände durch eine ausdrückliche Zusicherung zu vergewissern. Schließlich ist das Risiko der Überabschreckung in den Fahrlässigkeitsbereich vergleichsweise hoch, da der Täters kein aktives Erklärungsverhalten an den Tag legt, an das der Vorsatznachweis angeknüpft werden kann. Insofern sollten strafbewehrte Aufklärungspflichten restriktiv gehandhabt werden. Schließlich können an dieser Stelle Anreize zur Gewinnung produktiver Informationen durch ein „Recht zum Schweigen“ gesetzt werden.

6. Während die Täuschungshandlung an das Verhalten des Täters anknüpft, wendet die Prüfung eines daraus resultierenden Irrtums den Blick auf das Opfer. In der juristischen Literatur wird Irrtum als Abweichung der Vorstellung des getäuschten Vertragspartners von der Wirklichkeit definiert, wobei insbesondere die Fallgruppen „Irrtum unter Zweifeln“ und „Irrtum bei fehlender Vorstellung“ umstritten sind. Da aus ökonomischer Sicht nach Feststellung einer „Täuschung“ schon feststeht, dass der Täter das informationsverbessernde Alternativverhalten nahezu kostenlos an den Tag legen kann, sollte der Irrtumsbegriff lediglich Fälle ausscheiden, in denen dieses Verhalten im konkreten Fall keinen Informationsgewinn gebracht hätte. Dies ist der Fall, wenn die getäuschte Vertragspartei trotz der Täuschung keiner Fehlvorstellung unterlag. Hingegen sollte bloßes Zweifeln des Opfers nicht zu einem Ausschluss der Strafbarkeit führen. Zwar hat das Opfer insofern schon einen Anlass zu eigenen Nachforschungen, jedoch sind diese regelmäßig kostspieliger als für den Täter die (nahezu kostenlos mögliche) Unterlassung der Täuschung. Bei vorsätzlichen Täuschungen ist

der Täter im Vergleich zum Opfer somit immer „cheapest cost avoider“. Auch Entscheidungen im Mitbewusstsein der durch Täuschung vermittelten Fehlinformation gehören dazu. Die Grenze ist bei Gleichgültigkeit gegenüber der Wahrheit erreicht, da hier die Entscheidung zur Transaktion erkennbar nicht von der Täuschung beeinflusst wurde.

7. Schließlich erweitern die Tatbestandsmerkmale der Vermögensverfügung und des Vermögensschadens den Blick auf die wirtschaftlichen Folgen des täuschungsbedingten Irrtums für das Opfer.

a) Die Grundlage hierfür bilden die Vermögensbegriffe, die den gegenständlichen Schutzbereich des Betrugsstraftatbestands umreißen. Nur was als „Vermögen“ im Sinne des § 263 StGB gilt, kann auch durch die Täuschungshandlung geschädigt werden.

aa) In der juristischen Literatur existieren zahlreiche Ansätze zur Auslegung des Tatbestandsmerkmals „Vermögen“. Dabei stehen sich im Grundsatz wirtschaftliche und juristische sowie objektive und subjektive Vermögensbegriffe gegenüber. Während juristische Vermögensbegriffe für die Bestimmung der Vermögenszugehörigkeit auf formale Rechtspositionen verweisen, definieren wirtschaftliche Vermögensbegriffe Vermögen als die Summe aller wirtschaftlich werthaltigen Positionen, die die „wirtschaftliche Potenz“ des jeweiligen Vermögensinhabers ausmachen. Heutzutage vorherrschend und auch im Ergebnis von der Rechtsprechung vertreten ist der juristisch-ökonomische Vermögensbegriff: Vermögen ist hiernach die Summe aller wirtschaftlich wertvollen Positionen, die in bestimmter Weise durch die Rechtsordnung anerkannt werden. Eine Subjektivierung dieses eigentlich objektiven Wertmaßstabs nimmt die Rechtsprechung in der Fallgruppe des sog. „individuellen Schadenseinschlags“ vor.

bb) Aus ökonomischer Sicht überzeugen die Vermögensbegriffe nicht. Obwohl die subjektiven Vermögensbegriffe einer ökonomisch sinnvollen Lösung nahe kommen, gehen alle Vermögensbegriffe von einer rein opferbezogenen Schutzrichtung des Betrugsstraftatbestand aus und leisten damit nicht die Abstraktion, die für eine Letztbegründung dieser Strafnorm notwendig ist. Da es sich bei Vermögensschäden zunächst um reine Umverteilungen handelt, ist für den zwingenden Einsatz des Strafrechts ein zusätzlicher wohlfahrtsschädigender Ressourcenschaden zu identifizieren. Dieser liegt in der Transaktionskostenerhöhung für *alle* Marktteilnehmer, die durch die Existenz vorsätzlicher Täuschungen hervorgerufen wird. Ziel muss es sein, den (individuellen) Vermögensschaden mit diesem „sozialen Schaden“ in Einklang zu bringen. Die Informationsübertragung wird teurer, sobald Marktteilnehmer durch vorsätzliche Täuschungen in ungewollte Transaktionen „getrieben“ werden und vertragsschlusstreibende Kooperationsgewinne nicht realisieren, denn dann werden sowohl Anbieter als auch Nachfrager (sozial verschwendete) Betrugsvorsorgeauf-

wendungen tätigen. Maßgebend für die individuelle Nutzenbewertung der Marktteilnehmer ist aber kein „objektiver Wert", sondern, wie in der mikroökonomischen Analyse des Entscheidungsverhaltens üblich, ein subjektiver Maßstab.
b) Das Tatbestandsmerkmal der Vermögensverfügung stellt das „Bindeglied" zwischen Irrtum und Vermögensschaden dar.
aa) Die juristische Literatur definiert „Vermögensverfügung" als jedes Verhalten des Opfers, das sich unmittelbar vermögensmindernd auswirkt. Durch dieses Erfordernis soll der Charakter des Betrugs als „Selbstschädigungsdelikt" gewahrt und die Abgrenzung zum Trickdiebstahl sichergestellt werden. Auch können auf dieser Ebene von vorneherein vermögensirrelevante Täuschungen, insbesondere im privaten Bereich, ausgeschieden werden.
bb) Die Ausgrenzung fremdschädigender Verhaltensweisen (z.B. Diebstahl) aus der Betrugsstrafbarkeit ist aus ökonomischer Sicht sinnvoll, denn der spezifische Grund der Bestrafung von Betrugsfällen (Schutz *von* werterhöhenden Transaktionen innerhalb von Märkten) ist ein anderer als beim Diebstahl (Schutz *gegen* erzwungene Transaktionen außerhalb von Märkten). Auch der Ausgrenzung vermögensirrelevanter Täuschungen ist zuzustimmen, jedoch im Rahmen von Täuschungen in Vertragsverhältnissen nicht relevant.
cc) Die wichtigste Funktion des Tatbestandsmerkmals der Vermögensverfügung ist aus ökonomischer Sicht jedoch die Prüfung der *Kausalität* des Irrtums für die Vermögensverfügung. Nur wenn der getäuschte Vertragspartner seine Entscheidung zum Vertragsschluss von der Fehlinformation abhängig gemacht hat, sollte eine strafrechtliche Sanktion erfolgen. Ansonsten besteht das Risiko der Überabschreckung, da „geschädigte" Vertragspartner in Fällen ex-post ungewollter Verträgen einen Anreiz haben zu behaupten, sie hätten aufgrund der Täuschung den Vertrag geschlossen. Eine strafrechtliche Sanktion würde in solchen Fällen zum opportunistischen Verhalten „einladen".
c) Die Vermögensverfügung muss schließlich zu einem Vermögensschaden geführt haben.
aa) Die Rechtsprechung sowie die vorherrschende juristische Literatur ermittelt den Vermögensschaden nach dem „individuell-objektiven" Schadensbegriff. Verglichen werden die Vermögenslagen des Opfers vor und nach der Vermögensverfügung. Bewertet werden die Vermögenspositionen zunächst nach einem objektiven Wertmaßstab – dabei ist der Preis entscheidend, der auf der entsprechenden Umsatzstufe für das jeweilige Produkt nachhaltig erzielbar ist. Ist kein Marktpreis zu ermitteln, so scheidet ein Vermögensschaden nach objektiven Maßstäben aus. Gleichwohl kann die getäuschte Vertragspartei auch bei Erhalt einer objektiv gleichwertigen Gegenleistung geschädigt sein, wenn individuelle Umstände die Gegenleistung für sie abwerten. Im sog. „Melkmaschinenfall" hat

der *Bundesgerichtshof* den „individuellen Schadenseinschlag“ entwickelt, wonach ein Vermögensschaden auch dann vorliegt, wenn die Leistung für den vertraglich vorausgesetzten Zweck nicht oder nicht im vollem Umfang geeignet ist und der Vermögensinhaber diese auch nicht in anderer zumutbarer Weise verwenden kann. Dasselbe gilt, wenn das Opfer durch die Vermögensverfügung in finanzielle Bedrängnis gerät oder zu vermögensschädigenden Maßnahmen genötigt wird.

bb) Aus ökonomischer Sicht dient der Betrugsstraftatbestand der Förderung werterhöhender Austauschprozesse durch Senkung der Informationsübertragungskosten. Der individuelle Vermögensschaden sollte somit die Verteuerung solcher Austauschprozesse abbilden. Dementsprechend sollten vorsätzliche Täuschungen nicht strafrechtlich sanktioniert werden, wenn sie mit keinem Wohlfahrtsverlust einhergehen. Zur Ermittlung des individuellen Vermögensschadens kann zwischen objektiven und subjektiven Schadensbestandteilen unterschieden werden. Der objektive Schadensbestandteil entspricht der Differenz zwischen gezahltem Kaufpreises und objektivem Wert einer möglicherweise erhaltenen Gegenleistung. Der subjektive Schadensbestandteil hängt von den individuellen Zahlungsbereitschaften für das versprochene und das gelieferte Gut ab. Die individuelle Zahlungsbereitschaft für das versprochene Gut entspricht dem erwarteten Kooperationsgewinn aus der Transaktion. Wird diese individuelle Konsumentenrente aufgrund eine fehlende Gegenleistung vollkommen enttäuscht oder durch die Erbringung einer schlechteren Gegenleistung soweit gemindert, dass die Transaktionskosten nicht mehr gedeckt werden, so steht der getäuschte Vertragspartner schlechter da als zuvor und das Austauschgeschäft ist nicht mehr pareto-verbessernd. Müssen potentielle Vertragsparteien fürchten, durch sanktionslose Täuschungen in solche Geschäfte hereingedrängt zu werden, würden sie (zu viele) eigene Nachforschungen anstellen und von Vertragsschlüssen vielfach sogar absehen. Somit ist der individuelle Vermögensschaden ein guter Gradmesser für die durch vorsätzliche Täuschungen bedingte Transaktionskostenerhöhung. Keine Bestrafung sollte erfolgen, wenn die getäuschte Vertragspartei nach Lieferung eines *Aliud* subjektiv nicht schlechter steht als bei Erhalt der vertragsgemäßen Gegenleistung. Denkbar ist die Lieferung eines für den Vermögensinhaber gleichwertigen Substituts.

cc) In der Praxis stellt sich das Problem, dass Rechtsanwender aufgrund eines Informationsproblems subjektive Wertschätzungen und Konsumentenrenten nicht bzw. nur eingeschränkt beobachten können. Im Grundsatz lässt sich aufgrund des *sicheren* Nachweises einer täuschungs- und irrtumskausalen Vermögensverfügung schließen, dass zumindest *irgendein* Vermögensschaden vorliegt. Ansonsten hätte der Vermögensinhaber die Vermögensverfügung auch unter Kenntnis der Wahrheit vorgenommen.

Entkräftet werden sollte diese Vermutung, wenn ein sicherer Kausalitätsnachweis nicht möglich ist. Dies kann der Fall sein, wenn die täuschende Vertragspartei ein gleichwertiges Substitut liefert und der Vermögensinhaber kein *nachvollziehbares Interesse* hat, *gerade* das versprochene Gut zu erhalten. Ein Beispiel hierfür ist, bei Bestellung standardisierter Massengüter, die Lieferung eines qualitativ identischen Produktes. Jedoch sollte auch in diesem Fall ein Vermögensschaden angenommen werden, wenn der Vermögensinhaber nachvollziehbare Gründe anführen kann, warum er gerade an dem bestellten Gut ein besonderes Interesse hatte. Hingegen sind Unikate typischerweise mit hohen subjektiven Wertschätzungen verbunden, die durch die Lieferung eines *aliud* in den allermeisten Fällen nicht befriedigt werden. Besteht jedoch der begründete Verdacht, dass der Vermögensinhaber auch mit dem gelieferten *aliud* einen Kooperationsgewinn erzielt, etwa weil er keine nachvollziehbaren Gründe für seine besondere Wertschätzung für das bestellte Gut anführen kann, so steht es dem Richter frei, auch in in solchen Fällen einen Vermögensschaden abzulehnen.
Grundsätzlich sollte sich der Richter im Rahmen der freien Beweiswürdigung aller Informationen bedienen, die auf subjektive Wertschätzungen und entsprechende Konsumentenrenten schließen lassen. Die Gesamtschau des Verhaltens des Vermögensinhabers am Markt, wie etwa die Bereitschaft zu Ersatzbeschaffungs- oder Rückkaufgeschäften, kann hierüber Aufschluss geben. Macht der Täter etwa dem getäuschten Vertragspartner erfolglos ein Rückkaufangebot für die von diesem vermeintlich ungewollte Leistung, so spricht vieles dafür, dass dieser durch das Geschäft doch ein Kooperationsgewinn erzielt hat. Gleiches gilt, wenn der Vermögensinhaber die ihm versprochene Leistung ohne nachvollziehbare Gründe nachträglich doch nicht mehr erbracht haben möchte.
Im Unterschied zum vorherrschenden individuell-objektiven Schadensbegriff sollte der Vermögensschaden beim Vorliegen einer täuschungs- und irrtumsbedingten Vermögensverfügung *im Regelfall angenommen* und nicht positiv nachgewiesen werden müssen. Gerade bei Gütern ohne „objektiven Marktpreise“ sollte nicht der Grundsatz „in dubio pro reo“ der Feststellung eines Vernögensschadens entgegenstehen, sondern, in Anerkennung der typischerweise hohen Konsumentenrenten bei Unikaten, ein Vermögensschaden als *nachgewiesen* gelten, soweit der Vermögensinhaber nachvollziehbare Gründe für seine besondere Wertschätzung anführen kann. Dadurch erübrigt sich in vielen Fällen der komplizierte und aufwändige Schadensnachweis (wie etwa beim Submissionsbetrug). Das „Regel-Ausnahme-Verhältnis“ der in den meisten Fällen vernünftigen Rechtsprechung ist umzukehren. Damit wird der Betrugsstraftatbestand im Ergebnis zu einem (noch) wirksameren Instrument zur Förderung marktlicher Austauschprozesse, ohne dass das Risiko der Überabschreckung nennenswert erhöht werden würde.

Literaturverzeichnis

Adams, Michael: Ökonomische Analyse des Gesetzes zur Regelung des Rechts der Allgemeinen Geschäftsbedingungen, in: M. Neumann (Hrsg.) Ansprüche, Eigentums- und Verfügungsrechte, Schriften des Vereins für Socialpolitik, Band 140, 1984, S. 655-680.

Adams, Michael: Irrtümer und Offenbarungspflichten im Vertragsrecht, Archiv für die civilistische Praxis, Band 186 (1986), S. 453-489.

Adams, Michael: Ökonomische Begründung des AGB-Gesetztes – Verträge bei asymmetrischer Information, BB 1989, S. 781-788.

Adams, Michael: Das Bundesarbeitsgericht und das Recht zur Täuschung, ZIP 1994, S. 499.

Adams, Michael: Ökonomische Theorie des Rechts: Konzepte und Anwendungen, 2. Auflage, Franfurt a.M. 2004.

Adams, Michael: Das Geschäft mit dem Tod – Der Anfang vom Ende der Zigarettenindustrie, Frankfurt a.M. 2007.

Adams, Michael: Jugendschutz durch Lenkungsabgaben, German Working Papers in Law and Economics, Vol. 2008: Artikel 15.

Adams, Michael / Merten, Carsten: Zur Haftung des Zigarettenherstellers, Anmerkung zum Beschluss des OLG Hamm, 3. Zivilsenat, vom 14.7.2004, Az. 3 U 16/04, EWiR 2004, S. 935-936.

Adams, Michael / Shavell, Steven: Zur Strafbarkeit des Versuchs, GA 1990, S. 347-364.

Adams, Michael / Bornhäuser, Annette / Pötschke-Langer, Martina / Grunewald, Barbara: Die Haftung der Zigarettenhersteller für durch Rauchen verursachte Gesundheitsschäden, NJW 2004, S. 3657-3662.

Akerlof, George A.: The Market for „Lemons“: Quality Uncertainty and the Market Mechanism, The Quarterly Journal of Economics, Vol. 84 (1970), S. 488-500.

Alchian, Armen A. / Woodward, Susan.: The Firm is Dead; Long Live the Firm. A Review of Oliver E. Williamson's The Economic Institutions of Capitalism, Journal of Economic Literature, Vol. 26 (1988), S. 65-79.

Alwart, Heiner: Über die Hypertrophie eines Unikums (§ 265a StGB). Die unbemerkte Straflosigkeit des Schwarzfahrens im Massenverkehr, JZ 1986, S. 563-569.

Amelung, Knut: Rechtsgüterschutz und Schutz der Gesellschaft, Nachdruck, Frankfurt a.M. 1972.

Amelung, Knut: Irrtum und Zweifel des Getäuschten beim Betrug, GA 1977, S. 1-17.

Amelung, Knut: Rechtsgüterschutz und Schutz der Gesellschaft: Untersuchungen zum Inhalt und zum Anwendungsbereich eines Strafrechtsprinzips auf dogmengeschichtlicher Grundlage; zugleich ein Beitrag zur Lehre der „Sozialschädlichkeit“ des Verbrechens, Frankfurt a.M. 1972.

American Law Institute: Restatement of the Law, Torts 2nd, St. Paul 1977.

American Law Institute: Restatement of the Law, Contracts 2d, St. Paul 1981.

Arrow, Kenneth J.: An extension of the basic theorems of classical welfare economics, in: J. Neyman, Proceedings of the Second Berkeley Symposium on Mathematical Statistics and Probability, Berkeley 1951.

Arrow, Kenneth J.: Economic Welfare and the Allocation for Ressources for Invention, in: National Bureau of Economic Research, The rate and Direction of Incentive Acivity: Economic and Social Factors, Princeton 1962.

Arrow, Kenneth J.: Higher Education as a Filter, Journal of Public Economics, Vol. 2 (1973), S. 193-216.

Arrow, Kenneth J.: Essays in the Theory of Risk-Bearing, 3. Auflage, Amsterdam u.a. 1976.

Arzt, Gunther: Bemerkungen zum Überzeugungsopfer – insbesondere zum Betrug durch Verkauf von Illusion, in: Festschrift für Hans Joachim Hirsch zum 70. Geburtstag am 11. April 1999 / herausgegeben von Thomas Weigend, Berlin u.a. 1999, S. 431-450. (zitiert als: „Arzt FS Hirsch“)

Arzt, Gunter / Weber: Ulrich: Strafrecht, besonderer Teil, 2. Auflage, Bielefeld 2009. (zitiert als: „ Arzt/Weber BT“)

Barnett, Randy E.: Rational Bargaining Theory and Contract: Default Rules, Hypothetical Consent, the Duty to Disclose, and Fraud, Harvard Journal of Law and Public Policy, Vol. 15 (1992), S. 783-804.

Barro, Robert J. / Becker, Gary S.: Fertility Choice in a Model of Economic Growth, Econometrica, Vol. 57 (1989), S. 481-501.

Becker, Gary S.: Crime and Punishment: An Economic Approach, Journal of Political Economy, Vol. 76 (1968), S. 169-217.

Becker, Gary S.: A Theory of Mariage: Part I, Journal of Political Economy, Vol. 81 (1973), S. 813-846.

Becker, Gary S.: A Theory of Mariage: Part II, Journal of Political Economy, Vol. 82 (1974), S. 11-26.

Becker, Gary S.: Ökonomische Erklärung menschlichen Verhaltens, 2. Auflage, Tübingen 1993.

Becker, Gary S.: The Economics of Discrimination, 2. Auflage, Chicago u.a. 1995.

Becker, Gary S. / Murphy, Kevin M.: A Theory of Rational Addiction, Journal of Political Economy, Vol. 96 (1988), S. 675-700.

Binding, Karl: Lehrbuch des gemeinen deutschen Strafrechts, besonderer Teil, Neudruck, Aalen 1969.

Binding, Karl: Die Normen und ihre Übertretung, Band 2, Aalen 1965.

Birnbaum, Johann M. F.: Über das Erfordernis einer Rechtsverletzung zum Begriff des Verbrechens, mit besonderer Rücksicht auf den Begriff der

Ehrenkränkung, in: Archiv des Kriminalrechts, Neue Folge 1, Bd. 15 (1834), S. 149-194.

Blüm, Norbert: Im goldenen Reich des Preisvergleichs, in: Die Zeit, Nr. 37/09, S. 13.

Bockelmann, Paul: Zum Begriff des Vermögensschadens beim Betrug, JZ 1952, S. 461-465.

Bockelmann, Paul: Der Unrechtsgehalt des Betrugs, in: Probleme der Strafrechtserneuerung: Festschrift für Eduard Kohlrausch zum 70. Geburtstag dargebracht / herausgegeben von Paul Bockelmann, Berlin 1944, S. 226-252. (zitiert als: „Bockelmann, in: Festschrift Kohlrausch")

Brandts, Jordi / Charness, Gary: Truth or Consequences: An Experiment, Management Science, Vol. 49 (2003), S. 116-130.

Brealey, Richard A. / Myers, Stewart C.: Principles of Corporate Finance, 10. Auflage, New York 2011.

Brockhaus, Matthias: Die Urkundenfälschung und die Straflosigkeit der "schriftlichen Lüge". Ein Erklärungsversuch aus historischer Sicht bis zum Reichsstrafgesetzbuch von 1871, ZIS 2008, S. 556-564.

Buell, Samuel W.: Novel Criminal Fraud, New York University Law Review, Vol. 81 (2006), S. 1971-2043.

Burdett, Kenneth / Malueg, David A.: The Theory of Search for Several Goods, Journal of Economic Theory, Vol. 24 (1981), S. 362-376.

Bydlinski, Franz: Über listiges Schweigen beim Vertragsschluss, JBl. 1980, S. 393-397.

Calabresi, Guido / Melmed, A. Douglas: Property Rules, Liability Rules, and Inalienability: One View of the Cathedral, Harvard Law Review, Vol. 85 (1972), S. 1089-1128.

Carmichael, H. Lorne: Self-enforcing contracts, shirking, and life cycle incentives, Journal of Economic Perspectives, Vol. 3 (1989), S. 65-83.

Coase, Ronald H.: The Problem of Social Costs, Journal of Law and Economics, Vol. 3 (1960), S. 1-44.

Coffee, John C.: Does „Unlawful“ Mean „Criminal“?: Reflections on the Disappearing Tort/Crime Distinction in the American Law, Boston University Law Review, Vol. 71 (1991), S. 193-246.

Coleman, Jules L. / Heckathorn, Douglas D. / Maser, Steven M.: Bargaining Theory Approach to Default Provisions and Disclosure Rules in Contract Law, Harvard Journal of Law and Public Policy, Vol. 12 (1989), S. 639-710.

Conard, Alfred F.: Macrojustice: A Systematic Approach to Conflict Resolution, Georgia Law Review, Vol. 5 (1971), S. 415-428.

Cooter, Robert / Ulen, Thomas: Law and Economics, 6. Auflage, Boston u.a. 2012. (zitiert als: „Cooter/Ulen“).

Cramer, Peter: Zur Strafbarkeit von Preisabsprachen in der Bauwirtschaft: der Submissionsbetrug, Heidelberg 1995.

Craswell, Richard: Taking Information Seriously: Misrepresentation and Nondisclosure in Contract Law and Elsewhere, Virginia Law Review, Vol. 92 (2006), S. 565-632.

Curti, Henning: Abschreckung durch Strafe: eine ökonomische Analyse der Kriminalität, Diss., Wiesbaden 1999.

Darby, Joseph J.: Tagung für Rechtvergleich in Jena v. 20.-23.03.1996 – Arbeitssitzung der Fachgruppe für Strafrechtsvergleichung. Der Schutz des Vermögens gegen Täuschung (USA), ZStW 108 (1996), S. 548-576.

Darby, Michael R. / Karni, Edi: Free Competition and the Optimal Amount of Fraud, Journal of Law and Economics, Vol. 16 (1973), S. 67-88.

Debreu, Gérard: Theory of Value: an axiomatic analysis of economic equilibrium, Monograph/Cowles Foundation for Research in Economics, 17. Band, New Haven u.a. 1987.

Deutsches Krebsforschungszentrum (Hrsg.): Die Tabakindustriedokumente I: Chemische Veränderungen an Zigaretten und Tabakabhängigkeit, Rote Reihe Tabakprävention und Tabakkontrolle, Heidelberg 2005.

Devinney, Timothy M.: Rationing in a Theory of the Banking Firm, Berlin u.a. 1986.

Diamond, Peter A.: A Model of Price Adjustment, Journal of Economic Theory, Vol. 3 (1971), S. 156-168.

Dobbs, Dan B.: The Law of Torts, Vol. 2, St. Paul 2001.

Dulleck, Uwe / Kerschbamer, Rudolf: On Doctors, Mechanics, and Computer Specialists: The Economics of Credence Goods, Journal of Economic Literature, Vol. 44 (2006), S. 5-42.

Dunn, Robert L.: Recovery of Damages for Fraud, 3. Auflage, Westport 2004.

Ehrlich, Isaac: Crime, Punishment, and the Market for Offenses, Journal of Economic Perspectives, Vol. 10 (1996), S. 43-67.

Eidenmüller, Horst: Effizienz als Rechtsprinzip: Möglichkeiten und Grenzen der ökonomischen Analyse des Rechts, Diss., 3. Auflage, Tübingen 2005.

Eilinghoff, Christian: Ökonomische Analyse der Religion, Diss., Frankfurt a.M. u.a. 2004.

Ellmer, Manfred: Betrug und Opfermitverantwortung, Diss., Berlin 1986.

Emons, Winand: The Theory of Warranty Contracts, Journal of Economic Surveys, Vol. 3 (1989), S. 43-57.

Emons, Winand: Credence Goods and Fraudulent Experts, RAND Journal of Economics, Vol. 28 (1997), S. 107-119.

Erlei, Mathias: Institutionen, Märkte und Marktphasen: allgemeine Transaktionskostentheorie unter spezieller Berücksichtigung der Entwicklungsphasen von Märkten, Tübingen 1998.

Eser, Albin: Die Beeinträchtigung der wirtschaftlichen Bewegungsfreiheit als Betrugsschaden. Rechtspolitische und rechtsvergleichende Gedanken zu einem dynamischen Vermögensbegriff im Anschluß an den Beschluß des BGH - 4 StR 166/61 - v. 16.08.1961, GA 1962, S. 289-303.

Fehling, Michael / Faust, Florian / Rönnau, Thomas: Durchblick: Grund und Grenzen des Eigentums- und Vermögensschutzes, JuS 2006, S. 18-25.

Fennell, Lee A.: Revealing Options, Harvard Law Review, Vol. 118 (2005), S. 1399-1488.

Ferriell, Jeffrey T. / Navin, Michael J.: Understanding Contracts, New York 2004.

Feuerbach, Paul J. A. von: Lehrbuch des gemeinen in Deutschland gültigen peinlichen Rechts, 14. Auflage, 2. Neudruck, Giessen 1847.

Fischer, Thomas: Strafgesetzbuch und Nebengesetze, Begründet von Otto Schwarz; fortgeführt von Eduard Dreher, Herbert Tröndle, Thomas Fischer, 59. Auflage, München 2012. (zitiert als: „Fischer“)

Fleischer, Holger: Informationsasymmetrie im Vertragsrecht, München 2001.

Flume, Werner: Allgemeiner Teil des Bürgerlichen Rechts, Band 2: Das Rechtsgeschäft, 4. Auflage, Berlin u.a. 1992.

Friedman, Milton: Kapitalismus und Freiheit, 7. Auflage, München 2010.

Fuller, Lon L. / Perdue, William J. Jr.: The Reliance Interest in Contract Damages, Yale Law Journal, Vol. 46 (1936), S. 52-96.

Geerds, Detlev: Wirtschaftsstrafrecht und Vermögensschutz, Lübeck 1990.

Geerds, Detlev: Strafrecht: Die Schadensprobleme beim Betrug, Jura 1994, S. 309-321.

Gerschlager, Caroline: Deception in Markets: an economic analysis, Nachdruck Basingstoke u.a. 2006.

Giehring, Heinz: Prozeßbetrug im Versäumnis- und Mahnverfahren – zugleich ein Beitrag zur Auslegung des Irrtumsbegriffs in § 263 StGB, GA 1973, S. 1-26.

Gneezy, Uri: Deception: The Role of Consequences, American Economic Review, Vol. 95 (2005), S. 384-394.

Grossman, Sanford J.: The Informational Role of Warranties and Private Disclosure about Product Quality, Journal of Law & Economics, Consumer Protection Regulation: A Conference Sponsored by the Center for the Study of the Economy and the State, Vol. 24 (1981), S. 461-483.

Grossman, Sanford J. / Hart, Oliver D.: The costs and benefits of ownership: A theory of vertical and lateral integration, Journal of Political Economy, Vol. 94 (1986), S. 691-719.

Grünwald, Gerald: Der Vorsatz des Unterlassungsdelikts, in: Friedrich Geerds (Hrsg.), Beiträge zur gesamten Strafrechtswissenschaft: Festschrift für Hellmuth Mayer zum 70. Geburtstag am 1. Mai 1965, Berlin 1965, S. 281-303. (zitiert als: „Grünwald, FS H. Mayer")

Günther, Hans-Ludwig: Die Genese eines Straftatbestands, Eine Einführung in Fragen der Strafgesetzgebungslehre, JuS 1978, S. 8-14.

Hall, Ford W.: The Common Law: An Account of its Reception in the United States, Vanderbilt Law Review, Vol. 4 (1951), S. 791-825.

Hamilton, Walton H.: The Ancient Maxim Caveat Emptor, Yale Law Journal, Vol. 40 (1931), S. 1133-1187.

Hardwig, Werner: Beiträge zur Lehre vom Betruge, GA 1956, S. 6-21.

Hart, Oliver: Firms, contracts and financial structure, Oxford u.a. 1996.

Hassemer, Winfried: Symbolisches Strafrecht und Rechtsgüterschutz, NStZ 1989, S. 553-559.

Hayek, Friedrich A.: The Use of Knowledge in Society, American Economic Review, Vol. 35 (1945), S. 519-530.

Hefendehl, Roland: Die Submissionsabsprache als Betrug: ein Irrweg!, JuS 1993, S. 805-813.

Hefendehl, Roland: Vermögensgefährdung und Exspektanzen: das vom Zivilrecht konstituierte und vom Bilanzrecht konkretisierte Herrschaftsprinzip als Grundlage des strafrechtlichen Vermögensbegriffs, Berlin 1994. (zitiert als: „Hefendehl, Vermögensgefährdung und Exspektanzen“)

Hefendehl, Roland: Kollektive Rechtsgüter im Strafrecht, Köln u.a. 2002.

Heinitz, Ernst: Anmerkung zu BGH, Urteil v. 20.02.1968 - 5 StR 694/67, JR 1968, S. 387-388.

Hirsch, Werner Z.: Law and Economics. An Introductory Analysis, 3. Auflage, San Diego u.a. 1999.

Hirshleifer, Jack: The Private and Social Value of Information and the Reward to Inventive Activity, American Economic Review, Vol. 61 (1971), S. 561-574.

Holler, Manfred J. / Illing, Gerhard: Einführung in die Spieltheorie, 7. Auflage, Berlin u.a. 2009.

Huber, Ulrich: Aufklärungspflichten vor Vertragsschluss, in: Karlsruher Forum 2000: Aufklärungspflichten – Mit Vorträgen von Ulrich Huber und Heinrich Dörner / herausgegeben von Egon Lorenz, Karlsruhe 2001, S. 5-38.

Jakobs, Günther: Die objektiv-individuelle Schadensermittlung beim Betrug, JuS 1977, S. 228-231.

Jakobs, Günther: Schuld und Prävention, Tübingen 1976.

Jensen, Michael C. / Meckling, William H.: Theory of Firm: Managerial Behavior, agency costs and ownership structure, Journal of Financial Economics, Vol. 3 (1976), S. 305-360.

Joecks, Wolfgang: Zur Schadensfeststellung beim Submissionsbetrug, wistra 1992, S. 247-252.

Kargl, Walter: Aufsatz Strafrecht – Der strafrechtliche Vermögensbegriff als Problem der Rechtseinheit, JA 2001, S. 714-720.

Kargl, Walter: Die Bedeutung der Entsprechungsklausel beim Betrug durch Schweigen, ZStW 119 (2007), S. 250-289.

Keeton, Robert E. / Sargentich, Lewis D. / Keating, Gregory C.: Tort and Accident Law: Cases and Materials, 4. Auflage, St. Paul 2004.

Kempermann, Eugen: Wesen und Unrechtsgehalt des Betruges, ZStW 57 (1938), S. 126-157.

Kindhäuser, Urs: Täuschung und Wahrheitsanspruch beim Betrug, ZStW 103 (1991), S. 398-424.

Kindhäuser, Urs: Strafgesetzbuch: Lehr- und Praxiskommentar, von Urs Kindhäuser, 4. Auflage, Baden-Baden 2010. (zitiert als: „LPK-StGB-Bearbeiter“)

Kionka, Edward J.: Torts, 4. Auflage, St. Paul 2005.

Kirzner, Israel M.: Unternehmer und Marktdynamik, München 1988.

Klein, Benjamin / Leffler, Keith B.: The Role of Market Forces in Assuring Contractual Performance, Journal of Political Economy, Vol. 89 (1981), S. 615-641.

Klevorick, Alvin K.: Crime as a distinct category of behaviour, in: Hrsg. Newman, The New Palgrave Dictionary of Economics and the Law Vol. 1, London/New York u.a. 1998.

Kohn, Meir G. / Shavell, Steven: The Theory of Search, Journal of Economic Theory, Vol. 9 (1974), S. 93-123.

Köhler, Helmut / Bornkamm, Joachim: Kurzkommentar zum Gesetz gegen den unlauteren Wettbewerb (UWG), begründet von Baumbach, Adolf; fortgeführt von Hefermehl, Wolfgang, Köhler, Helmut, Bornkamm, Joachim, 29. Auflage, München 2011. (zitiert als: „UWG-Bearbeiter“)

Kötz, Hein: Europäisches Vertragsrecht, Tübingen 1996.

Krey, Volker / Hellmann, Uwe: Strafrecht, besonderer Teil, Bd. 2 , 15. Auflage, Stuttgart 2008.

Kronman, Anthony T.: Mistake, Disclosure, Information, and the Law of Contracts, The Journal of Legal Studies, Vol. 7 (1978), S. 1-34.

Kull, Andrew: Unilateral Mistake: The Baseball Card Case, Washington University Law Quarterly, Vol. 70 (1992), S. 57-84.

Kühne, Hans H.: Geschäftstüchtigkeit oder Betrug?, Kehl am Rein 1978.

Küper, Wilfried: Strafrecht, besonderer Teil: Definitionen mit Erläuterungen, 7. Auflage, Heidelberg 2008. (zitiert als: „Küper, BT“)

Lackner, Karl / Kühl, Kristian: Strafgesetzbuch: Kommentar, von Eduard Dreher; Hermann Maassen; fortgeführt von Karl Lackner; Kristian Kühl, 27. Auflage, München 2011. (zitiert als: „Lackner/Kühl“)

Lackner, Karl / Werle, Gerhard: Anmerkung zu OLG Stuttgart, Beschluss v. 24.05.1985 - 1 Ss (25) 292/85 - (Voraussetzungen eines Preisgestaltungsbetruges), NStZ 1985, S. 503-505.

Larenz, Karl: Methodenlehre der Rechtswissenschaft, 6. Auflage, Berlin u.a. 1991.

Lenckner, Theodor: Kausalzusammenhang zwischen Täuschung und Vermögensschaden bei Aufnahme eines Darlehens für einen bestimmten Verwendungszweck, NJW 1971, S. 599-601.

Strafgesetzbuch: Leipziger Kommentar: Herausgegeben von Burkhard Jähnke; Heinrich Wilhelm Laufhütte; Walter Odersky, Bd. 6: [§§ 223-263a], 11. Auflage, 33. Lieferung zu § 263 StGB, Berlin u.a. 1999. (zitiert als: „LK-Bearbeiter“)

Leistner, Matthias: Richtiger Vertrag und lauterer Wettbewerb, Tübingen 2007.

Levmore, Saul: Securities and Secrets: Insider Trading and the Law of Contracts, Virginia Law Review, Vol. 68 (1982), S. 117-160.

Levmore, Saul: Self-Assessed Valuation Systems for Tort and Ohter Law, Virginia Law Review, Vol. 68 (1982), S. 771-861.

Levitt, Steven D.: Understanding Why Crime Fell in the 1990s: Four Factors That Explain the Decline and Six That Do Not, Journal of Economic Perspectives, Vol. 18 (2004), S. 163-190.

Lüderssen, Klaus: Primäre oder sekundäre Zuständigkeit des Strafrechts, in: Menschengerechtes Strafrecht: Festschrift für Albin Eser zum 70. Geburtstag / herausgegeben von Jörg Arnold, München 2005, S. 163-180. (zitiert als: „Lüderssen, Festschrift Eser“)

Luhmann, Niklas: Das Recht der Gesellschaft, 3. Auflage, Frankfurt a.M. 2001.

Luhmann, Niklas: Die Wirtschaft der Gesellschaft, Nachdruck, Frankfurt a.M. 2002.

Luhmann, Niklas: Rechtssoziologie, 4. Auflage, Wiesbaden, 2008.

Luhmann, Niklas: Die Wissenschaft der Gesellschaft, Nachdruck, Frankfurt a.M. 2009.

Luhmann, Niklas: Soziale Systeme: Grundriß einer allgemeinen Theorie, Nachdruck, Frankfurt a.M. 2010.

Maaß, Wolfgang: Die Abgrenzung von Tun und Unterlassen beim Betrug, GA 1984, S. 264-284.

Maaß, Wolfgang: Belohnung für eine vorgetäuschte pflichtwidrige Diensthandlung, NJW 1981, S. 2777-2781.

Mankiw, Nicholas G.: Principles of Microeconomics, 5. Auflage, Mason 2009.

Marschall, Carrie P.: Willfulness: A Crucial Factor in Choosing Remedies for Breach of Contract, Arizona Law Review, Vol. 24 (1982), S. 733-762.

Martini, Mario: Der Markt als Instrument hoheitlicher Verteilungslenkung – Möglichkeiten und Grenzen einer marktgesteuerten staatlichen „Verwaltung des Mangels“, Tübingen 2008.

Macho-Stadler, Inés / Pérez-Castrillo, J. David: An Introduction to the Economics of Information: Incentives and Contracts, 2. Auflage, Nachdruck, Oxford u.a. 2009.

Maurach, Reinhart / Schroeder, Friedrich-Christian / Maiwald, Manfred: Strafrecht, Besonderer Teil, Teilband 1, 10. Auflage, Heidelberg u.a. 2009.

Merten, Carsten: Zigaretten – ein fehlerhaftes Produkt, VersR 2005, S. 465-479.

Milgrom, Paul / Roberts, John: Economics, Organization and Management, Englewood Cliffs u.a. 1992.

Mohrbotter, Kurt: Der Bettel-, Spenden- und Subventionserschleichungsbetrug. Ein Beitrag zum modernen Vermögensbegriff, GA 1969, S. 225-234.

Morgenstern, Oskar: Vollkommene Voraussicht und wirtschaftliches Gleichgewicht, Zeitschrift für Nationalökomomie 1935, S. 337-357.

Münchener Kommentar zum Bürgerlichen Gesetzbuch: Herausgegeben von Franz Jürgen Säcker; Roland Rixecker, Bd. 2: [Schuldrecht, Allgemeiner Teil: §§ 241-432], 5. Auflage, München 2007. (zitiert als: „MüKo-BGB-Bearbeiter")

Münchener Kommentar zum Strafgesetzbuch: Herausgegeben von Wolfgang Joecks; Klaus Miebach, Bd. 4: [§§ 263-358 StGB, §§ 1-8, 105, 106 JGG], München 2006. (zitiert als: „MüKo-StGB-Bearbeiter")

Naucke, Wolfgang: Zur Lehre vom strafbaren Betrug: ein Beitrag zum Verhältnis von Strafrechtsdogmatik und Kriminologie, Berlin 1964.

Nelson, Phillip: Information and Consumer Behavior, Journal of Political Economy, Vol. 78 (1970), S. 311-329.

Nomos Kommentar, Strafgesetzbuch: Herausgegeben von Urs Kindhäuser; Ulfrid Neumann; Hans-Ullrich Paeffgen, Bd. 2: [§§ 146-358], 3. Auflage, Baden-Baden 2010. (zitiert als: „NK-Bearbeiter")

Ott, Claus / Schäfer, Hans-Bernd: Ökonomische Probleme des Zivilrechts: Beiträge zum 2. Travemünder Symposium zur Ökonomischen Analyse des Rechts, 21. - 24. März 1990, Berlin u.a. 1991. (zitiert als: „Ott/Schäfer, Ökonomische Probleme des Zivilrechts“)

Otto, Harro: Submissionsbetrug und Vermögensschaden, ZRP 1996, S. 300-308.

Otto, Harro: Die Wirtschaft der Gesellschaft, Nachdruck, Frankfurt a.M. 2002.

Otto, Harro: Grundkurs Strafrecht, die einzelnen Delikte, 7. Auflage, Berlin 2005. (zitiert als: „Otto, BT“)

Pareto, Vilfredo: Manual of Political Economy, New York 1971.

Park, Tido: Kapitalmarktstrafrecht: Handkommentar, von Tido Park, 2. Auflage, München 2008. (zitiert als: „Park-Bearbeiter“)

Parker, Jeffrey S.: The Economics of Mens Rea, Virginia Law Review, Vol. 79(4) (1993), S. 741-811.

Pawlik, Michael: Das unerlaubte Verhalten beim Betrug, Köln u.a. 1999.

Pigou, Arthur C.: The Economics of Welfare, 4. Auflage, London 1962.

Pindyck, Robert S. / Rubinfeld, Daniel: Mikroökonomie, 7. Auflage, München u.a. 2009 (Nachdruck 2011). (zitiert als: „Pindyck/Rubinfeld, Mikroökonomie“)

Polinsky, A. Mitchell: An Introduction to Law and Economics, 4. Auflage, New York 2011.

Posner, Richard A.: An Economic Theory of the Criminal Law, Columbia Law Review, Vol. 85 (1985), S. 1193-1231.

Posner, Richard A.: Economic Analysis of Law, 8. Auflage, New York 2011.

Precht, Richard: Wer bin ich – und wenn ja, wie viele?, 43. Auflage, München 2007.

Priest, George L.: A Theory of the Consumer Product Warranty, Yale Law Journal, Vol. 90(6) (1981), S. 1297-1352.

Puppe, Ingeborg: Anmerkung zu BGH, Urteil v. 21.12.1983 - 2 StR 566/83 - Zur Vermögensschädigung durch außervertragliche Erbringung überflüssiger Mehrleistungen, JZ 1984, S. 531-533.

Rasmusen, Eric: Games and Information: an Introduction to Game Theory, 4. Auflage, Nachdruck, Malden u.a. 2009.

Rawls, John: A Theory of Justice, Cambridge 2005.

Richter, Rudolf / Furubotn, Eirik G.: Neue Institutionenökonomik, 3. Auflage, Tübingen 2003. (zitiert als: „Richter/Furubotn, Neue Institutionenökonomik")

Riley, John E.: Informational Equilibrium, Econometrica, Vol. 47(2) (1979), S. 331-359.

Ripperger, Tanja: Ökonomik des Vertrauens, 2. Auflage, Tübingen 2003.

Rock, Jan-Philipp / Seifert, Mareike: Spiel ohne Reue - Widerrufsmöglichkeiten von Zahlungen bei Online-Glücksspielen, ZBB 2008, S. 259-267.

Rönnau, Thomas: Täuschung, Irrtum und Vermögensschaden beim Submissionsbetrug. Anmerkung zu: BGH, Urteil v. 11.07.2001 - 1 StR 576/00, JuS 2002, S. 545-550.

Rönnau, Thomas / Soyka, Till: Der "Quotenschaden" im Fall "Hoyzer": ein Verstoß gegen das Bestimmtheitsgebot? (Zugleich Anmerkung zu BGH, Urteil v. 15.12.2006 - 5 StR 181/06 -), NStZ 2009, S. 12-14.

Rothschild, Michael / Stiglitz, Joseph E.: Equilibrium in Competetive Insurance Markets: An Essay on the Economics of Imperfect Information, Quarterly Journal of Economics, Vol. 90 (1976), S. 629-649.

Rubin, Paul H.: The Economics of Regulating Deception, CATO Journal, Vol. 10 (1991), S. 667-690.

Rubin, Paul H.: Information Regulation (Including Regulation of Advertising), in: Bouckaert/DeGeest (Hrsg.), Enyclopedia of Law and Economics; Vol. 1; The History and Methodology of Law and Economics, Cheltenham u.a. 2001, Abschnitt 5110.

Saliger, Edgar: Betriebswirtschaftliche Entscheidungstheorie, 5. Auflage, München 2003.

Saliger, Frank / Rönnau, Thomas / Kirch-Heim, Claudio: Täuschung und Vermögensschaden beim Sportwettenbetrug durch Spielteilnehmer – Fall Hoyzer, NStZ 2007, S. 361-368.

Samson, Erich: Grundprobleme des Betrugstatbestandes (3. Teil), JA 1978, S. 625-630.

Samson, Erich: Grundprinzipien des strafrechtlichen Vermögensbegriffs, JA 1989, S. 510-513.

Satzger, Helmut: Die Bedeutung des Zivilrechts für die strafrechtliche Bekämpfung von Submissionskartellen, ZStW 109 (1997), S. 357-380.

Satzger, Helmut: Anmerkung zu BGH, Urteil v. 11.07.2001 - 1 StR 576/00 - (Betrug durch wettbewerbswidrige Preisabsprachen), JR 2002, S. 391-393.

Schäfer, Hans-Bernd / Ott, Claus: Lehrbuch der ökonomischen Analyse des Zivilrechts, 4. Auflage, Berlin u.a. 2005. (zitiert als: „Schäfer/Ott“)

Scheller, Simon: Ich maximiere, in: Die Zeit, Nr. 38/09, S. 13.

Scheppele, Kim L.: Legal Secrets: Equality and Efficiency in the Common Law, Chicago u.a. 1988.

Schmidhäuser, Eberhard: Strafrecht, Besonderer Teil: Grundriß, 2. Auflage, Tübigen 1983. (zitiert als: „Schmidhäuser BT“)

Schmoller, Kurt: Ermittlung des Betrugsschadens bei Bezahlung eines marktüblichen Preises. Zur wirtschaftlichen Relevanz subjektiver Nützlichkeitsvorstellungen, ZStW 103 (1991), S. 92-135.

Schönke, Adolf / Schröder, Horst: Strafgesetzbuch: Kommentar, Begründet von Adolf Schönke; fortgeführt von Horst Schröder, mitkommentiert von Theodor Lenckner, Peter Cramer, Walter Stree, Gesamtredaktion 28. Auflage Albin Eser, 28. Auflage, München 2010. (zitiert als: „Sch/Sch-Bearbeiter")

Schröder, Horst: Grenzen des Vermögensschadens beim Betrug, NJW 1962, S. 721-722.

Schröder, Horst: Anmerkung zu OLG Köln, Urteil v. 14.03.1967 - 1 Ss 960/66 -, JZ 1967, S. 577-578.

Shavell, Steven: Acquisition and disclosure of information prior to sale, RAND Journal of Economics, Vol. 25 (1994), S. 20-36.

Smith, Adam: An Inquiry into the Nature and Causes of Wealth of Nations, Nachdruck, Chicago 2005.

Spence, Michael: Job Market Signaling, Quarterly Journal of Economics, Vol. 87 (1973), S. 355-374.

Spence, Michael: Market Signaling: Information Transfer in Hiring and Related Practices, Diss., Cambridge (Mass.) 1974.

Spence, Michael: Consumer Misperceptions, Product Failure and Producer Liability, Review of Economic Studies, Vol. 44 (1977), S. 561-572.

Spence, Michael / Zeckhauser, Richard: Insurance, Information, and Individual Action, American Economic Review, Papers and Proceedings of the Eighty-Third Annual Meeting of the American Economic Assosiation, Vol. 61 (1971), S. 380-387.

J. von Staudingers Kommentar zum Bürgerlichen Gesetzbuch mit Einführungsgesetz und Nebengesetzen: Begründet von Julius von Staudinger, Neubearbeitung 2011 von Joachim Jickeli, Hans-Georg Knothe, Reinhard Singer, Malte Stieper, Norbert Habermann, Bd. 1: [§§ 90-124; §§ 130-133 (Allgemeiner Teil 3)], Neubarbeitung, Berlin 2011. (zitiert als: „Staudinger-Bearbeiter")

Stenglein, Melchior: Die Vermögensbeschädigung beim Betrug, Der Gerichtssaal 1888, S. 81-471.

Sternberg-Lieben, Detlev: Internationaler Musikdiebstahl und deutsches Strafanwendungsrecht, NJW 1985, S. 2121-2126.

Stigler, George J.: Perfect Competition, Historically Contemplated, Journal of Political Economics, Vol. 65 (1957), S. 1-17.

Stigler, George J.: The Economics of Information, The Journal of Political Economy, Vol. 69 (1961), S. 213-225.

Stigler, George J.: The Theory of Price, 4. Auflage, New York 1987.

Stiglitz, Joseph E.: The Contributions of the Economics of Information to Twentieth Century Economics, Quarterly Journal of Economics, Vol. 115 (2000), S. 1441-1478.

Systematischer Kommentar zum Strafgesetzbuch: Herausgegeben von Hans-Joachim Rudolphi, Eckhard Horn, Erich Samson; fortgeführt von Hans-Ludwig Günther, Rudolphi, Hans-Joachim, Horn, Eckhard, Samson, Erich, Günther, Hans-Ludwig, Besonderer Teil, Band 2 [§§ 201-266b], 7. Auflage, Februar 2004. (zitiert als: „SK-Bearbeiter")

Teigelack, Lars: Finanzanalysen und Behavioral Finance, Diss., Baden-Baden 2009.

Tesler, Lester G.: Searching fot the lowest price, American Economic Review, Papers and Proceedings of the Eighty-Third Annual Meeting of the American Economic Assosiation,Vol. 63 (1973), S. 40-49.

Tesler, Lester G.: Economic Theory and the Core, Chicago u.a. 1978.

Tesler, Lester G.: A Theory of Self-enforcing Agreements, The Journal of Business, Vol. 53(1) (1980), S. 27-44.

Thaler, Richard H.: Toward a Positive Theory of Consumer Choice, Journal of Economic Behavior and Organization, Vol. 1 (1980), S. 39-60.

Thaler, Richard H.: The Winner's Curse,: Paradoxes and Anomalies of Economic Life, Princeton 1994.

Tiedemann, Klaus: Tatbestandsfunktionen im Nebenstrafrecht: Untersuchungen zu einem rechtsstaatlichen Tatbestandsbegriff, entwickelt am Problem des Wirtschaftsstrafrechts, Tübingen 1969.

Tirole, Jean: Industrieökonomik, 2. Auflage, München u.a. 1999.

Trebilcock, Michael J.: The Limits of Freedom of Contract, 2. Auflage, Cambridge 1997.

Tullock, Gordon: The Welfare Costs of Tariffs, Monopolies and Theft, Western Economic Journal, Vol. 5 (1967), S. 224-232.

Ulen, Thomas S.: The Efficiency of Specific Performance: Toward a Unified Theory of Contract Remedies, Michigan Law Review, Vol. 83 (1984), S. 341-403.

Ulen, Thomas S.: The Economics of Corporate Criminal Liability, Managerial and Decision Economics, Special Issue: Corporate Crime, Vol. 17 (1996), S. 351-362.

Ungern-Sternberg, Thomas von / Weizsäcker, Carl Christian von: Marktstruktur und Marktverhalten bei Qualitätsunsicherheit, Zeitschrift für Wirtschafts- und Sozialwissenschaften (ZWS) 1981, Band 101, S. 609-626.

Viner, Jacob: Cost Curves and Supply Curves, Journal of Economics / Zeitschrift für Nationalökonomie 1931, S. 23-46.

Vogler, Theo: Möglichkeiten und Wege einer Entkriminalisierung, ZStW 90 (1978), S. 132-172.

Wagner, Gerhard: Lügen im Vertragsrecht, in: Störungen der Willensbildung bei Vertragsschluss / herausgegeben von Reinhard Zimmermann, Tübingen 2007, S. 59-102.

Weidemann, Jürgen: Das Kompensationsprobem beim Betrug, Diss., Bonn 1972.

Weidemann, Jürgen: Die funktionale Beziehung zwischen Irrtum und Schaden beim Betrug, GA 1967, S. 238-243.

Weise, Peter / Brandes, Wolfgang / Eger, Thomas / Kraft, Manfred: Neue Mikroökonomie, 5. Auflage, Heidelberg 1985.

Wessling, Ewald: Individuum und Information: die Erfassung von Information und Wissen in ökonomischen Handlungstheorien, Tübingen 1991.

Wiese, Harald: Ökonomie des Lügens und Betrügens, Kölner Zeitschrift für Soziologie und Sozialpsychologie, Band 46 (1994), S. 65-79.

Williamson, Oliver E.: The Economic Institutions of Capitalism: Firms, Markets, Relational Contracting, New York u.a. 1985.

Wolinsky, Asher: Competition in Markets for Credence Goods, Journal of Institutional and Theoretical Economics, Vol. 151 (1995), S. 117-131.

Wonnel, Christopher T.: The Structure of a General Theory of Nondisclosure, Case Western Law Review, Vol. 41 (1991), S. 329-386.

Zipf, Heinz: Kriminalpolitik: ein Lehrbuch, 2. Auflage, Heidelberg u.a. 1980.

Ziethen, Jörg: Dogmatische Konsequenzen des Prostitutionsgesetzes für Dirnen- und Freierbetrug, NStZ 2003, S. 184-189.

Zweigert, Konrad / Kötz, Hein: Einführung in die Rechtsvergleichung: auf dem Gebiete des Privatrechts, Tübingen 1996.

Schriftenreihe Ökonomische Analyse des Rechts
Law and Economics

Herausgegeben von Michael Adams

Band 1 Michael Adams: Ökonomische Theorie des Rechts. Konzepte und Anwendungen. 2., korrigierte und ergänzte Auflage. 2004.

Band 2 Till Tolkemitt: Die deutsche Glücksspielindustrie. Eine wirtschaftswissenschaftliche Analyse mit rechtspolitischen Schlussfolgerungen. 2002.

Band 3 Jens Maßmann: Nonproftis. Analyse, Entwicklung und Rechtspolitik. 2003.

Band 4 Claus C. Roggatz: Informationspflichten von Investmentgesellschaften. Analyse der gesetzlichen Publizitätsvorschriften zur Verbesserung der investmentrechtlichen Transparenz und des Anlegerschutzes. 2003.

Band 5 Maja Kraas: Produkthaftung und Warnhinweise. Eine rechtsökonomische Analyse am Beispiel von Coca-Cola. 2004.

Band 6 Christian Eilinghoff: Ökonomische Analyse der Religion. Theoretische Konzepte und rechtspolitische Empfehlungen. 2004.

Band 7 Henning Curti: Vertragsvermittler und opportunistisches Verhalten. Ein Lösungsvorschlag aus Sicht der ökonomischen Analyse des Rechts. 2005.

Band 8 Carsten Merten: Die Bewertung des menschlichen Lebens im Haftungsrecht. 2007.

Band 9 Julian de Grahl: Die Durchsetzung von Urheberrechten im digitalen Zeitalter. Analyse und Rechtspolitik. 2008.

Band 10 Tobias Effertz: Kindermarketing. Analyse und rechtliche Empfehlungen. 2008.

Band 11 Jan-Philipp Rock: Ökonomische Analyse des Betrugs in gegenseitigen Vertragsverhältnissen. 2013.

www.peterlang.de

www.ingramcontent.com/pod-product-compliance
Ingram Content Group UK Ltd.
Pitfield, Milton Keynes, MK11 3LW, UK
UKHW021842290926
8980IPUK00005B/601

9 783631 638811